理念与实训

江西师范大学「中文创意写作」

教学案例集

王磊光　雷雯　主编

黄河出版传媒集团
宁夏人民出版社

图书在版编目（CIP）数据

理念与实训：江西师范大学"中文创意写作"教学案例集 / 王磊光，雷雯主编 .—银川：宁夏人民出版社，2024.10.—ISBN 978-7-227-08038-1

I.H15

中国国家版本馆 CIP 数据核字第 2024XP9230 号

理念与实训：江西师范大学"中文创意写作"教学案例集

王磊光　雷　雯　主编

责任编辑　姚小云
责任校对　陈　浪
封面设计　伊　青
责任印制　侯　俊

 黄河出版传媒集团 宁夏人民出版社 出版发行

出 版 人　薛文斌
地　　址　宁夏银川市北京东路 139 号出版大厦（750001）
网　　址　http://www.yrpubm.com
网上书店　http://www.hh-book.com
电子信箱　nxrmcbs@126.com
邮购电话　0951-5052104　5052106
经　　销　全国新华书店
印刷装订　宁夏凤鸣彩印广告有限公司
印刷委托书号　（宁）0031096

开本　880 mm×1230 mm　1/16
印张　27
字数　370 千字
版次　2024 年 10 月第 1 版
印次　2024 年 10 月第 1 次印刷
书号　ISBN 978-7-227-08038-1
定价　68.00 元

热爱着，写作着，且要勇敢（代序）
——陈离教授访谈

文学教会我理解自己和世界

创写 er： 陈离老师您好，在您 2013 年出版的小说集《惘然记》中，处于不同故事形态的主人公常常表现出相似的性格，他们本质善良却屡屡碰壁，心情苦闷而迷失方向，都或轻或重地承受着现实生活带来的打击。陈思和先生在此书"代序"中写道，这种挥之不去的心理情结与陈离老师的"60 后"身份息息相关。请问您是否在成长过程中感受到"60 年代生人"特有的烙印？

陈离： "人事有代谢，往来成古今。"每代人遭遇的经历都不一样，要面对的问题也不一样。20 世纪 60 年代出生的我们成长在一个急剧变动的大时代，经历过"文革"的劫难，也感受过思想解放的洗礼，之后又经受过商品经济大潮的冲击。生活在宏大而广阔的时代背景之下，这一代人可能对个体生命与外在世界之间的联系，会有更深切的感受。我们追求心中的理想，也反思曾经有过的迷茫和失误，会关注一些比较重大的问题，希望自己能够真诚、勇敢地生活，发出属于自己独特的声音，做一代人应该做也能够做的事情，能够将一个更美好的世界交给后来者。60 年代出生的人正在渐渐老去，但我时常告诫自己，不能忘记自己的初心和理想，要勇敢地担当起属于自己的责任，到了退出历史舞台的那一天，尽量不要留下太多的遗憾。时间的流逝会让所有的人都成为"有故事的人"。

"有故事的人"还应该成为"讲故事的人"。作为60年代出生的群体中的一员，我希望我们这一代人能讲好自己的"故事"，希望自己的"故事"让后来的人感受到人类的真诚、善良和美好，并能够从中获得某种启迪和激励。

创写 er：陈老师，虽然我们之间有着代际的间隔，但文学却使我们在同一个课堂上相遇。通过课内外与您的接触交流，同学们一致认为您具有以下气质：静思时深刻，对话时真诚。这种气质或许是您在特定的时代洪流中淬炼得到的，或许是您在这些年的阅读与写作浸染出来的，但总而言之，这样的您在我们心中严肃不失生动，平易而又可爱。您曾对同学们提起自己"不断跨界"的求学之路，从数学到哲学，再从哲学到文学，想必您已领略过诸多不同的美景，收获了不少精神上的珍宝。请问在您漫长的求学岁月中，"文学"对您而言是一种什么样的存在呢？

陈离：对于我来说文学实在太重要了。我从小就是一个喜欢读书的孩子，是文学教会我理解自己和世界。我本科虽然读的是数学，但我读过的书，大多是文史哲方面的，而文学书籍更是占了其中的绝大部分。在我看来，文学对于整个人类都非常重要。我无法想象，如果没有文学，人类的生活会变成什么样子。今天的人类在精神上面临着诸多难题——也许比任何时代都要多，也更难解决——互联网加剧了我们的焦虑和孤独，而文学支撑起人类的表达和交流。我不相信一些人关于人工智能的说法，认为 AI 会让文学走向终结。我们阅读伟大的作家留下的优秀著作，透过那些文字我们能感受到作者真切的体温和汹涌的情感。伟大的文学作品可以纾解我们的精神上的困惑，安慰我们心中的悲伤，让我们变得更加勇敢，能够使我们获得在其他任何地方都无从获取的能量。某些伟大的文学作品中的人物能够成为我们的朋友和亲人——文学能够让我在纷乱的世界面前感到心安，并且让我明白了一个道理：真诚善良是保护自己最好的方式。中国古代的贤哲说"仁者无敌"，也是这个意思。我经常读的书是托尔斯泰的《战争与和平》，每次重读这部伟大的小说，我都有一种回家的感觉。书中的安德烈公爵、玛丽亚公爵小姐、彼埃尔、娜塔莎等等，仿佛就是我自己，或者是我的家人。阅读的时候，我有一种回到了亲人们身边的感觉。

创写 er：除了进行诗歌、小说、散文创作，近几年您一直在从事狄金森的诗歌翻译工作，这位 19 世纪的美国诗人一生写了 1700 余首诗歌，要把它们完整地翻译过来，并且做到"信、达、雅"，着实是项巨大的工程，甚至可以说是一场精神的苦修。请问是什么让您坚持做这件事的？您从中获得了什么呢？

陈离：从 20 世纪 80 年代起我就开始读狄金森的诗歌，她是我最热爱的诗人之一。为了让自己有些纷乱的心宁静下来，我开始翻译狄金森诗集，并且很快就完成了初稿，但修改过程很漫长。布鲁姆在《西方正典》中评论道，"狄金森的地位大概可以与莎士比亚、托尔斯泰等世界文豪并列"，并认为她是自但丁和莎士比亚之后最有原创性的诗人。她热爱生活，关心家人，关注周围的世界里发生的事，思考真正重要的人生问题，例如怎样面对现实？如何处理当下和永恒的关系？国内诗歌界对她多有误解。热爱她的人很多，但那些热爱她的人也可能将她理解得过于简单了。她在诗歌中表达的思想无比深邃。我在翻译过程中感受最深的，是她对于世俗的名和利的淡漠，她总是远离文学的名利场，从不在意一时的得与失。她与自己的孤独和痛苦和平共处，很有可能，这是因为她心里总是想着他人，从不认为自己有多么重要，也不认为自己的创作有多么重要。她生前很少发表自己的诗歌作品，大概也从来没有幻想过自己有一天会在世界文学史上占有一个多么重要的位置。这给喜欢写诗的年轻人一个启发：只有当你觉得你写的诗不重要的时候，你写下的诗才会变得重要起来。

创意写作：让你"丰富"且更"属于自己"

创写 er：2019 年，江西师范大学开设了第一届创意写作实验班，到现在已经连续办了四届。陈离老师和写作教研室其他几位老师在这几年间不断进行创意写作教育方面的尝试，经历过很多艰难，也留下了不少感动。您是否能分享一下当年是什么原因让写作教研室的老师们决定在江西师范大学创办"创意写作实验班"？

陈离：我觉得以往的中文教育存在教条化、体制化、功利化的问题，现行的考核和评价体系和机制，未必能让那些真正热爱文学，心中有理想，想做出一番事业而又有能力做出一番事业的人得到应该得到的认可。在现在的体制里，大学中文系的写作教学一直未受到应有的重视。虽然各大学中文系都有"写作教研室"，但一直处于十分边缘化的位置，仿佛可有可无。作为一所地方院校，在这一点上表现得尤其突出。而任何一所大学的中文系，都一定不缺少热爱文学和写作的青年学子。为了自己热爱的文学，也为了那些嗷嗷待哺的青年学生，这几年写作教研室的各位老师做了很多工作。尤其是几位年轻教师，他们决心以自己的力量来改变一些事情，让我们能够以另一种方式来面对这个有时候让人无比困惑，更多的时候让人百感交集的时代和现实。他们"处于幽暗"而"默默努力"，所做的许多工作，很少被人看见。有时候甚至会遭遇误解，忍受了不少委屈。但我相信播下的种子终有一天会发芽，并在未来的一天会长成一棵棵参天大树。所有善的因，终有一天会结出善的果。

创写 er：在亲历创意写作教学的这些年里，您对"创意写作"的理解是否有所变化？您认为当下的"创意写作教育"是否符合您理想中的状态？

陈离：我认为目前我们的"创意写作"教学还有很长的路要走，我们要更好更快地进入文学的"核心"和"前沿"地带。我们有自己的理想和"初心"，但置身和面对的，是无比复杂的现实。我们想在中间找到一种平衡，但又常常无法违背自己的内心。尤其是年轻老师，他们身上背负着工作和生活的巨大压力，他们要在还未被"看见"的时候发出光和热，照亮和温暖比他们更年轻的一代青年学子，可以想象他们的艰难——他们在艰苦岁月里的付出和坚持，永远值得我们尊重和珍视。我们应该做得更多更好，我们需要更加努力，但有时候也受到条件的限制。至于"理想中的状态"，可能永远也无法达到吧。我们只能不断地保持努力。无论世事多么纷繁，不管时代怎样变化，我们要一直牢记，教书育人是根本，出人才出作品，是"创意写作"教学最重要的宗旨和目的。

创写 er： 2024 年 1 月 22 日，最新《研究生教育学科专业简介及其学位基本要求（试行版）》公布，"中文创意写作"正式入列中国语言文学二级学科。对此，您认为当下的中文创意写作教育教学会迎来什么机遇，又会面临什么挑战呢？

陈离： "机遇"和"挑战"在任何时候都存在吧，我不知道现在很多从事写作教学的人都在谈论的这件事，会对"创意写作"教学产生怎样的影响。但有一点是肯定的：早就有批评家说过了，现在的大学是"作家去势，学者横行"，文学在大学里没有什么地位，科研经费多的同时管理和规矩也多，创意写作教学处处受到限制，这是众所周知的事。对于世事我向来不那么乐观，一切都要等再看看再说。我认为"创意写作"教学也是文学教育的一种，而文学教育，从来没有那么复杂，最重要的是"多读书，多思考，多写作"。文学教育要返璞归真，就是要做好这"三多"。要更少一点形式主义，更少一点瞎折腾，让教师安心教学，让学生安心读书，读最好的书，最伟大的书，与最优秀最伟大的作家们直接交流和对话，感受到他们在精神和人格上的引领，我们的"创意写作"教学，才能够真正取得实效。鲁迅先生所说的"立人"事业，才能够真正有所成就。否则，所做的一切都只是为了"指标"和"评估"，为了填表，为了表格上的数字更加好看，一切的一切，都不可能有什么实质的改变。

创写 er： 您在课上曾说过："为了使自己的写作更加'有效'，我们首先该做的是返璞归真，比起追求技术，我们更应该面向欣喜与热爱。"请问您如何在"技术"和"热爱"之间找到创作的平衡？

陈离： 技术是可以通过学习和训练而获得的，但文学只能首先来自作者对生活的体验、理解和思考。马斯克说由于现代科技的进步，可能在不远的将来，就有很多人不需要工作也能够获得基本的生活资料。到了那个时候，人类所从事的工作，可能首先是由热爱所驱动的。当然，对于文学的热爱，在不同的人那里表现形式可能是不一样的。我热爱文学，首先是文学可以表达我们的内心，可以让我们更好地理解和想象生活，可以更好地认识和理解自己和他人。我不喜欢各种各样没有情感温度和生活实感的"新概念文学"，也对文学领域里各种各样的"技术竞赛"和"炫技表演"不感兴趣。艺术的最高法则是"心诚则灵"，但表达和表现的"技艺"仍然是重要的。正如诗人庞德所说的，"技艺考验真诚"。另一位诗人和作家王尔德所说的话也值得我们时刻记在心中："所有拙劣的诗人都认为自己是真诚的。"

创写 er： 您在散文集《图像与花朵》中提到过，我们这个时代每一个爱好思想和艺术而又"经历过很多很多"的人都面临着成为"深刻的人"这样的危险——随着人变得越来越"深刻"，反而容易看不清自我，而这是更为可怕的一种"贫乏"。您觉得我们该怎样跳出"深刻"的窠臼，努力成为一个"丰富"且更"属于自己"的人呢？

陈离： 很高兴年轻的朋友会注意到我在很多年前写的那篇文章。那既是我对现实生活中的人与事的观察，也是对自己的警醒和告诫。我在那篇文章里主要想表达的是：一个人最终活成一个"厌世者"，是一件非常可怕的事，无论他经历过多少艰难困苦，体验过怎样的"人世沧桑"。人不应该在所谓的"看透"和"看破"之后悲观厌世，于是为自己找到一个理由，一切都只为了自私的享乐，再也不爱这个世界，心里没有他人，认为所有的人都像他一样的自私自利，认为所有的理想和美好都是虚伪和欺骗。而应该像鲁迅先生那样，内心无比清醒，但仍然心里怀着深爱，胸中充满道义和责任感。日本的竹内好说鲁迅先生写下的文字，是一种"从无到有"的文学，这真是一种深刻的洞见。而我们周围的有些人，是"从无到无"——如果事情是这样，那么他原先的"有"，可能归根结底，也仍然是一个"无"。我一再说，我们时代最大的难题，是许多人内心深处秘而不宣的虚无主义。虚无的生命，无法开放出幸福美丽的花朵。这也是我那样热爱巴金先生的原因，无论一些写作者怎样认为他的写作"肤浅"而"缺乏技巧"。他是一个心中有信仰的人，而只有心中信仰，我们才能获得幸福。

00后，怎么办？

创写 er： 老师您好，我注意到这段时间您发朋友圈的频率明显低了，这是什么原因呢？

陈离： 微信朋友圈曾经是一个重要的公共平台，有一段时间我比较喜欢在朋友圈转发自己喜欢的文章和帖子。转发的时候，心里有一个想法，就是希望年轻的朋友会看到。现在微信朋友圈确实更新少了。有个人的原因，也有社会的原因。我注意到不仅是我个人，其他曾经喜欢在微信朋友圈转发帖子和文章的人也不再像过去那样活跃了。变化非常明显，原因可能是多方面的。人与人之间需要交流，当然交流的方式各种各样，但如果所有的人都将自己最想说的话憋在心里，将是一件非常可怕的事。至于我个人，较少更新朋友圈可能与女儿处于青春期有些关系。她在成长的过程中遇到的困惑和问题，也会让我感到焦虑。有时候我会怀疑自己的教育方式，怀疑自己曾经非常确信的东西。在与孩子交流的时候，有时候我会提醒自己尽量多听，不要说教。这也是我与年轻的朋友交往的时候所遵循的原则。有时我会认为现在的孩子比较自我，对他人和社会的关注不够。我女儿的绘画常常以孤单悲伤的孩子为主角，我希望她的艺术世界变得更加广阔和丰富。总的来说，我与女儿之间的交流还比较顺畅，她很信任我。

创写 er： 陈老师，你们 60 年代生人还相信双手能改变未来，而我们这代人在网络上却常常感到自己无能为力、微不足道（比如被禁言），所以我们是不是就应该"穷则独善其身"呢？

陈离：这个世界上有很多重要的事需要我们每个人去关心，我们不能只关心现实的利益，心里只想着票子、房子和车子，也不能把这个世界交给那些口是心非的"做戏的虚无党"。我觉得有时候我们会自我设限，会自己吓唬自己，会有意无意放大了来自现实的威胁，而因此丧失了很多生命中的宝贵体验。作家格非说："只要勇敢就够了！"他一再强调勇敢的重要。我非常同意他的看法。如果一个人一辈子小心翼翼，只知道明哲保身，那么人生就只剩下恐惧和担忧，然后躲进一个仿佛很安全的小世界里，人生就失去了意义，也失去了体验更宽阔更丰富的生命的可能。因为不够勇敢，我们失去了太多。如果认为这样就能够"安全"地活着，那么我们为这种"安全的生活"付出的代价，实在是太大了。

我认为青年人的视野应该更加开阔，要志存高远，不要太在意生活中那些过于琐碎和狭隘的小得失、小确幸、小欢喜，而忽略和忘记生命中最根本的问题。在个体和世界的关系上，现在一些青年人会向内收缩，困于自我的小世界里，这实际上是一种逃避。但这并不能怪年轻人，是上辈人的亏欠让这一代青年负重前行，并且越来越不相信这个世界。鲁迅曾告诫年轻的朋友不要太在意自己的身体，因为有些生理上的不适可能来自心理上的焦虑。青年人应当更多地关注广阔世界里他人的痛苦，做有担当的真正的知识分子。要有"为天地立心，为生民立命，为往圣继绝学，为万世开太平"的理想和抱负，让一种浩然之气时常充溢和荡漾在胸膛之内。要让"外面进行着的夜"，"无穷的远方和无数的人们"都和自己建立联系。如果不能建立这种联系，就总有一天会被"无聊"和"虚空"击败。——当然，也许有些年轻的朋友从来都不会思考这一类的问题，那到底是幸还是不幸，真的很难说。一些根本的人生问题，是永远也无法回避的，也无法用一种虚假的方式将其解决。

"好好工作，既是为自己，也是为了这个世界和人类"

创写 er：陈老师，听说您计划在明年退休，请问您对未来生活有什么展望吗？

陈离：我对年轻的朋友充满期待，也对未来充满期待。"世界无限广阔，一切皆有可能"，我相信对于每一个人都是这样。在未来的生活里，我会拥有更多的属于自己的时间和空间，我要努力说出自己内心最真实的想法。我知道自己有话要说。我希望自己不要自我设限，不要偷懒，不要逃避，不要为自己的偷懒和逃避寻找借口。我知道人太喜欢和容易为自己寻找借口了——其中一个借口是：为了"生活"。一个很动听也仿佛很有"说服力"的借口。确实是为了"生活"，但为了那样的"生活"，我们曾经付出的代价，实在是有点太大了。为了那样的"生活"，我们曾经离开真正的生活，有着过于遥远的距离。我们为此感到后悔，并在不断地后悔中度过自己一生余下的部分。一代一代的人都是这样过来的么？——如果一代一代的人都是这样过来的，那么我们确实需要一个全新的开始。

"一个全新的开始"！真是谈何容易。我知道这很难。我知道一切都很难。但对于我来说，我不再有为自己继续寻找借口的理由和机会。无论是什么样的借口，我不再会给自己这样的机会。无论生活如何艰辛，太阳每天都在升起，树木每天都在生长。我要更勇敢，更坚定。我要勇敢地担负起属于自己的责任，要坚定地站在属于自己的岗位上。我知道只有真诚地交流和表达，才是有效的。我要更幸福地生活——我知道我只有更勇敢，才能够更幸福地生活。我知道只要自己更勇敢，就一定能够更幸福地生活。我不敢像巴金先生那样说：我是一个有信仰的人，但是我敢说，我是一个心中有爱的人——也许爱就是一种信仰？如果爱确实是一种信仰，那么为了心中的信仰，我要好好地爱。

好好爱就是好好工作吧。好好工作，既是为自己，也是为了这个世界和人类。

我鼓起勇气说出这句话，希望在未来的任何一天，不会因为想起自己曾经说过这样一句话，而内心感到羞愧。想起自己曾经被许多老师认为"早慧"，曾经被一些同学认为是"天才"。想起来就觉得惭愧和羞耻，真是"盛名之下，其实难副"。过去我太不够努力了，做的事情太少了，荒废的时间太多了。但是也许一切都还来得及。一切都不会白白地流逝。我至少要写出一本只有自己能写出的书，要给世界带来一些价值，给自己所经历的生活留下一些见证。我有责任写出这样一本书，为自己，也为那些一直对我怀着期待的人，更为那些心中怀着深爱但一直被忽视甚至被欺凌的人。有些人已经逝去了，有些人还活在这个世界上，但心里怀着深深的痛苦，从来不告诉任何人。我必须写出一本书，才能对得起他们。要有这样一本书存在，让那些我爱过的人，和爱过我的人，才不会太被辜负。

创写 er： 2018、2019 两届"创意写作班"学长学姐们都已经在各自的新阶段上发光发热，有人选择继续深造，有人选择成为人民教师，有人选择成为创意工作者，也有人选择从事自由职业。大家行走在不同的道路上，但从创意写作班收获的精神宝藏仍持续赋予着生活的能量。如今又到毕业季，2020 级的同学们也即将飞离"师大创写"这棵温暖的大树，对于创意写作班学子的未来，您有着怎样的期待？有没有什么想对同学们说的话呢？

陈离： 文学属于青年，未来属于青年。我希望年轻的朋友永远保持自己对文学的热爱！永远不忘自己的初心！永远不要放下手中的笔！阅读和写作，都是美好而幸福的生活的一部分，而且是重要的部分（至少对于学文学的人来说是这样的）。工作着是美丽的，劳动着是幸福的，通过自己的思考，我们用手中的笔，表达出自己对于生活与人的观察和理解——这是学文学的青年应该努力的方向。理解和表达的能力让我们能够在这个纷繁复杂不断变化的世界上安身立命。我们对生活的理解，对个体与世界、他人和时代的关系的思考，会让我们的人生变得更加广阔，无论处在何种境遇都能心安理得。外在世界越是不确定，我们越要坚定不移，要成为大写的"人"，有理想，有信念，有才华，有核心竞争力，有"硬实力"。人生是一段漫长的旅程，青年人的未来还有很长的路要走，希望同学们更勇敢，变得更强大，更有能力成为社会的栋梁。无论世事如何纷繁，内心要永远真诚善良，纯洁而又坚定，温柔而又勇敢，深沉而又明亮。要永远爱这个世界，爱所有的人类，爱周围的人。要永远也不把自己放在"受害者"的位置上。永远不要认为自己是"爱得更多的那一个"，因为如果我们这样想，我们就很难幸福——也许永远都不会幸福。我们要努力，要一直努力，当我们离开这个世界的时候，我们要能够像哲学家维特根斯坦那样说："告诉他们，我度过了幸福的一生！"

陈离：江西师范大学文学院教授，江西省作协副主席，小说家、诗人。

创写 er：江西师范大学文学院创意写作班学生刘露芃、王悦颖、蔡丰壑、孙雪倩、盛文静。

目 录
Contents
▼

理念篇

实训篇

理念篇

中国创意写作学学科建构论纲

葛红兵　　许道军

　　20 世纪 20 年代末，创意写作（Creative Writing）创立于美国爱荷华大学，后来作为新兴学科在美国及西方国家的高校确立并推广。目前在西方发达国家，创意写作已经有 80 余年历史，包含近 20 个子类，设有本科、硕士、博士研究生培养层次的大学科。创意写作学学科的诞生和发展，改变了欧美战后文学发展的格局，也彻底改变了欧美文学教育教学思想体系，为欧美文化创意产业的兴盛和发展奠定了学科基础。但是，迄今为止，这门学科在中国尚未得到正式承认。尽管各式各样的探索已在展开，然而，从总体上来看，中国高校还没有自己的关于创意写作学的原创理论、训练体系、课程系统，创意写作学学科建设更是空白。那么，什么是创意写作？创意写作的本质是什么？它与传统写作有什么区别？中国高校要不要创建创意写作学学科？本文将围绕这些问题，做出尝试性的探讨。

中文教育改革与创建创意写作学学科

　　长期以来，文学创作被看作是一种只有作家才能拥有的天赋，而这种天赋是不能或者不易被学校培养的。正是基于这种观念，我国的大专院校的文学教育形成了"不培养作家"的传统，这导致"写作学"在大学学科体制内处于边缘化，甚至不被承认的地位，一些大学的中文系一度取消写作学课程、教研室，更谈不上该学科的现代化转型及向"创意写作学"的深度发展。

世移时异，今日的中国已经进入了文化产业化及文学数码化时代，数码文学时代的主流艺术样式是影视而不是文学，文学成为影视艺术的中介，以及其他文化艺术样式的前文本。中国当代文学至此已经不再仅仅是所谓"圣手"作家的天才事业，而是文化产业的一部分。当代文学的发展已经远远超出了 20 世纪 80 年代"纯文学"概念可以概括的范畴，文学写作逐渐成为文学编辑、广告人、编剧、书评人和影评人等的修养基础。此外，文学经过口头时代、纸面时代的发展，其创作规约和技巧已经无比丰富，超越了绝大多数人可以无师自通的能力范围，没有相对专业化的训练，要想成为一个作家已经变得非常困难，而时代主流艺术形式的新变，更要求我们建构现代意义上的创意写作学，使得这种写作技能可以通过有效手段得以培养。

首先，创意写作学的发展是繁荣当代文学创作的需要。创意写作学在美国的发展经验告诉我们，科学有效的创意写作学训练可以培养作家、繁荣创作。谁也不能否认 20 世纪 30 年代以来美国文学在世界文学格局中的领先地位及成就，而这个成就与创意写作学学科在美国高校的发展息息相关。在今天的美国，我们很难找到一个没有受过创意写作训练的"作家"，美国战后普利策奖获奖人多数出身于创意写作训练班。美国当代知名作家几乎都有创意写作学位，许多作家受聘于大学，任教创意写作专业。此外，我们熟悉的白先勇、严歌等等都曾系统学习过创意写作，著名作家哈金也在作家工作室教授创意写作。

其次，中国文化创意产业的产业化发展格局呼唤创意写作学科的诞生。直到今天，我们依然对美苏二战之后的实力的对比消长充满误解。事实上，美国完胜苏联靠的不是军事和政治。美国在军事和政治上从来没有真正打过胜仗，美国的胜利靠的是文化：冷战开始美苏文化产业几乎在同一起跑线上，而冷战结束，文化创意产业在美国 GDP 占比约 20%，经过半个世纪的冷战，文化创意产业已发展成美国占比第一的支柱产业，同时美国也成为世界第一大文化产业出口国，出口占比超过军工和一般制造业，美国的强大正是奠基于文化及其产业化发展上。与美国相比，我国文化创意产业目前占 GDP 总值约 5%，极度落后于美国（相比美国，我们至少还有 4 倍的空间）。在未来的中美较量中，我们不能重蹈苏联只重视军事和工业的覆辙，我们一定要认识到未来的中美较量是文化创意产业的较量。谁在文化上占据了先机，谁就能真正在"观念"上影响世界，就可能在竞争中获胜，成为真正的世界强国。我们文化创意产业的落后最主要是因为高校文学艺术教育落后所致，发展文化创意产业需要强大的文学艺术教育学科，但我们缺乏这个学科引擎。2009 年国务院文化产业振兴规划的出台，首次确认了文化可以产业化发展的思路，此后各地各级政府对文化创意产业的重视为我国走向文化资源大国、文化创造大国、文化消费大国、文化输出大国创造了条件，也为中国创意写作学科的诞生和发展提出了要求。

最后，提出创建创意写作学学科，乃是根源于大学中文系教育改革的迫切需要。这里牵涉两个问题，一是中文系学科独立的问题；一是中文系以"语言 + 文学"为核心的人才培养模式的问题。

一是中国没有严格意义上的高校文学教育，文学学科在中国从未取得独立的地位。中国的文学教育从来就没有与语言教育分离。中国文学教育同语言教育混融为"语言文学学科"，形成了"谈文学就是谈语言""谈语言就是谈文学"的混融观念，进而造成了文学学科属性认识上的偏差，含混地强调其"基础类""研究性"的学科属性，忽略其"艺术性"的学科本质，更否认甚至反对其应用性。事实上，文学和语言是两个完全不同的学科，文学教育不仅仅应该教授语言修养、文体格式，更应该训练个体表达和创造思维（"自我诗化"）。因为文学是语言艺术，文学恰恰存在于语言之外，文学的本质是"艺术"，不是"语言 + 艺术"。文学教育应该独立，应该回归其艺术教育的学科本性。

目前的文学教育是"把文学当作意识形态"时代教育体制的遗存，是为培养"文学哨兵"服务的。今天的文学教育以文学研究、文学批评为主，教授语言知识、语言修养，教授文学史知识和文学鉴赏批评能力，却不教授文学创作能力。以前我们"把文学当作意识形态"强调作家身份及其创作的独特控制管道，自然我们也不需要面对大众的、以"独创"为旨归、以个体表达为核心的"创意写作"能力的培养。20世纪80年代兴起的"先锋小说潮"及其后的启蒙主义文论，让我们误以为文学的个体性和创作性是不可习得的，文学创作与创作成果的可继承性是对立的，我们不承认文学创作能力可以培养、教育，因而我们的文学教育没有指向"创意写作"为核心的高校文学学科。

二是中国式语言与文学混融的教育已经严重滞后于中国文化创意产业的发展的需要，中国式"语言文学"模式培养的人才与社会需求严重脱钩，中国的"文学教育"完全不适应当代中国社会及文化产业化发展的需要，已成为冗余学科。麦可思（MyCOS）中国大学生就业研究课题组的报告认为，汉语言文学专业连续数年位列最难就业专业排名前十位之内。[①]

目前，中国高校文学通识教育主要集中在"汉语和中国文学方面的基本知识"教学上，文学专业教育主要是文学理论和文学史知识教学，而文学史知识又集中在古代文学部分，现当代文学部分常常是受忽视的。这个体系培养出来的汉语言文学专业学生，普遍有知识却不能创造，能鉴赏却不会创作；"有文化修养"却没有文化技能，有"知识基础"却没有专业技术。这样的学生怎么会有就业前景？实际上，中文教育教学的状况，也是中国高校文科教育教学的普遍状况的缩影，中国高校文科教育教学改革应该从中文教育教学的创意写作化改革中寻找突破口。

如今，我们应重新审视并摒弃当前的汉语言文学教育模式，建立新型的以创意写作为方向的文学，恢复文学教育应有的独立学科地位，确认其作为艺术教

[①] 赵秀红：《中国大学毕业生就业报告（2009）发布中西部成为大学生自主创业的"硅谷"》，《中国教育报》，2009年6月11日。

育学科的本质品格。中国高校文科教育应该把教学生创造性思维和创造性解决问题的能力作为自己的根本任务，文学教育应该在其中承担领衔作用，把激发全民创造力、想象力作为自己的教学任务，并把培养学生的写作技能作为直接目标。中国高校应该充当文化创造性创生及产业化发展的发动机，中国高校不仅仅是科学创新的发动机，同时也应该是文化创新的发动机——中国高校要完成这一使命，就必须把创意写作学科当作核心学科来创建，承认其学科地位，开放中文系创意写作专业本科及专业硕士招生。

中国当代文学创作新模式、中国当代文化产业化发展新需要、国际竞争新格局及中国高校文学教育教学体制改革的内在要求促使新型创意写作学学科的诞生，也规定了中国创意写作学学科诞生的背景，这个背景决定中国创意写作学学科与海外创意写作学学科有着深刻的一致性，同时也具有鲜明的中国色彩。

创意写作及创意写作学必须纠正两个"偏见"

"创意写作"是一切创造性写作的统称，为了强调其"创造性"内涵，以突出与传统写作的本质区分，笔者更愿意将创意写作界定为人类以写作为活动样式、以作品为最终成果的一种创造性活动。它的第一规约是"创造性"，第二规约是"写作"，其本质是"创造性活动"。创意写作首先是一种创造性活动，涵盖了传统文学创作但又远远超越于传统文学创作，它既一如既往地致力于传统文学的"写作的创意"，又适应文化产业化发展新变化，面向现代文化创意产业，开展"有创意的写作"。创意写作学是研究创意写作规律及创意写作教育教学规律的科学。它一方面在本体论上研究什么是创意写作，如何认识创意写作规律，创意写作活动与文化创意产业的关系等，另一方面在活动实施上研究如何组织创意写作；同时它还要研究高校创意写作教育教学体系的建构、发展、课程设置、能力训练方法等问题，给高校创意写作课程体系提供理论支撑，连接创意写作活动和创意写作学学科。

大学中文系不仅应该教给学生中国文化修养、中国文学知识，更应该培养学生的创意写作能力，这是创意写作学学科的基本理念。但是，迄今为止，中文教育学界对此还是有分歧的，依然存在着创意写作能力不能教授和"写作学没有学问、无须学科"的"中文系偏见"。一些人依旧存持叶圣陶先生的观点，认为大学写作课不过是"补课"性质，将来终究要被"取消"，终究要为"专业写作"取代。① 另外一些人虽然承认创意写作可以教、应该教，但是他们却反对创建"创意写作学学科"，认为创意写作只是技能，没有那么多理论可以研究，创意写作不应该有"学科"。这种学术偏见和学科歧视，导致了创意写作学学科建设的极端困难，也导致了创意写作学研究的极端落后。目前多数高校都没有正规的创意写作学学科研究队伍，创意写作学二级学科的地位也不被承认。没有一个名正言顺的学科地位和可以培养创意写作学学术研究人才，这种现象对于创意写作学的发展来说是很不利的。②

事实上，创意写作学学术研究任务甚至比创意写作技能教学本身更为繁重，社会需求也更为迫切。没有系统的创意写作学理论体系，我们就不能真正认识创意写作的根本规律，也不能找到真正行之有效的方法进行创意写作技能教学和培养训练，甚至不能说服高校开设类似课程，也不能说服学生来学创意写作，接受创意写作技能培训。创意写作是实践技能，但不能因此就说不存在一个创意写作学，创意写作学需要通过科学和严谨的学术研究来建构。

---

① 叶圣陶：《关于师范教育》，《中国教育报》，1984 年 6 月 18 日。
② 吕峰，马正平《在重建中崛起：中国古代写作理论的现代转化——马正平教授访谈录》，《中文自修》，2005 年第 4 期。

创建创意写作学学科体系需要解决四大问题

创建新型创意写作学学科首先必须处理好创新与传承的问题。许多人认为，写作学中国古已有之，无须新建一门创意写作学，这显然是一种偏见。创意写作是一门不同于传统写作学的新兴学科，它更多致力于研究创意活动规律、创意思维规律及如何以文字体现创造性想象和个人性风格。传统写作学主要内容是文章学，侧重遣词造句、篇章结构和技法训练，并把公文写作、应用文写作作为教学和研究重点。但这种写作学不适应当下社会现实发展需要，也不符合真正的创作学要求，它受到的普遍质疑从侧面也说明了它的欠缺。其最大的弊病在于，在观念上，它认为写作活动本身可以做知识性展示、分解说明、静态讲述，但是"作家"或"writer"不可培养；在教学上写作活动与学生个人成长完全脱离，写作仅仅是外在的技术训练；在训练上也缺乏完整、系统和循序渐进的体系，各文体教学分散、割裂和平行。

毋庸置疑，传统写作学给创意写作学学科的创生也提供了宝贵的学术资源与经验教训。20 世纪 20 年代，我国就出现了一批从语文学分离出来的初具独立品格的写作学著作，如陈望道《作文法讲义》、叶圣陶《作文论》、夏丏尊和刘薰宇《文章作法》等，几十年以来，传统写作学在写作原理及基础理论建设上获得了相当的成就，写作本质论、写作过程论、写作能力论、写作心理论、写作思维论、写作教学论、写作史及写作理论史等方面取得了长足进步；在各种写作的分支研究方面，传统写作学也取得了重要进展，各种文体研究也均有所涉及；在写作训练方法的研究方面，写作训练序列研究、写作题型研究、写作测评研究等也有相当成果。

其次，创建新型创意写作学学科必须处理好"创意"与"写作"的关系。与传统写作学不同，创意写作学不仅仅围绕"写作"活动本身，"沿着创作规律"

展开写作主体学和写作心理学研究，还更多地把重点延伸向"创意"，"沿着创意规律"这条更上游的主线来进行"创意心理"及"创意活动"研究，不把精力重点放在讲授"文章技巧"的文章学上，更着重突出创意活动规律，用创意规律来统领创作规律："创造力遵循的那些规律往往是非同寻常而且互相矛盾的。假如你违反了它们，你会浪费巨大的精力而最终一事无成。好比你一只脚把汽车的油门踩到底而同时另一只脚却把刹车也踩到底……他们没有正确认识到写作过程的基本原理，这才是一切烦恼的最终根源。他们想把普普通通的、日常生活的、非创造性的标准强加到写作这个非同寻常的过程上来，于是就造成了这个后果。确实如此，创作活动可不是普普通通的现实生活。"① 在创意心理研究方面，美国的创意写作学在这个方向就发展了一种叫作"作家障碍"的专门研究方向，研究如何在心理上突破"创造性"障碍，成为一个能从事"创造性"活动的人的问题。在创意写作学看来，任何人都能成为作家，关键是你如何越过那些"障碍"，"作家的神奇魔力确实存在。很多作家都幸运地遇到或找到过这种体验，这种体验过程在某种程度上是可以传授的。要做好准备学习这种体验过程，你必须走一条迂回的路。首先，考虑一下你将会遇到的主要困难。然后，开始做一些简单的、但是迫切需要的练习进行自我施压，来帮助你克服那些困难。最根本的一点是：你必须有信念或者必须有好奇心，愿意接受一个奇怪的建议。这个建议和你在课堂上或者课本里学到的建议都不相同"② 这个方向的研究可以看作是创意写作学对创意写作内部规律的研究。

再次，创建新型创意写作学学科必须处理好文学性写作与非文学性写作的关系。这里涉及"创意写作"培养目标问题，需要研究当下社会文学发展及文化

---

① 克利弗：《小说写作教程——虚构文学速成全攻略》，王著定译，北京：中国人民大学出版社，2011 年，第 1 页。

② 多萝西娅·布兰德：《成为作家》，刁克利译注，北京：中国人民大学出版社，2011 年，第 5 页。

产业化发展的状况，并处理创意写作与上述两者之间的关系。传统写作学并没有明确的培养目标意识，没有为创意产业培养核心从业人员的学科研究目标定位，因而传统写作学关注的是文学创作和公文写作两个方面。创意写作则要把研究扩展到整个创意产业链，研究创意产业发展规律，用产业眼光来对待"写作"，甚至也在国际文化领导力、文化产业生产力竞争的格局中来研究"写作"。这样它不仅要重视文学性写作，同时要重视非文学性写作，在非文学性写作中更把"创意文案""建议提案""商业推广文案"等作为研究重点。

创意写作学研究的对象当然包括文学创作，研究如何追求个人风格、艺术原创的问题，这类写作我们可以定义为"欣赏类阅读文本创作"，也就是传统纯文学范畴的文学写作，包括故事、对话、小说、随笔、剧本、游记、传记等内容。从现代文化工业角度来看，它们是文化工业和文学消费的终端产品（当然几乎都具有向其他艺术形式转化的可能）；但与此同时，它还研究众多非文学或与文学相关但本身又不是文学形式的有创造性的写作。其一是"生产类创意文本写作"，这类创作文本本身不作为阅读欣赏的终端产品，不是作为艺术欣赏消费的直接对象，而是创意活动的文字体现，对应着创意活动的各个环节，其功能主要是为了生产新的创意文本及创意活动，具有再生产性，如出版提案、剧本出售提案、活动策划案等；其二是"工具类功能文本写作"，这类写作文本与中国高校传统应用写作、公文写作的对象基本重合，它们作为信息传达工具而存在，其价值体现于文本信息的沟通、交流、传达，不以欣赏性作为创作目的。创意写作学把"生产类创意文本写作"的研究提到学科研究重点的位置，这与创意写作的培养目标相一致。创意写作不仅培养作家，还更多地着力于为整个文化产业发展培养具有创造能力的核心从业人才，为文化创意、影视制作、出版发行、印刷复制、广告、演艺娱乐、文化会展、数字内容和动漫等所有文化产业提供具有原创力的创造性写作从业人员。中国高校文科教育的改革、中文系文学教育的出路与高校毕业生的就业息息相关，敏感的教育问题与严峻的社会问题纠缠在一起，要求创意写作学学科承担着更多的任务,这也将是中国创意写作学学科发展的特色。

最后,创建新型的创意写作学学科体系必须处理好分体写作研究的学科深化问题。没有分支学科的学科是不成熟的学科,这就要求我们科学处理创意写作学学科分支和教育教学方法问题。前文我们把创意写作分成三类:欣赏类阅读文本写作、工具类功能文本写作、生产类创意文本写作, 这三类研究都可以形成创意写作学学科的二级分支,而"生产类创意文本写作"是研究的薄弱环节。在"欣赏类阅读文本创作"这个分支,我们又可以分出"虚构类创作"和"非虚构类创作"两个三级学科分支。

在中国,有一种将"创意写作"等同于"文学写作", 又进而等同于"虚构类文学写作"的倾向, 复旦大学开设的创意写作研究生课程,包括"主题写作""小说写作实践""散文写作实践"等实践课程,以及"中国现当代文学""中国古代文学""西方文学名著导读"等文学史课程, 主要还是集中在"文学写作"和"文学史教育"方面。这是复旦的传统,但是, 作为学科的创意写作,其研究范围超越了文学写作,更是远超虚构类文学写作。实际上创意写作所涉及的文体分支研究是非常广泛的文学虚构类的小说、随笔、剧本、诗歌、散文等,文学非虚构类的历史、游记、回忆录、传记、博客写作等;生产类创意文本类的歌曲词、影视剧本、清口相声(Stand-up Comedy)、商务推介文案、影视节目策划案及串场词撰写等,这些都需要不断深化研究,丰富创意写作学学科体系。

视野创新与基础理论建构

传统写作学认为,文学不可教,也不可以习得;公文写作、应用写作没有创意,不可与文学创作相提并论。这些都是带着偏见的认识,那种认为凡是"独创"的东西都没有规律可言,都不能教授和习得的看法是片面的, 也不符合现代创作现实和创意写作发展的实践规律。创意大师赖声川说:回顾自己的经验,通过漫长的学习过程，我内在的某种创意能量被激发了，被释放出来了，变得具有创造力。光凭这一点，就表示创意是可能学、可能教的，而且每个人都同样具有可能被激发的潜在创意能力。[①] 其实，创意写作学学科视角下无论是欣赏类阅读文本写作，还是生产类创意文本写作和工具类功能文本写作，都具有"创意"特征，需要从"创意"的视角重新加以认识。这是创意写作学学科第一方面的"视野创新"，这个视野创新为"写作研究"指明了新的论域。

第二个视野创新表现在从读者接受市场消费的视域来认识写作，把它当作一种文化产业活动来看待。创意写作认为"写作"本质上是一种交流、沟通、说服活动，以文本为媒介，连接写作者和接受者两头。创意写作学研究应重视读者/市场接受的研究，建立"文化创意产业"发展的意识，具备产业头脑。即使是纯文学虚构类作品，都不可能不考虑接受者的需要，其个性和风格是建立在有效的交流、沟通和说服基础之上。生产类创意文本更是如此，一份好的生产类创意文本首先是能够自我推销、求取接受对象认同的文本。强烈的读者意识及市场接受观，以及相应的沟通、说服能力，是创意写作取得成功的生命力来源。

"自我发掘论"是创意写作基础理论的一个非常重要的基石。创意是自我人生的投射，创意写作是发现自我、反思自我、开发自我、形成自我并超越自我的活动。作为交流、沟通，它的前提是对自我心思的体认，利益诉求的明确具体化。作为人生投射，它既要有"我曾经是谁"的反思，也要有"谁曾经是我"的追问，最终要回答"我是谁"的终极命题。写作可以记录个人的人生轨迹，创意写作却可以在反思的维度超越自我。"有人问你是谁，你得讲自己的故事。也就是说，你会依照对过去的记忆以及对未来的期望来讲述自己的现状。你根据自己过去的状况和将来的发展来阐述自己现在的境遇。"[②] 英国相当多的高校创意写

---

① 赖声川：《赖声川的创意学》，北京：中信出版社，2006年，第12、42页。
② 理查德·卡尼：《故事离真实有多远》，王广州译，桂林：广西师范大学出版社，2007年，第13页。

作学学科把"自传""家族史"写作，作为创意写作训练的重要起点和环节的事实，正是基于文学创作自我发掘的考虑。

创意写作学学科还要重视"文类成规"的研究。创意活动不是天马行空，而是戴着镣铐跳舞，它要遵循种种文类成规，在接受对象可以理解的基础上展开写作。功能性创意写作有十分明确的写作规范、格式要求，即使是欣赏类创意写作，也并非作为规范的违反者和破坏者而存在。文类成规是读者在长期的阅读中所形成的期待视野，只有符合这个视野才能被读者理解和接受。我们相信在创意活动中存在着一种创造性成规。它和社会成规不同，社会成规你遵守它，就意味着与别人雷同，比如红灯停绿灯行，而创造性成规就不一样，你遵守它，并不意味着你就是在仿制。文类成规一直在创作与接受活动中存在，只有承认它，学习它，运用它，才能更好地从事创造。正如什克洛夫斯基认为，"不仅是讽刺性模拟作品，而且任何一般的艺术作品都是作为与某个样板的相似和相反的东西创造出来的。新形式的出现不是为了表达新的内容，而是为了取代已失去自身的艺术性的旧形式"①。

因此，创意写作学应坚持"文类成规"的研究理路，将之作为创意写作学基础理论来建构。创意写作是有限制的，然而限制本身又具有两面性。成规具有创新性，合理利用成规，反而能迅速进入创作状态，有助于提高创意写作水平。成熟的艺术家绝不会故意引人注意，明智的艺术家绝不会纯粹为了打破常规而行事。文类成规也可以逆向运用，甚至存在一种完全反成规的创作，但是，文学史上大量的"先锋文学""探索文学"实践也证明，他们最终也是建立了一个"先锋"和"探索"的文类成规，并产生了自我复制，罗伯特·麦基道出了"先锋"的真相："先锋派的存在是为了反对大众化和商业化，直到它自己也变成大众化和商业化的东西，然后它便反过来攻击它自己。如果非情节'艺术电影'有朝

①什克洛夫斯基：《俄国形式主义文论选》，方姗等译，北京：生活·读书·新知三联书店，1989年，第23页。

一旦火起来，大赚其钱，先锋派将会反叛，谴责好莱坞将自己出卖给呆板刻画式的影片，并将经典形式据为己有。"①

　　除了我们强调的个人挖掘和文类成规理论，美国创意写作学学科在长期发展过程中还形成了国家和地方叙事理论、种族叙事理论、性别叙事理论以及我们传统的阶级叙事理论等等，这些其实都是个人发掘理论和文类成规理论的交叉延伸。"个人"应该有更大的利益单位，比如政治团体、家族、国族、性别等等，文类从内容上可以分出地方文类、阶级文类，甚至民族文类来。这些创作规律都应该得到创意写作的重视和研究。

　　改革高校文学教育教学体制，开设创意写作专业，搭建创意写作学学科体系，形成中国创意写作教育教学机制，建设以培养创意写作人才为目标的新型中文系势在必行，也任重道远。这一切都在探索之中，刚刚起步，但是让创意写作成为国人创意思维的发动机、文化创意产业的促进器、中国在未来世界竞争格局中占领更广阔产业舞台的支撑点的愿望，已逐渐成为共识，相信在不久的将来，创意写作学学科建设和发展的春天就会到来。

　　作者：葛红兵、许道军，上海大学中文系教授，中文创意写作学学科博士生导师，江西师范大学文学院中文创意写作学科发展顾问。

---

① 罗伯特·麦基：《故事——材质、结构、风格和银幕剧作的原理》，周铁东译，北京：中国电影出版社，2001 年，第 74—75 页。

创意写作：课程模式与训练方法

许道军

多萝西娅·布兰德（Dorothea Brande）说，写作确实存在一种神奇的魔力，而且这种魔力可以传授。[①] 这种说法是有根据的，创意写作在海外的发展经验告诉我们，科学有效的写作教学与训练，可以培养作家、繁荣创作。20 世纪 30 年代以来美国文学在世界文学格局中的领先地位及美国创意文化产业的发展，莫不与创意写作学科在美国高校的发展、创意写作课程和训练的科学开展息息相关。[②] 作为课程和写作训练，创意写作与传统写作课程在教学理念、教学方法、教学单位、训练指向与方法上有何不同？即创意写作课程谁来学习？谁来教学？如何教学？如何分组？如何设置训练？训练指向？等等，仍旧需要深入探讨。

本文在考察海外尤其是美国、英国及澳大利亚等创意写作课程实施基础上，结合上海大学创意写作本科实验课程实践的经验得失，总结并提出创意写作课程活动和训练方法的方案，以待方家指正，共同创设中国创意写作学科，繁荣中国创意写作。

[①] 多萝西娅·布兰德：《成为作家》，刁克利译注，北京：中国人民大学出版社，2011 年。
[②] Mark McGurl. The program era: postwar fiction and the rise of crea-tive writing·Harvard University PR, 2011.

Workshop（工作坊）与 Seminar（研讨会）

工作坊这种组织形式最初来自爱荷华大学。113 年以来，实践证明这是一种行之有效的工作、教学与学习单位。不同于一般大学课程由学识渊博的教授向学生传授知识和思维方法，它一般以一名在某个领域富有经验的主讲人为核心，配以一到两名助教，以 10~20 名小团体在该名主讲人的指导之下，通过活动、讨论、短讲等多种方式，共同探讨某个话题，展开创意和写作。10~20 人的单位又可以根据兴趣、工作任务或者文体文类划分，进一步细分为多个二级单位，如小说工作坊、诗歌工作坊、戏剧工作坊、文案工作坊等，6 人或 3 人为一个小组。如果超过 20 人的班级，则可根据实际情况配置更多的助教，划分更多的小组。在国外创意写作班级上的工作坊，一般由 6 人左右组成，严格控制教学规模。根据我们的教学经验，创意写作教学单位应该向这个方向发展。

在工作坊中，学生与老师组成合作团体，每个学生在课上朗读自己的作品，然后由其他人提出优点、缺点、称赞、批评、修改意见。既尊重学生的写作创意和个性，又尊重创意写作规律，即写作可以教学，可以讨论。工作坊形式比较灵活，它可以走出教室，采取田野采风、写作（夏令、冬令）营、户外互动、实地观察等形式。它没有严格的空间的局限，也没有严格的时间局限，师生可以建立多种联系方式，比如建立网上讨论群组、网页、论坛、博客、纸面或电子刊物，随时在课堂外交流沟通，分享，及时了解和掌控教学的进度。课堂教学可以围绕教学计划展开，根据写作的规律逐渐推进教学，也可以由项目或活动带动，全体成员都参与其中。后者既是教学，也是工作。

研讨会是创意写作课程又一重要组织形式，它为创意写作活动某一专题在一集中场合做主题性讨论、研究、交流而召开会议。与创意写作工作坊相比，其规模更大，主题更集中，形式更正规，学术色彩也更浓厚。

在规模上，研讨会邀请工作坊之外的相关专家、作家、行业人士做主题发言，参加人数最多可达 200 人，一般控制在 20~50 人，少于 50 人研讨会一般采用圆桌会议形式。在主题上，研讨会就某个具体问题展开讨论，参与成员可以从各个角度发表意见，展开交流与交锋。研讨会应满足不同观点意见的参与者演讲发言，通常安排多个参与者演讲发言，为保证交流效果，每场演讲发言的时间设定为 15 分钟左右。专家发言后，配有相关点评人员，负责对上一发言内容做归纳、提炼、点评。专家发言之后，安排有讨论时间，专家与一般参与成员甚至旁听人员可以就某一发言展开讨论、提问。在形式上，研讨会一般由工作人员、与会人员和主持人组成。工作人员负责场地安排、会务服务、活动宣传、采访报道、会议材料整理等工作，与会人员主要由邀请专家、工作坊成员和支持人组成，一般有旁听人员参加。主持人负责会议的组织、会议的进程、问题的提出、话题的衔接转换、安排发言等。研讨会对主持人要求比较高，除了对研讨内容具有相当的权威和号召力，语言表达能力、活动组织能力、应激能力以及人际交往的亲和力都是决定会议成功与否的重要因素。研讨会对场地有一定要求，通常需要在正式的会议室举行，会场应提供投影仪、音响话筒、白板等演讲所需的设施，在超过 3 个小时的研讨会，还需要安排会间休息，俗称茶歇或茶点时间。

对于创意写作课程而言，研讨会提供了一个高端、前沿的学习机会，学生可以与相关专家展开面对面的讨论，也可以就自己的问题或作品请教相关作家、专家。如果说工作坊、同伴反应小组促进具体的写作，那么研讨会则有助于提高他们的写作理论认识。

Writer（作家 / 专家）

创意写作活动的组织者应该由 Writer 实施，而 Writer 我们不能将其狭隘地理解为仅仅是小说家、诗人，供职于各种组织、有特定头衔的专职作家，实际上它还应该包括在文化创意、影视制作、出版发行、印刷复制、广告、演艺娱乐、文化会展、数字内容和动漫等所有文化产业方面具有原创力并取得突出成就的创造性写作人才，如中国台湾的赖声川、李欣频等多次受聘于大陆高校，做创意写作课程教学和演讲。未来高校创意写作学科的培养目标是既要培养传统意义上的文学作家，更要面向现代创意文化产业链条，为以上相关行业培养创意作家。在海外，作家或相关创意写作人才都多出自创意写作工作坊，接受过创意写作工作坊训练的学员，在取得 MFA 或 MA 学位之后，也就取得了在高校任教创意写作课程的资格。那些有最低学位要求或有成就的作家，有丰富工作经验的记者、编辑一般进入高校工作，担任创意写作课程的教学。

1897 年爱荷华大学作家工作坊（Iowa Writers' Workshop）（其实是诗歌工作坊）初具模态，1936 年，创意写作系统（Creative Writing Program）计划启动，文学院开始提供写作方面的固定课程，由驻校作家和访问作家为选修课程教学提供写作指导，并提供英语专业艺术硕士（MFA）头衔。保罗·安格尔（Paul Engle）是首批获得创意写作硕士学位的学生之一，他提交的作品是《破损的地球》诗集，这本诗集也让他获得了耶鲁青年诗人奖。由于他获得了该校创意写作 MFA 学位，1941 年他谋得该工作坊教职并主持工作长达 25 年，亲眼见证了工作坊的繁荣并成为美国文坛的重要力量。一般来说，包括爱荷华大学在内的美国高校创意写作教师包括驻校作家和访问作家两种。驻校作家也就是取得学位的固定作家教师，如波士顿大学写作班教授小说的作家（教师）有莱斯利·艾普斯坦（Leslie Epstein）、阿哈龙·阿佩尔菲尔德（Aharon Appelfeld）、琼·西尔伯（Joan Silber）和哈金（Ha Jin），教诗歌的老师有德里克·沃尔科特（Derek Walcott）和罗伯特·品基（Robert Pinky）等人。约翰·舒尔茨（John Schultz）教授是哥伦比亚大学故事工作坊教学法的创始人，他的主要著作有《男子之舌：三个短篇小说和八个短篇故事》（1969）、《没有人死亡》（1968）、《议案将被否决：芝加哥阴谋审判的新报告》（1972）、《从开始到完成写作：故事工作坊基本形式修辞》（1982 年初版，1990 年出版缩写版）、《从开始到完成写作（教师手册）》（1983）。斯考特·杜罗（Scott Turow）是美国最畅销的悬念推理小说家之一，曾在斯坦福大学创意写作研究中心（the Stanford University Creative Writing Center）教学，他的第一部小说《假设的无辜者》，以及后来的小说《供认不讳》（1993）、《我们父亲的法律》（1996）、《个人伤害》（1999）、《平凡英雄》（2005）、《限制》（2006）等小说创作都雄踞历年美国最畅销小说的榜首。

除了这些常年驻校的固定教师，各大学还不定期地邀请访问学者和客座教授等来校流动做短期教学。爱荷华大写作坊每年都邀请作家来访，教授诗歌和小说写作，诗人罗伯特·弗罗斯特（Robert Frost）和罗伯特·潘·沃伦（Robert Penn Warren）等在校停留过几周，讨论学生的作业并给学生们做讲座，带来了关于社会的新鲜的声音和丰富的经验。据爱荷华大学网页统计，有数十位赫赫有名的作家、诗人在这里访问教学。波士顿要求受邀的访问学者至少留校教完一个学期的课，杰弗里·伍尔夫（Geoffrey Wolff）曾在校讲过文学传记课，获得"罗格编辑杰出纪念奖"的（Roger Klein Memorial Award for Editorial Excellence）约瑟夫·卡侬（Joseph Kanon）讲过编辑技巧课，获得"美第奇奖外国小说奖"的以色列作家阿哈龙·阿佩尔菲尔德（Aharon Appelfeld）讲授过《旧约全书》。

这些作家进高校，教授创意写作，带来了写作学新的理念。他们认为创作可以习得，也可以教学，他们的工作经历给学生以信心，工作经验也给学生以启发。就我们的了解，在海外创意写作课程教学中，它实际上由两类教师组成，一类是真正的 Writer，一类是对 Creative Writing 进行理论研究的 Expert（学者），而这些 Expert 却不担任创意写作课程的写作教学，比如美国斯坦福大学的马克·麦克格尔（Mark McGurl）教授，虽然著有《创意写作的兴起：战后美国文学的"系统时代"》等这样有重大影响力的著作,但是并不是创意写作课程的教师。这种安排是传统,也有其道理。了解创意写作历史及知识的人未必胜任创意写作课程的教学,正如中国高校大量教写作学的教师正是写作学专家而不是作家一样。

近年来,众多一线作家进入高校,如葛红兵进上海大学,马原进同济大学,王安忆进复旦大学,贾平凹进西北大学,红柯进陕西师范大学,等等,这就为将来的创意写作的开展奠定了基础,我们期待着他们为中国创意写作学科的创生起到特别的作用。

Writing Processes(过程写作法)

过程写作法的出现得追溯到 20 世纪 60 年代的美国,最初它是针对二语写作(Second Language Composition)传统控制写作法和现时—传统修辞法的弊端而产生的。许多美国教师在教学中发现,专注于纠正学生的写作错误并不能改变学生的写作水平,于是他们中的许多人转向了创意写作的研究。托尼·席尔瓦(Tony Silva)发现写作不是简单的线性计划—纲要—写作过程,而是伴随着思考和探索的活动。贾特·艾米格(Janet Emig)等研究者开始观察学生与专业作家的写作行为。他们发现优秀的作家首先关注的是思想而不是拼写正确,若作家在打草稿时注重写正确,那么就会受到干扰。过程写作就从这项研究中发展起来,并确立了自己的地位。

过程写作法并不是为高校或各种形式的创意写作课程量身定做,但是其基本理念和方法与后者不谋而合,或者说相互启发,也可以说创作在某种程度上有共通之处。因此它既是写作法,也是教学法。我们在考察多个美国高校创意写作课程介绍,研究许多相关创意写作教材及专著后,发现这种写作法或者说教学方法其实是体现在课程活动以及训练活动之中,并与各种形式的 WorkShop(工作坊）相得益彰。①过程写作（教学）法认为，创意写作不是简单的语言、段落、篇章，以及技巧、修辞的组合，而是包含着创意、构思、写作及反复修改的全部过程，将写作活动延伸到了传统写作活动中忽视或者说不被重视的上游环节。在其写作和修改的下游环节，创意也是不断产生和得到修正，修改是学生创意活动、写作活动、认知活动的循环往复，换句话说，写作其实就是再写。对思想内容的挖掘和表达，优先于语言的字斟句酌。在课堂写作活动中，写作也不被认为仅仅是学生单打独斗的私密行为，教师以及学生同伴都可以参与到每一个个体的写作活动中，教师、学生、同伴形成多向反馈，激发创造性思维。作为教师的作家自然可以起到点拨和指导作用，但是同伴反应、集体构思、集体修改同样能够起到重要作用。也就是说，过程写作法旨在管理学生的写作行为。

过程写作（教学）法一般分预写作 / 构思（prewriting）、打草稿（drafting）、修改（revising）、校订（editing）和发表（publishing）五个相关阶段。所谓预写作 / 构思就是写作前的集体创意、写作准备时期。在这个阶段，教师给予 3 ~ 5 个诱导性话题，激发学生的创作兴趣。学生可以通过交谈、商议确定小组（3 人或 6 人）共同话题、创作目的、文类形式、接收对象，主要解决创作意图问题，关键环节在于以集体讨论开创思路，以问题引导激活思维。在打草稿阶段，学生迅速把自己的想法写下来，不必考虑语法、拼写和形式问题，主要任务是解决主题创意。在修改阶段，每个学生将自己的创意口头或书面表达，根据同伴或教师的反馈，修改自己的初稿。如果是项目设计或文案写作，则指向集思广益，发现和培育最佳创意方案，综合与吸收成员创意中的精粹部分。如我们在九香汇主题餐饮设计中，最初分"海纳百川""菩提树下""美丽华府""四季养生"和"牡

---

① 参见 John Schultz·Writing from Start to Finish: The "Story Workshop" Basic Forms Rhetoric — Reader. Columbia College（Chicago）·Boyn- ton / Cook Publishers, INC. 1990. Jerry Cleaver·Immediate Fiction: A Complete Writing Course. St. Martin's Griffin, 2002. 等等。

丹亭"等五个小组独立工作，分别从地方、宗教、时尚、养生和文化等方面掘进，形成自己的方案。在这个阶段，每个小组成员分别设计自己的主题创意，完成后在小组讨论，比较优异，最终选择最有创意的那一个，作为重点培育方案，随后的创意集中到这个方案上来，其他方案则备用。在大组讨论中，每个小组选出发言人，代表小组做主题报告，陈述小组的主题创意、根据、实施方案等。教师组织专家团队，听取报告后匿名打分，决定最后扶持方案，那么然后所有的小组将会集中到一个方案上来，从各个角度进行完善。第四阶段：校订。在这个阶段，侧重修改作品中存在的拼写、语法、标点等细节性错误，完善、集中和提高。第五阶段：发表。在班上或小组内朗读或传阅彼此的作文定稿。

过程写作（教学）法十分重视写作的合作环境，不仅要求教师对学生创意的鼓励、支持和回应，更要求每个小组成员的积极参与和反馈。在组织形式上，各小组内部和其他小组在功能上互为同伴反应小组和同伴校正小组（Amy Bloom 称之为"戏水伙伴"）[1]。同伴反应小组要对同伴的作品内容而不是形式与写作模式做出回应，遵照鼓励原则，指出同伴作品的闪光点、最欣赏的内容，同时要对自己不理解的部分提问，由作者做出阐释，最后根据自己理想模式对该作品做出评判。在这个活动中，主要目的是激发学生的创意思维，在交流、说服和沟通过程中碰撞出火花。而作者的阐释，其实也是在梳理和明晰自己创意的过程。

同伴校正小组其实也是同伴反应小组的原班人马，只不过是在集体写作过程中的功能发生了变化。在这个阶段，重心从"写作的创意"转移到"创意的写作"，即作品的形式与内容的契合，作品的风格与腔调，作品书写中的语法、标点及其他技术性细节的问题，等等。但是创意写作规律告诉我们，同伴反应小组和同伴校正小组的功能并不是固定的，在写作过程的顺序也并非绝对先后，反应中有校订，校订中也有反应。

---

①Amy Bloom：《戏水伙伴》//雪莉·艾里斯：《开始写吧！——虚构文学创作》，刁克利译注. 北京：中国人民大学出版社，2011年。

Jumpstart Your Writing（突破写作障碍）

创意写作课程显性形式是文字写作，隐性形式是思维训练。脱离了写作的创意是无根之木，但是没有创意的写作却是陈词滥调。在创意写作课程中，写作训练与思维训练紧密结合，不可分割与偏颇。创意写作在思维训练方面要向着关于"所有写作的写作"掘进，着重培养学生的创意思维。

创意写作思维训练十分重视借鉴现代心理学、教育学、创意学甚至现象学哲学等科学探索方面积累的成果，反思自我心理认知结构，清理个人意识、无意识和集体无意识阻塞，打通记忆、联想和想象通道，训练逆向思维、发散思维，拓展思维的深度与广度，如此等等，重建一个积极的认知和反应模式。创意思维训练可以借鉴的模式有脑力激荡法（Brain-storming）、心智图法（Mind Mapping）、曼陀罗思考法、逆向思考法、综摄法（Synectics Method）、属性列举法（Attribute Listing Technique）、希望点列举法、优缺点列举法、检查单法（Checklist Method）、七何检讨法（5W2H 检讨法）、强制关联法、创意解难法（Creative Problem Solving）等，这些训练方法有交叉、重叠之处，如何选择和使用应视学生和工作任务的具体情况而定。一般来说，不做单纯的思维训练，而是将其融汇到具体的教学任务之中。

但是作为创意写作课程思维训练的第一步，却是突破作家障碍。作家障碍（Writer's Block），也叫写作障碍，是指不能用文字表达自身意思的现象。形成作家障碍有多种原因，也有多种表现形式。就原因来讲，有心理原因、技巧原因、习惯原因、时间原因等，就表现形式来说，有找不到恰当的词语、无法组织素材、难以开头、拘泥于一种文体、不能流畅地写作等。无论是什么原因和何种表现形式，都会对写作产生影响，最严重的表现形式是彻底丧失写作能力。但是在所有的障碍当中，最为有害的是心理原因，即相信"Writer 是天生的，而不是后天培养的"。

这个写作问题其实带有普遍性，即使在创意写作学科创建 80 余年的美国，创意写作课堂同样存在这样的问题。因此，在创意写作工作坊里，专门开设 Jumpstart Your Writing（突破作家障碍）课程，把创意写作心理问题突出到专门课程的高度。这个课程主要针对的是 "love to write, but hate the obstacles"（热爱写作，但憎恨写作障碍）、"tired of battling with writer's block"（被作家障碍折磨得精疲力竭）等问题。①

创意写作课程不是学习写作，本身就是写作，这是突破作家障碍的首要信念。创意写作的目的是通过自己的活动，创生一个全新的世界，这个世界又是建立在自己的心思之上。有"心思"就有创意，会说话就会写作，给"心思"讲一个故事、赋予一个形式就是创意写作。"心思"的系统形式是世界观，最高标杆是创生新世界。没有目的的写作是盲目的写作，没有世界观支撑的写作不可持续，不为创生一个新世界的写作是徒劳的工作。创意是一种思考、建构世界的方法，是觉醒、敏锐、突变出来的，并非素材与规模累积而成。在创意写作思维里，现实世界永远不完美，创意写作的目的就是重建一个全新的世界。

思维训练（顺向、逆向，广度、深度，等等）锻炼写作的敏捷性、创造性、原生性，它们在结果上不可预料，但在具体训练上有着指向性，并非天马行空、随心所欲。思维训练的指向有二，一是向外，重新处理自我与世界、社会、他人之间的关系；一是向内，重新处理自我与智慧、经验、习性、偏好的关系。无论是向内还是向外的思维训练，都不可脱离时间（过去、现在、未来、永恒）与空间维度（世界、地方、未知、宇宙），脱离了时间与空间维度的思维也是井底之蛙、檐下之雀、鼠目寸光。去除标签，重新看待世界；突破障碍；从心开始，创

---

① 参见 Writing Fiction: The Practical Guide from New York's Acclaimed Creative Writing School. Written by Gotham Writers' Workshop Facul- ty. Edited by Alexander Steele. Bloomsbury, 2003. http: //www. writingclasses. com /CourseDescriptionPages /GenrePages. php /ClassGenreCode /CR. 等等。

生新世界；换位思考，以己度人，树立系统观念、个体哲学和相对主义立场；跳出自我，超越现世，进入永恒的时间和空间；等等，这些都是现代创意写作大师在各自的写作教学活动中所总结出来的一般性经验。

Creative Writing（创意写作）

创意思维训练要借助脑力激荡、创意解难方法等手段，但它们只是技巧，需要依附在具体的观、看、听、写、想具体活动中。脱离了学生生活经验和智慧的技巧是无根之木、无源之水，脱离了写作训练的思维训练也只是另一种形式的知识传授。

创意写作既是关于"所有写作的写作"，也是具体的文类写作，它与创意思维训练一起，共同组成创意写作活动的两翼。创意写作训练的主体是学生，主导是教师，教师在这个活动中，承担活动的发起者、过程的维护者和结果的评判者角色。创意写作训练是一个系统、循序渐进、因人而异的过程。所谓系统训练，是指创意写作训练在内容上包括各种文类写作训练（包括打破文类的综合写作），感觉上的听、视、嗅、味、触和直觉上的运动、平衡、空间、时间、纠错等各种训练，思维上的回忆、联想、想象、推理等训练，以及技巧上的人物特写、场景描写、拼贴游戏、修改等专项训练；所谓循序渐进，是指创意写作遵循写作学普遍原理，开展由易而难、由浅入深、由专项向综合、由模仿向独创、由个人向他者的创作过程。一般说来，写作从检视自身生活、发展个人心思、书写个人自传、家族史开始，走向更为理性、深入、外向和综合的写作，在课程设置上，一般写作者要经历初级、中级到高级三个阶段。所谓因人而异，是指创意写作训练尊重学习者的写作经历、能力、禀赋和个人兴趣爱好，切身体己、量身定做，帮助学习者设置适合个人兴趣、有助于形成个人风格、可持续写作的训练方案。"快乐写作"（Having fun with writing）、"写你知道的，写你想知道的，找到属于你个人的腔调"（Writing what you know；Writing what you want to know；Finding your individual voice）是写作训练的原则。

写作训练离不开文类，而文类写作训练在纵向上表现为课程设置，一个完整的真正的面向现代创意文化产业的创意写作课程，是也应该是已经打破了传统单一文学写作和应用写作的。以纽约哥谭作家工作坊（Gotham Writers' Workshop）课程为例，它包含如下课程：第一类课程是美国传统高校能够提供的创意写作课程，比如小说写作（Fiction Writ-ing）、角色塑造（Character Development）、回忆录写作（Memoir Writing）、神秘故事写作（Mystery Writing）、非虚构写作（Nonfiction Writing）、非虚构读物写作指南（Nonfiction Book Proposal）、故事写作（Novel Writing）、随笔写作（Personal Essay Writing）、剧本写作（Playwriting Writing）、诗歌写作（Poetry Writing）、言情小说写作（Romance Writing）、科幻小说写作（Science Fiction Writing）、电影剧本写作（Screen-writing）、游记写作（Travel Writing）、纪录片写作（Writing Documentary Films）等虚构与非虚构文学写作，即我们所说的欣赏类阅读文本写作。第二类课程是应归属于非虚构文学写作，但是比较具体、倾向创意文化产业的课程，如专题写作（Article Writing）、对话写作（Dialogue Writing）、食物介绍（Food Writing）、幽默写作（Humor Writing）、博客写作（How to Blog）、歌曲作词（Songwriting）、个人相声/脱口秀（Stand-up Comedy Writing）、儿童读物写作（Children's Book Writing）、电视节目写作（TV Writing）、从作家角度阅读小说（Reading Fiction from the Writer's Point View）、剧本分析（Script Analysis for Screenwriters and Movie Lovers）等。第三类课程则是倾向于生产类创意活动文本写作，如出版技巧（How to Published）、作品讨论会（Writer's Conference）、即时写作（Write It Right）、剧本出售（How to Sell Your Screenplay），近似于创意活动策划或文案写作，虽然也涉及作品、剧本或者出版物，但是这些写作内容已经离文学很远了。他们的成果不是作为欣赏文本存在，而是为创造或生产一个活动准备。第四类课程则是与商业活动有关的工具类功能文本写作，如商务写作（Business Writing）。第五类课程是关于创意写作心理的课程，包括专项创意写作（Creative Writing 11）、突破写作障碍（Jumpstart Your Writing）。

（一）文类写作训练

文类训练包括欣赏类阅读文本写作、生产类创意文本写作和工具类功能文本写作三个大类，面向文学消费、创意文化产业和一般事务性工作三个方向。一般来说，工具类功能文本有着比较严格的文类规范，在训练上着重文体的训练。生产类创意文本更多的是打破文类规范的综合性写作，着重在活动本身的创意，着重文案写作和活动策划。欣赏类阅读文本与传统虚构与非虚构文本多相重合，但是着重训练纸媒文本向影视文本的转换和二度创作。

（二）感知写作训练

感知训练包括实地考察式的听觉、视觉、嗅觉、味觉、触觉、运动觉、平衡觉、空间觉、时间觉及纠错觉的训练和回忆、想象及移情替代式的感知训练两种，前者可以走出教室以田野采风、参观考察、人物采访、故地重游等形式，也可以在教室随意选定人物、器物、活动等为对象，分门别类地激活身体器官感知世界的能力，全方位地打开切入世界的通道，后者则在虚拟中以体验、想象方式进行，主要以书面记录形式记录感知结果，也可以口头描述。

（三）系统写作训练

经历感知写作专项训练后，创意写作进入系统写作训练阶段。在这个阶段，教师开始设置诱导性话题，结合学生个人生活经验和知识积累，展开以回忆、想象、联想和推理等多种形式的思维活动，从回忆录、家族史写作开始，激励学生打破作家障碍，发展个人心思，合理利用成规，提升创意品位，从个人性的写作迈向有个性的写作。创意写作一方面承认写作的个人性、创造性，另一方面又破除写作的神秘性，打破写作的私密化状态，大胆鼓励写作对他人作品的借鉴和模仿，调查和尊重写作受众，总结和遵循文类成规，在开放、轻松和互动的写作环境中进行创作。在生产类创意写作活动中，更以 workshop 为单位，集体创作为主要形式，训练学生适应现代文化创意产业写作能力。

（四）专项技巧训练

专项技巧训练包含在系统写作训练之中，也体现在作品完成之后的修改、润色、提高方面。包括搜集和选择写作素材、开列提纲、提炼主题、培育意象、确立故事发展动力与阻力、设置故事情节、创意阅读、场景描写、人物刻画、对话描写、人称转换、写作路线、文体转换、拼贴训练等具体内容，而修改技巧训练及活动则可应用于任何一个写作环节，促使作品尽善尽美。在作品最后完成后，又可引入投稿、申请出版资助、出售作品版权等活动，这些活动既是创意活动的延伸，也是写作活动的转换。

中国当代文学创作新模式、中国当代文化产业化发展新需要、国际竞争新格局及中国高校文学教育教学体制改革的内在要求促生新型创意写作学学科；建设新型创意写作学科，离不开对创意写作课程活动和写作训练的探索与试验。中国已经有文学讲习所、工农作家培训班、作家夏令营等这样的作家培训传统，2009 年复旦大学开设创意写作硕士班，2010 年上海大学开设创意写作本科实验班，而武汉大学、南京大学、同济大学、中国人民大学等高校有丰富的传统文学写作教学经验，整合已有的宝贵教学资源，引进海外系统教学体系并促进中国化转换，相信在不久的将来，有中国特色、适应中国语境的创意写作课程系统和训练体系将建设起来，而创意写作的繁荣也将到来。

"语言自觉" 与中国新文学传统

陈　离

毫无疑问，每一个写作者在其创作历程中都体味过来自语言的焦虑和痛苦。"当我沉默着的时候，我觉得充实；我将开口，同时感到空虚。"这是鲁迅先生的《〈野草〉题辞》开篇的话。它曾经被无数次地引用过，因为它确实道出了许多写作者都曾有过的语言体验。鲁迅之后的汉语写作者，有谁在提笔著文之时心头不曾涌出过这句偈语似的"题辞"呢？对于一个将写作与生命视为同一的人而言，面对这个世界无话可说自然是一件比死亡还要痛苦的事，但感到心中有话要说，一俟提笔却又不知如何说起，却也是对人的灵魂的一种无与伦比的折磨。无言的痛苦或可由时间来化解，心中有"言"却不知如何道出，这种"存在之烦"如心魔似的跟随着写作者，固执地要求得到一个"解决"。不断地与语言做斗争，成了一切有着"语言的自觉"的写作者的一种宿命。无论怎样劳神费力竭虑殚精，笔下的语言也总是桀骜不驯难听驱使，"方其搦翰，气倍辞前；暨乎篇成，半折心始"[1]，每每如此，几无例外；所谓"百炼钢化为绕指柔"不过是一种理想的境界，现实中人怕是很难企及。那些最终放弃了写作的人，可能有不少都是被自己笔下的语言所击败的。

---

[1] 刘勰：《文心雕龙》，北京：华夏出版社，2002年，第170页。

寻找到一种"属于自己的语言"，这一定是所有的写作者都梦寐以求的事。这种理想中的语言大约不外以下三个方面：其一这应当是一种富有表现力的语言；其二这应当是一种美的语言；其三这应当是一种具有个性特征的语言[①]。这样的语言之梦贯穿了近一个世纪以来的汉语写作史：从新文学发轫之初的白话文学革命，到后来的"大众语"运动，一直到 20 世纪 80 年代以来诸多作家在语言上的自觉追求。对于自 20 世纪以来的汉语写作，读者和研究者有不少的遗憾，作家们自己也不能满意，这是一个人所共知的事实。文学是语言的艺术，语言是文学"最直接的现实"，从这个角度看，所有对于文学的不满意最终都可落实到语言上。

但是在这种种不满意之中，却有一个难得的例外，那就是鲁迅。鲁迅的意义不仅在于他在 20 世纪以来的中国思想史和文化史上无可替代的地位，也在他的创作对于现代汉语写作所具有的典范作用。思索和考量一番鲁迅的语言之道，无疑对今天的写作者会有极大的启发。

要论语言上的自觉，在所有的新文学作家当中鲁迅当数第一人。周作人说鲁迅对于语言有一种"洁癖"，可谓是知人之论。时光过去不到一个世纪，许多曾经风行一时的文学都已经烟消云散了，鲁迅的文章却留了下来——而且肯定还会流传下去。鲁迅所有的创作都可当作美文看。《野草》中的篇章不必说，鲁迅最好的小说如《故乡》《在酒楼上》《孤独者》，以及《伤逝》等等皆可当作美文来诵读。即使是"学术性"的著作（如《中国小说史略》），读来也让人感到荡气回肠、流连忘返。"我做完之后，总要看两遍，自己觉得拗口的，就增删几个字，一定要它读得顺口；没有相宜的白话，宁可引古语，希望总有人会懂，只有自己懂得或连自己也不懂的生造出来的字句，是不大用的。"[②]这种运笔著

[①] 当然，对于语言的这三个方面的理解，在不同的写作者那里可能是各不相同的。
[②] 鲁迅：《南腔北调集·我怎样做起小说来》，《鲁迅全集》第 4 卷，人民文学出版社，1981 年，第 512—513 页。

文时对于自己的苛刻最终得到了回报，这就是鲁迅的文章奉献在今日的读者面前仍让人感到百读不厌，常读常新。鲁迅笔下的语言初看起来有些"涩"，但细细读过之后便不难体味到其中的力量、韵味，以及它和所欲表达的思想情感的契合无间。鲁迅的文章确实具有了"意美娱心、形美感目、声美悦耳"这样的"三美"。

但是显然，并非所有的现代阅读者都喜欢鲁迅的文章。虽然鲁迅的著作能够一版再版，喜欢鲁迅的读者还是可以划出一定的范围。上述对于鲁迅语言之美的体验，也只是相对于那一部分读者来说才能够成立。大约只有那些受过一定教育且有相当文化程度的读者才会喜欢鲁迅的著作。事实上不排除在有些读者看来，鲁迅的文章也是佶屈聱牙味同嚼蜡。确实，鲁迅的语言是"不文不白""非中非西"的，这样的语言对于所有习惯了某种既成阅读口味的人来说都是一种挑战。鲁迅的文章很难在一开始就让人毫无障碍地欣然接受。阅读鲁迅文章所获得的审美体验属于典型的"经过痛感之后的快感"。在语言问题上鲁迅实行的也是"拿来主义"，在吸引各种各样的传统的营养之后"自铸伟辞"。鲁迅喜欢嵇康，他的笔下常有六朝文章的韵味，但是他又强调直译甚至"硬译"，目的是吸收西方的表达方式于现代汉语写作。鲁迅的文章中既有"惨象，已使我目不忍视了；流言，尤使我耳不忍闻"这样类似骈体的句法，但是也有"安宁和幸福是要凝固的，永久是这样的安宁和幸福"（《伤逝》）这样完全"欧化"的句式。——鲁迅的伟大之处在语言问题上也再一次表现出来：他既倚重于传统，但又从不依附于任何一种传统，而是在尽可能地吸收各种传统的营养之后进行创造，使自己成为一种新的传统。

当然，在现代汉语写作中除了鲁迅的传统，还存在着各种各样其他的传统。胡适之是一种传统，周作人是一种传统，毛泽东也是一种传统，在现代汉语写作中他们分别代表了几种重要的"话语类型"。无论我们对之做出怎样的评价，他们都影响着直到今天的汉语写作。不论是胡适之、周作人，还是毛泽东，在当今都不乏自觉和不自觉的追求者。让人感到奇怪的是，尽管有不少人声称是鲁迅的信徒，在语言上自觉地向鲁迅学习的人却罕见。这个事实本身就像鲁迅的语言一样耐人寻味。

就"当代文学"的领域来说，在语言上有着自觉的追求的作家不乏其人。但在我看来其中最有代表性的还数三位作家：赵树理、汪曾祺和余华。因为他们大致代表了当代作家在语言上努力的三个方向：向民间学习、向古代（既包括古代的文言，也包括古代的白话）学习和向西方学习（主要是向翻译过来的西文文学作品学习）。他们一生志业所在的小说创作已经或者正在成为现代汉语写作的经典。汪曾祺一度极受重视，效仿者大有人在，但他在世时就告诫青年作家不要向自己学习，因为他清楚地知道自己语言上的素养主要来自宋人的笔记小说、明代文人的"性灵小品"等古人的文章（当然这并不是说他完全不向现实的"生活世界"吸取语言的营养），这样的语言适合于营构篇章短小的文体，而不能胜任长篇巨制的写作。随着左翼文学研究的再度升温，赵树理的创作似乎再次成为众多文学研究者关注的焦点。但是现在生活在都市之中的青年大概难得有人会喜欢他的小说。像《小二黑结婚》和《李有才板话》这样的叙述语言，如果用来表现城市生活和知识人的内心世界，可能会遭遇极大的障碍。作为后来者的余华，其文学才情无疑秀出群伦，已经取得的创作实绩也确实令人瞩目，但要成为真正的文学大师，他前面还有很长的路要走。余华的写作总是采取一种先知似的姿态，他的笔下所呈现的往往是人类共通的情感与经验，他的语言是一种"标准"的书面语，优雅，从容，富于文学意味，不难看出其渊源正是用现代汉语翻译过来的国外经典和文学作品——从《圣经》到《喧哗与骚动》，从卡夫卡到川端康成（像傅雷、汝龙、李文俊、王道乾、王央乐等等翻译家的语言对于当代文学的影响，应当非常值得人们去从事专门的研究），但是这样的语言要想突入当下中国的生存现实，是否也会有它的局限性呢？

毫无疑问，上述作家在不同的方向上所从事的探索，对于丰富和发展现代汉语写作都具有非常重要的意义。他们所取得的成就部分地要归功于对于某种传统的倚重，以往的文学传统也因为他们的写作而得到光大和发扬。正如有识之士所指出的那样，对于当今一代的一些汉语写作者来说，问题不在于他们感受到多少来自传统的压力，而在于他们根本就感受不到传统的存在。[①] 当代的许多写作者因为失去了与过去的伟大传统的联系而成为一种无根的存在，他们所凭借的似乎只有一己的感受和体验，"内心"和"自我"成了他们所尊崇的唯一上帝，但是因为失去了和人类历史——以及和当下的活生生的现实——的联系，他们的"内心"变得多少有些可疑，而那个为许多人津津乐道的"自我"则成为一种虚无的幽灵。像余华这样的作家之所以能够比另外一些写作者走得更远，根本的原因也许并不在于他具有更高的文学天赋，而在于他更善于"借传统说出自己的话"。

即使意识到传统的重要，意识到"回到传统"是进行一场文学上的远行的必由之路，今天的写作者面对的传统所表现出的极为驳杂和繁复的状况，也使得他们的抉择变得非常艰难。"借传统说出自己的话"，其实谈何容易！也许从根本上说，语言问题的背后还是潜藏着特定的政治学。[②] 今天我们所看到的，是各种互相冲突的语言传统在争夺话语的权力和言说的空间。表面上看是"话语类型"的冲突，本质上也许是精神旨趣的不同，文化选择的殊途，价值观的冲突，甚至是"意缔牢结"之争。重审白话文学革命，批判"言文合一"的神话，无论对于学术研究还是对于现实的汉语写作，都具有极其重要的意义，但是在语言上一味地追求古雅，只恨不能回到唐以前甚至是《尚书》《周易》的时代，从中却不难看出文化精英和精神贵族的心理。也许在有些人看来，文化本来就是一部分精英的事（可能在他们看来现代的"大众文化"其实并不能算是"严格意义"上的文化，而只是一种消遣生命和娱乐人生的方式），但现代社会的主题是民主而不是

---

① 参看郜元宝：《离开诗——关于诗篇、诗人、传统与语言的一次演讲》，《当代作家评论》，2002 年第 2 期。

② 显然，这和钱乃荣先生所批评的"把语言问题政治化"并非一个意思。参看钱乃荣：《质疑"现代汉语规范化"》，《上海文学》，2004 年第 4 期。

精英（尽管现代的民主事实上仍然是一种精英统治，但这种精英统治与前现代的贵族制度毕竟有了很大的不同），是平等而不是等级，是大众而不是贵族，文化建设只有置于这样的前提之下才能取得社会共同体绝大多数成员的认同，才能够取得真正的成效。文言与白话之争，"字本位"与"音本位"的龃龉，"本体论"与"工具论"的交战，似乎都可置于这样的大背景下来认识。[①]当然，即使在一个民主的社会里也应当允许和鼓励一部分人致力于高蹈的事业，但是如果缺少了鲁迅所说的"自性"和"白心"，只是单单在锤炼字词上下功夫，一味地追求文字的古奥，是有可能流于纯粹的笔墨趣味以至近于无聊的。在语言上向民间学习是非常必要的，因为民间所蕴藏的活力和创造力构成了语言发展和流变的重要动力之一，但是我总怀疑纯粹的方言写作是否可能，以及有无必要。就我个人来说，在十六岁上大学之前我一直生活在赣皖交界的乡村，日常生活中所使用的语言是一种流行于安庆地区的方言，可以说这种方言已经成为我生命的一部分，直到今天它仍然流淌在我的血液之中——但是难以想象有一天我会用这种方言写作。这并不表明我对自己的"母语"没有感情。先不说完全用这种方言写作有无必要，事实上是没有这种可能，因为我无法充当曾经养育了我的那片土地和乡亲的"代言人"——在我看来方言写作的提倡者潜意识里总有着这样的"代言人"意识，而进入现代以来，几乎一切有意义的写作都是一种"私人写作"，因此一个写作者必须找到一种独特的"私人语言"才能完成他对生命对世界的感受、认识和表

---

① 郜元宝先生非常正确地指出了现代汉语写作存在着日益"粗糙"的趋向，语言的粗糙根源是人心的粗糙和浮躁，是受工具理性所支配的现代人的急功近利——其实这个问题在全世界范围内都普遍存在，并非开始于 19 世纪末 20 世纪初的中国的特有现象。语言日益粗糙的问题肯定在其他民族的语言中也同样存在着，只是因为西文进入现代社会比中国早，语言的粗糙也比东方的中国发生得早。从整个社会来说，语言的粗糙是一种无法避免的趋势，这正如现代性的进展无法避免一样——但这并不是说写作者就只能认同于这种粗糙，而不需要与它做艰苦卓绝也许永远没有胜算的抗争。参看郜元宝：《在失败中自觉》，中国人民大学出版社，2004 年，第 198-206 页。

达。① 至少对于我来说，我在写作的时候无法忘记自己是一个知识分子。在我看来，今天的写作者否认自己的知识分子身份，不仅未免矫情，而且有些推脱作为一个知识人所应当承担的社会责任。这大约是另一种"精英意识"吧，但是民族语言的发展与流变是否就完全是一个"自然"的过程而不能对之实行任何"人为"的影响呢？也就是说，语言的演变除了受到"传统"的制约，"个人才能"是否也是其中的一个重要变量呢？我们在重视民间的创造力的时候，也不应忽视写作者个人的创造对民族语言的发展所可能起到的引导和改造作用（这个问题说到底在于如何看待知识者与大众的关系）。至于那些仅仅以翻译文学作为唯一的精神资源与语言范本的写作者，他们多少有点像单靠一条腿行走的巨人，他们到底能够在艺术的道路上走到多远，其实也非常令人担忧。一些写作者向西文文学一边倒的情况既与20世纪以来中国知识人的文化心理有关，也与因为众所周知的原因一代人所受教育的缺陷有关。善能藏拙虽情有可原，挟洋自重则理无可恕。

上述对甲乙丙丁诸方"各打五十大板"的态度，不过是进一步表明了一个以阅读和写作为日常工作的人在语言上所经历和体验到的困惑、痛苦与焦虑。其实对每一个方向的探索者笔者都心怀敬意，因为我无法忘怀他们的写作所带给我的审美的愉快和心灵的欣悦。也许我要求得太多：我所追求的是融合了各种传统之后所进行的创造。做到这一点当然是极其困难的，但并非不可能，鲁迅先生就是一个证明。也许鲁迅先生是不可学的，但至少我们能够在心中保持自己的向往。要像鲁迅先生那样寻找到属于自己的独特语言，除了尽可能多地吸取多种多样的传统资源之后进行艰苦的创造，实在也别无他途。

---

① 当然这里所说的"私人语言"是在比喻的意义上来使用的。维特根斯坦的论述已经证明真正的"私人语言"是不可能的。

也谈"如何发现，怎样完成"

陈　离

这个会议的一个主题是讨论小说"如何发现，怎样完成"。我不知道这个主题是谁确定的，我觉得这是一个非常好的主题。它启发了我的思考，让我在这样的会议上有话可说。

一个小说家当然必须首先有所发现，然后他才可能去构思和完成一篇小说。然后他才有可能被别人"发现"，并最终能够得以"完成"自己的生命。尽管他是否会被别人"发现"，并不是他能否"完成"自己的生命的必要条件。

小说的"发现"和"完成"都是很大的题目，可以写出篇幅很长的文章。但时间有限，在这里我只谈一些自己粗浅的感想。我觉得一个想有所"发现"并最终"完成"自己的小说家，应该在以下几个方面去做自己的功课。

首先是小说家心里必须有他人。这当然不是什么高见，也几乎等于是一句废话，客气地说它是一个常识。但世间的真理常常听上去像是废话，而常识在现实生活中总是被人忘记。在小说创作领域也常常是这样。小说当然有各种各样的写法，但小说有一种写法就是写人。就像一位作家所说的，写小说就是写人。我知道有一些小说家会不同意这样的"小说观"，他们会说这样的小说观太老套了，也太狭窄了。许多很"先锋"的小说就不是这样写的。但我们可以问一个问题：就是谁能够举出一部伟大的小说，它不是以写人作为它的主要目的和方法吗？这个问题确实有些难以回答，因为对于什么样的小说才是伟大的小说，不同的小说家可能都会有不同的理解。所以我们还是无法在这里就这个问题展开充分的讨论。但有一点好像没有疑问：那就是那些能够被人长久地记住的小说，首先是因为它的作者在小说中塑造出了至少一位（更有可能是很多位）让人难以忘怀的人物形象。《战争与和平》《堂吉诃德》《悲惨世界》《红楼梦》《变形记》《阿Q正传》等等都是，很难找出例外。和我们同时代的余华，之所以成为一众当代小说家中最为杰出的一位，其中一个重要的原因，我觉得是因为他为我们贡献了像福贵、许三观、李光头、宋凡平等众多让读者无法忘记的人物形象。如果三百年后还有读者知道余华，那极大的可能是因为福贵、许三观、李光头和宋凡平比余华活得更加长久。而那些很早就被读者遗忘或者正在被读者逐渐遗忘的作家，主要因为他们在塑造人物形象方面做得没有余华好。如果我们觉得自己的小说写得还不够好，或许我们应该在这方面下更多的功夫。"心里有他人"，可能说起来容易，做起来难。因为人总是容易将自己看得很重。总是会认为自己是世界上那个最有才华而又最遭到忽视的那个人。甚至总是很容易将自己放到一个"受害者"的位置上。总是会将自己的痛苦看得比别人的痛苦更加痛苦。总是会忘记卡夫卡说过的那句非常重要的话：在你与世界的斗争中，你必须站在世界一边。作为一个写小说的人，我们总是会忘记：只有当我们将自己看得不重要的时候，我们才能写出重要的小说。

其次是小说家心里应该有时代。小说家应该写人，但所有的人都生活在具体的时间和空间之中，也就是生活在特定的时代之中。小说家心里应该有爱。因为没有爱就没有幸福，没有爱，也就不可能有伟大的小说。很可能那些伟大的小说家心里都是这样想的：爱没有理由，爱会让我受苦，但爱可能是上帝赐予我的最大礼物，因为一个人如果心里没有爱，他是不可能幸福的。爱首先是对人的爱，因为爱人，我们才爱生活，爱这个世界，爱大自然，爱更加宽阔无限的世界，爱那些我们一时无法理解的事物。但正如陀思妥耶夫斯基所说的，要爱具体的人，不要爱抽象的人，爱具体的人是难的，而爱抽象的人是容易的。其实我们不难发现，对于抽象的人的爱，是一种虚假的爱，是一种自我欺骗。当然我们也不难发现，对于具体的人的爱，是一种能力，是需要我们用一辈子的苦行苦修，才能够有所提高的能力。小说家要写好他笔下的人物，他就必须置身于时代之中。我们喜欢讲"超越"，但是只有先"置身"，然后才可能"超越"，否则所谓的"超越"就可能是"凌空蹈虚"，我们就只是生活在"虚空"之中，我们所写出的一切，无论多么"普遍"与"永恒"，最后可能都只是"虚空"。我觉得这是最需要我们警惕的，因为从事文学工作的人都喜欢追求"意义"和"永恒"。在这个问题上，陀思妥耶夫斯基依然是伟大的，他告诫我们要爱生活本身，而不要只爱生活的"意义"。所有伟大的小说家都在书写自己所生活的时代，他置身在那个时代之中，感受着时代的艰难和痛苦，体会着同时代人的煎熬和挣扎，他的内心可能很多时候都是绝望的，但他永远在寻找可能的出路。他不是一个英雄，而更可能是一个失败者，他可能做不到像尼采所说的那样，"自己的身上克服这个时代"，但他感受到了时代的难题，他曾经有过的"英雄心"可能早就成了往事，他写作的时候，可能常常感受到无奈无助和悲凉，但他很可能想塑造出一个"英雄"，这个"英雄"就生活在时代之中，他以自己的肉身与人世的黑暗做贴身的肉搏，无论他在现实之中怎样受辱，却因为自己的存在，而让一个时代变得不那么荒凉。所有伟大的小说都有自己的英雄形象，这个英雄可以是一个小人物，但却是真正的伟人。他要历经苦难才能让自己的生命得以"完成"，所有时代的难题都会在他身上体现，无论他遭受多少屈辱，他最终向这个世界奉献的，是那"肯定的精神火焰"。文学史上很多震撼人心的小说，表达的都是"伟大的人物受辱"的主题。我觉得创造出这一类的英雄形象，是当代小说家的重要任务之一。无论我们怎样理解自己所生活的时代，世界永远在生生不息地发展变化。无论我们认为"危机"多么深重，生活永远都不会"崩溃"和"瓦解"，因为在我们的周围，有无数的"英雄"在那里默默地承受和勇敢地承担。他们也许从来就不曾期待过什么，但作为小说家，我们却有"看见"和"发现"的义务。只有我们"看见"和"发现"了他们，并将他们呈现在更多的人面前，我们的艺术生命才能够真正得以"完成"。

再次是小说家必须勇敢。写小说当然需要才华，我们会怀疑自己缺少才华，但好像我们不会怀疑自己缺乏勇敢。也许事情的真相是：我们真正缺乏的，其实并不是才华，而是勇敢。我们觉得自己是勇敢的，我们在心里偷偷地发誓：我一定要勇敢！但我们其实还是不够勇敢，或者说我们一点都不勇敢。因为我们都知道：我们并没有将自己心里最想说的话说出来，哪怕是百分之一也没有。好了，我们不敢将心里最想说的话说出来，怎么可能写出伟大的小说？这才是我们对自己失望的最根本的原因，也是读者对文学失望的最根本的原因。任何时候我们都可以这样说：所有的问题都是人的问题，所有的危机都是人的危机。可以这样说吗：人类的生活之所以会出现危机，世界之所以出现危机，就是因为我们不够勇敢。因为我们不够勇敢，无论我们多么真诚和善良，那真诚和善良都会打折扣，而真理会因为我们日益怯弱而离我们越来越远，美也会因此而变得越来越虚幻和不可能。对于一个以艺术创造为一生志业的人来说，这是最大的悲剧，这是最令人痛苦的。无论怎样世俗的成功，都无法抵消这种内心的痛苦。我们太会为自己的不够勇敢寻找辩护的理由了，但其实那很可能只是一种自我设限，是一种自我恐吓，或者是一种自我欺骗，我们这样为自己的偷懒找到了一种貌似很合理和恰当的外在借口。很多时候我们都有点过于聪明了，我们忘记了一点：就是世界上所有伟大的事业，都是那些"傻瓜"干出来的。总以为自己特别聪明的人，其实是世界上最大的傻瓜。我们忘记了这样的道理，于是我们总是在躲避和逃避，我们不敢置身在世界之中，不敢面对时代的难题，而总是想着在别的方面下功夫，心里怀着各种抱怨和委屈，满足于一种"安全"和滴水不漏的写作，让小说创作变成一件与灵魂无关的事，所谓心灵的痛苦也最多只是一点皮外伤，完全没有能够真正击中人心的力量。如果我们满足于一时的小小成就，而不敢直面自己的内心，无论我们写出的文字多么平整、光滑、圆润、华美，无论我们自以为它们是多么余味无穷，曲径通幽，宛转流丽，荡气回肠，也依然无法抵达读者的心灵。当然，一个小说家仅仅有勇敢是不够的。作为一个艺术工作者，他必须有能力将自己的勇敢以一种有效的方式表达出现。这需要他付出艰苦的努力。这是另外一个问题。但是如果一个人不够勇敢，他就不可能在艺术的道路上进行孤独而又寂寞的探索。

最后，也可能是最重要的，就是一个小说家必须有所敬畏。虔诚和敬畏，可能是一个小说家最重要的品质。我们经常会在心里这样想：既然我选择了文学这条道路，当然我在写作上就必须有野心。也许事情确实是这样，一个没有野心的小说家不可能写出好小说。但一个只有野心的小说家也肯定写不出好小说。一个小说家除了艺术上的野心，他必须心中有所敬畏。一个小说家首先是一个人。而一个人当然必须心中有所敬畏。作为一个人，我们应当知道什么事情是我们可以做的，而什么事情是我们永远也不能做的。这无须多言。我之所以在最后提到这一点，是因为有时候觉得，今天心中无所敬畏的人太多了。而实际上他们又是那么怯弱。他们从来就没有勇敢过。但在个人利益面前，他们又是那么无所畏惧。我们永远要在心里提醒自己：永远也不要成为那样的人。我首先要提醒的，当然是我自己。

为什么写诗

陈　离

许多朋友问："为什么突然就写起了诗？"

是有些突然。除了初恋时写下的三五首献给女友的情诗（如果那也能叫作诗的话），从未写过诗的我，2017 年年初却突然写起了诗，而且真的有点"一发而不可收拾"，整整一年的时间，主要的心思都在写诗上了。写得真是太多了，也发表了不少，还得到不少师友鼓励。有些鼓励的话简直让我有点欢欣鼓舞，有时偷偷地想：也许诗歌才是最适合自己的文体？甚至还这样想过：也许在诗歌写作方面，自己真的有一种特别的才能？否则，怎么有不少人都说被我写下的那些分行的文字"击中"了呢？我是相信，当他们这样说的时候，并不仅仅是出于客气和鼓励的。

写诗的原因倒是很简单，就是寒假时家里的电脑坏了，没法写小说和其他较长一点的文字。但是仿佛又养成了一种坏习惯：歇几天不写点什么，就有点惶惶不可终日。解决的办法就是拿起笔，在纸上胡乱写下点什么，尽可能的简短，分行——这就是我最早的诗歌习作。既然写出来了，就想听听别人是怎么看的（也是一种毛病），不承想真有人说好。应该是鼓励和真心兼而有之。那就继续写吧。越写越多。然后就开始投稿。发表也还算顺利（其间得到诸多师友帮助），渐渐有了一点信心。

实在是写得太多了。也写得太"顺利"了。最疯狂的时候，一天可以写十几首，产量最高的时候，一天写下了超过二十首，而且有时候真觉得自己写得不错。一年将尽，我的电脑里到底有多少我写下的诗（电脑修好后，当然还是用电脑写作），是我不好意思说出的一个数字。

不用师友们提醒，我就知道了：诗没有这么容易。事实上，进入冬天之后，写诗便越来越难。有时候坐在电脑前，一个字也写不出。写顺了也可能一天得诗五六首，但刚开始写诗的那种"高产"状态，是一去不复返了。我想这才是正常的状态。诗是难的。世界上任何创造性的事业，都是难的。诗歌的门槛似乎很低，但这决不是说诗是容易的。

好诗难得，这个道理，任何人都明白。我一直以为，一个写诗的人，一辈子能写出五六诗真正的好诗，能够传之比较久远，已经足够了——既对得起自己，也对得起诗歌。窃以为，诗坛上一些名闻遐迩的诗人，一生也许写了很多，但真正能够传世的作品，也不过五六首，多一点，也不过十几首吧。

知道我"痴迷"于写诗，就有朋友告诉我："诗坛很乱，小心慎入……"

确实有一个"诗坛"存在吗？应该没有疑问。有人的地方就有江湖。写诗的人也构成了一个"江湖"。不过这也许和我没有什么关系。我早就是一个不在江湖上行走的人。因为水太深了，而我一直没有学会游泳。

如果喜欢写，就好好写吧。也许会继续写下去。喜欢，就是最好的理由。而喜欢，只是因为你有话要说，而如果你最终选择了写诗，可能是因为这种说话方式比较适合你。如此而已。我觉得我应该想清楚了，诗歌不会给我带来任何东西。我也不期望诗歌会给我带来任何东西。

我虽然不是很清楚"诗坛"在哪里，但"诗坛"上有各种"门派"，我也略知一二。文人相轻，自古皆然，写诗的人，更是如此吧。谁都认为自己的诗写得最好，而别人的诗写得很差。似乎比起其他文类，诗歌更没有标准。"诗坛"上"乱象丛生"，早就有人看不下去了。

而我能做的，就是诚实地表达。而诚实地表达，既关乎技艺，更取决于人。我知道无论是哪方面，都需要用一生的时间去学习。甚至一生的时间都远远不够。

人活在世上，必须有所依凭。写诗也必须有所依凭。我们必须借助于某种传统，才能说出自己想说的话。这应该是所有的写作者都认同的。

写诗是很晚开始的事，读诗却很早（相对而言）。小时候几乎没有读过几本有价值的书，因为生于那个特殊的年代，又处于贫困的乡村，几乎无书可读。到了高中阶段，才从各种渠道得到几本自己喜欢的书，其中就有很薄的唐诗和宋词的选本。这是我所接受的最早的诗歌启蒙教育，说起来真是惭愧。但事实也就是如此。我一直坚信文化是需要积累的。人只能做自己能够做的事。

真正有书可读，也可以比较安心地读，是到了大学以后。我记得大学时代最初打动我的诗集，是查良铮（穆旦）翻译的《普希金抒情诗选》，记忆中应该是 20 世纪 50 年代上海某出版社的版本，封面上有俄罗斯的白桦林，那是我青春年华最重要的精神食粮。之后我在南昌的一家书店遇见了冯春先生译的普希金的长诗《叶夫根尼·奥涅金》，在我的阅读经验中，这是我非常喜爱的一本书（后来我不断地向人推荐这本书，但估计现在已经很少有人会对这本书感兴趣了）。

大学阶段读过的另一本诗集是楚图南先生翻译的惠特曼的《草叶集》。我曾经在某一年的寒假将这本诗集借回家，在冬日的阳光下，在老家后院的那棵枫树下反复阅读。这是一种美妙而奇怪的阅读经验，我觉得我根本就不知道诗人在说什么，但读的时候心里充满着欢喜。我觉得一个人在年轻的时候需要这样一种阅读经验。

一直到许多年之后，我重读《草叶集》，我才知道这本诗集有多么了不起。我知道中国新诗百年以来，有不少诗人从这本诗里吸收了营养。但我不知道，今天还在写作的中国诗人，是否仍然有人在读这本书。

我用心读过的诗人的作品不在少数。我最钦佩的诗人，还是惠特曼吧。我重读了惠特曼之后，才懂得为什么他在美国文学史上享有那么崇高的地位。有人说，惠特曼之后的所有美国诗人的写作，都是在回应他的那本伟大的诗集。一些美国人是这样看的：美国能成为现代的美国，是和《草叶集》有着极大的关系的。

我心目中伟大的诗歌就是《草叶集》里的诗。无比朴素，又无比深刻。像大地一样宽广，像河流一样深邃，而在其间生长着的一切，都被一种光照耀着，而它们自己也发出一种温柔的光。这样的诗歌直接来自生活，有一种瞬间将你击穿的力量。诗歌是应该给人力量的。当你觉得沮丧，觉得绝望，觉得生活再也过不下去的时候，你就去读一读这样的诗，然后你会这样想：人活在世间是艰难的，但生活是值得我们过下去的；这个世界也许永远也不会变得更加美好（像我们经常期望的那样），但这个世界是值得我们爱的。

生活永远是第一位的。所有伟大的诗歌，首先应该来自生活。有时候，不妨直接一些。我们每天都在生活。我们所生活的时代，每天都发生着那么多让我们百感交集的事情。有时候真的觉得，我们直接把自己的感受真诚地记录下来，就会打动很多人，就可能是伟大的诗歌。因为我们置身于这个世界当中，我们周围的人，他们和我们一样，内心有着太多的悲喜交加。

给我一万年的时间，我也写不出一部像《草叶集》这样的书。但惠特曼确实是我心目中永远向往，并希望自己能跟随他的步伐向前走的大师。我认为他依然是属于我们这个时代的。他不像其他的古典时代的大师，只是供人敬仰，而很难让人从他们的诗歌里汲取精神力量。

当然，不仅仅是惠特曼。我应该感恩的前驱者实在是太多太多。中国的冯至和穆旦，以及北岛、舒婷、韩东、海子、王家新、于坚、雷平阳……外国的里尔克、叶芝、佩索阿、米沃什、策兰和博尔赫斯……我无法一一列举出他们的名字。但是我觉得我应该特别提到美国诗人卡佛。我都不知道是怎样和他相遇的。之前看过他的小说，并没有特别的感觉。我是在自己开始学习写诗之后才看起他的诗，很快被征服。又是一位美国诗人。不管别人怎么看他，在我的心目中，他属于最伟大的诗人之列。他当然和惠特曼很不一样，他也许没有惠特曼那样伟大，但这没有关系。这不妨碍我经常读他的诗集《我们所有人》——这本书的名字太好了。他诗里写的都是小人物，更多的是他自己，但是我坚信，他在写自己的时候，是想着所有人的——我觉得这里面有所有诗歌的秘密，以及所有艺术的秘密。

我在另一个场合也说到了自己为什么"突然"写起了诗。当时说的一番话，现在看来，我自己认为仍然是成立的。我觉得也可以解释我为什么那样喜欢卡佛。兹录于此：

> 一切都与"虚无"有关。我写诗，首先是因为"虚无"吧。很长时间了，我和"虚无"较上了劲。我吃尽了"虚无"的苦头。我认为很多人也吃尽了"虚无"的苦头。我们得想个办法，探测一下"虚无"的深度。于是我开始写诗。

> 当然，生活永远是第一位的。生活让人欢喜，生活也让人惊慌失措。我觉得生活越来越让人惊慌失措了。以我对这个世界的了解，我觉得我们很多人都活得惊慌失措。很多人，都怀着一颗破碎的心，活在这个世界上。破碎的生活和破碎的心，让人痛苦，有时候又让人骄傲。也许，诗歌可以带来一点点安慰。

> 偶尔有一种奇怪的想法，就是自己不写的话，多少有些对不起生活。这个想法太骄傲了一点。但是生活如此让人惊慌失措，就允许一个人偶尔那么骄傲一下吧，这应该不会伤害到任何人。

> 写诗，首先是为了自己。这不是秘密，也无须隐藏。但是，在表达和呈现自己的同时，也许就写出了一个时代。我一再地告诫自己，不能以写诗为"志业"。但是人难免会有些野心。

> 最重要的是，我相信人心是相通的。

诗歌是一种古老的技艺，即使在今天，也不会失传。虽然在今天这样一个时代，写诗多少是一件有点奇怪的事。做一个诗人也是。诗人多少都是有些奇怪的吧。但是伟大的诗人从来都是受人景仰的。伟大的诗人永远是我们精神上的向导。应该是。也必然是。我不知道自己是不是能够成为伟大的诗人。这可遇而不可求。但是我应该会一直写下去。也许我会写出伟大的诗。伟大的诗也可遇而不可求。愿上帝和生生不息的尘世赐给我力量，让我永远朝着那个方向，奋勇前行。

2017.12.30—31.

2018.2.5. 再改

诗心与经验

陈　离

　　不断地有人宣告：诗歌已死。但写诗的人其实越来越多。这样的事情过去发生过，今天也在发生，未来仍然会继续发生。这一类的话题谈论得多了，难免会让人感到厌倦。诗歌之死显然是一个虚假的命题，如果你热爱写诗，那么你便去写诗。太阳底下没有新鲜事，但太阳每天都会升起。那些热爱劳作的人，每天都在太阳底下劳作，心里怀着许多鲜为人知的悲愁和欢喜。

　　我愿意这样理解诗歌写作：它是一种古老的技艺，是和人类共始终的历史最悠久的创造性劳动的一种。诗是一种表达、一种记录、一种发现，是一切的艺术里最高的一种艺术。如果从这样的角度来理解诗歌，很容易得出这样的结论：诗是难的。这是一个真命题，早就被深知艺术创作艰辛的真正的诗人所普遍接受。尽管在生活中我们也经常听到与之相反的说法，体现出对诗艺的无知，对诗歌的误解，甚至蔑视。

　　写诗是一件危险的事。因为诗歌很难，而现实的世界里又充满着对诗歌的误解。所以那些伟大的诗人往往会这样告诫年轻的写作者：如果你没有充分的准备，就不要轻易走上诗艺追求和探索的道路。这样的告诫充满着对后来者的真诚的善意和对诗歌艺术的虔诚与敬畏。

　　对于某些人来说，写诗永远构成一种巨大的诱惑。除了对创造性劳动的敬仰，还有对永恒的向往，对陌生化的语言魔力的迷恋。另外，可能同样重要的是，写诗会带来安慰，会让纷乱的心变得安宁下来，会给百感交集的情感找到一个家，甚至可以在一个人感到绝望的时候，以某种想象不到的方式施以拯救——既然如此，那么想写的时候就写吧，这里不存在太多的功利的计较，只为了内心的抒发。早就有作家说了，写作有益于身心健康，而诗的抒发是最直接的。

这只是问题的一方面，问题的另一方面是：如果我们不仅将诗歌写作视为一种情感的表达，也视为一种面向更多读者的艺术创作，我们就要努力写出能够为更多人接受的好诗。它既是一种抒发，一种发现，一种安慰，同时也是一种交流，一种塑形和一种美的创造。

由于一些偶然的机缘，我有幸读到了年轻的写作者王杨若雅的诗。当我得知诗的作者是一位尚在高中就读的少年，心中不由暗暗地赞叹。我不想用"少年诗人"这样的名号来称呼一位刚刚踏上艺术之途的年轻写作者，在我看来，这样的名号在今天已经变得多少有些危险。"诗人"是极其崇高的称号，如果我们对于诗歌和诗人心中怀着敬意，就不能轻易地称呼一个人为"诗人"。我想王杨若雅也不一定会将成为一名"诗人"当作自己的人生理想，也许她只是热爱诗歌，喜欢写诗而已。但我也确实从她的诗集里读到了不少好诗。

里尔克说"诗是经验"，在今天这已经得到了的普遍的赞同，但我们却大可不必因此而怀疑所有年轻作者的诗歌写作。在我看来，可能比"经验"更重要的是一个人的"诗心"，因为只有一个人有一颗"诗心"，他（她）才能够获得一种独特的眼光，去观照和表达一般人习焉不察的"庸常"的生命体验和生活经验。从这个角度来说，一个人确实必须先成为一个诗人，然后才能够写出好诗。我与王杨若雅素不相识，但从她的诗歌里，我确实读出了一个诗人的灵魂和一颗让人感动的少年人的"诗心"。生活阅历的不足，有时候也可以成为年轻的诗歌写作者的一种优势。因为她有一颗未被各种社会成规束缚和规训的心灵，一双未被社会的习俗污染的纯净的孩子似的眼光。她用这样的眼光去体察周围的世界，观照发生在那个世界里的一切的人的故事，她就能获得也许只有她这种年龄的诗歌写作者才能发现的诗意的事实和材料。因为各种各样的原因，今天的社会里成年人的经验越来越具有同质化的趋向，所以无论一个诗人多么努力，也难以写出具有强烈的审美冲击力、有着真正的新质的艺术力作。除非他在经历了太多的世事沧桑之后，能够通过艰苦的努力，再次获得一种能力，重新像孩子一样去写作。

所以王杨若雅这样年轻的诗歌写作者能够给我们带来特别的惊喜。她是诗坛之外的新人，她写出的是令我们眼前一亮的真正的新诗。她以敏感的少年人的诗心，去感受，去发现，去表达。她以新鲜有力的语言，写一种多少有些让我们感到震惊的陌生的经验。她的诗歌既表达少年人丰富细腻的内心感受，也呈现复杂多变的外部世界所发生的事实和事件。从她的诗里，我们可以读到一个生活在剧烈变动的时代里的少年人，内心所有的向往与憧憬，不安与悸动，感受与思考，挣扎与幸福，悲愁与欢喜。她过人的才情，开阔的视野，体察万物的情怀，对语言的把握能力，都给人留下了深刻的印象。我们不知道在未来的人生道路上她会经历什么，她还会给我们带来怎样的惊喜，一切都无须预言，一切都可以期待。

2020.1.19.

萨丰《风之影》的悬念架构模式

雷 雯

　　在电影圈当了半辈子写手的萨丰决定写《风之影》的时候怀抱野心，正如他告诉出版社的朋友一样，他要以巴塞罗那为背景，追溯并还原二战后那段被时光掩埋的历史。学者在分析这部风靡全球的畅销书时多离不开对它"历史寓意"方面的探讨。他们认为真实的历史场景与对得上号的年代具有弦外之音和不同的叙事功能，它可能是为了给读者制造意识幻觉，它也可能是为了影射二战后恐怖的佛朗哥政权，它还可能是对社会中人们集体记忆加以利用，在编一个新奇有趣的故事时增加书的历史厚度。只看本书的标题《风之影》，其寓意着"如风之影，可感不可见"的历史，作者的写作雄心已经非常明显，然而看完这部小说就会发现其本质上仍然是一部纯粹的悬疑小说。被这部书吸引的中国读者或者说大部分读者对巴塞罗那并不熟悉，对二战后西班牙的历史也未必有多大兴趣，他们之所以被吸引首先是因为悬疑小说的类型，其次是因为作者成功的谋篇布局。悬疑小说虽然读者众多，但它并不好写。一个作者在进行悬念架构时就如下棋时的排兵布阵，每个悬念都如一颗棋子必须搁置得恰到好处，如果棋差一着，即使棋下完了，也是个败局。于一部悬疑小说而言它格外强调缜密的全局观念并要求作者不断调整写作次序。故此，本文不讨论小说的历史内涵和哲学意义而关注这悬疑小说的核心问题——悬念架构。

悬疑小说通常以"悬念"为中心并贯穿始终，读者以破译谜题来满足阅读快感，所以，一部悬疑小说中的人物按照功能划分必须有"设疑者""活动参与者"和"释疑者"。"设疑者"不是作者，而是为了促使情节发展而被作者隐藏起来的人物，为了吸引读者的兴趣，他通常会在小说结尾现身。"活动参与者"是小说的中坚人物，也是小说主体表现部分，他引发事件，推进故事进程，将悬念一步一步摆在读者面前。"活动参与者"常常处于危险之中而不知状况。"释疑者"就是揭破谜题提供真相的人。在小说中主人公一般会同时扮演几个角色，但是情节安排基本上不离"设疑—参与活动—解疑"这一套路。《风之影》的套路也大抵如此。

十一岁生日的早晨，名叫"达涅尔"的"我"被父亲偷偷带往"遗忘书之墓"。根据规定，第一次造访这里的人带走一本自己喜欢的书，并承诺要用生命保存它、保护它。"我"选中了《风之影》，并被它吸引，"我"想要读这个作者其他的书，却发现检索不到任何信息。从此，"我"开始了寻找作者"卡拉斯"的探秘之旅。《风之影》犹如迷雾之舟，载着"我"在回忆的水面重返过去。"我"一直被两个谜团困扰：一个是要烧掉卡拉斯所有的书的怪面人拉因·古柏是谁？另一个则是，为何"我"的种种经历跟卡拉斯的《风之影》中的情节屡屡重合？谜题被努丽亚留下的手稿揭破，"我"知道了卡拉斯的故事，也知道拉因·古柏正是卡拉斯自己，"我"遭遇的种种除了部分巧合大多都是"卡拉斯"根据自己书中情节设计出来的。在这个故事之中，"设疑者"是卡拉斯，"活动参与者"是达涅尔，"释疑者"是努丽亚。整个故事套路并未跳跃出一般悬疑故事的窠臼，它仍是一个典型的悬疑小说。我们可以从它最出彩的地方即故事框架和叙事结构的设计，来领略一下悬疑小说的特殊魅力。

首先，萨丰采用"书中书""故事套故事"的形式让小说在空间上呈现出一种回环型的迷宫状，而谜底就在迷宫的中心。小说取名《风之影》，主人公达涅尔从"遗忘书之墓"中拿到的书也叫《风之影》。"我"开始寻找作者卡拉斯其他书的时候莫名被一个怪面人追踪，这个怪面人想要烧掉"我"手中这本书，因为这是卡拉斯留在这个世界上的最后一本书。"我"发现"被怪面人追踪"和"四处烧书"的遭遇竟与卡拉斯的《风之影》的情节是一致的。当"我"从守墓人伊萨克的嘴里知道怪面人如书中人一样都叫"拉因·古柏"以后，"我"陷入更大的迷惑之中，他的名字和卡拉斯《风之影》中的怪面人同名。《风之影》之中的内容在"我"身上重演了。接下来"我"做的所有事情都在于揭破"拉因·古柏"的身份，然而随着"我"追查的深入，越来越多的人被扯进这个旋涡之中，他们每个人身后都有自己的故事，而故事与故事之间又环环相扣，互为因果。叙事大师博尔赫斯就通过反复对传说、见诸记载的人物事件进行重述来演绎事物的多种可能性。萨丰在《风之影》中试图通过不同的人嘴重述同一件事虽然给达涅尔提供了推论事情的多种可能性，同时也给他和读者制造出一堆幻象和谜团。《风之影》迷宫式的形式构造就对整个故事形成"障碍"，"历史"陷入无尽的循环，悬念如同层峦叠嶂，从迷雾到光明总是短暂易逝，故事在阴暗的哥特式场景下，拉起神秘的帷幕，无论是书中人还是读者，随着夜河航船，离真相的目的地越近越恐惧。而这正是作者引人入胜的叙事技巧。

其次，一个以"寻找"为主题的故事主要由两代人的爱情来呈现。第一代人卡拉斯爱上了好朋友的妹妹佩内洛佩，他与好朋友反目，佩内洛佩怀孕后被软禁在家最后大出血而死，卡拉斯一个人逃到法国成了一位潦倒的作家。第二代人达涅尔也爱上了好朋友的姐姐贝亚，两个人的感情同样受到贝亚家庭的阻拦，达涅尔亦和好朋友托马斯失和。随着达涅尔"寻找"的深入和感情的发展，"卡拉斯"的爱情故事慢慢浮出水面，两代人在感情遭遇的相似性也引发了达涅尔内心的好奇与恐惧。探知卡拉斯的过去也是探知达涅尔自己的命运，这个"寻找"过程瞬间成了寻找自己人生方向的旅程。一般的悬疑小说通常单线发展，萨丰却让代表卡拉斯的爱情故事的"过去时"和代表达涅尔的爱情故事的"现在时"两条线索双线并进，在不同节点彼此呼应，让人产生宿命似的"轮回"错觉，进而两线呈"Y"字形交叉后两代人的故事又缠绕在一起制造出一种时空上的混乱，故事陷入千头万绪之中。充满迷雾的河道开满"恶"之花，流血、犯罪、死亡，在两代少年各自的成长途中一路险阻；在看不到光明的黑暗之中，面对爱情、友谊、梦想，他们的人生选择便成了解开谜题、通往真相的幽径。

当萨丰在故事外部搭建了一个层层嵌套的框架，内部又以交叉双线作为故事支撑，剩下的便是要在这个迷宫内部结绳织网，形成延阻主人公和读者顺利抵达秘密花园的岔路。《风之影》全书分为《遗忘书之墓》、《烟尘往昔》（1945—1949）、《悲惨岁月》（1950—1952）、《天才疯子》（1953）、《幻影之城》（1954）、《努丽亚·蒙佛特忆往手札》（1933—1955）、《风之影》（1955）、《垂死呓语》（1955年11月27日）、《出场人物》（1966）九个部六十三小节，有名字的出场人物达到六十多位，带着故事和线索而来的人物有四十位左右。所谓的"岔路"即是指这些人物提供的故事线索。在首章达涅尔开启寻书之旅以后，每出场一位人物即会带来一个或多个故事，萨丰在讲故事时从不浪费"人力资源"。每个人物的主要功能都服务于故事。这些故事或者负责提供线索解开部分谜题，或者成为新的悬疑。比如达涅尔去找努丽亚了解卡拉斯时一方面确认卡拉斯返回巴塞罗那的传闻，另外一方面又因为努丽亚提供新的线索——烧书人拉因·古柏说话的声音像卡拉斯的曾经的朋友豪尔赫，使达涅尔刚从一条岔道走出旋即又走进了另一条远离真相的岔道。《风之影》中每个人物与携手而来的故事都如Y形结构故事树上生长出了新的枝叶、故事迷宫中的条条岔路。它们枝叶毗连、纵横交错，哪怕有时候人物与人物之间相隔千里，萨丰都能将他们联系起来，提供线索，推动故事的发展。

一部悬疑小说设置迷宫似的框架，有了设疑者和众多活动参与者，目的还是要制造悬念，而且最好是让悬念贯穿始终。悬疑小说的魅力就在艺术处理上采取一种积极手段激活读者的紧张与期待的心情，它是整个故事是否出彩的关键。事实上，大部分的小说都可能含有这样那样的悬念，像《红楼梦》《三国演义》

等等，然而，悬疑小说不但以悬念为核心，它包含的悬念是其他类型的小说所不包括或在数量上不可比拟的。这些悬念成集结束，按照一定逻辑形成有效的故事链。悬念安排是否紧凑、合理、引人入胜则成了体现一个悬疑小说家叙事技巧最直接的评判标准。

《风之影》的悬念是绵长而紧张的，因为它的叙事时间跨度非常大，有关"达涅尔"的这条明线就从 1945 年一直写到 1966 年，"卡拉斯"那条暗线起始时间早到 1900 年。首尾两章负责交代故事起源和人物的最终命运，不参与"寻找谜题"的侦查过程。其他几章，如《烟尘往昔》《悲惨岁月》《天才疯子》《幻影之城》四章书节号是连续的从 1 到 45，讲述的是一个以达涅尔为中心的现在时的故事，是他"寻找卡拉斯"的故事；《努丽亚·蒙佛特忆往手札》是努丽亚写给达涅尔的信，完整地讲述了胡利安的故事，是一个过去时的故事。《风之影》《垂死呓语》是现在时的达涅尔与现在时的卡拉斯最终相遇打破悲惨命运的魔咒取得胜利的故事。在这个漫长的寻找过程中，如果所有的线索只安排在一条单线上，或者悬念设置的距离过远，那都很可能让读者失去耐心。悬念出现的频率显得尤为重要，而"Y"字形双线交叉结构不但解决了频率的问题，分属不同线索的悬念交替出现也可以消除了单线结构悬念密集带来的乏味、单调的可能性。下面将以两条主要的线索为例具体呈现一下萨丰对于悬念的安排：

表 1　卡拉斯之谜

章节号	信息	释疑人 / 线索
3	卡拉斯预备结婚；出版《风之影》；和人打架；死或者逃亡。	克拉拉（达涅尔暗恋对象）
4	卡拉斯的书被陌生人烧光，只剩最后一本。	克拉拉
9	卡拉斯母亲去了南美洲，父亲开了一家帽子店。	伊萨克（遗忘书之墓守墓人）
10	努丽亚认识卡拉斯，曾在巴黎与其同居。	伊萨克
13	书店里的神秘合影。	达涅尔

续表

章节号	信息	释疑人／线索
15	合影中的人是卡拉斯；卡拉斯是私生子，与显赫的阿尔达亚家少爷豪尔赫是好朋友；为了不参军流亡法国。	奥萝拉（帽子店守门人）
16	卡拉斯与豪尔赫妹妹佩内洛佩相恋，佩内洛佩有一个不能说的秘密。	佩内洛佩的信
17	卡拉斯1936年夏天死在巴塞罗那的小巷子里。	努丽亚（伊萨克女儿）
24	卡拉斯的恋情受阻，与豪尔赫反目，佩内洛佩被软禁，全家搬去阿根廷。	费尔南多（卡拉斯中学同窗）
25	卡拉斯受阿尔达亚先生关照，傅梅洛暗恋佩内洛佩差点射杀卡拉斯。	费尔南多
31	傅梅洛拿走了卡拉斯与佩内洛佩的合影；卡拉斯母亲与阿尔达亚先生有暧昧。阿尔达亚夫人撞破卡拉斯与佩内洛佩偷情；佩内洛佩错失私奔机会。	哈辛塔（佩内洛佩奶妈）
34	阿尔达亚家旧宅发现两具石棺，一具写着佩内洛佩的名字；达涅尔在老宅被神秘人驱赶。	达涅尔
38	达涅尔推测豪尔赫杀了卡拉斯躲在老宅，遭到努丽亚的否认。	努丽亚
39	卡拉斯父亲殡仪馆认尸时态度奇怪	巴塞罗（克拉拉的叔叔）

表2　烧书人之谜

章节号	信息	释疑人／线索
2	最后一本《风之影》。	巴塞罗
4	神秘烧书人。	克拉拉
5	阳台下的陌生人与《风之影》情节重合。	达涅尔
6	赠书克拉拉，克拉拉身边出现陌生人。	克拉拉
7	陌生人出现，有一张毁容脸，扬言要烧书。	达涅尔
10	神秘烧书人叫拉因·古柏，与《风之影》怪脸烧书人情节重合。	伊萨克
19	烧书人可能是豪尔赫。	努丽亚
34	拉因·古柏出现在豪尔赫家旧宅。	达涅尔

以上两个悬念是《风之影》中最重要的两条线索，他们互相关联，交错出现，可以还原大部分"卡拉斯"的故事：卡拉斯是母亲的私生子，养父开着帽子店。卡拉斯母亲与阿尔达亚关系暧昧，受阿尔达亚先生照顾进贵族中学，和他儿子豪尔赫成了好朋友。因为与他女儿佩内洛佩相恋和豪尔赫反目，佩内洛佩私奔失败被囚在家中。佩内洛佩很可能怀孕，并与孩子一起死在旧宅。卡拉斯一个人逃亡法国成了作家。在达涅尔寻找之旅的 42 节里，除了"卡拉斯之谜"进程最远，答案似乎已经呼之欲出——卡拉斯很可能没有死；关于"烧书人之谜"似乎让叙述人已经走进了一个错误的胡同——豪尔赫是怪面烧书人；佩内洛佩的身份和去向之谜虽解开，却又开启了新的谜题——她为什么会死？除此以外，本书还有一堆小谜题，如"费尔明的恐惧""米盖尔的失踪""不存在的地址""帽子店里的十字架""养老院的好色老头""神秘的照片"等，他们有的解开，有的没解开，它们串在一起既成了对于故事主线发展的推力，也成了困惑读者的迷障。我们因此可以从密集的悬念窥见萨丰结构故事的方法和用意：多线并进使故事内容变得复杂多变，同时又最大力度地刺激读者的大脑，驱使他们从大量的信息中抽丝剥茧，寻找抵达真相的路径。

《风之影》作为悬念小说是非常出色的，循环相嵌的叙事技巧佐以极富镜头感的语言，电影场景似的描写，个性鲜明的人物，让它赢得广大读者的喜爱，研究者也纷纷给予高度的评价。然而，我读这部小说，在欣赏之余，也发现有些瑕疵，艺术上有些不满足。萨丰虽然竭尽全力去将所有的人物、线索、故事联结起来织成一张严密的大网，布了一个大局，但他在释疑部分却有些简单、粗暴，不等读者走出迷宫就自毁城墙，将真相大白于天下。全书进行到第四部分，第 42 节时除了"佩内洛佩的去向""费尔明的恐惧""不存在的地址"之谜被破译，其他所有的谜团都停滞在不同的阶段，等待揭秘。就在这时，一直爱着卡拉斯的努丽亚死了，留书一封，即第五部分"努丽亚·蒙佛特忆往手札"，她用 12 节的内容采取全知全能视角将前文埋下的谜底逐一揭开。努丽亚不但通过讲述胡利安的前尘往事的方式将主要的谜团答案告知公众，更是事无巨细地将前文埋下的伏笔一一做呼应。如第 30 节，在达涅尔和费尔明去养老院找哈辛塔时遇到的好色小老头，他自言自己被无情的子女抛弃了。努丽亚竟然在自己的信中借谈自己被公司老板骚扰时装作顺势揭穿了老头的身份。又比如卡拉斯房间挂满十字架的秘密，本来只是达涅尔密探帽子店时主人公和读者心里的疑惑，努丽亚竟然可以超越自己的人物视角的限制得知读者心中疑团并帮忙作答，这已经违背了正常的叙事逻辑。这种无所不知型的释疑简直像作者亲自走进书中为自己书中不能自圆其说的部分"答读者问"，有点虎头蛇尾的嫌疑。当然这似乎是很多小说家的通病，他们总是只允诺读者一个好的开头，却不负责一个同样绝妙的结尾

《风之影》用了五六十万字、三四十个人物来讲一个故事，为何结尾会如此仓促？这大概是因为有过分求全的意图。为了让笔下的次要的小人物出场贡献一条有利于主线发展的线索，萨丰总是不嫌麻烦地交代这些小人物的身世，比如哈辛塔如何从家乡来到巴塞罗那，哈辛塔在进入阿尔达亚家经历了一些什么苦难。就连只是帮达涅尔指了一下路找到哈辛塔的好色小老头，萨丰都要跟读者解释他为什么进入养老院，甚至还要将他和努丽亚发生一点无关紧要的联系。这种"求全"致使萨丰在人物形象处理的时未免详略不当，让本来经络分明的故事变得臃肿、冗长。此外，萨丰对于《风之影》的写作有一种历史感的追求，他在小说中对巴塞罗那地标性的建筑、风貌所进行的带有雕琢性的描绘，对于战争创伤的描写和讨论，似乎抓住一切机会体现历史风貌。对于情节性的悬疑小说来说，这种写法虽然可以使作品变得丰富、饱满，却也难免枝蔓，很可能会拖住故事发展的进度，甚至影响阅读的兴味。萨丰就是被这些不必要的"交代"、刻意地"描绘"影响写作的节奏，一本书写了四五十万字，故事的"谜底"还是云遮雾绕，难识面目。作者已经没有篇幅和力气继续，只好一刀斩断，戛然而止。

虽然《风之影》在"释疑"部分有如此瑕疵，但它还是打破了一般悬疑小说容易陷入结构简单、线索单一、人物单薄、故事雷同的类型化写作的套路。我

们要赞许萨丰对悬疑小说或者通俗小说在思想厚度方面的追求，这种实验性可视为一种艺术自觉，同时对于后来人也具有一定的借鉴性。另外最值得一提的是萨丰的语言艺术，抒情时丰赡华美，议论时机智幽默，一切正如书中克拉拉小姐所说，《风之影》确实一本可以让人"体会到阅读的乐趣"，让读者能欣赏到"想象力、神秘感和语言之美"的佳作。它之畅销并非偶然！

参考文献：

1. 余锎：《卡洛斯·萨丰：真假巴塞罗那》，《新世纪周刊》，2009 年 9 月第 1 期。

2. 雷以蒂：《书中之书》，《书城》，2010 年第 4 期。

3. 汪政：《中国当代推理悬疑小说论纲》，《艺术广角》，2007 年第 5 期。

4. 韩韦：《风中幻影——浅析＜风之影＞作为畅销书的写作特点》，《安徽文学》（下半月），2007 年第 6 期

5. 王多庆：《悬疑小说的写作模式》，《写作》，2012 年第 1 期

6. 黄纯一，张鹏：《悬疑小说如何抓住人的心灵？》，《文汇报》，2013 年 11 月 1 日第 12 版。

7.（西）卡洛斯·鲁伊斯·萨丰《风之影》，范湲译，北京：人民文学出版社，2013 年 1 月版。

"人设"：进入网络文学现场的窗口

——兼论网络文学人物构建的困局

雷 雯

　　"人设"，即人物设定，最初作为动漫游戏设计里的一个术语，意指动漫游戏作品中人物的立绘风格、性格、技能、装备等方面的设定。经百度搜索引擎可寻找到最早使用"人设"一词的文章是新浪网《游戏世界》专栏发布的一篇名为《重生传说最新画面和人设》游戏宣发稿。"人设"呈现的内容包括这个游戏里男女主角的立绘、身世、性格以及二人的感情关系。从 2004 年到 2008 年间"人设"一词的使用主要在游戏领域，2008 年以后在动漫人物的讨论也渐渐能看到这个词语的使用。在最初的讨论里"人设"一词的语义仅仅局限于动漫游戏的"立绘"图，即形象图，后来才强调性格类型。游戏玩家会因为游戏人物的立绘是否好看，技能是否符合操作习惯，以及由立绘、技能效果还有一些固定的台词综合呈现的性格而选择要不要使用这个人物代表现实的自己去游戏世界开拓人生。"人设"在此时更像是一道桥梁，一个中介，是三次元与二次元世界"破壁"之径。在网络文学兴起以后，尤其是在 2014 年后，　"人设"一词被"文学化"，即作为文学要素（亦称新的文学手法）运用于网文创作中。网文作者在创作之初对笔下人物做类型设定，向读者说明小说主要人物的性格和身份，像"腹黑霸总""忠犬暖男""深情高干"等都是网络言情小说中受欢迎的人设。2017 年以后，"人设"被运用于三次元世界，即现实生活中对于公众人物的讨论，大量关于明星"人设"

营销的新闻稿和社区讨论出现在网络资讯中。这里的"人设"即个人尤其是明星和公众人物的公众形象。"人设"经历了一系列的语义扩展过程，携带着多重含义成为一个流行词广泛地运用于年轻一辈的日常交流之中。在 "人设"一词的传播、语义延展中，最引人注目的现象在网络文学的讨论和网络社区的大文学讨论中"人设"一词大有对 "人物形象"一词的更替趋势。现下，视频的弹幕区，豆瓣的书评区，晋江、起点的作品讨论区，大学的文学作品讨论课上，又或是日常阅读交流中，年轻一代的读者、观众谈起文学中的"人物"总是习惯使用"人设"一词。他们的评价话语从过去"人物形象"单薄、立体、丰满与否的表述转换成了"人设"是否带感、崩塌、流畅、有吸引力等。从"人物形象"到"人设"批评术语的变更，似乎并非一种偶然的语言习惯的替换，更像是一种新的适用于网络文学甚至网络文化的批评术语的创生。描写新的流行词汇的创生过程，既可探究现象背后的社会原因，亦能获知文学自身发展的内在原因，更可以"人设"为窗口，帮助研究者进入网络文学现场，了解网络文学与文化的特殊性所在。借此，或能深化网络文学评价体系，促进网络文学理论框架的建设，推动网络文学创作的健康发展。

一、"人设"的语义考察："可能性"与"想象性"

在传统文学批评实践中，我们通常把文学人物在文学中的艺术化呈现称为"人物形象"，其内蕴着外貌特征、性格特点、背景身世，最重要的是由此体现的创作主体的审美理想。因此，人物形象是作者根据现实生活中的各种现象创作出来的具有审美意义的人物，是具体、生动、可感且有艺术感染力的，能给读者带来不同的情感体验，甚至还能使读者的思想受到熏陶和感染。以美国作家海明威为例，他就创作了一系列"硬汉"形象，无论他们的职业是士兵、斗牛士还是贫苦的渔夫，他们身上都存在一个共同的特质，即面对困难与厄运的勇敢，展现一种重压下的优雅风度。因此，评价一个人物形象成功与否的主要几条评价标准：人物是否真实，性格是否丰富；特征是否立体；对读者是否有感染力。相较而言，

"人设"的评价标准则显得非常单一，即读者是否喜欢。"人设"能替代"人物形象"成为网络文学的新话语，甚至成为一种流行的大众话语，当然与这单一却关键的标准有关，但从根源上分析，它更与这个词具有的"可能性""想象性"语义相关。这样的语义叠加出的"生成性"让这个词语必然拥有更广泛的适用范围。

学界最早关于"人设"一词的使用从知网溯源，大概始于 2012 年发表于《电影文学》的一篇名为《中西方动画电影中人设形象及其风格的差异性研究》[①]，2016 年以后逐渐增多，这与百度资讯六十多万条以"人设"为题的新闻、报告、文章发展轨迹颇为一致。"人设"一词的使用虽广泛，学界对词语在国内大众批评话语体系里的语义发展过程，尤其是把它作为一种文学批评新话语的研究却未见专门文章。现有研究常常将"人设"作为一个不言自明的词语运用于具体的文学批评与研究中，偶有几篇论文仅简单介绍了一下"人设"的来源和定义。

有的学者把"人设"界定为网络文学发展过程中贡献出的一条新鲜的创作手法，认为"人设"这一概念来源于日本东浩纪关于"轻小说"的讨论[②]："人设"是一种对"萌元素"数据库的属性提取以后进行创造性叠加的数据库写作。早在 2017 年 9 月 25 日北京大学网络文学研究论坛邀请日本早稻田大学文学院千野拓政教授做关于如何理解东浩纪的报告时已提出"人设"的构成是"'数据库'的，故事的生产方式、人们观察世界的目光也'数据库化'了，一切事物都可以看作要素的组合"。也就是说，与现实主义中的"人物"通过故事情节寻求"真实感"和"代入感"不一样，"人设"是萌元素的拼贴，可以脱离故事环境甚至剧情独立存在，高寒凝（2020）举例清穿文中"雍正"的形象就经历了一个"人

---

① 王颖：《中西方动画电影中人设形象及其风格的差异性研究》，《电影文学》，2012 年第 14 期。

② 肖映萱：《"嗑 CP"、玩设定的女频新时代——2018-19 年中国网络文学女频综述》，《文艺理论与批评》，2020 年第 1 期；高寒凝《网络文学人物塑造手法的新变革——以"清穿文"主人公的"人设化"为例》，《当代文坛》，2020 年第 6 期。

设化"的过程。历史的、真实的"雍正"已经不重要了，重要的是"雍正"这个"人设"下集合的如霸道、腹黑、勤劳、能干、深情等性格元素。

有的学者则认为"人设"源于戈夫曼的戏剧理论[①]，把"人设"视为区别于"后台"的"前台"表演，将人际互动比喻成做戏，因此，人际交往的过程就是人表演"自我"的过程。这个"自我"当然是被符号包装过的，目的是获得"观众"的认可和喝彩。因此立"人设"是消费时代的普遍现象。大家从表意的"人设"中寻求和确立自我，从而获得精神上的愉悦。明星营销人设就是为了迎合粉丝的意义期待和情感期待发射出去的具有表意功能的模式。整个发射、接收过程正是符号的编码、解码过程。在此意义上，"人设"就是一种携带意义且可感可知的符号。从文学消费的角度来说，"人设"作为一种受欢迎的虚拟符号，它是读者的一种欲望的投射，亦是一种审美想象。

正如传统的文学创作是作家对自然社会中的人进行现实主义模仿的艺术化结果，其中创造的"人物形象"所蕴含的语义属性是真实的、确定的相对一致的。"人设"则与之相反，无论是作为一种新的文学创作手段，还是作为一种投射自我的符号，"设定"一词语义本身就蕴含着一种"假设性"，因此"人设"一词相较于"人物形象"从字面上就显露出一种"虚拟性""可能性"与"想象性"。鲍曼曾把资本主义社会发展过程描绘为从"生产者社会转向消费者社会的过程"[②]，消费文化随之流行，并被视为后现代文化的主要特征。无论传统文学还是网络文学，生产模式虽然不一，但作为一种艺术产品二者都处于"生产－消费"产业链中，只不过网络文学作品的"物"性或者说商品性较于纯文学而言在这个消费主义盛行的时代显得更为突出。正统意义的纯文学无论是"为人生"派还是"为艺术"

---

① 文俊，鲍远福 《新媒体语境中商业"人设"的构建及其文化反思》，《视听》，2021年第 5 期。
② 齐格蒙特·鲍曼：《工作、消费、新穷人》，仇子明，李兰译，长春：吉林出版集团有限责任公司，2010 年，第 65 页。

派都更强调创作者的主体性，而网络文学则着重于读者需求，着意于兜售阅读快感，网文的生产从这个角度看更像是一项有的放矢的高定阅读服务。如何满足作为消费者的读者需求，制造出更多响应市场动向的产品，是维持网络文学产业链稳定运作核心的逻辑。网络文学生产格外强调读者参与的特殊性正与当下消费文化强调个性化服务的特性同构，促成"人设"这一反映其特性的新的批评话语的"流行"。

二、"人设"的流行：无可遁形的困局

"人设"因其语义属性暗合网络文学特殊生产机制被引入网络文学的话语体系成为重要的关键词，它既为参与式文化影响下的文学生产新机制做注，也提供了一种写作方法让小说"人物"具备一种无限延展的"生成性"，然而"成也萧何，败也萧何"，当"人设"在网络文学内部风云成势之时，它随即锁死，陷入一种人物构造的类型困局。这个"流行"与"僵死"的并进过程，正是"人设"提供外界进入网络文学生产现场的窗口，对它溯源、描写可深入了解网络文学的发展现状、运作机制，以及困局形成的症结所在。

（一）读者参与制带"人设"入场

传统文学的生产模式"产销分开"，即作者保有作品的最大话语权，他主宰着自己的故事，以他的主观意愿控制故事情节的走向，调度书中人物的一举一动。读者接收文学作品时，无论是作品本身还是人物都处于一种完成时态。读者对作品的反馈无法影响到文学作品本身，不会打破已有的完整模式。读者的声音是作为衍生物而存在的，犹如藤蔓之于大树。在这一过程中，文学创作的纯粹性得到保护，作者与读者呈现出彼此独立又相互依存的关系，可以轻易地区分出作者与读者不同的角色担当。参与式文化发展下兴起的网络文学生产模式则是"产销一体"的，即读者从单纯的阅读主体变为了阅读和创作的"双主体"。在此，读者的声音不再作为文学作品的衍生物，而直接成为左右故事发展的重要力量参与到创作过程中来。作者在完成作品的同时，需要时刻密切关注读者的反馈，从而对后续的创作加以调整。

以《盗墓笔记》为例，在作者南派三叔的最初设定中，吴邪、张起灵、王胖子三人是互帮互助的伙伴，他们结成所谓的"铁三角"，共同面临危险和挑战。在《盗墓笔记》系列连载过程中，有一部分读者粉丝注意到张起灵对吴邪特殊的关照，将张起灵与吴邪配对，形成了新的读者粉丝群体："瓶邪"党。"瓶邪"党从出现到壮大，仅用了很短的时间，在当时流行的社交互动平台"百度贴吧"上，以"瓶邪"为讨论话题所建立的贴吧"瓶邪吧"一度成为 CP 类贴吧中的"顶流"。受到这样一批读者的热切关注，南派三叔也无法避免地要迎合 CP 党群体的喜好，由此在后面的故事里设置了"篝火表白""雪山告别"等情节，也让吴邪说出了"你要是消失，至少我会发现"这样的话，使得"嗑 CP"的读者们一度为之疯狂。张起灵的人设也从之前的"冷面寡言、神秘强大"变得更有温度，更"接地气"，被部分读者认为他完成了从"神"到"人"的转变。客观来说，对比南派三叔创作前期的《盗墓笔记》和创作后期的《沙海》《沙海番外篇》，吴邪和张起灵这两个角色的人设都发生了不同程度的改变。他们本来的设定是伙伴，是朋友，然而随着 CP 粉丝的介入，他们之间的互动变得愈发暧昧，超越了朋友的界限。

"产销一体"的网络生产机制让读者的反馈可以迅即传递给作者，阅读平台的打赏机制更是用具体数目的真金白银左右了作家文学生产。信息化的发展不仅大大缩短了作者与读者的距离，读者与读者之间的交流联系进一步加强，容易构成统一的读者联盟更形成不可忽视的反馈。基于此，无论是作品走向还是作品中的人物的发展都变得不确定，整个作品面临着任何可能发生的走向与不限的"生成性"中。作者对于一个小说的"人物"的"设定"就永远只能存在于一种"假设性"的状态中。反观传统文学生产中的"人物形象"，它的存在是不受读者干预的，读者只能从完整的文本出发，接受人物的行为逻辑，再加以归纳，形成所谓的"人物形象"。在这种情况下，不确定，无法语言的"人设"一词显然比"人物形象"适用于网络文学中"人物"为读者无限生成的情况。固然"一千个人的心中有一千个哈姆雷特"，但过去这种对于人物的不同理解只存在于个体想象中，而网络文学生产的读者参与机制，促使明天的"哈姆雷特"有了真实的一千种可能，携带"可能性"语义的"人设"一词才能应势进入网络文学作者和网文平台的视野。

（二）平台遴选机制提升"人设"的"重要性"

"人设"作为创作者抛出的"橄榄枝"，一旦被读者接纳，便不免要承担读者基于"想象性"而诉诸其上的各种要求，而这种要求本身就是读者阅读快感的具象体现。可以说，"人设"是作者承诺阅读体验的凭证，读者也紧扣"人设"开展一场阅读博弈，它不仅是阅读过程的先导，更是贯穿于其中的一条线索。在网络文学发展的初始阶段，读者虽然借助信息时代的便利和特殊生产机制可以将阅读体验即时反馈给作者，作者还相对拥有主动性，在此期间，各网文类型"佳作"频现，创造出一系列有口皆碑的流量"人设"。早期这些出圈的"人设"吸引了大量读者使某一类"人设"流行，在消费主义市场中，逐利为目的的文学生产势必让更多的作者因此跟风，仿造了大量同类型"人设"，并由此培养一代又一代网文读者的口味。

"人人都能成为写手"的网络发表机制让网络文学产能剧增，网文数量蔚为大观。网文平台从读者作为消费者的角度考虑，要帮助他们在网上书城快速精准地锁定自己感兴趣的文学产品，不但将文学商品进行分区，即按照题材、故事模式、时代背景对小说进行分类，还要将每本书的"人设"放在作品简介页帮助读者排雷，以便他们如在商场购物一般便捷。

在网文数量急遽膨胀的今天，如何建立独特的"人设"吸引读者显得愈发重要。倒回去几年，网文的流量"人设"有"霸道总裁""傻白甜""小白花""大女主"，而当"霸道总裁"们、"傻白甜"们大面积的存在，读者难免会出现审美疲劳。求新求异的需要一出现，折射到写作者身上就表现为网络文学作品中构思精巧的"独一份"人设。点开晋江文学城言情分区的总分排行榜，各种"人设"千奇百怪。排名靠前的《天才女友》（作者：素光同）贴出的人设是"放弃科研·继承家业·看起来像个男主角"搭配"天之骄子·直球大师·每天都很开心的女主角"。君子以泽的作品《她的 4.3 亿年》立下的设定则更为复杂："科学 × 神话；生命演化史 × 大海造物主；光海 × 深渊，生命 × 死亡，奥术 × 邪能，自然 × 吞噬；海神族 × 捕猎者 × 海洋族 × 深渊族"。

在作品多如牛毛的网文平台，包装"人设"成了作者取悦读者最重要也最便捷的方式。读者只需通过简单浏览，了解作品"人设"，就可以迅速做出判断，决定是否要选择当前这篇作品来阅读。快餐文化不允许等待，抛出人设，各凭本事吸纳读者，是写手们生存的选择。正所谓"流量至上，胜者为王"。"人设"是网络文学遴选机制下的产物，是网文作者对读者的许诺，更是对在线购买其作品的消费者的一张预购券。从公布"人设"开始，网文作者将圈养的羊群明确地划分至自己的一亩三分地中，"人设"既是满足部分读者阅读渴求的金苹果，却也将潜在的受众做出了划分与横栏，从而实现在稳定的"人设"条件下满足读者不稳定的幻想。出于此种影响，"人设"的权重在诸多创作要素中逐步抬升，越发成其为读者的首要阅读考量标准。"人设"一词亦因含纳了这样一种关于人物的"想象性"的语义取代了"人物形象"，并上升为网络文学生产中最重要的因素。

（三）"人设"的"标签化"促使"人物"的死亡

网络文学蓬勃之前，传统文学的阅读考量标准是多元且相对平衡的。一部作品可以凭借语言优美动人，或是情节曲折离奇，甚至是创作手法特殊等特点而受到大众肯定。例如汪曾祺的小说，着力于构造平淡如水的故事情节，人物形象也并不丰满立体，但读者的阅读审美感受来自他诗境般的语言。刘慈欣被推为中国科幻的代表作家，也并非出于作品的语言与人物，而是倚仗他出色的想象力和由此生发的精彩故事。马原的"元叙事"手法，把小说创作演化为一种猜谜式的游戏，让"先锋小说"的实践进入文学场域之中。然而，随着消费文化的兴起，大众阅读市场的下沉，文学作品尤其是以消闲为目的的网络文学作品更多地被视为承担消费价值的商品，实现读者的阅读快感则显得更为重要。因此"情节""语言"等要素逐渐退居二线，"人设"因其和阅读快感直接挂钩，上升为考核标准的第一梯队。读者在进行文学消费时，更多的是在消费"人设"，因为读者借助"人设"在虚拟世界完成现实世界难以实现的理想，实现情感代偿，获得心理满足。然而，读者在阅读消费的过程中渐渐培养了自己的兴趣，越来越清晰地明白自己的阅读喜好，确认自己的消费需求，确立阅读期待的同时，无论是作者还是读者，随即也陷入一种受限于固定阅读口味的类型化生产和消费之中。繁杂多样的"病娇人设""钓系海王"使得读者在阅读前早有了腹稿，仅仅一篇网文便可触类旁通地饱尝类似人设的适口性，久而久之，选择时便会下意识倾向于相关内容，对于以前尚未接触过的文章类型更是束之高阁，变得"挑嘴"。"人设"的口舌之贪固然美味，可其所形成的阅读闭环既限制了读者也左右了作者。这对于任何一类的文学的发展本身来说显然是一种缺陷。以盈利为根本目的的网络平台一旦识别出这种缺陷并不会自觉弥补以促使文学的"经典化"，而是抓住它利用它以便自己更方便地榨取"产消"双方的最大价值。"人设"随之被网络平台"标签化"，并常常成为其吸引读者的营销工具。

在知乎自称为网文老编辑 ID 为"酥三月"的专栏《教你如何写网文？不！红文》中制表归纳了多种最受欢迎的网文人设模型，讨喜和不讨喜的人设性格，以及最搭配的 CP 人设模型。比如标签为"白切黑"的人设性格，其解释说明为"无辜的外表下隐藏了腹黑的本质"，行为特点"扮猪吃老虎"。"高岭之花"的标签解释为"优秀或身份高贵，与周围人格格不入"，行为特点为"高冷话少"。"病娇"的标签解释为"对喜欢的人或事物有强大的占有欲和执念"，行为模式是"过激地示爱，自残，排他，伤害他人"。像"霸总"的人设，不但解释了其性格、行为，甚至归纳了其语言习惯，诸如"我不允许……""没有我的允许……"等祈使句式等。[1]

---

[1] 知乎 ID "酥三月"：《细数"人设"》，网址：https://zhuanlan.zhihu.com/p/158480336。

　　"人设"标签化是网文"人设"类型化的必然结果，网络平台的刻意营销亦有助推。以不久前在网络中爆火的"歪嘴龙王"为例，它是一组短视频合集，时长平均维持在一分钟左右，剧情大都类似，讲述倒插门女婿从被亲家嫌弃到揭露尊贵身份实现反杀的故事。视频本身的走向便如诸多起点流式打脸爽文类同，都是用欲扬先抑的手法，塑造了一个处处为难、忍气吞声的赘婿形象，很快受气包的伪装揭开，"打脸"转瞬即来，"龙王"标志性的歪嘴一笑，成了鲜明的记忆点。几十个短视频均以此种故事模式进行复刻，每次都结束在赘婿的歪嘴一笑中，让不少网友大呼"上头"。"歪嘴龙王"的成功，很大程度依赖于他的那一笑。这个笑容当然不是偶然性的发挥，在几十个视频都是以这样一抹笑容结束的时候，"歪嘴笑"本质就是平台营销的"标签化"内容。将"赘婿"形象贴上"歪嘴笑"的标签，建立二者之间的联系，强化了观看者的心理暗示。当"歪嘴龙王"成为家喻户晓的网络热梗时，自然有大批对此产生兴趣的读者涌入，成为营销"笸箩"下待捕的麻雀。

　　同样，"听觉"作为新的吸引点成了打破困境的第二条路径。APP"猫耳FM"的崛起，游戏《恋与制作人》与《光与夜之恋》的风靡，都展示出"配音"这一领域在女性向作品中存在着不小的受众群体。"抖音"用户"树一"曾上传过一段配音作品，内容出自晋江作者阿陶陶的言情小说《插翅难飞》。在音频中，树一以富有磁性的声音念出了小说主人公"陆进"的一段话："这里是缅甸北部，我生长的地方。欢迎来到我的世界，娇贵的小公主。"由于他的声音低沉悦耳，这一段话又自带异国情调和故事感，在抖音上吸引了很多用户点赞评论。紧接着，一众自带上千万粉丝的抖音头部用户，采用树一的配音上传了自己的变装视频。用户庞大的抖音上，时不时就能刷到以"这里是缅甸北部"为背景音的小视频，"缅甸北部"迅速成了抖音热搜词。"缅甸北部""娇贵的小公主"等字眼加深了网友们对陆进的人物幻想，使得小说主人公陆进被大众想象塑造成了一个危险迷人、魅力十足的角色。这些富有张力的标签贴在故事男主人公的身上，让这本 2013 年完结且人气不高的小说迎来了新一轮的搜索热潮。

以几个标志性特征作为人设的核心并"标签"命名的方式便于平台更好地把该人设推到众人面前，吸引那些对标签感兴趣的大众去关注或者选择自己中意的文学类型，在效益至上的网络时代，这无疑是网文平台最好的行销选择。这使得"人设"一词迅速流行，成为这个时代绕不开的词语，然而，被"标签化"的人设意味着这一类"人设"内涵被固定，人物的调性被圈定范围，所有人物都得在设定的轨道内进行表演。因为，不同于传统文学阅读者对人物的"全盘接受"，网络文学阅读者对于人物有着更"严格"的要求，这种要求是以牺牲作者的创造"主动性"为代价的。网络文学的创作不再是一种张扬个性的艺术生产，而是一项以读者品味为中心的高定阅读服务。一个"人设"一旦被大众固化为单薄的属性语言，用短短的词语便足以窥探、判断其一举一动一言一行，那便逐渐失去了向上成长和向下涌流的可能，"人设"反倒成为困住作者和读者思维的枷锁，网络文学人物形象的塑造因此陷入一种前所未有的困境。"人设"一旦被"标签化"，其实就意味着在文学艺术世界中推崇的丰富立体的具有生命力的小说"人物"的死亡。

三、从困境超脱：流量"人设"与读者双重反哺

读者本是网络文学生命力的来源，现下却成为网络文学生产的镣铐。在成就作品人物和供养读者之间，需要作者探寻一条难以捉摸的边界线，确保读者能进行有效的反哺。然而，正如不能用现代主义文学的标准去衡量现实主义文学的经典，我们也很难用传统文学中经典人物的构拟方法去完全指导网络文学人物的构造。网文作者想要维持自我的创作理念，坚持掌舵的主动权，又不背离读者群体的期待，交出一份让外界满意的答卷，就不得不先回溯自身发展历程中那些口碑"人设"的构建过程，或可窥得些许创作奥义来超脱网文人物塑造的困境。

（一）醒目的"外设"区分同类"人设"

从一箱白球中找出其中的一只白球是很困难的事，然而从一箱白球中挑出一只红球就轻而易举了。好的人物是鲜明的，他（她）的鲜明一部分来自"鹤立鸡群式"的与众不同。从创作者的角度来看，独特的标志是帮助人物进入读者视野的捷径。ACG 类作品可以凭借画面给人物设置不同的发色、发型、衣着、配饰等元素来强化角色形象的立体度。回归到网络文学领域，作为媒介的文字从视觉上不具有承担区分度的能力，这项建构立体度的任务也只能依赖于作者的人物形象设定。以《盗墓笔记》中的张起灵为例，南派三叔在塑造这个小说人物时为他张贴了极其具有个人特点的外设标签。张起灵在书中通常以"身穿黑色连帽衫，头戴帽子，刘海遮眼，身后背一把黑金古刀"的形象出现，通过作者的有意强化，连帽衫、长刘海、黑金古刀这几项要素自然地与小说人物张起灵建立了反射关系，以至于只消写"远远地一个身穿连帽衫的身影走来"，读者便能心领神会这究竟是何方神圣。独特的外设标签不仅可以精准狙击小说人物的形象记忆点，更有助于人设出圈。读者群体对小说的二次创作，同样也要汲取来自作者的形象设定。无论是以文字、绘画或是真人 COS 等形式来还原张起灵，这一人物总能以类似的形象出现。这种直接的"可复制性"极大程度地推动网文"人设"向"经典"的可能迈进。同样擅于塑造人设的还有晋江专栏作家"墨香铜臭"，她笔下的"蓝忘机"头戴蓝家抹额，素衣胜雪气质超尘，古琴技艺一绝。"花城"身穿红衣，手执红伞，身绕灵蝶，异域风情昭彰。这些具有区分度的外设让读者记住了小说人物，也让这些小说人物有了打破次元壁，向外界进军的可能。

（二）"人设"装配现实需求激发情感燃点

读者要接纳人物，并不仅仅止步于"认得出"的地步。一个被认可的小说人物，其身上必然存在着某种可以引发读者共鸣的特质。日常生活的凡庸琐碎正渗透向个体内心深处，自我意识从躯体到灵魂都在受到压制。抽离现实，投身虚幻的愿望浮出地表，而网络文学正是基于这种逃避现实生活、寻求心灵满足的需要开启了一扇可供通行的门。那些称得上成功的"人设"，他们需要抓住契机激发读者的情感燃点，实现读者的欲望代偿。再援引张起灵为例，南派三叔设定其武力一骑绝尘，凡有小哥在场，则众人无论身处怎样的困境中都可安全脱身。这样一个"定海神针"似的人物，毫无二心地伴随在主角吴邪身边，事事支持，不问原因。读者在阅读以吴邪为第一人称进行叙事的小说时，容易主动将自己代入到吴邪的角色中去。对比现实世界疏离冷漠的社会关系，小哥的无条件支持显得格外珍贵。张起灵的行为选择迎合了读者的情感燃点，读者从阅读过程中疗愈自我，也在内心认可接纳这一人物。燃点并不是仅凭"萌要素"引发，正如"强大"这一设定并不能箭无虚发地击中读者内心。《盗墓笔记》中的"塌肩膀"武力值与小哥不分上下，"裘德考"强大到势力无孔不入，但也并未成为像小哥那样令读者难以忘怀的小说人物。情感燃点建立的是读者与虚拟人物之间的心灵红线。"人设"主动给予读者回音，补偿读者未宣之于口的渴望，并借此机会与读者同频共振。当"认识"深化为"认可"，"人设"就此实现了自身进一步的蜕变。

（三）"人设"的"留白"带来成长的陪伴感

有区分度的外设和能够激发情感燃点的行为逻辑都是从人设的静态角度分析得来的，而"人设"的开放性和生成性正萌动着"人设""经典化"的动态可能，换而言之，好的"人设"必须带给读者成长陪伴感。"人设"从二次元文化引申而来，一开始仅仅包含着外在特征和主要性格特点内容，然而同样类型的人物一再出现，被大众指认、平台"标签化"以后，"人设"实际已沦为一个符号，其"赋予具体的人以抽象化的寓意，从而使之具有符合大众审美的符号价值"[①]。此时，读者对于"人设"的消费不再单纯地只是满足于欲望想象和自我投射的商

---

① 何雅昕：《传播学视阈下明星"人设"的分析》，《传播与版权》，2018 年第 1 期。

品的消费，而升级为符号的消费，即从一种被动的吸收、接受转化为一种建立关系的主动模式，当然这一切都是在一种参与性文化的语境中完成的。无论是"盗墓"文里的"张起灵"，"清穿"文里的"雍正"，还是"耽美"文里的"魏无羡"，各种网文类型里的流量"人设"最后都成了一个承载着众多读者理想自我或者理想关系的虚拟客体／符号，这个客体／符号生成的过程，既是读者与作者、读者与读者、读者与"人物"本身的交互过程，也是自我精神成长的过程，毕竟阅读活动本身就是精神活动，更遑论参与式阅读。因此，"人设"的留白，正如剧情的"留白"给予了读者与作品／作者建立陪伴关系的空间，"人设"的成长从文本内部延伸到外部，成为读者日常的一部分，与读者的成长重合共生，带来一种无法复制、刻骨铭心的陪伴体验。2015 年"稻米"们齐聚长白山接"小哥"（《盗墓笔记》中的张起灵），所有人都知道长白山没有"小哥"，他们仍然虔心迎接。他们接的并非小哥，而是自己的"过去"。"小哥"此时不只是一个"人设"，他更像一道桥梁，架通自我与他人、幻想与现实、过去与现在，让那些不可见的情感记忆以一种象征的方式在三次元世界有了具体呈现的可能。好的"人设"正是因为具有了这样的超越性而像传统文学长廊中的那些经典"人物形象"具备审美价值一样获得了可传颂的现实价值。

四、结语

媒介时代的技术变革不可避免地引发文学的转型，新媒介带来文学生产机制的新变，必然促生网络文学新的审美范式、表意形式、批评话语。从一个游戏设计术语、人物塑造的文学手法，文学批评话语，大众话语，"人设"一词所历经的语义变迁贯穿了整个网络文学的发展历程，展示出其与时代文化同脉相承的生成性、技术性、商业性、互动性、艺术性等杂糅一体的特征。这种特征意味着网络文学的"丰富"亦彰显其"复杂"，其理论建设势必如行蜀道。更何况文学批评总是滞后于创作实践，历经几千年的发展，从来都是"理论文类"追逐"历史文类"，即"理论总是企图通过逻辑和框架锁定文学史，致使文学史稳定地纳入文类的槽模而文学史则时时逃避这种理论概括，甚至通过有意的'犯规'反击这种理论概括"[1]。学界学人二十年前就已经注意到网络文学发展过程中"技术对文学性的消解""作家主体性的弱化""技术复制导致文学经典信仰的消褪"[2]等一系列的问题，并呼吁文化圈同人，尤其是学者们要以"粉丝"的身份进入文学生产的"现场"，对网络文学进行"引渡"。邵燕君建议："将'局内人的'常识和见识与专业批评的方法结合起来，并将一些约定俗成的网络概念和话语引入行文中，也就是在具体的作品解读和批评实践中尝试建立适用于网络文学的评价标准和话语体系。"[3]业内各家网文团队身体力行始终冲锋在网络文学研究的前线并做出了很好的批评示范。本文的形成正是基于这样一种号召、建议和示范，结合具体的作品、时代文化，寻找一系列连接理论与创作实践的"关键词"，以期变时代的"挑战"为文学发展的"契机"，让文学的自由精神成为文学发展内在的生命力，成为我们对于文学发展过程中出现的任何新变、阻滞、挑战充满乐观精神的信心来源。

（本文系作者与张洪铭合作完成）

---

① 南帆：《文类与散文》，《文学评论》，1994 年第 9 期。
② 欧阳友权：《数字媒介与中国文学的转型》，《中国社会科学》，2007 年第 1 期。
③ 邵燕君：《网络文学的"网络性"与"经典性"》，《北京大学学报》，2015 年第 1 期。

文学评论写作教学有效实施方式研究诸问题

陈海艳

文学评论写作能力是中国语言文学专业学生的一项基本能力要求，然而，在当前的高等教育大众化语境中，中国语言文学专业学生的文学评论写作能力却普遍较为低下，这直接涉及高校学生的培养质量问题。在高校致力于进行内涵建设和教育改革的当下，我们必须深入思考和探讨这一问题，并力求寻找到解决这一问题的有效方式。其实，这也是更好地贯彻和执行《国家中长期教育改革和发展规划纲要（2010—2020 年）》和《教育部关于全面提高高等教育质量的若干意见》（"高教三十条"）中相关要求的需要，更直接表现为我们在全面提高高等教育质量的新时代语境下培养卓越文学评论人才的需要。

然而，我们却又发现，在现有理论研究和具体实践中，文学评论写作教学问题并没有得到应有的关注，对于文学评论写作教学的有效实施方式问题更是未能形成集中性研究，从事文学评论写作教学的教育者大多也仅局限于对文学评论写作问题的一般性理解和讨论，即使是有的教学实践者和研究者开始有意识地对文学评论写作问题展开探讨，但更多的还只是相对零散的，趋向于对文学评论写作的普泛性问题的研究。无疑，这一状况对高校文学评论写作教学是十分不利的，需要通过必要的深化探讨解决这一问题。

一、文学评论写作教学有效实施方式研究的核心问题与基本维度

探讨文学评论写作教学的有效实施方式，其核心问题表现为：在高校汉语言文学专业学生的培养过程中，在"文学评论写作""基础写作"等文学课程——其构成一个课程群——中，如何更好地实施文学评论写作教学？即，寻求实施文学评论写作教学的有效方式甚至是最佳方式，也可以说是寻求文学评论写作教学如何实现最优化的基本（教育）规律。围绕这个问题进行调查研究并在教学实践中予以贯彻，将会对青年学生文学评论写作能力的提升产生重大而又直接的积极影响，无疑，这会相应提高目前高校文学教育教学的育人质量。

我们知道，当前高校的文学教育教学在一定程度上存在着危机。这种危机至少表现在：其一，受教育者不知文学与文学教育教学（包括文学评论写作教学）的真义，也缺乏去探究文学与文学教育教学真义的勇气和能力，从而也就有可能丧失创造性想象与愿望，丧失对于文学、人、自由、审美等之间存在密切关联的认知与情感体验，丧失对于人的未来合理设计和发展的希冀与向往。其二，面对种种矛盾与冲突，教育者放弃文学教育教学的理想和信念，放弃文学教育和文学课程教学的公共性与教育教学中人的公共情怀、公共理性和公共精神的培育。其三，文学教育、文学课程教学被平面化甚至是庸俗化理解，倾向于割裂它与塑造现代国家公民之间的关联，也倾向于阻滞文学教育、文学课程教学作为一种文化政治实践的可能性。在我们看来，这些既是当前文学教育、文学课程教学中出现的基本问题，也是根本问题，我们需要由此而形成共识，以积极寻求解决这些问题的理念、方式和途径。这种解决不仅必要，而且无疑还是一项紧迫的工作，它涉及我们对于文学教育、文学课程教学的终极想象，更事关我国人文教育乃至国家整体教育改革的某些根本的方向性问题。以此而论，文学评论写作教学的有效实施方式研究涉及的基本问题无疑是重要的，它积极参与着包括文学评论写作教学在内的当代文学教育教学的改革，而这一改革直接关涉到受教育者能力与素养的真正提升问题。

基于以上认识，可以明确，我们研究的目的在于探讨如何在高校汉语言文学专业学生培养过程中，在"文学评论写作""基础写作"等文学课程中进行文学评论写作教学的有效实施，以实质性提高青年学生文学评论写作能力。这一论题的整体性展开，总体上至少包括三个维度：其一，如何在文学评论写作教学过程中提高学生的文学批评理论认知能力，尤其是要对其自身作为文学批评活动的主体形成必要的认识。其二，如何在教学过程中要求学生明确文学批评实践应着重考虑的基本问题。其三，作为进一步深化研究的需要，尚需在文学评论写作教学实施一段时间之后，对其实践进行必要的总结，形成更为明朗而合理的教学实施方案，在方案的导引下凸显具体教学效果。

二、文学评论写作教学有效实施方式研究的理论基础

从最根本处着眼，我们开展文学评论写作教学有效实施方式研究是基于马克思主义唯物史观视野的。唯物史观作为一种主要由马克思创立的关于总体性的社会历史的唯物主义理论，鲜明地体现着科学认识与价值取向的统一。它的确立开辟了文学研究、文学批评（文学评论）的新路向，为文学批评实践也为整体的文学研究提供了科学的世界观与方法论。马克思的历史思想、马克思的唯物史观真正的理论着眼点是人的发展，这与实现人的解放这一马克思主义的根本宗旨是完全一致的。在当下，我们需要从对唯物史观的完整、深刻理解出发，进行文学批评的理论建构和开展具体的文学批评实践活动，从而保证当代文学批评的应有品格与质地。

基于马克思主义唯物史观视野，以联系的、发展的观点看待事物和现象，我们可以形成必要的与文学评论写作教学有效实施方式研究密切相关的理论认识，这也表现为我们研究的理论基础。

第一，高校文学评论写作教学的有效实施与青年学生评论写作能力的提高之间存在着极为重要的联系。教育教学行为的有效性一直是教育者的基本追求，而高校文学评论写作教学的有效性无疑在根本点上体现为青年学生评论写作能力的提高之上。后者是前者的根本表现，前者是后者的基本印证。而且，我们完全可以明确的是，之所以追求文学评论写作教学的有效实施，其根本目的就在于期望并达成学生文学评论写作能力的提高。

第二，青年学生的文学评论写作能力的提高是可以通过改进文学评论写作教学的实施方式得以有效实现的，这种提高是一种发展的过程，它是渐进的，不可能一蹴而就，这也是遵循教育教学规律与人的成长和发展规律的。依照上文的逻辑，青年学生的文学评论写作能力的提高是可以通过教育教学行为的改进得以实现的，这也体现为一种教育教学行为的力量。当然，改进文学评论写作教学的实施方式，实现文学评论写作课程的有效教学，对于青年学生文学评论写作能力的提高也不大可能立竿见影，而是必然地表现为一个阶段性的过程，而且还有可能是一个相对来说比较长远的过程。然而，我们明确的是，不能因为它表现为一个发展的过程而漠视其重要性、必要性和规律性。青年学生文学评论写作能力的提高是育人问题，而育人必然表现为一个过程，它是存在规律的，也是需要我们遵循其发展规律的。

第三，文学批评主体评论写作能力的提高是评判文学评论写作教学有效实施程度的根本尺度和依据。我们说，文学批评主体评论写作能力的提高表现为一个发展的过程，这是问题的一个方面；问题的另一个方面是，文学批评主体评论能力的提高也是我们开展文学评论写作教学有效实施程度评价的标准，尽管不能说这是唯一的标准。应该说，这是一种结果导向评价方式。它是可行的，也是必要的。

三、文学评论写作教学有效实施方式研究的阶段性认识

依据前文对文学评论写作教学有效实施方式研究的核心问题与基本维度的明确，经过一段时间的理论研究与教学实践，我们逐步形成了一些基本的认识。

第一个方面，关于文学批评实践中批评主体应着重关注的几个问题的研究。在评论者尤其是青年学生文学评论写作能力提高问题上，这是一个极为重要的环节。我们形成的基本看法主要有：其一，评论主体应具有批评方法选择的自觉。在《1844年经济学哲学手稿》中，年轻的马克思指出，自由自觉是人的类特性。

换句话说，自由自觉是人区别于其他对象的根本性特质。青年学生在其成长的不可重复的青春韶光中，无疑需要形成诸多符合其年龄和心理特征，并与其人格、素养协调一致的自觉意识。而在这个过程中，教师的引导、教诲是相当重要的。由此，我们认识到，在"基础写作""文学评论写作"等文学课程的教学中，在面对具体的文学批评文本时，教师应适时、适度、适当地要求、引领学生形成明确的批评方法选择的自觉。显而易见，这种自觉不仅仅是一种评论技术的需要，它更关涉到青年学生的思维自觉和精神成长。它对于育人而言是不可或缺的。其实，对于包括青年学生在内的评论者而言，在文学评论实践中，形成、确立批评方法选择的自觉是一种基本的素养要求。在此，需要着重说明的一点是，我们强调青年学生应在文学评论实践中形成、确立批评方法选择的自觉，并不是说任何具体的文学批评实践都无一例外地贯彻着这一硬性的要求。事实上，青年学生在批评方法选择自觉的形成中还必须注意到"有形法"与"无形法"这一问题，这也是教师在文学评论写作教学过程中尤为需要加以重视和强调的。其二，评论主体需具有明确的评论文体意识。在日常的"基础写作"和"文学评论写作"等文学课程的教学实践中，教师应敦促学生尽早形成明确的评论文体意识，从而确立必要的评论文体选择的自觉。青年学生需明确，文学评论的文体即文学批评文本的体裁样式。大体上说，历史上曾出现过诗歌体、戏剧体、对话体、书信体、评点体、随笔体、论说体、序跋体等不同类别的文学评论文体。其中，有些体式现在已经非常少见，甚至消失，如诗歌体、戏剧体；目前常见的体式则有论说体、随笔体、序跋体，另外还有书信体、对话体等。而青年学生在当下需要更多关注的评论文体主要有随笔体文学评论和论说体文学评论。其三，评论主体应特别关注具有现代性意味的文学文本。青年学生的文学评论能力的提高是与其思想质地、价值取向等核心问题密切相关的。在当下的中国社会和教育视域中，教师对于青年学生文学评论能力的培养与铸造必须充分认识到这一重要问题，并在具体的教学过程中强化这一实践。其实，在日常教学中，我们经常性地会发现一个现象，即，青年学生活在当下，其思想质地与价值取向却很难称得上"现代"；应该认为，这与我们的教育教学缺乏一种必要而明确的现代性价值取向的自觉是存在直接的关联的。基于此，期望文学教育教学能够生发出对于人的更为巨大的塑造性力量，期望青年学生的文学评论写作能力得以实现在内质意义上的真正的提高，教师就需要敦促学生在具体的批评实践中积极关注和选择具有明确的现代性价值取向的文学文本。总体来看，我们可以明确地认识到，在"基础写作""文学评论写作"等文学课程的教学过程中，引导、要求青年学生特别关注和选取具有现代性意味的文学文本予以评价，有利于评论实践者现代价值倾向在批评实践中的明确确立，这无疑是一种在当前对青年学生进行精神和思想引领的必要而且有效的方式，它对于青年学生的精神成人——契合时代性精神发展需要的精神塑造与思想构成——影响深远。

第二个方面，关于在文学批评实践中评论主体的当代意识要求问题和方法论特征问题。在多元文化语境中致力于文学批评（文学评论）的当下建构，自然不可缺少对于当代文学批评实践的发展问题的关注，更需要在此基础上积极寻求合理、有效推动当代文学批评实践发展的重要质素与力量。尽管这个问题是极为复杂的，然而，其间还是存在一些普遍性问题，或说环节需要着力予以探讨、明确乃至于进行必要的一定程度上的引导和规范。我们以为，在当代文学批评实践的发展过程中，批评者的批评意识及其批评实践中的方法论特征就属于这样的问题。当然，它们也只是此类问题的局部体现。进行文学批评实践，要求批评家必须具备当代意识。这里所说的当代意识，首先是指批评家必须具备自觉地以其批评实践参与当代文学、文化和社会建设的意识。这也是当代批评家应该具备的基本立场。其次，它也是指批评家必须具备开阔而深邃的当代视野与眼光。当代视野与眼光的确立，从根本上说也就是一种批评视角的规范和要求。在文学批评实践中，除了要根本性地确立当代意识，还必须明确文学批评的方法论特征问题；而批评实践的方法论特征无可置疑地表现为多个方面，在此择其要端，谈两点根本性内容。其一，宏观考察与微观剖析的结合。从一个特定的向度上说，文学批评实践是批评家在对评论对象进行宏观考察与微观剖析的过程中完成的。可以认为，宏观考察与微观剖析是进行文学批评实践双向而又一体的基本途径与方式。其二，美学观点、历史观点与人学观点批评的统一。以美学的观点来要求、衡量和评价作家作品，最重要的是看作家的创作是否符合了艺术创造的规律，是否遵循了正确的审美法则，是否表现出独特的艺术个性，从而具有丰富的审美意蕴和较高的审美价值。用一句话来说，即，是否"按照美的规律来构造"。以历史的观点来要求、衡量和评价作家作品，具有两个方面的基本内涵。首先是要求批评家持有一种历史主义态度，从历史角度考察作品，把文学作品置于其写作时期的观念、习俗和人们的态度之中，从而进行与作品的历史内容相适应的社会的、政治的、哲学的、道德的分析和评价，看作品是否描写了某一历史时期的真实图景，是否反映了历史的进步要求，是否体现了历史发展的必然内涵与趋势。其次，用历史的观点评价作品，是指作为批评主体的批评家，应该具备他所处时代的先进的历史视野和立场，这正如我们在上文所说的批评家必须具备开阔而深邃的当代视野与眼光，这样，方可合理确定具体文学作品的历史地位及其在现实社会中的价值与意义。所以，历史的观点在这里也就意味着是马克思主义的唯物史观在文学批评实践中的具体应用。由此再深入探讨下去，我们必须意识到，恩格斯提倡的文学批评的历史观点理应包括人学观点。因为，人是历史的人，历史是人的历史。历史是人的活动的舞台，是人的活动的具体展开。从历史唯物主义的观点看人，必然会从历史观点中引申出人学观点。其实，文学就是人学，是社会现实中从事实际生活活动的人的"精神分析"学，是唯物史观视野下由人参与其中并构筑而成的流动着的社会存在的基本反映和体现，是人们对世界、人生、人性等体验、感悟、认识和思索的审美化呈现。

第三个方面，关于文学评论写作教学的实施方案。这是一个需要针对特定情况不断调整也可以持续改进的问题，此不赘述，容后具体专题讨论。

文学阅读教学的范式转变：从主题到修辞

苏 勇

在创意写作教学的广阔天地中，阅读和写作犹如一对相辅相成的双翼，共同助力学生们在文学的天空中翱翔。这两者之间的关系，既深刻又微妙，既相互独立又紧密相连，构成了创意写作教学不可或缺的两大支柱。

阅读，是写作灵感和素材的源泉。通过阅读，学生们可以接触到各种各样的文学作品，从中汲取丰富的营养。这些作品不仅为学生们提供了丰富的故事情节、人物形象和语言表达的范例，更重要的是，它们激发了学生们的想象力和创造力。在阅读的过程中，学生们会不自觉地受到作品的影响和启发，从而产生自己独特的创作灵感和思路。同时，阅读也是提高写作水平的重要途径。通过阅读优秀的文学作品，学生们可以学习到不同的写作技巧和表达方式，逐渐提升自己的写作水平。在阅读的过程中，学生们还可以对作品进行深入的分析和思考，从而培养自己的批判性思维和审美能力。这些能力和素质的提升，无疑会对学生的写作产生积极的影响，而写作则是阅读成果的体现和延伸。通过写作，学生们可以将自己在阅读中所获得的灵感和素材转化为具体的作品，展现自己的创意和才华。在写作的过程中，学生们需要运用所学的写作技巧和表达方式，将自己的思想和情感准确地表达出来。这种转化的过程，不仅是对学生阅读成果的一种检验，更是对他们创造力和表达能力的一种锻炼和提升。此外，写作还能够反过来促进阅读。在创作的过程中，学生们会发现自己对某些方面的知识和素材的匮乏，从而更加有目的地去阅读相关的书籍和资料。这种以写促读的方式，不仅能够丰富学生们的阅读内容和深度，还能够使他们在阅读和写作之间形成一种良性的循环。

某种程度上，当前阅读教学的主导范式仍然是主题阅读教学，可以说，这种教学范式具有以下优点：一是帮助学生对某一议题进行聚焦与深化：主题阅读有助于学生围绕某一特定主题进行深入探索，能够深化学生对该主题的理解，进而为创意写作提供丰富的素材和灵感。这种聚焦式的阅读方式，有助于学生形成系统性的知识体系和认知结构。二是可以帮助学生拓宽视野：主题阅读鼓励学生涉猎不同作者、不同风格、不同文化背景的文本，有助于拓宽学生的视野，增强其对多元文化的理解和包容性。这种跨文化的阅读体验，有助于激发学生的创新思维和跨文化写作能力。三是可以帮助学生提高阅读效率：通过主题阅读，学生可以更加有针对性地选择阅读材料，避免盲目阅读和无效阅读。同时，对同一主题的多维度解读，有助于提高学生的阅读速度和阅读理解能力。但是其局限性也很突出：一是限制学生的思维：主题阅读虽然有助于深化学生对某一主题的理解，但也可能导致学生的思维被局限在某一框架内，难以跳出既定主题进行更广泛的思考和创作。这在一定程度上抑制了学生的创新性和想象力。二是忽视学生个性差异：每个学生的兴趣和需求都是不同的，主题阅读可能无法满足所有学生的个性化需求。有些学生对某一主题可能并不感兴趣，或者已经有了足够的了解，过多的主题阅读可能会让他们感到厌倦或无趣。三是与创意写作结合不够紧密：尽管主题阅读为创意写作提供了素材和灵感，但二者之间的结合并不总是紧密的。有时，学生在进行主题阅读后，可能难以将所学知识与创意写作有效结合，导致阅读成果无法充分体现在写作中。为此，我们应当开辟出新的阅读教学范式，尤其是适应创意写作这一学科和专业领域的教学。

实际上，自尼采以来，阅读的观念已经发生了翻天覆地的变化，集中体现为对经典阐释学的颠覆。阅读不再被理解成一种被动的意义接受活动，而是一种积极、主动的建构性活动。因而,阅读总是多重的,充满裂隙的。阅读变成了阅读主体与阅读对象的交互行为:体验、对话、否定、生成、超越等。随着后结构主义对文本自身无法自拔的迷恋,以及对文本修辞特征的深入研究,阅读的不可能性,日益成为人们开展阅读的基本前提。

阅读的不可能性,这个断言听起来似乎令人沮丧,但实际上包含着非常积极的意义。因为唯有标准的、终极的解释被宣告为无效,我们才有可能真正进入文本,实现属于我们自己独一无二的体验。这既预示着阅读权威的被拔除,同时也宣告了自由阅读的回归。

那么,如何理解"阅读的不可能性"之内涵及其价值呢?

我们不妨从以下这两个层面来分析。一是从接受主体的角度来看,阅读行为发生时,作者总是不在场的,那么经典阐释学所苛求的理解文本真实、原初的意义,如何得以确证?而且一旦以强大的作者为前提,那阅读的主体性将被置于何地?罗兰·巴特(Roland Barthes)指出:"古典主义的批评从未过问过读者;在这种批评看来,文学中没有别人,而只有写作的那个人。现在,我们已开始不再受这种颠倒的欺骗了,善心的社会正是借助于种种颠倒来巧妙地非难它所明确地排斥、无视、扼杀或破坏的东西;我们已经知道,为使写作有其未来,就必须把写作的神话翻倒过来:读者的诞生应以作者的死亡为代价来换取。"[①]巴特此言意在拆除所谓的作者神话,意在打破作者权威,意在释放文本丰富多元的意义。同时巴特也是在呼唤:阅读主体的复归和自由阅读时代的降临。因而我们强调阅读的不可能性,首先意味着"作者之死",同时也意味着阅读主体之诞生。

毫无疑问,尽管作品出自作者之手,但一经推出,作品就变成一个独立的、客观的存在物。作者——于罗兰·巴特而言,这里所说的作者仅仅是 writer 而不是 author——只具有署名权,而不拥有唯一的作品解释权。当我们面对或进入文

---

① [法]罗兰·巴特:《罗兰·巴特随笔选》,怀宇译,天津:百花文艺出版社,2005年。

本时，作者并不比普通读者享有任何特权，他关于作品的解释也仅仅是所有解释中的一种。而作者之死，就意味着阅读不再受作者的牵制。在此意义上，阅读不过是接受主体与阅读载体或对象两者之间所发生的关系。也因此，阅读总是无可替代的，任何人的阅读都代替不了我们自身的阅读。阅读发生时，读者只能是孤身一人面对文本、体验文本。关于这个问题，学界已经有了大量的讨论，笔者想集中探讨的是下面这个因素。

二是从文本自身的特性来看，单义、清晰、一览无余的阅读总是被搅扰。保罗·德·曼（Paul De Man）指出："所有的文本范式都是由修辞（或者修辞系统）以及它的解构组成，但是这种模式不能被最终的阅读（final reading）封闭，相反，它导致了一种增补的修辞叠合，这种修辞叠合是对先前叙事不可能性的叙述。"[①]由是，阅读的不可能性，源自语言的修辞特性，源自燕卜逊所说的含混性。当然，含混在燕卜逊那里仅仅是诸种语言特性的一种，但是在德·曼这里，却被上升为语言的本质特征。而语言的修辞本质则"暗示着误读的持续威胁"。[②]

那么，何为后结构主义意义上的修辞学呢？

修辞学（rhetoric）一般被认为是古典的一门论辩艺术，一门研究说服技艺的学问。业里士多德指出："姑且把修辞术定义为在每一事例上发现可行的说服方式的能力。"[③]修辞在古典三科——语法、逻辑、修辞——中的地位是最低的，因为它离真理最远，修辞学只有在被用来美化真理以便人们更容易接受的意义上才具有价值；如果它被用来从事欺骗，那么这种蛊惑人心的东西就应该越少越好。而且修辞总是使语言变得摇摆不定，它破坏了语言的透明性、直接性。

---

①Paul De Man. *Allegories of Reading: Figural Language in Rousseau, Nietzsche, Rilke, and Proust*[M]. New Haven: Yale University Press, 1979.
②Paul de Man. *Blindness and Insight: Essays in the Rhetoric of Contemporary Criticism* [M]. New York: Oxford University Press, 1983.
③苗力田：《亚里士多德全集》，中国人民大学出版社，1994 年。

实际上，在对待修辞的态度上，总是有两种截然相反的看法：一种较为普遍的看法认为，修辞可以美化真理，在此意义上，他是语法、逻辑的随从。托米塔诺指出："演说家首先要找到真理，然后还要能够用优美动听的语言来说服他的听众，他要善于在盛着良药的杯子边上涂上一层香甜的醇酒。"①

显然，修辞被打发到一种派生性的地位中去，因为它并不内在于良药。这就形成了一个极为有趣的反讽，修辞既在语言的内部，又在语言外部；修辞既是语言，又总是被视作语言的装饰性存在。另一种看法认为，修辞可以洞见真理。在斯佩尼罗那里，修辞是一种预见真理的绝佳方式，并且高于语法，他指出："语言从平凡人物的交谈中产生的，正如颜色来自植物一样，语法学家像画家的徒工，先把画版打平磨光，然后像画家一样的修辞学大师便在上面描绘真理，按照自己的方式侃侃而谈。"②斯佩尼罗分别将修辞和语法比作是画家和徒工，前者的活动是创造性的，而后者只是机械性地服务于画家。相对而言，语法是稳定的，它的功能是便于修辞根据自身的需要来使用语法。斯佩尼罗充分肯定了修辞的再生性特征，同呆板的语法相比，修辞是鲜活的、生动的、丰富的、富有创造性的。

那么，回到文学研究的领域，传统语言学认为修辞应该服务并服从于语法，结构主义以及符号学也仍然将修辞理解为语法结构的一种延伸，认为语法具有普遍性，因而在对文学文本进行研究时，就着重讨论其语法结构，并认为只要把握住文本的语法结构，就可以将其普遍化为一种构造系统，由此可以派生出其他不同的模式。不言而喻，西方的文学批评理论正是在这样一种逻各斯中心主义的观念下发展起来的，不难看出，西方的批评理论有着一种强烈的控制文学的意图。这些被哈罗德·布鲁姆（Harold Bloom）称之为"憎恨派"的文学批评，比如女权主义批评、心理分析批评、后殖民批评、原型批评等，都是在文学批评或文学阅读展开之前就已经先验地预设了批评的目的和效果，预先定下了评价的基调和

---

① ［意］加林：《意大利人文主义》，李玉成译，生活·读书·新知三联书店，1998 年。
② 苏勇：《问诊文学批评的现状与格局》，《光明日报》，2016 年 6 月 20 日。

方向，在此意义上，所谓的批评或者阅读只不过是空泛地执行着某种早有预谋的策略，不过是将所有的作品都变成一个文本。所以在精神分析学批评家的眼里，文学里除了力比多、无意识、俄狄浦斯情结等精神分析的东西，就再也看不到其他东西了；女性主义批评家看到的不过是父权制社会下被他者化了的女性；而结构主义更是异想天开地想用一套固定的模式来把握一系列文本的基本结构。①或如乔纳森·卡勒（Jonathan D. Culler）所言："研究小说中的妇女状况要求助女权主义批评；着重研究文学作品的心理内涵，精神分析或许能澄清迷雾；而马克思主义批评，也能帮助批评家理解强调阶级差异及经济力量于个人经验之影响的作品。每一种理论都说明了一些问题，错误在于它们认定这些问题是唯一的问题。"②显然，这些语法决定论者或者说逻各斯中心主义者都企图以其自身的话语来对文学文本进行单义性阅读，但实际上，这些批评话语本身不过是一套隐喻性的话语，不过是用一套隐喻性的语言结构来置换文学文本。

修辞阅读论者对文学阅读的语法模式提出了强烈的质疑，他们指出修辞总是暗中破坏语法，语法根本无法保证意义的单一和确定。在《符号学与修辞》一文中，德·曼举了这样一个例子：

> 巴克的妻子问巴克要把保龄球鞋的带子系在上面还是下面。巴克回答说：这有什么区别吗？显然，他的妻子是个字面义主义者，便耐心地为他讲解系在上面和下面之间的区别。然而却引起了巴克更大的不满。[2]9

德·曼在此想说明的是，同一种语法模式，却产生了相互排斥的意思。"这

①Jonathan Culler. *On Deconstruction: Theory and Criticism after Structuralism* [M].
Ithaca: Cornell University Press, 1982.
②Harold Bloom, Paul De Man, et al. *Deconstruction and Criticism* [M]. London:
Routledge & Kegan Paul Ltd, 1979.

有什么区别"，既可以从字面上理解为：询问系在上面与系在下面之间的区别；也可以从修辞问句的意义上理解为：无论有什么区别都无所谓。很显然，这两种自相矛盾的意思是缠绕在一起的。德·曼指出："这个问题由语法模式转变为修辞模式，并不是由于我们既拥有修辞义，又有字面义，而是因为我们无法通过语法的或其他语言学模式来决定该如何取舍这两种意义。"[1] 因而，语法模式的阅读并不能帮助我们取舍文本的意义，语言因其修辞特性而变得自相解构。因此，阅读文学文本不应该只求助于语法，换句话说，在面对文学作品时，单纯相信语法模式，并不能解释文本或读解出作品的全部意义。同时，如果只相信修辞义而忽略了字面义，同样是对文本的一种误读。

如果说修辞是文本的一个不可消除的本质特征，那么阅读的不可能性则意味着：修辞往往使得文本在指涉结构和施为结构、本义和修辞义之间相互对抗。在《奥德赛》中，特洛伊英雄奥德修斯正是巧妙地利用了语言的修辞功能才成功地逃出了独眼巨人波吕斐摩斯的魔爪。奥德修斯和他的同伴们来到独眼巨人（海神波塞冬之子）的巨大山洞里，巨人吃掉了奥德修斯的几个同伴，为此，奥德修斯想出了一个办法，他给了巨人一瓶烈酒，并且告诉他自己的名字叫"Outis"——希腊语中有"没有人"之意。当巨人喝醉之时，奥德修斯便刺伤了波吕斐摩斯的独眼，逃出了山洞。而其他巨人没有来救援独眼巨人，因为他们问波吕斐摩斯"是谁招惹了你？"，他总是回答"没有人"。很显然，波吕斐摩斯绝对是那种单纯的字面义主义者，或者说，波吕斐摩斯一定缺乏修辞训练或文学修养，他相信能指与所指的一一对应，而全然没有想到他已经陷入了被"Outis"这个词所织就的圈套或罗网之中，这个词自相矛盾地将一个行凶者的名字同一个空无的对象或一个取消惩罚的陈述——"没有人"意味着并不存在罪犯和犯罪——叠加在一起，因而奥德修斯不仅成功地逃脱了巨人的威胁，还成功地炫耀了自己的聪明；当然

---

[1] Paul de Man. Allegories of Reading: Figural Language in Rousseau, Nietzsche, Rike, and Proust. New Haven and London: Yale University Press, 1979.10.

这要赔上波吕斐摩斯的一只眼睛以及他那至为蒙昧的单纯。一定程度上，这个故事会使得那些最为"非文学性的"读者都不得不将注意力投向文本的修辞特征上。

而在其他类型的文本和符号中，也同样包含着这种修辞特征，即存在着字面义和修辞义这两种相互排斥的意义。一定程度上，衣服这个词所代表的意义或者它执行的功能已经远远不再是亚当以及原始人意义上的了，亚当和夏娃使用衣服是为了遮羞，而原始人则可能更多的是为了御寒；遮羞和御寒可以说是衣服最早的功能，或者说是它的字面义——衣服遮住肉体，同时也将外界隔离。而如今衣服更多的是在转义的意义上被使用，各种不同质地、不同款式、不同品牌的衣服都代表着不同的身份和文化，因而衣服被穿在身上的时候，就不仅仅是一件衣服，而是一种隐喻、一个文本、一种施为性的话语。衣服再也不是一个被动的客体，而是一个具有施为功能的能指，它可以言说，并且使得穿着的人风格化了。衣服与人的关系已经随着服装话语系统的生成而发生了一些颇为令人懊恼的倒置或反讽，不再是人穿衣服，而是衣服穿人，人沦落为衣服的一个构件。

因此，我们似乎总是在转义的意义上来理解文本，但文本的修辞义又总是和本义"将它们自身扭结成一个结，从而使得理解过程发生了停顿"[1]，同时，在许多后结构主义者看来：所有文本都是修辞性（rhetorical）或者转义的（tropological）。"转义不是语言的一种派生的、边缘的、畸形的形式，而是卓越的语言学范式。修辞结构不是语言模式的其中之一，而是语言本身的特征。"[2] 因此，所有文本都是不确定的或者说都是复调的，一切文本都可以进行修辞分析或者说可以进行文学批评。一千个读者之所以有一千个哈姆雷特，是因为文本中本身就蕴含着那么多个哈姆雷特，文学作品的意义与其说是可以还原的，不如说总是异延的。换句话说："不是批评家不知不觉误读了文本，而是说语言的本质就是阅读的不可能。"[3] 因而，修辞性阅读可以说为学生的自由阅读提供

---

① ② ③ Martin McQuillan. *Paul De Man* [M]. London and New York: Routledge, 2001.

了广阔的空间。

修辞性阅读可以避免主题阅读的单义维度，使阅读走向多元化和个性化，而且可以充分调动学生的阅读积极性。而修辞性阅读教学与创意写作学科之间存在着紧密而相互促进的关系。修辞性阅读教学作为文学教育的重要组成部分，为创意写作学科提供了丰富的素材和灵感，同时也为培养学生的文学素养和修辞能力打下了坚实的基础。

首先，修辞性阅读教学与创意写作学科在目标和内容上是相互呼应的。修辞性阅读教学注重引导学生深入剖析文本中的修辞手法和表达技巧，培养学生的审美能力和鉴赏水平。而创意写作学科则致力于激发学生的创新思维和想象力，鼓励他们运用所学的写作技巧创作出具有独特性和新颖性的作品。这种目标和内容上的相互呼应，使得修辞性阅读教学成为创意写作学科不可或缺的一部分。

其次，修辞性阅读教学对于创意写作学科具有重要的意义。通过修辞性阅读教学，学生可以接触到各种优秀的文学作品，学习到不同的修辞手法和表达技巧。这些修辞手法和技巧不仅可以为学生的创意写作提供灵感和素材，还可以帮助他们更好地表达自己的思想和情感，增强作品的表现力和感染力。此外，修辞性阅读教学还能培养学生的文学素养和审美能力，使他们具备更加敏锐的洞察力和感受力，从而更好地创作出具有深度和内涵的作品。

最后，修辞性阅读教学与创意写作学科相互促进，共同推动学生的文学创作能力发展。修辞性阅读教学为创意写作提供了必要的支持和保障，而创意写作的实践又反过来检验和巩固了修辞性阅读教学的成果。这种相互促进的关系使得学生在文学教育的道路上能够不断进步，实现个人素质的全面提升。

总之，修辞性阅读教学与创意写作学科之间存在着紧密而相互促进的关系。修辞性阅读教学对于创意写作学科具有重要的意义，它不仅能够为创意写作提供丰富的素材和灵感，还能够培养学生的文学素养和修辞能力，推动他们的文学能力发展。

论写作语言的陌生化

陈 波

文学的第一要素是语言，语言是文学赖以栖身的家园。在审美需求越来越高的今天，文学作品已经不能完全依赖故事的曲折与情感的动人取胜，受众越来越多地注重享受行文的美、语言的美。文学创作者们也深谙于此，高度关注自己笔下的语言，精雕细磨，孜孜以求，力图让语言别开生面，从而给读者带来更高的享受。尤其近些年来，创作界思维极为活跃，写作语言大大摆脱了传统的桎梏，进入了一个全新的时代，展现了全新的面貌，其中一个引人注目的事实就是，作家们正颇为默契地实践着一个提高语言审美价值的方法——陌生化，并可以说形成了一个"陌生化"的运用潮流。

在理论界，学者们纷纷展开了对"陌生化"的研究，从不同方面进行着解读、诠释，论述丰厚，颇有建树。当然，对于"陌生化"的研究还在继续，一些问题还有待深入。在笔者看来，"陌生化"的内涵与方法就是两个比较重要的问题，在已有解读的基础上还可做更深入的阐释。下面笔者就围绕"陌生化"的内涵和方法两个问题来论述一些看法。

一、写作语言陌生化的内涵阐释

"陌生化"一词首见于俄国形式主义派的代表人物什克洛夫斯基的《词语的复活》，含有"使之陌生、奇特、不同寻常"的含义。什克洛夫斯基认为，只有"陌生化"的语言才能产生文学性。在《作为手法的艺术》中，什克洛夫斯基较为具体地阐述了"陌生化"的内涵：

> 艺术之所以存在，就是为使人恢复对生活的感觉，就是为使人感受事物，使石头显出石头的质感。艺术的目的是要人感觉到事物，而不是仅仅知道事物。艺术的技巧就是使对象陌生，使形式变得困难，增加感觉的难度和时间长度，因为感觉过程本身就是审美目的，必须设法延长。艺术是体验对象的艺术构成的一种方式，而对象本身并不重要。[①]

什克洛夫斯基的"陌生化"理论在 20 世纪 80 年代引入中国后，国内诸多学者都从不同方面对"陌生化"的理论及其实践进行了探讨，首先就是对"陌生化"的内涵做了深入的解读，基本可以归结为一点，即语言的"陌生化"就是语言的"奇特化""反常化"。作家王安忆在《漂泊的语言》中这样阐释"陌生化"的内涵："所谓陌生化，就是对常规常识的偏离，造成语言理解与感受上的陌生感。在指称上，要使那些现实生活中为人们习以为常的东西化为一种具有新的意义、新的生命力的语言感觉；在语言结构上，要使那些日常语言中为人们司空见惯的语法规则化为一种具有新的形态、新的审美价值的语言艺术。"[②]

关于"陌生化"的内涵，笔者非常认同学界的解读，在此基础上，笔者认为对其内涵的认识还可以深化，从而可以把握得更加具体：

（一）写作语言"陌生化"的根本目的是强化语言形式给人的审美享受

写作语言"陌生化"在本质上是一种语言操作技术，是使语言变形、奇特、扭曲、反常，通过这种语言形式上的变化、翻新带给读者以新的感官刺激，引起

---

① 什克洛夫斯基等：《俄国形式主义文论选》，生活·读书·新知三联书店，1989 年。
② 王安忆：《漂泊的语言》，作家出版社，1996 年。

读者新的审美体验。"陌生化"所要达到的目的就是让读者从语言形式本身获得更高的审美享受。

在日常生活中就有这种追求语言形式所带来的审美享受的例子。比如中华菜谱中有很多雅名："游龙戏凤"（鱿鱼炒鸡片）、"苦凤怜鸾"（苦瓜炒鸡肝鸭肉）、"霸王别姬"（甲鱼烧鸡）、"金钱满地"（冬菇烧青菜）、"步步高升"（竹笋炒猪肋排）等等。这些雅致的菜名就经过了"陌生化"处理，一反普通菜名的平庸呆板毫无生气，显得新鲜、奇特，让顾客久久回味，浮想联翩。这个生活例子正说明语言形式本身可以带给人良好的审美体验。

在文学创作中，"陌生化"的语言所要达到的根本目的就是让读者从语言形式本身获得更高的审美享受。如：

（1）我就这样从早晨里穿过，现在正走进了下午的尾声，而且看到了黄昏的头发。（余华《十八岁出门远行》）

（2）收罢秋，山瘦，河肥，村子在涨起来，巷道却窄下去。（贾平凹《古堡》）

（3）黄昏蹒跚在苍茫的原野上，最后看见它好像醉汉似的颓然倒下，消失在黑夜里了。（黄药眠《祖国山河颂》）

这三个句子的语言充分展现了"陌生化"的艺术魅力。它们反常、陌生、清新、奇丽，于不经意间把读者引入了一个奇美的艺术之境。反过来，如果换成惯常性的语言来表达，必会平淡、乏味，艺术效果要差以千里了。文学创作中数不胜数的语言"陌生化"的例子都说明，"陌生化"可以增强语言的审美效果，提高语言的审美价值，在"陌生化"语言的"引领"下，读者可以获得更加美妙的艺术享受。这正是作家们自觉运用语言"陌生化"的根本目的。

（二）写作语言的"陌生化"是对习惯性话语的一种有"度"偏离

修辞学家王希杰提出了"零度与偏离"理论，语言世界的零度就是各种语言规范，语言世界的偏离是对语言规范的超越、突破、变异、反动。[①] 写作语言的"陌生化"本质上也是对日常习惯性话语的一种偏离，通过这种偏离给读者造成一种异样的感官刺激，从而获得审美愉悦感。但偏离不是故弄玄虚、装腔作势，不是故意使话语隐隐晦晦、古古怪怪。偏离应该把握好"度"的问题，过度的偏离会造成话语的稀奇古怪、面目可憎，结果适得其反，无任何美感可言。比如："您请坐"这句话，有人说成："是否可以让寒舍拥抱过诸多名流的环椅亲吻着您美丽、富态、高贵的臀部！"这样的表述自然是陌生的，是对习惯话语的偏离，但是偏离过度，不但没有美感，而且令人莫名其妙，无所适从。再看下面一组句子：

（1）我是一个有血有肉的人，我有一颗会喜会愁的心。

（2）我是一个人，有血、有肉；我有一颗心，会喜、会愁。

（3）人，我是一个，血，我有，肉，我有；一颗心，我有，喜，会，愁，会。

例（1）句是一种中规中矩的表达方式，符合日常语言规范和表达习惯，当然也并不给人特别的感受。例（2）句则经过了"陌生化"处理，它将"有血、有肉、会喜、会愁"后移，造成了对正常语序的破坏、偏离。显然，例（2）句比起例（1）句来更能引起读者新鲜、独特的感受和体验，更具有艺术效果。例（3）句也试图改变语序获得"陌生化"效果，但是语序偏离过度，读来只觉别扭，而美感全无。

心理学的研究表明，过于熟悉的事物固然使人们视而不见，但过分陌生的

[①] 王希杰：《修辞学通论》，南京大学出版社，1996年。

事物也很难引起人们的注意和兴趣，甚至可能产生心理上的排斥。如同文学作品中的典型人物应该是和"熟悉的陌生人"一样，写作语言的陌生化也应遵循"熟悉的陌生化"的尺度，只有这样才能适用读者的审美接受。

（三）写作语言的"陌生化"是一个相对的、暂时的状态

什克洛夫斯基在提出"陌生化"的同时还提出了一个概念，即"自动化"。他指出，当一种语言被反复使用而缺乏新鲜感时，这种语言就成为"自动化"的语言，"自动化"的语言机械、僵化，不能吸引人的注意。他说，写作语言应打破"自动化"，不断实现"陌生化"，写作语言才能永葆生命力。如果说什克洛夫斯基所提出的"陌生化"是语言的一个特殊现象的话，那么他所提出的"自动化"却是语言的一个普遍现象了。因为语言就是被人使用的，而语言一旦被反复使用就会丧失新鲜感，走向机械、僵化，"自动化"是语言使用的不可阻挡的趋势。那么，"陌生化"的语言自然也无法避免这一结果，"陌生化"的语言出现的时候是新鲜的，是"陌生"的，但在经常、重复使用之后，也最终会走向它的对立面——"自动化"。比如"月亮"这个事物，最常用的量词是"个"，人们常说"天上有一个月亮"，由于使用普遍、频繁，人们对"个"这个量词习以为常，也无动于衷，没有任何语言的美感可言。后来，有人想到了一个新鲜的词"轮"，"天上有一轮明月"。显然，"轮"相对于"个"来说是反常的、独特的，带给了人们新的体验和良好的审美愉悦。但经过大量使用后，"轮"渐渐为人们所熟悉，新鲜感又渐渐丧失。于是，作家们又努力寻找新的表达，比如："一牙新月""一眉新月""半弓明月""一镜圆月"等等，这些量词都能带来陌生化的美感。但是，当"弓、牙、眉、镜"这些量词也被大量使用，为人们耳熟能详后，就又不再是"陌生化"的了。

可见，"陌生化"其实是一个相对的、暂时的状态，而不是绝对的、永久的。作家们无法一劳永逸，而必须不断地超越语言的熟悉性，不断地去创造新的"陌生化"的表达。对于他们来说，"陌生化"是一种永恒的跋涉，但包含了无穷的乐趣。

二、写作语言陌生化的方法

实现写作语言的"陌生化"有一定的方法。对"陌生化"方法的研究更显出于文学创作的指导意义。笔者认为，文学创作中的"陌生化"的语言看似形形色色，异彩纷呈，但所运用的方法主要可以概括为四种：词语反常搭配、巧用修辞手法、别解词义和语体移用。

（一）词语反常搭配

所谓词语反常搭配，是指语言突破习惯性的规则，使用某些新奇、反常的词语组配形式。李建军在《小说修辞研究》中说："语言作为人类最重要的交际工具，它的生命在于被人们使用。使用中的语言的基本单位是句子，而句子是由词语组合而成的，词语的组合其实就是词语之间的搭配关系。因此我们说，词语的生命和它的存在价值，就在于它的搭配。"[①]通过词语反常搭配造成的"陌生化"在创作中有着显著的表现。如：

（1）忽然有一天，桃花把所有的山村水廓都攻陷了。（张晓风《春之怀古》）

（2）灰蒙蒙的天空，飘洒着细柔柔的雨，叩醒了九月季节里那一株寒意，于是寒蝉不再哭泣……（邓荣坤《秋雨》）

（3）如果你在饭桌上吃出了滋味，却又说不出滋味在哪里，那你不妨在沈宏非的《写食主义》里找找看，看他如何吃得很儒雅，很文化，很乡土，很城市，很广州，很南方，很中国。（安然《文字的盛筵》）

例（1）中"桃花"的惯常搭配词语是"盛开""开满"等，作者却用了写战争的一个词"攻陷"。例（2）中作者打破了"一阵寒意""一股寒意"的语

---

① 李建军：《小说修辞研究》，中国人民大学出版社，2003年。

言习惯，用"株"做"寒意"的量词。例（3）中一连串的"很"的后面搭配的是名词"文化、乡土、城市、广州、南方、中国"，有别于"很"之后接形容词、副词的搭配习惯。这些词语搭配都别具一格，令人耳目一新，产生了"陌生化"的美学效果。

（二）巧用修辞手法

修辞的运用是使写作语言增色的一种重要手段，而它同样可以造成语言的"陌生化"。运用修辞手法是语言"陌生化"的又一个常用方法。如：

（1）那一刻觉得天地空旷，十六年的光阴都在窗户外面静静地盘旋，我听到自己的青春正在哼着小曲儿。（郭敬明《爱与痛的边缘》）

（2）远村大柳峪也宁静，静到腊月尾巴上才突兀地活泼起来。（刘恒《连环套》）

（3）莲妮好快活，银铃似的笑声把个初夏的早晨布置得一片灿烂。（金曾豪《野种》）

例（1）中，"光阴"和"青春"都是无影无形的，是抽象的，作者却写"光阴在盘旋""青春在哼着小曲儿"，前者把"光阴"化为了"物"，采用了拟物的手法，后者把"青春"化为了"人"，采用了拟人的手法，整句话带给读者全新的感受。例（2）也是拟物和拟人的综合运用，"腊月尾巴"是拟物，"大柳峪活泼起来"则是拟人。例（3）的修辞也极为精巧，一方面把作为听觉的"笑声"和作为视觉的"灿烂"相连，运用了通感的修辞；另一方面把"笑声"作为人来写，与"布置"搭配，运用了拟人的修辞。在文学创作中，作家们往往不单独使用一种修辞，而是综合运用多种修辞，从而让语言的"陌生化"效果更理想。

（三）别解词义

所谓别解词义，是指在运用某些词语时，对这些词语进行别解，使这些词语在原有意义之外生成新的、特殊的意义，从而产生"陌生化"效果。如：

（1）朋友们背后曾说她这样漂亮而无儿女，真是个"绝代佳人"。（钱锺书《猫》）

（2）"在北大荒一走就是十八里呢，你走过吗？"我想起通往咱们北大荒新开荒地边的那条尘土飞扬的土道。"当然走过！那是'水泥马路'。一下雨，连泥带水，能把你的长筒雨靴都粘下来！"（肖复兴《达紫香》）

（3）在初步确定的大瑶山隧道位置上方，他们打了48个深钻孔，其中在2平方公里的关键地段，为了避免"一孔之见"，他们集中打了7个深钻孔……（李建军《深山里的国魂》）

例（1）中"绝代"本为"当代独一无二"之意，但句中却别解为"断绝后代"之意。例（2）故意从字面上把"水泥"别解为"水"和"泥"。例（3）中的成语"一孔之见"原意是比喻狭隘的主观见解，这里却将"一孔"别解为"一个钻孔"。由于别解，语言顿生幽默，颇有妙趣。

（四）语体移用

语体，是人们在不同的社会活动和环境中所使用的相应的语言的特点。语体选择的"陌生化"，就是指该使用此语体的地方使用彼语体，在看似不合理、不协调的语体使用中来获得独到的审美效果。如：

（1）他有次往饺子馅里放了两把盐，把大伙咸得饺子汤不够喝，最后司务长又烧了一锅开水，供大家稀释体内的氯化钠。（石国仕《海战前后》）

（2）一天到晚在街道工厂抡大锤，不是"劣等货"？谁要我？现

在成了"优等货"了，出口转内销了，就抢着要了！（柯云路《夜与昼》）

　　例（1）中的"稀释"和"氯化钠"都是专门的科技术语，作者却使用在了日常生活的语言环境中。例（2）中的"优等货""劣等货""出口转内销"都是商业术语，此处却用于指人。两个例句的语体色彩都是不协调的，然而正是这种不协调，造成了语言的"陌生化"，给读者带来愉快风趣的审美享受。

距离与速度的控制：讲述和展示作为方法

——以《神雕侠侣·风陵夜话》为例

王磊光

"讲述"和"展示"作为两种不同的叙述技巧，一直为作家和文艺理论家争论不休，最早可以追溯到柏拉图，可见它们的重要性。其中，热奈特是对讲述和展示研究得最为深刻的理论家之一，他对二者的区别及其复杂关系做了深入的分析。按照热奈特的观点，讲述是叙述者在讲，是一种"纯叙事"，"间接性和凝炼性"是其特点；展示是叙述对象自我讲述，"展现的两大基本原则：詹姆斯式场景的优势（详尽叙事）和（伪）福楼拜式叙述者的透明度（典型例子有海明威的《杀人者》和《白象似的群山》）"①。

美国作家、创意写作教师杰里·克里弗就讲过这样的话："当你学习实际的写作手法的时候，我们说'讲述'是不好的，而'展示'是好的。'要展示，不要讲述'。这是一条古老的戒律。"②克里弗的这番话，几乎在所有现代小说创作中都可以得到印证，——当然也有极少的例外，比如博尔赫斯的创作。但是，我们对于它们各自作用的理解，往往只是停留于二者所产生的画面感、戏剧感的

---

① 热拉尔·热奈特：《叙事话语·新叙事话语》，王文融译，中国社会科学出版社，1990年，第108、111页。
② 杰里·克里弗：《小说写作教程》，王著定译，中国人民大学出版社，2011年，第100页。

强弱不同这个方面。克里弗把展示看作是构成故事情节的元素之一，认为"书面的故事是一种可视的媒介"[①]，也正是从这个意义上来说的。事实上，讲述和展示作为叙述技巧，在写作中还有其他诸多方面的作用；而且，对于展示技巧的片面性强调已经成为写作的铁律，那么，今天的小说创作是否还需要讲述呢？如果需要，该如何处理二者之间的关系？这些都是值得重新思考的。

还是让我们回到热奈特。他用了一个公式来阐释讲述和展示：信息＋信息的提供者＝C。展示意味着最大的信息量和信息提供者最小的介入，而讲述则相反。"这个定义一方面与一个时间限定即叙述速度有关，因为信息量自然与叙述速度大大成反比，另一方面它又牵涉一个语态现象，即叙述主体的介入程度。"[②]也就是说，讲述和展示作为技巧，关涉两个问题。

一是小说的叙述速度问题，即小说叙事文本的时间跨度和小说的篇幅容量之间的比率，比如，有的短篇小说可能写了一个人的一生，叙述速度肯定快；而海明威的长篇小说《丧钟为谁而鸣》四十多万字，叙述的却是发生在三天内的事情，叙述速度自然就慢。当叙事速度"减速"趋于停顿之时，常常是叙述者对某一景物或场面进行精雕细刻，这时读者阅读的时间可能长于事件的时间；而当叙事速度"加速"至无限快时，则可能会出现诸如"许多年过去了"这样的句子作为小说某个章节或段落的开头，这时阅读的时间就大大短于小说中实际的时间跨度。可以说，展示场景常常是小说叙事速度放慢的产物，而讲述、概括则是叙事速度加快的结果。

二是叙述主体的介入程度问题。20世纪以来的写作多推崇戏剧性展示，反对叙述主体的直接介入。事实上，叙述者的介入，是深好还是浅好，是显露还是退出（隐藏）好，涉及叙述主体与小说情节、接受主体和故事文本的距离问题，

---

① 杰里·克里弗：《小说写作教程》，王著定译，中国人民大学出版社，2011年，第33页。
② 热拉尔·热奈特：《叙事话语·新叙事话语》，王文融译，中国社会科学出版社，1990年，第111页。

要根据具体的需要而定，不能一概而论。例如，布斯就特别强调不要对讲述和展示两种传统轻易做高下判断。"他试图为作者介入的讲述辩护，公正地阐释和评价传统小说的叙事经验。《小说修辞学》要解决的一个重要问题，就是回答这样一些问题：讲述这一古老的叙事修辞技巧是否已经过时了？一部产生于现代小说的作品，是否真的可以将'讲述'的影子消除得干干净净？许多严肃的学术著作把'艺术的展示'和'非艺术的、仅仅是修辞的讲述'对立起来，是否合乎实际？"[1]

接下来，本文将以金庸的《神雕侠侣》第三十三章《风陵夜话》一文为例，来探讨作为写作技巧的展示和讲述，在小说写作中对于距离和速度的控制方面的作用。

武侠小说的文体特点和受众的期待视野，决定了武侠小说是把展示，尤其是戏剧性展示作为最主要的写作方法。金庸自己也承认了这一点："写《射雕》时，我正在长城电影公司做编剧和导演，这段时期中所读的书主要是西洋的戏剧和戏剧理论，所以小说中有些情节的处理，不知不觉间是戏剧体的，尤其是牛家村密室疗伤那一大段，完全是舞台剧的场面和人物调度。这个事实经刘绍铭兄提出，我自己才觉察到，写作之时却完全不是有意的。当时只想，这种方法小说里似乎没有人用过，却没有想到戏剧中不知已有多少人用过了。"[2] 那么，作为《射雕三部曲》的第二部的《神雕侠侣》，作者应当是自觉地使用了戏剧性展示技巧。事实上也正是如此。《神雕侠侣》叙事的紧凑程度、紧张感大大超过《射雕英雄传》。

要理解《风陵夜话》在整部小说的地位和作用，我们必须回顾故事进行到哪里了：在第三十三章之前，郭襄出世不久；小龙女与杨过约定十六年后相见；杨过在神雕的引导下，六年练就神功；杨过练武之时，不忘打听小龙女，但没有

---

① 李建军：《小说修辞研究》，中国人民大学出版社，2003年，第175页。
② 金庸：《射雕英雄传·后记》，生活·读书·新知三联书店，1994年，第1565-1566页。

任何消息。第三十二章最后一句话，作者用了较为概括的叙述："某一日风雨如晦，杨过心有所感，当下腰悬木剑，身披敝袍，一人一雕，悄然西去，自此足迹所至，踏遍了中原江南之地。"在结构上，这一句话非常重要。

这一行走，便是十年。在这里，可以做一个创作上的假设：如果让我们停留于第三十二章的结尾处，进而来创作第三十三章，我们又该如何处理杨过的这十年呢？我推想，对于大部分小说作者来说，可能不外乎以下两种处理方法：一是采用概述的方式，讲述杨过在十年间做了很多好事，然后以一句"十年过去了……"完结了事；另一种方法，则是选取几个时间点及相应的场景，片段性地展示杨过的行侠仗义之举。

但是，金庸先生是怎样做的呢？金庸直接跳过了这十年，造成了一个时间上的断裂。十年虽然宝贵，但对于这部小说的整体情节来说，却是次要的。因为小说重点要写十年后杨过和小龙女的会面，以及杨过与郭襄等人的交情。接在第三十二章之后的《风陵夜话》，写的便是十年之后的事情。

故事是这样的：一日，黄河结冰，在风陵渡口，南北旅人挤满客店，连客店大堂上都围坐着二十多人烤火。一会儿，进来三个人，便是郭靖与黄蓉的三个孩子：郭芙、郭襄和郭破虏。客人先是聊起襄阳围城，盛赞郭靖黄蓉夫妇的功绩；众人接着谈起神雕侠，讲述了他江湖上种种侠义之举，讲故事的"四川人"便是为神雕侠所救；宋五也是为神雕侠所救，并听从神雕侠安排，参与惩罚奸臣丁大全；"中年妇人"则讲述了神雕侠救了表妹和她的母亲，却杀死她父亲的故事。他们在讲故事过程中，虽然也有用到展示的手法，但使用概述的时候居多。"她（郭襄）听各人说及杨过如何救王惟忠子裔、诛陈大方、审丁大全、赎宋五、杀人父救人母种种豪毅之举，不由得悠然神往……"

首先，我们必须承认，从"现在性"的时间来看，《风陵夜话》依然是采用了展示的手法。在众人围坐一起讲述故事的这个大场面中，小说还注意时时穿插当下发生的事情以及众人的反应：小说有对酒店场景和人物的描写；有"广东人"和郭襄等对大家的询问；有郭芙反驳客人，与客人争吵和评价杨过的场面；有郭芙和郭襄斗嘴、打斗的场面；有郭襄请众人喝酒，并受到客人欢迎的场面；有对众人喝酒、讲故事时的神态动作的描写等等。但是，这部小说第一次出现了与主体故事没有联系的小人物——王惟忠子裔、宋五、中年妇人，并且，这些小人物在以后的故事中再也没有出现过。这种现象在金庸小说中并不多见。可见，金庸把郭氏姐弟这几个人物放在雪天的客店，是另有深意的。也就是说，作者表面上是在展示郭师兄妹与这些旅客在客店相遇的情景，实质目的是要通过几个小人物来讲述杨过十年间的故事。对于过去的事（神雕侠的故事），用的是讲述的手法；对于当下正在发生的事情，则用展示的手法：实现了两种时间和两种手法的统一。

这样做有何好处？

第一，第三十三章没有直接采用概述的方式来交代杨过的十年萍踪，叙述主体依然是深深躲藏在故事之后，这就在叙述特征上与小说的其他章回保持了一致：依然保持着小说的戏剧性特征，让读者直接面对故事场景而不是叙述者，没有破坏小说中读者对于故事情节的那种一贯的"直面感"。"作者就把读者安排在那儿，在看得见、听得到的那些真实情况面前，让这些真实情况来讲故事。"[①]反之，如果作者自己来概述故事，势必会让读者产生一种疏离感。

第二，从这部小说的整个故事来看，第三十三回是要用来过渡的，但又不仅仅是过渡。这就涉及叙述速度的问题。要在一万字左右的篇幅里完成十年故事，作者既不愿采用纯粹的讲述的方式（因为它单调，不符合武侠小说的特点），也不愿剪辑杨过十年人生的几个片段来做戏剧性展示——作为全知全能的叙述者，选出几个场景来展示神雕侠的十年也未尝不可，但这并不高明，容易造成结构上的散漫。作者直接跨过十年，让小人物聚在一起回忆，讲述故事。这样一来，既

---

① 珀西·卢伯克：《小说技巧》，《小说美学经典三种》，方土人译，上海文艺出版社，1990年，第 52 页。

实现了加速度，完成了过渡，也让读者知晓了杨过十年的行踪，同时使得小说情节结构紧凑。

第三，距离的控制。除了第一点里讲到的叙述主体的隐退，让读者直接面对场景这个距离控制目的外，还有一个距离的控制，那就是让作品中的听众（主要是郭襄）以及现实的读者通过故事中多人的讲述来"听"杨过的侠义故事，这种间接描写人物的方式，制造了一种神秘感和悬念，一方面更加吸引读者——这毕竟是杨过在练成神功的十年之后，作者让读者第一次通过"来自全国不同地方的客人"（这一点很重要！）"听到"他的故事，起到了以少胜多的效果；另一方面也推动了情节的发展——从第三十三回开始，小说另一个主要人物郭襄已经长大，踏入江湖；所谓的"一见杨过误终身"，郭襄对杨过的爱慕和追寻，其实从没有正式见到杨过的风陵渡就已经开始了——此前，郭靖夫妇因为郭芙砍断了杨过的手臂，一直抱愧于心，从没在家里讲过杨过的故事，故郭襄不知杨过其人——这种感情与寻找一直延续到《射雕三部曲》最后一部《倚天屠龙记》，郭襄寻找到四十多岁，终于超脱，创立了峨眉教。

概而言之，《风陵夜话》其实包含着两个层面的故事：第一层是风陵渡旅店众人因天气原因而聚在一起说故事、相互之间的对话交流以及其他的一些动作行为，这一层采用的是展示的手法，第二层则是作者借众人之口来叙述神雕侠的故事，这里主要采用了讲述的手法，当然其中也渗透着展示的方式。我们可以看到，作者通过对叙述视点和信息量的控制，跨越了讲述和展示的界限，很好地处理了小说的时间和叙述速度，故事人物与人物、读者与故事之间的距离等问题。

事实上，热奈特从来都不是抽象地、僵化地讨论讲述和展示的问题，他早就指出小说家可以消除讲述和展示两者间的对立，为此他提出了"叙述语式"这个范畴，它指涉了讲述和展示两个方面。"讲述一件事的时候，的确可以讲多讲少，也可以从这个角度那个角度去讲；叙述语式范畴涉及的正是这种能力和发挥这种能力的方式：'表现'，更精确地说，叙述信息，是有程度之别的；叙事可因较为直接或不那么直接的方式向读者提供或多或少的细节"，"'距离'和'投影'是语式即叙述信息调节的两种形态，这就像欣赏一幅画，看得真切与否取决于与画的距离，看到多大的画面则取决于与或多或少遮住画面的某个局部障碍之间的相对位置。"[①]叙述语式意味着作者通过特定的视点来选择控制信息的范围和程度，控制叙事的速度，使叙事显示出或大或小的距离，也就自觉控制了小说的叙事效果。《风陵夜话》应该可以作为印证热奈特叙述语式理论的一个典范吧？

当然，热奈特的观点也不是没有局限。他把叙述分为事件的叙事和话语的叙事，对于前者来说，无论采用什么语式，都是用言语记录的非言语事件，所以只能采取讲述的方式，任何模仿（展示）都是一种幻觉；对于后者来说，它包含口头表述和内心独白，既可以使用讲述的方式，也可以使用展示的方式。[②]用这些观点来检阅《风陵夜话》，似乎有很多冲突之处。我们并不认为小说对于事件的展示式叙事就是一种幻觉，或者说，武侠小说的事件叙事，恰恰就需要这样的一种幻觉的真实，否则武侠小说作为它本身就可能不成立了。尽管热奈特相当重视用具体的作品来检验他的理论，以及推动理论的发展，但是作为一个毕生致力于研究文学本身的理论家，他无法从创造性写作的角度认识到这样一个重要问题：有时候，小说为了符合生活的逻辑，可以不惜牺牲写作本身的逻辑。

[①] 热拉尔·热奈特：《叙事话语·新叙事话语》，王文融译，中国社会科学出版社，1990年，第107-108页。

[②] 热拉尔·热奈特：《叙事话语·新叙事话语》，王文融译，中国社会科学出版社，1990年，第110-116页。

做非虚构

王磊光

我现在是越来越少地使用"非虚构写作"这个词了，而更多地使用"做非虚构"。在这里，"做非虚构"不是作为一个动宾短语存在，而是一个概念。是一项观念、一种行动、一整套过程。借用某部名著的开头，"做非虚构"是"非虚构"的生命之光、欲望之火，是它的灵魂、它的罪恶。其重要性和意义，譬如"做文化研究"之于"文化研究"。

首先是观念的转变。葛兰西曾指出：作家对于当时的社会生活和人民大众的态度，是文学内容的根本意义所在。非虚构当然貌似一个筐，什么都可以往里装，但是非虚构之所以具有巨大潜能，形成写作潮流，甚至成为文类，就在于它的初心能够突破"表达自我"的写作观念，契合宇宙的本心，也就是利他心、为他心。非虚构写作者把自己的所见所闻所感，用描写和记录的方式来让读者"看见"，并力图把个体的"看见"变成公共议题。所以，理解做非虚构的观念取向，即非虚构作家对于现实和人的态度，以及因此而提出的有待解决的难题，是理解非虚构如何成为它自己的关键。

没有这种观念的转变，你就不可能走出你自己，走出你的小家庭，走出你的日益同质化、阶层化的亲友圈。想一想，五四知识分子之厉害，恰恰就在于"背叛"——他们大多数人不是出身于名门望族，就是地主豪富，至少是小康之家，但他们背叛了自己的出身，背叛了自己的阶级，转而投身于民族和人民的前程当中。然而，随着非虚构的影响迅速扩大，做非虚构越来越普遍地忘记它的本心，变成众多写作者和新旧媒介"为我"的手段，这样的写作势必走向虚假，丧失生命力。

行动起来。做非虚构必须是一种远远大于写作本身的文学行动。非虚构写作者可以是现实的亲历者，参与者，也可以是旁观者，还可以是事后的追踪者。不管作为哪种角色，最要紧的，就是通过行动回到现场，眼睛向下看，走进对象的内部。只有这样，才能真正"感同身受"；也只有这样，才能真正触摸写作对象的内核和内在逻辑。

做非虚构要求对现实进行正面强攻，这种行动通常不是一次可以完成的，而是需要经过反复调查和研究，要经过仔细梳理和辨析。像一些由外在力量组织起来的集体行动，一大群人拿着本子、录音笔围绕一个对象进行的采访，这些行动虽然也是行动，但是离做非虚构的行动要求，差得不知道有多么远。做非虚构的行动，也不仅仅发生于写作行为开始之前，在写作的过程中，在成品的修改过程中，都离不开这种行动。甚至，在作品发表之后，有良知的写作者依然要保持对于写作对象的关心，并有可能因此而拓展或修正他前期的写作。

所以，做非虚构需要有一点孤胆英雄的气质。

然后才是写作。做非虚构进入到写作阶段，依然需要葆有一种大无畏的勇气。我给四届本科生开设过"非虚构写作工坊"的课程，必读文本之一就是《梁庄》。我对学生说：越是读《梁庄》，越让我佩服的地方不在于它的内容多么真实和残酷，也不在于它的形式或思想在当时多么具有先锋性，而在于这些内容、形式和思想背后那种不担心成为家乡"最不受欢迎的人"（阎连科自述语）的勇气。这种勇气不仅仅是面对政治的勇气，更是面对伦理的勇气。很多时候，对于写作者来说，直面伦理比直面政治，需要更大的勇敢。

同时也要明白，有了一手材料和写作的勇气，并不能保证能够写出真实，完全有可能写得像假的，写得像小说或者四不像，最可能写成常规散文。同样是"写真实"的文体，常规散文相对于小说，是非虚构性的，但是相对于非虚构，它又充满了虚构性。在非虚构的写作中，如何达成"非虚构契约"是非常关键的一个因素。非虚构之为"非"虚构，即它的真实性的确立，其实是不可能依赖于每位读者都能亲自深入现场去检验。非虚构的真实性，既是作者的预求，又是在叙事中生成的。真正认识非虚构，要特别注意非虚构叙事如何通过凸显作者的主体性，来建立作者与读者之间的信任关系，这就不能缺乏"叙事"的视角。在文本上，非虚构须具备两个显在的标志。第一，与虚构叙事不同，在非虚构叙事中，作者、调查者、叙事者是完全合一的，在个人亲历的纪实中，甚至表现为作者、调查者、叙事者和人物四者的合一。这种叙事形式，是作者在用一种不同于虚构创作的"非虚构思维框架"来叙述故事，并在无形中建构起了读者对于作者的信任感。第二，作者在叙述中，要有意识地用不同方式来呈现故事的真实性，甚至直接宣称自己所写都是真实的，以此来向读者做出承诺。以上两方面，可称之为"非虚构契约"。

做非虚构之难，就在于它不仅仅是"写"，而是一整个"做"的过程。所以我们的"非虚构写作工坊"课程跨度非常长，一般从每年的6月就开始准备，学生在暑假期间选择好对象进行调查，并用纪实性的文字记录下调查内容和过程（不管这份记录像不像非虚构，关键是材料和情感的积累）；在秋季学期前三周完成正式的初稿，并将其中的部分作品作为样本拿到班级公开讨论，同时，在课程学习的过程中，每位同学都要对自己的作品进行反复修改；这还不够，在寒假期间，每位同学还要尽可能再次回到写作对象那里，为完善作品而进行再调研、再修改，直至定稿。

做非虚构，尽管非常不易，但这并不意味着它的回报就一定是丰厚的。有一点非常残酷：千淘万漉而获得的材料，往往只能使用一次。

创意写作与文化研究的贯通

——江西师范大学创意写作教育实践探索

王磊光

关于创意写作教育教学如何开展，有两件令笔者印象深刻的事情。

第一件：一位在北京工作的老乡，也是一位作家，去两所顶尖大学现场听了创意写作课后，给笔者发来信息，说："那些老师是胡说，乱弹琴，他们不懂创作。"出于对写作发自内心的爱护，老乡的看法未免没有偏颇。但是，他之所以如此激愤，根本问题恐怕不在于他有什么偏见，而是我们的创意写作教育的确存在着巨大的问题。

第二件：在一次向葛红兵教授汇报江西师范大学创意写作的开展情况时，葛老师说了这样一句发人深省的话："道上，我们坚持创意本体论，容易；术上，如何也坚持创意本体论？相对较难。"创意，是写作乃至文学的本体[①]，这是中国创意写作开创者葛红兵教授始终坚持的"道"，这个"道"，也成为后来众多学者开展创意写作学术研究的基本前提。但创意写作无法像其他众多学科一样，单纯依靠做学术研究就可以维系本学科的基本运转；归根到底，创意写作是一种教育教学实践，教育的实践过程才是创意写作的肉身。虽然，创意写作最近几年

---

① 葛红兵，许道军：《中国创意写作学学科建构论纲》，《探索与争鸣》，2011 年第 6 期。

来发展得如火如荼，但在繁盛的背后，道和术在不同程度上的分离，却是不争的事实，名实不副、滥竽充数的情况也并不少见，这也导致了创意写作在理论层面被不少人神化的同时，在实践层面却遭受到了深刻怀疑。葛红兵教授的话，其实强调了要将理念上的"道"，转化为实践中的"术"，实现道术统一，这是创意写作成为生产力的一个核心，也是一大难点。

创意写作教育到底应该如何开展？如何把学生培养为具有创意的写作人才？江西师范大学近年来的创意写作教育实践和理论思考，都紧紧围绕这两个问题展开。

一、江西师范大学创意写作教育的基本面貌

江西师范大学文学院具有优良的写作教育和研究传统。写作学科（写作教研室）曾产生过多位作家型教师，多任江西省写作学会会长、副会长等。也就是说，江西师范大学历来就有由作家来教授写作的传统。早在 1988 年，中文系就与江西省文联、江西省作协联合开办过作家班，多位学员如今已成为江西文学界的中坚力量。

目前，江西师范大学写作学科既有从事写作实践活动的作家，也有从事写作理论研究的学者。学科领衔人陈离教授是一位学者型作家，在创作和研究上都取得了丰硕的成果。陈离教授现为江西省作协副主席、江西省中国现代文学研究会副会长，已出版了《没有花园的房子》（长篇散文，作家出版社，2012 年），《图像与花朵》（散文随笔集，复旦大学出版社，2013 年），《惘然记》（小说集，上海文艺出版社，2013 年）。此外，长篇小说《生活的秘密》获 2016 年度江西省长篇小说重点扶持工程支持，学术著作《在"我"与"世界"之间——语丝社研究》获江西省社会科学研究优秀成果二等奖。其他教师有：予峰、陈波、苏勇、陈海艳、雷雯和王磊光，还有从其他学科过来支援的老师，如龚岚、胡小兰等教师。写作学科成员从事研究或创作的领域涵盖：戏剧影视理论研究、民间文学研究、现当代文学研究、文化研究、基础写作和文体写作研究、创意写作研究、小

说创作、诗歌创作、儿童文学创作、网络文学创作等等。

2018 年，江西师范大学文学院为写作学科的发展提出了新的要求，做出了新的定位：1. 自主设置目录外二级学科"写作理论与实践"（定位于创意写作），并于 2019 年秋季招收了首届硕士生；2.2019 年春季，在本科生中开设创意写作课程；2019 年 5 月，在 2018 级学生分流中，文学院选拔了 20 名同学组成首届"创意写作班"，宁夏作协主席郭文斌先生为创意写作班主持了开班典礼仪式，并做了"文学的祝福性"等三场讲座。至此，以"创意写作"为中心的写作教育和学术研究的开展，凝练为江西师范大学写作学科的发展方向。

写作学科组给本科生、研究生开设的课程，除了常规的基础写作、文体写作，主要有三大类型：一是工坊课，如非虚构写作工坊、故事工坊、诗歌写作工坊、儿童文学创作工坊、网络文学与文化、城乡中国与文化研究等等，采用 Seminar 的课堂形式，落脚于写作的实践和写作能力的提升；二是"像作家一样读书"，注重以写作者、文学编辑、文化从业者的视角来引导学生进入作品的内部；三是理论课（大部分针对研究生），含创作理论、叙事学、中西文论、媒介文化、大众文化、文化研究等方面的理论，注重引导学生在理论学习中建立自己的写作观和世界观。

在创意写作学术研究方面，主要有以下四个方向：1. 写作原理研究，探索写作活动的基本的本质、特点和规律，给写作活动以普遍性的指导。2. 文学创作研究，着重研究各类文学文体的写作规律与方法。3. 创意写作与文化研究，该研究方向着眼于在理解文化社会的基础上来推进创意写作人才的培养。4. 创意写作与中学语文教育，该方向注重发扬师范大学的优势和特色，为培养出高素质应用型人才和促进文化传播做出贡献。

尽管江西师范大学写作学科为创意写作的开展进行了较为辛苦的实践与探索，但客观来说，由于主客观条件的限制，取得的成绩并不太多。目前主要是建立了公众号"创造性阅读和创造性写作"，隔天推送一篇学生的原创作品，已坚持运营了将近一年的时间；学生模仿希梅内斯的《小银与我》，集体创作了一部长篇诗化作品《阿宁和我》；内部编印了《风华集》《印象赣鄱》《对镜》《二拾夜话》等作品集，公开出版了《时间的金蔷薇》《在瑶湖这边写作》等学生作品集。

二、核心思想：贯通创意写作与文化研究

文化研究和创意写作是 21 世纪以来中国人文学科领域两颗耀眼明星，也是两个重要的学术生长点。目前，中国大陆同时将这个两个领域纳入学科建制之中的高校，仅有上海大学。笔者的研究生教育全部是在上海大学完成的，在硕士和博士阶段先后接受了创意写作和文化研究的训练。这两种训练为笔者在江西师范大学开展写作教育提供了基础性条件。同时，江西师范大学写作学科有至少三位老师对文化研究或文化理论抱有浓厚的兴趣，因而，把创意写作与文化研究结合起来，成为一种较为自然的选择。

关于什么是创意写作，什么是文化研究，一直众说纷纭，没有人能够给它们下一个放之四海而皆准的定义，就像何为文学，何为美一样，也是没有人能够真正说得清楚的，但是，这并不妨碍一座座大厦在这些模糊的概念上树立了起来，这是人文学科的一个常见特点。然而，从立场上看，二者似乎有着诸多分歧。文化研究强调对于现实文化的批判性分析，而创意写作则是追求文学和文化的生产性，甚至要实现创意写作本身的文化产业化。但是，作为发源于文学且关注社会文化的两个学科，其可以相互贯通的一面常常被人忽视。简单而言：文化研究和创意写作都承认文化在全球化和网络时代具有决定性作用，都对文化采取了一种积极的跟踪态度，因而，做文化研究不能不深入去了解和理解文化生产、文化产业，而要开展创意写作，同样不能缺乏对于社会和文化进行研究的视野和根基。

按照罗钢、刘象愚两位先生的概括，文化研究表现出以下研究倾向："1. 与传统文学研究注重历史经典不同，文化研究注重研究当代文化；2. 与传统文学研

究注重精英文化不同，文化研究注重大众文化，尤其是以影视为媒介的大众文化；3. 与传统文学研究注重主流文化不同，文化研究重视被主流文化排斥的边缘文化和亚文化；4. 与传统文学研究将自身封闭在象牙塔中不同，文化研究注重与社会保持密切的联系，关注文化中蕴含的权力关系及其运作机制，如文化政策的制定和实施；5. 提倡一种跨学科、超学科甚至是反学科的态度和研究方法。"① 这五种勾勒，显示出文化研究独特的视野和追求，而这些领域，恰恰也是创意写作在"思想内容"和"方法论"层面所需要着重关注的。更进一步说，以上五个方面，也是越来越走向民主、平等、全球一体化的现代社会所必须要经历的，是一个能够行动起来、具有创造力的"有机知识分子"② 所必须面对的。所以，创意写作和文化研究能够贯通，从教育实践的层面来看，是有其内在贯通性的。就美国而言，创意写作能够从一种教育改革试验发展为一个庞大的全国性教育计划和文化计划，"新批评"起了关键性的作用：一方面，新批评为创意写作的开展提供了教学方法，另一方面，新批评打通了创作与文学研究之间的联系，让创意写作最终在大学体制中扎下根来。然而，需要注意的是，新批评并非像很多人理解的那样，只是为文学而文学，隔绝了文学与现实的联系。英美新批评的产生恰恰是具有强烈的文化政治语境，像艾略特、理查德、兰色姆等新批评的先驱，他们正是因为具有强烈的历史意识和政治意识，对资本主义、工业社会有着强烈的批判，才选择了文化的反动，回到文学的内部。

首先，文化研究的视野与方法为我们理解创意写作、研究创意写作提供了特别的着眼点。上海大学葛红兵教授团队在 2012 年翻译出版的第一本美国创意

---

① 罗钢，刘象愚：《文化研究读本》，中国社会科学出版社，2009 年，第 1 页。
② "有机知识分子"是葛兰西在《狱中札记》里提出的概念，与"传统知识分子"相对。在笔者看来，这个概念至少包含着以下这一层意思：作为一个现代人，能够掌握时代所需要的专业知识和技能，并参与到社会经济、政治、文化等领域的建设和管理中。创意写作就是要培养这样的人。

写作书籍《创意写作的兴起》，跟我们后来见到的人大"创意写作书系"集中介绍国外教学方法和写作技巧完全不同，这本书的主体其实是对于美国创意写作及其时代的文化研究。我们在教学和研究中，尝试把文化研究的视野引入，从文化研究的视野理解创意写作与文化机制、文化产业的关系。我们强调文化研究的视野，通过文化研究理解创意写作的兴起，认识创意写作的本质，这是我们在教研中逐步摸索出来的一个方法。

其次，文化研究为我们的创意写作思维训练提供了启发。所谓创意，就是想法，创意写作要从激发想法开始，创意写作的第一步应该是引导学生放飞心灵，做一个有想法的人；我们在教学中发现，同样作为一种教育实践的文化研究，贯穿其始终的，就是要培养学生形成种种对于现实的理解和看法，养成一种批判性的眼光，乃至最终完成自己的世界观的塑造。这启发我们运用文化研究的方法，用它训练学生们的创意写作思维。毕竟，创意不仅意味着对于既有知识和经验的重组，更意味着对于过去的更新。不谈想法的生成过程，单纯强调要有创意，这样的写作不可能是真正的创意写作；不建立批判性思维，单纯呼喊着要创新，这样的写作不可能是真正的创意写作。所以，单就培养有想法的人这一点来看，可以说文化研究为创意写作开辟了一条可共享的道路。

最后，文化研究的个案分析为我们的创意写作训练提供了灵感。文化研究针对社会文化的各种现象有它自己的一套方法，这启发我们借用文化研究的个案分析方法，在采集各种文化现象、文化遗产的材料时，将它们进行系统的整理，把它们作为一个完整的广义的文化文本来研究，再把研究中得到的思路转化成文学的各种文本写出来。这其实就是社会文本等各种文化研究视野中的广义文本，转化成创意写作的各种文本。通过文化研究的方法抓住创作对象，进行深度分析，借助文化研究的思想资源和分析方法审视创作对象，这就使得创意写作有了独特的一套方法。这样一来，当学生通过作家文本或者身边同学的原创文本来讨论写作技巧的时候，会把更多的注意力转向对于文本内容和现实生活的理解，技巧问题，只是在这个理解过程中不断回旋的问题。写什么和怎么写，从来都是一体的，当学生形成了对于内容独到的感知和理解，技巧、结构等问题，往往也就迎刃而解，了然于心。这也是我们认为文化研究和创意写作可以贯通的一个直接经验。

三、落脚于写作能力的提升：两个理念

如何面对写作技巧，如何面对文化产业，是创意写作在实践层面绕不开的两个基本面向。据笔者了解，目前绝大部分高校的创意写作是以学习写作技巧为中心，以文化产业为导向而组织起来的。江西师范大学写作学科组在推进创意写作时，自然也无法回避这两个基本面向，只不过，我们根据自己的实际情况，有所权衡和选择。

首先，我们非常重视写作技巧的学习，但不主张技术化，不提倡通过提炼"叙事公式"来教授写作。笔者所在的写作学科组，具有实际创作经历和经验的教师占到三分之二，而且写作观都是在 20 世纪 80 年代以来的"纯文学"的影响下建立起来的，因而大家对于创作及其规律有着诸多相同的认识、相似的偏见。以文学创作为中心和重点来展开教育教学便显得水到渠成，成为我们的一致选择。但是，如果同上海大学相比较，在网络类型文学的研究和指导方面，我们的实力是明显有欠缺的。上海大学葛红兵团队在正式开展创意写作之前，已进行了近十年的类型小说研究，为创意写作的教学和创意写作的文化产业化做好了实践和理论准备；但江西师范大学写作学科同时具备网络文学创作和研究经验的教师，仅有一位。

其次，笔者所在的单位地处江西，江西是中国高等教育的洼地，文化产业也不发达，我们的教育教学与文化产业对接的机会并不太多，因而，让写作教育项目化，在文化项目中学习写作，目前还只能是参考模式，无法成为教育教学的核心手段。到目前为止，江西师范大学的创意写作班深度参与的文化项目仅有一个，即给江西乡村写宣传片脚本，已完成了第一期十五个村庄的写作与拍摄。虽然已有两家新媒体公司找到我们，希望深入开展合作，但因新冠疫情的阻隔，目前并未实质性推进。

另外，作为创意写作本科教育的负责人，笔者对待创意写作与文化产业相结合的思路，其实也是持保守态度的。笔者曾作为联合培养博士生在加州大学学习，了解到美国的创意写作似乎并不过于强调跟文化产业结合，而是通过扎实的技巧训练来提升学生的写作能力，至于学生将来是走文化产业之路，还是走文学创作之路，那是学生自己的选择。[①] 就江西师大文学院而言，绝大部分学生毕业后都会选择做中小学语文教师。如果粗略划分，语文可分为三大板块：语言知识及运用、阅读、写作。阅读与写作无疑是整个语文教育的核心。一位优秀的写作者首先必然是一位优秀的阅读者，有着较强写作能力的语文教师，往往会比其他语文教师对教育的核心有着更为深刻更为独到的领悟，也更容易寻找到切入语文教育的方式和方法，同时，其成长为具有个人风格的优秀语文教师的概率，也比一般教师要大得多。

因是之故，在实践层面，我们强调以文化研究为视野，以文学创作为中心和抓手，着眼于学生写作能力和素养的提升。为此，我们强调通过两个具体的教育理念来实现这个实践目的。

第一个理念："像作家一样阅读。"除了给学生开设必读书目，让学生自己组织阅读，我们还开设了三到四个学期的名为"像作家一样读书"的正式课程。站在作家的角度，通过"新批评""叙事学"式的文本细读，来引导学生在具体的文本中学习写作技巧，收获阅读的快乐，而不只是阅读的知识。在这个过程中，我们还特别注重把文学与现实结合起来，用文化研究的视野和方法引导学生去关怀现实生活，把社会作为文本，即 Social Text，来进行文学式的细读。我们为创意写作班开设的第一门课即是"非虚构写作"，目的就是要把学生的目光引向无

---

① 需要说明的是，这个判断主要是基于笔者的主观印象。笔者并未对整个美国创意写作教育实践做全面的调研，占有的样本也较为有限。但有一点可以肯定，美国众多名校都是建立在小镇上，远离了大城市，决定了其与文化产业相结合的限度。

限广阔的社会生活。该课程其实从暑假就开始准备，要求学生阅读《毛泽东农村调查文集》《冷血》《中国在梁庄》等作品，并利用假期来做调查，每人完成一篇五千字左右的记录性的文学作品。正式开课后，师生一起研读非虚构代表作以及学生自己的习作，反复讨论，反复修改，贯穿于其中的是学生对于现实的阅读、理解和想象。

第二个理念："只有写，你才知道怎么写。"创意写作首先是写作，无论是文学性写作还是非文学性写作，最根本还是要通过语言来实现。所以无论多么有创造性的想法，都要通过语言来表达。提高语言能力应该要作为写作训练的一个基础，技巧的生成和创意的转化，都是在具备较好语言能力的基础上完成的。一年以来，江西师范大学创意写作班的学生已经进行了大量的创作，涵盖小说、诗歌、散文、网络文学、脚本、文案等各种类型，语言表达能力的进步是非常明显的。在学生进行创意写作训练的过程中，教师要努力创造出一种积极美好的氛围，为他们呐喊助威，并尽可能地为他们创造展示作品的机会。

但是，有两种困境，创意写作教师必须面对：越往前走，写作的难度会越大，学生的进步也会越慢，会产生焦虑感，与此同时，随着学生的写作练习越来越多，教师的个人生命也会越来越陷入到对于学生作品进行阅读和指导的泥潭之中，同样会产生焦虑感。这个时候，我们该怎么办？不同的教师会采取不同的对策。笔者的主张是：创意写作不要一直都在追求热热闹闹，不要让师生一直都处于亢奋状态，有阶段性的"沉默期"是必需的。在沉默期中，教师只需默默关注学生的状态而无须一一指导，而学生自己也应该明白，很多时候，他（她）需要在孤独环境下进行苦心孤诣的探索，才可能真正突破自我的瓶颈。创意写作是一种沉浸式的生命体验过程，有奋发期有沉潜期，有热烈有平静，有芒种有霜降，譬如四季。

四、创意写作课到底如何开展？——三则教学笔记

就笔者的教学经验而言，当学生通过作家文本或者身边同学的原创文本来讨论写作技巧的时候，会把更多的注意力转向对于文本内容和现实生活的理解，技巧问题，只是在这个理解过程中不断回旋的问题。

以下是笔者关于"非虚构写作工坊"课程的三则教学笔记，以此来简要介绍江西师范大学创意写作课的展开过程。

笔记一：刘同学记录的暑假在农村老家的见闻。刘同学是一个特别有"底层情怀"的学生，对于人和社会的命运总是表现出关切之心。他写完初稿后，主动跟全班同学分享了自己的作品，并乐意将其作为材料供课堂讨论。①

同学们对文章中写作主体的上帝视角、宏大的议论、强烈的抒情提出了批评意见，而作者本人则认为一个写作者就应该对于现实充满热情，有鲜明道德判断，表现出责任感，不应该是零度情感，所以这个写作主体就需要特别突出出来。笔者对于这两种观点并未做出任何褒贬性的看法，只是借此比较了"非虚构"与"报告文学"的不同：报告文学喜欢用夸张的手法，塑造出高大的主人公形象和叙事者形象，而非虚构往往采用一种"平视"的态度和朴素的叙事笔法来描摹世间百态，对于抒情和议论，往往是节制的，就事论事式的，往往拒绝拔高式的抒情与议论。给刘同学的建议：删去一些抒情和议论的句子，对全篇中"我"的形象进行朴素化处理，然后比较修改稿和原稿不同的阅读效果。

随后，大家的讨论的重点转移到内容层面，比如文中涉及的教育问题，引发了大家对于"阶层固化"的讨论。有同学提出了一个比喻：假如上层生活是一辆车，是让所有人上车，还是只是一部分上车，或者大家都往上挤，用正当或不正当的手段挤下已占有座位的一部分人？这个比喻把这次讨论推向了高潮。

笔者的发言："阶层固化"这个词，今天我们经常听到，但是仔细推敲下，究竟什么是阶层固化，究竟什么样的生活不是阶层固化，好像又不太能说得清楚。我个人的看法是，追求结果的均等是不可能的，正如老话说，万事都有不平，何况手指还有长短呢；只能是创造一种相对公平的环境，让大家都有上车的机会，

---

① 要强调的是，在 seminar 课堂上，如果讨论的不是公开出版物上的作品，而是本班同学的原创作品，我们不会强制要求学生做分享，而只是让做好心理准备的同学主动参与分享。

即所谓"机会均等"，但是当我们强调机会均等的时候，似乎只是从程序上、形式上、道义上解决了问题，实质问题还是没有解决。这时候我们就要追问：真的只有挤上了这辆车，才是过上了我们所谓的好生活吗？有没有别样的好生活？好生活有没有多样性？如何想象跟当今主流价值观所塑造的那种好生活不一样的好生活？我想，这不仅是一种生活观的问题，也是一个文学想象的问题。

对于刘同学这篇文章的讨论，笔者原计划用一节课完成，但事实上，同学们讨论了两节课还意犹未尽。

笔记二：王同学记录的几个家庭的故事，涉及亲人、教育、宗教、邻里以及其他多种社会关系问题。王同学是个言语不多但个性突出的学生，特别喜欢追求与别人有不一样的观点和表达。

对于他这篇文章，同学们普遍表示整体上太乱，理不清线索，不知道他的重点在哪里，究竟要表达什么（尽管有同学读了三遍）。作者本人的看法是：既然是非虚构，就是要真实的，但如果对生活进行了剪裁、修饰，那不就假了吗？他在这篇文章里就想按照生活的本来面貌进行"复盘"。

文学为什么一定要高于现实，能不能等于现实呢？能不能像摄像头一样去拍摄现实？笔者肯定了王同学有着一个独特的"真实观"，尽管这还仅仅是一种尝试，而且这篇文章也的确让人难以卒读，但是他的这种尝试，本身就是一种创意。随后，笔者用了贾平凹的《秦腔》、池莉的"新写实"、罗伯-格里耶的"新小说"和贾樟柯的纪录片为例，引导大家思考创作与现实的关系、创作的特殊性等问题。

这次课讨论的重心最后仍然转向了对于生活的讲述和理解。因为王同学文章涉及的话题十分丰富，给大家留下了很多个"线头"，每个同学一扯，就把自己的生活和想法给"扯"出来了。

同样计划一节课完成对于这篇文章的讨论，但两节课结束后，大家的讨论还在继续，最后不得不强行终止。

笔记三：2020 年春天，笔者给 2018 级某特色班讲授"创意写作"课。原计划是要训练学生虚构故事的能力，"非虚构"这个板块不在该班的教学计划之列，但是因为新冠疫情突然暴发，让笔者意识到这正是学生开展"非虚构"写作的大好机会，就临时调整了线上授课计划，让每个同学都去记录自己在疫情期间的日常生活和感受。

出乎我的意料，该特色班 25 位同学，有 23 位愿意跟大家分享自己的文章。作品分享总共用了四次课八个课时。总结下来，本次习作有三个共性问题：一是普遍都有好素材，但是不知道如何处理素材，尤其是素材与素材如何组合；二是大部分同学习惯于概述，急于抒发情感，缺乏场面描写和细节刻画，叙事意识和叙事技巧普遍薄弱；三是学生在网上课堂做分享时，其口头讲述的内容普遍比自己所写的生动得多、丰富得多。

该班学生的写作能力还不够强，这是一个基本情况。表面上看来，他们缺乏的是写作技能和经验，但是在阅读作品和分享交流的过程中，笔者发现深层次问题其实是写作意识的缺乏，以及不知道怎么去理解正在发生的现实的问题：不知道什么值得写，什么不必写；什么需要详细写，什么可以概括着写；不知道要写场面和细节，不懂得材料的组合……这些，表面上是技术问题，其实是他们对材料背后的生活缺乏个性化理解，不明白自己记录下这些材料的意义是什么。

五、小结

如何在创意写作教育的实践中贯彻创意本位，江西师范大学写作学科的回答是：融通创意写作与文化研究，让文化研究为创意写作的开展提供航道，最终落脚于提升学生写作能力和素养，培养出能够自我实现的人。但是，最终的成效如何，还得经受实践的检验。

"创意写作"这个名词，对于漫长的中文教育来说，还是比较新鲜的，但江西师范大学写作学科所秉持的观点以及在实践中的做法，貌似并没有太多新意和"创意"，而是仅仅守住"写作"两个字不放："文章应该怎样做，我说不出来，因为自己的作文，是由于多看和练习，此外并无心得和方法的。"① 这是鲁迅的话，江西师范大学在创意写作教育实践中的所有做法，似乎还没有超越这句话，但我们期待着，源源不竭的创意能够从这句话中诞生。

【致谢：没有上海大学张永禄教授的督促，我可能就不会写作这一篇文章；而温州大学的刘卫东博士，对于文中论述不够周密的地方，做了不少修订补充。】

---

① 鲁迅：《致赖少麒》，《鲁迅全集（第13卷）》，人民文学出版社，2005年，第493页。

实训篇

胡雅丛，江西师范大学 2018 级创意写作班毕业生，现为深圳市宝安区文山小学教师。一个按照既定轨道在世间行走的人，向往着自由的风，大抵还在寻找自己。总是希望接触到的是最纯粹的人和事，然而自己也明白这是很难得的际遇。目前仍在成人的世界当中寻找一个平衡点，好在生活的间隙填补很多关于爱的细节，支撑着自己保持初心，让自己的心能体会更多世间珍贵的感情，向世界证明自己曾经来过。希望你也有一样的愿望：永远美好，永远追风。

远 嫁

孙勇祖籍河南，家在新疆，远嫁到江西已经十三年。

今年她就要三十五岁了，这是她成年以来第一次给父亲买衣服。

一月份，新疆也冷，她从网上挑了件羽绒服，想着颜色正合适，却没想尺码买小了。母亲让她问问店家，看能不能退换。她说可以，就是要出十六块钱的邮费。

正月初一。

那天她和父亲的视频通话足足进行了一个小时，在此之前的记录都是六七分钟。

父亲第一次给两个外孙发了红包，一人一千块钱。

视频里父亲问她过得怎么样，她说不好受，感觉跟这儿的人处关系都得小心，自己老说错话。这位在新疆牧羊的父亲沉默一阵，半晌才说："你的性子要改改，在那边，又远……你得改，说话做事都要谨慎些。"

孙勇听父亲说话，忽然想起很多年以前的事情。

家里不止一个孩子，孙勇还有一个哥哥和一个弟弟。

作为家里唯一的女孩，是向来被轻视的。

尽管孙勇能顶着男性化的名字活一辈子，却始终不能成为被父母放在心上的，可以传宗接代的男孩。

孙勇和丈夫还在上海时，中专毕业的哥哥想凭着自己修车的本事去上海闯荡一番。独自到了上海后，身上的现金连一套修车的工具都买不起。孙勇和丈夫本着做妹妹妹夫的份，替哥哥出钱买了整套的工具，没想哥哥收了孙勇小两口给他的修车工具，回新疆后却在爸妈面前说妹夫没车没房没钱，连同自己的表姐反对这门亲事。她第一次带着丈夫探亲，家里人便撺掇她：趁着孩子还小，赶紧离婚回新疆。她没理会，还是跟着丈夫到了江西。

孙勇好歹是家里养大的女儿，放出去打工结果把自己嫁出去了，孩子都生下一个才回娘家来，更别提嫁得远，婆家也是清贫农民。家里劝她离婚，她压根不听，父母权当女儿丢了，这些年没主动联系过她。直到腿脚不好瘫在床上的这些日子，不能自由活动，再加上儿媳妇待他们不算推心置腹，这才让这对年迈的父母念起远嫁的至亲女儿。

而自婆婆去世，孙勇身边再没什么能说话的人，自然而然也想起家来。双方一拍即合，这才算是恢复了联系。

许久没联系的弟弟也主动给孙勇打来电话。

"你怎么突然给我打电话啦？"

孙勇直接这样问，弟弟干笑两声，寒暄几句就开口要借一万块钱。一听要借钱，孙勇说："我做不了主，我哪有那么多钱？"电话两头的人一阵沉默。孙勇说："我得问问你姐夫。"就挂了电话。

丈夫说："不是不能借，只是他要这钱做什么？"他让孙勇自己看着决定。孙勇心想着也得问清楚才行。

　　孙勇说拿不出这么多钱，弟弟回答借七八千也行。她问要钱干什么，弟弟避而不答，只言语上退让，不断缩减着借钱的数目。孙勇心里犯了嘀咕，有什么不能谈的急事，要向自己借钱？这下她更坚定弄清楚借钱的心，就是不下借钱的决定。弟弟在电话那端哀号，就借五十也行啊！

　　见借钱不行，弟弟又怂恿孙勇劝父亲把羊卖了。她不理解这举动的用意，直接在电话里告诉父亲原委。父亲冷哼一声说，弟弟近来迷上赌马，把身上的钱输得分文不剩，才想起找远方的姐姐借钱，见借钱不行又想让老两口卖羊，好有钱拿去赌博。

　　父亲说："反正事情就是这样，至于借不借那是你们姐弟之间的事情，你就自己看着办。"

　　孙勇没借给弟弟这笔钱。这钱不是用来干正事的，没有借的必要，况且他们之间关系僵，她自小便觉得因为自己是女孩，在家里和他们不是一类人。

　　孙勇十一岁就辍学了，最开始的差事是替父母赶羊。

　　放羊的时候有只小羊被脖颈上的绳索拴住，眼看就要死了。她知道维吾尔族是不吃死羊肉的，要是到时候羊肉卖不出去，家里一分钱都收不回来。孙勇用随身的匕首给羊放了血，羊血溅得满手都是，她心里却一点没觉着怕。

　　爸妈还在不远处的地里干活，听见她的叫喊后才走近。当晚孙勇被父母暴揍一顿。不仅没让她吃饭，还把她关进了小黑屋。

　　她和丈夫是在上海打工时相遇的，那时候孙勇二十一岁，拿着一个月一千八百元的工资，住每个月五百元只有十平方的出租房，赚钱供自己的哥哥读书。就这样，辛苦攒下来的钱被远在新疆的父母谎称生病给要去大部分，她遇见丈夫的时候，身上没有现金，只有卡上还有七百元钱的存款。

　　丈夫把孙勇带回家见父母时，她还挺着大肚子，那时婆婆还在世，她是村里有名的好人。人们都说是孙勇高攀了这么个大学生，但婆婆劝儿子好好对孙勇，要对姑娘负责，大事小事都上一份心。孙勇性子真，她从心里把婆婆当成自己的妈。

两个孩子在她落户江西前一直在上海读书，至于一家人的生计，丈夫除了有一份固定职业，闲暇时就去跑黑车赚钱。有段时间交警抓得紧，家里人都担心，劝他等这阵风头过去再做打算，他也只是嘴上应着。而孙勇呢，谋划着在小区里开起了一间小小的杂货铺，进货搬货都自己上手，卖些零食饮料矿泉水，多少能赚些小钱，想着好歹能为家分点忧。

2018 年，为了孩子能够在当地高考，孙勇随丈夫孩子把户口迁进江西，丈夫依旧留在上海，孙勇和孩子住进县城的房子里，才真算在这里的一角落了地。

夫妻两人将两个孩子送进了当地一所知名的小学，孙勇用一扇防盗门，将自己和周围的人与事隔起来，从不与邻里走动。出门也就是丢垃圾，去采购。同栋楼年迈的老人家都见她眼熟了，她却一点也不认得邻居，更别提有什么交往。

在江西的这个偏远县城里，孙勇开始总容易为些无关的事生气：过马路不走人行道肆意横穿，管他红绿灯就走自己的；两车相撞虽相安无事，对方却没有一句应该有的道歉。那时候她还在上海小学的班级群，说起老师已经完全不理会两个孩子时还有些失落。丈夫的姐姐劝她接受现实，别总为些这样的事情糟心，户口落了，上海回不去，就安心在这里生活。

正月初十。

她骑着电瓶车去丈夫的姐姐家做客，在所有的关系网中，孙勇和这家人走得最近，平日她大门不出二门不迈，除了偶尔从县城回到乡下，就是在过年时来拜望姐姐。只是姐姐姐夫在西北做生意，正月十一就得坐飞机走。

孙勇坐在门前长条状的板凳上，凳上还有几滴暗红色的漆迹，那是在不久前帮姐姐往铁窗上刷红漆时滴落的，连带弄脏的还有自己的手肘处。那时孙勇当场叫苦："弄脏了我的羽绒服呀！"

本来只是没什么表情起伏的聊天，只是说到后面就落下眼泪来。

孙勇说现在要不是两个孩子，自己真想这么去了。她说当初读书的时候，要不是爸妈每天都在她放学回来以后打她，自己也不会那么害怕学校，不会因为害怕，小小年纪就自己选了去赶羊。但凡能读个书，也不至于只是现在这个样子。

丈夫到上海后曾给孙勇来过电话，电话里丈夫问孙勇希不希望他回来，孙勇说随便，丈夫就把电话挂了。说起这个，孙勇觉得丈夫又生了气，更加委屈起来。

"这些年我带大两个孩子，他有帮过我什么忙吗？

"两个孩子在上海读书的时候，全是我骑电动车接接送送。冬天的风冷啊！吹起来根本挡不住！

"我在上海刚开始开小卖部的时候，他有帮过吗？

"都是我一点点学呀。大晚上到处都是黑的，什么也看不清，喝醉酒的，乱叫的，什么人都有。我不能怕，我还得和他们做买卖。"

说到这，孙勇便低下头抹眼泪。

"但他有在学着帮我，我知道的，他有时也帮着我看看铺子……"
孙勇的嘟囔声一点点低下去。

丈夫的姐姐一边安慰她，说这些年孙勇也确实很辛苦，一边告诉孙勇不该对着丈夫说随便这样的话，既然都问了她就代表有回来这个打算，是想与她具体商榷的。孙勇作为妻子，态度表现得这样无所谓，自然会伤了他的心。

做姐姐的谈起弟弟的辛苦，说自己心疼呀。

"他一个人在上海容易吗？不说下班有没有饭吃，他就是下班也不会赶着去吃饭，他等那拨人过去才去吃饭，因为那时候饭菜是半价。

"你说他高傲，他哪里是高傲呢？他本身就是那么个不会表达自己，不怎么开口说话的人。他要不是这么个人，当初女同学追他，他能没有回应？他要不是这样的人，还轮得上孙勇你吗？

"我知道你也辛苦，可是谁不辛苦呢？他要不是一年到头在外面赚，哪里供得起自己的家？"

孙勇听到这，不再开口说话了。她抹完眼泪，说自己感激丈夫，最感激的就是因为嫁给他，有了几年自己也有妈疼有妈爱的感觉。她的婆婆确是一个好人，四年前意外离世，至今提起，她都会红着眼眶落泪。

刚和丈夫结婚那两年，孙勇是真的害怕他生气。一个平时沉默寡言的人，生起气的样子过于可怖。她觉得丈夫高傲，尤其看到自己的小儿子，不仅和丈夫外貌像是一个模子里刻出来的，也总是一副唯我独尊的模样，就感到生气又难过。

尽管家里有两套房，除目前县城这一套自己住，上海还有一套房，每个月出租能有三千元的收入。孙勇日子虽过得细，但也还算宽裕。可一旦想到当初父母笃定自己远嫁不会幸福，再一看生活的琐碎，日复一日的单调，就感到自己被孩子绊住了脚，除了洗衣做饭什么也做不了，丈夫在上海，而自己完全被困在了这个小县城里。

"上海的确很繁华，可是我们都没有和他在一起，那就是冷清的。外婆也说过，过年的时候她在上海，总感觉街道上都没有什么人，空荡荡的。"听她说这些生活的苦楚，就连姐姐的女儿也忍不住在旁边替舅舅开口了。

孙勇那去远方打工的丈夫，何曾不与自己一样，是"远嫁的女儿"。

孙勇的衣橱里永远都是那几件衣服，过年那件蓝色的羽绒袄子没换下过。夏天是黑裤加短袖的装扮，虽看上去有些不修边幅，大大咧咧的样子，嘴角却总是噙着笑的。同她走得近些的人都说她像个小孩，玩心大，也没什么心眼。

除了孙勇，还有很多同样是远嫁的外地媳妇。她们无一例外，都是说着带有轻微口音的普通话，嘴角挂着笑的。

尤其在一大家聚在一起用方言聊天时，她们就抱着熟睡的孩子坐在一边。安静得像是在发呆，面部没什么动作，只在和人眼神交汇时扯起嘴角大幅度笑一下。

常年在外地的人，尽管操得一口流利的普通话，遇到老乡或是亲戚，也都喜欢用方言聊天，哪怕因为生疏，交谈起来稍显吃力，就为这一份归属感，而这正是外地媳妇身上少有的。

在这些所谓的外地媳妇里，有个性子尤其开朗，善与人攀谈的甘肃姑娘。这些年和丈夫在外地做生意。她性格好，混在亲戚间聊天的行列里。她虽然能听懂当地人的方言，但自己从来不说。她流利的普通话在拗口的方言间显得有些突兀，有好事的亲戚问起她怎么不说方言，她也只是微笑着无奈摇摇头。或许是不会，又或许是不愿，觉得有些别扭吧。

与孙勇不同的是，甘肃姑娘与娘家关系很好，总和丈夫开着车回娘家探亲，但那也只是短暂的几日，从不会长住。更多的时候，外地媳妇都待在婆家或者是自己家新砌的房子里。

就和孙勇一样，过年回家团聚时，周围的亲戚都说方言，她们就在一旁听着，除非是被人问到，否则不会打断人家的话茬。

总感到自己是孤单的，尤其是丈夫不在身边时，与亲戚们之间的距离感更甚，这不单单是孙勇一个人内心的感受。在搜索引擎中输入"远嫁"这个关键词，网页上所呈现的信息大多与"委屈""孤单""后悔"相连，尤其出现了"十嫁九悔"这个名词，更是说明了这样一种现状，各类述说远嫁经历的平台上，一直到今年一月仍有更新，远嫁的故事仍在生活中不断上演。

外地媳妇通常要面对的不仅仅是相对陌生的语言环境和生活环境，还有要从零开始构建的人际关系网络。

孙勇的婆婆是个明事理的人，她疼自己的儿子儿媳，什么都手把着手教孙勇。尤其是该怎么样和亲戚相处，具体到凭着每个人的性格和习惯，教孙勇该怎么说话做事。那时一家人和睦，话都能说得开，有婆婆护着，孙勇日子过得也开心。婆婆去世以后，丈夫的姐姐接手了这样一个角色，可是姐姐常年在外地，也有自己的家，没法完全替代婆婆的存在。

姐姐劝孙勇要和人好好处关系，和当地的亲戚，和娘家的爹妈，尤其是兄弟姐妹。

孙勇说处不来，他们之间的关系压根不像丈夫和姐姐的关系一般好，这个暂且先不说，她在这儿和大嫂也觉得没那么亲，就拿过年时大嫂要在婆婆留下的祖屋里办酒席这事来说，那天下午大嫂一个人风风火火洗碗刷碗，虽然明面上也没说有啥不满，结果到了饭点，没留下吃饭就回县城的家了。

"她需要帮忙可以和我说呀，她都不说就自己在那忙活，也没告诉我要干啥。"孙勇说那天大嫂没让自己帮忙，她就带着孩子去村里玩了。等她回来，大嫂的活也干完了。

"这还要她先开口吗？你们是妯娌呀，你就应该主动上去帮忙，你不问她要干什么她怎么开口呢？"

其中自有人与人之间的相处之道，只是孙勇现在不愿去讨论这个问题，她沉默了一会，说自己太累了，不想再去思考什么时候什么话该说，什么时候什么话不该说。

孙勇的话听来带着孩子气，姐姐也只能在一旁无奈摇头，起身去烧热水了。外人说再多，孙勇也要听得进去才行，不管怎么样，他们觉得好就行。

人心里的委屈和苦水总要倒一倒，在最近和外甥女的一次聊天里，还在读大学的外甥女劝孙勇要乐观，想着未来："一个人这辈子一定要做的事情是有限的，一个人这辈子的苦和甜也都是对等的。"

外甥女一边夸孙勇现在厉害有能力，让人羡慕，一边不忘帮她设想美好的未来：那时候她的两个孩子或许都成家立业，她只坐着享福就好。孙勇听见这番言辞，很快回复：

"还是逃脱不了带孩子，我这一生都在带孩子。从结婚，到生孩子，带孩子，几十年的青春年华，全部在孩子身上。等他们十八岁了，我也人老珠黄。等他们工作结婚，然后我任务又是带孩子。唉，这就是一个人的一生吧！"

　　或许是意识到是不该这样同一个小辈讲话，又或许终于将心里一直担忧的话说出来了，孙勇终于放松下来。

　　"日子会越来越好，一定得往前看，不要回望过去。"

　　"你小舅舅年轻的时候也很苦。"

　　孙勇决定，等到两个孩子放暑假，就带着他们回新疆去探亲。

刘小平，江西师范大学2018级创意写作班毕业生，重庆大学2022级中国现当代文学硕士在读，爱好文学，偶尔途游。世界如同一幅错综复杂的画卷，色彩斑斓却又难以捉摸。在这个广袤无垠的舞台上，"我只是一只蜻蜓／我振翅／观看／我要寻找的／仅为大地上一枝摇晃的／芳香而又带露的草茎"。

生命·遐想（七首）

海 鸟

渔船搁浅在不远处的暗礁

岸边有人垂钓，有的人聒噪

有人坐上船，冒险冲浪

看看周围的人，又试试海边的水

成群结队，一身素净的海鸟

在我们的上空，不停地盘旋

海风在光影掠过，越过山崖

不痛不痒地吹在脸上

我们走在沙滩上，一只小军舰鸟

从我们身旁走过，它抬了抬头

正如我们低了低头。我们相互看见

我们路过，却没有说话

红　薯

没有人知道

也不会有人知道

在这座没有房子的花园

白天和黑夜都长着一种

叫作红薯的植物

草绿色的外壳，何首乌般的块根

看上去，一切都显得那么粗糙

这个花园，人们也不止一次地走过

他们的眼里却只有海棠、茉莉

丹桂、梅花和玉兰

没有人探望

也不会有人探望

在这座没有房子的花园

在这个僻静的角落

一个不起眼的地方

有一种学名叫红薯的东西

在泥土里拔节

在暗地里生长

热　水

母亲去世那天

外面下着大雪

冒着雪，我从外面抱来一堆干柴

搭好架子，取来冰块

我的愿望是烧开一锅热水

温度很低，天气很冷

我不忍心母亲就这样走去

在棺椁下地之前，至少

作为她的孩子

我得为母亲进行生命最后一次的圣礼

引火、点燃，看着

木屑一点一点地火热

听到隔空啪啪啪啪的声响

我从中年回到童年

那也是个冬天

土房传来熟悉的啼哭

年轻母亲半蹲半起

还有弥漫飘散的水汽

这里号角声再次响起

——水开了

雨 滴

"为了仰望星辰，我知道

为了它们的眷顾，我可以走向地狱。"

我也喜欢仰望星辰

为了黑暗中的燃烧，我从不缺席

夜晚我爬上楼顶，期待收获光的激情

夜色暗沉，阴雨缠绵

这些日子，我寻遍黑夜的每个角落

看到的只是一个空洞的天空

"我想我正是那些毫不在意的

星辰的爱慕者。"

大风吹过，我知道

我不能，也不会流出一滴眼泪

深夜，一个人躺在生硬的楼板

一滴雨珠从空中飘落

滴在脸上

好像隐去了自己的忧伤

山 恋

悬崖边，一棵树被群山环抱

树，就是三月旷野上开花的王

在黑夜的掩护下，山峰暗自涌动
一个年轻人正背着行李
向路的尽头走去，此刻
山峦就是一叶别离的孤舟

更多的时候山峦是一堵堵墙
上面缠绕着蛛网
雨雪飘落，一只甲虫爬向了别处

山间的雨

时间像是旧时的浆果
孤清和简单，都可以要命
唯独午睡和雨水，不紧不慢

木窗溢满了腐朽味
抬头就是青瓦片
雨水一颗一颗地落下
像是用时间的子弹
穿出乌云的天空
击中干渴的土地

一切是这么的陌生，我

做着不同寻常的梦

做着不合时宜的自己

散发出一种草木的气息

雨后遐想

在临江路，望着嘉陵江

和大多数人一样，我也喜欢遐想

在田里看麦芒，去瑶湖的情人坡，以及

幻想那些所不可能发生的事情

带刺的玫瑰，夹杂着一些卑微的努力

这是我所知道的。不知名的河水

从山涧流出，紧接着，在我的眼里

凝缩，膨胀，只是还未到朝天门

便结束了它们颠沛的一生

这不禁让我想到死亡。残败的枝叶

零落的桂花，或许，在秋冬的某个时刻

我也像它们一样，把身体丢在泥土

把灵魂交给春风

刘露芃，江西师范大学2020级创意写作实验班本科生，上海大学2024级创意写作硕士生。眼睛近视、思想口吃、身体脆弱、灵魂轻浮、时常分不清现实或梦境。警惕历史，爱好在时间银河中漂流；习惯设防，期待与不同的怀抱相拥；追寻矛盾，但拒绝成为矛盾的附属物。曾预言文字将指引人类遇见命中注定的堤坝，而谦卑的灵魂能在那里学会与潮汐告别。

目睹桃子腐烂算不算犯罪

阿基：

想你。上次送你的海竿怎么样？肯定用它钓了不少大鱼吧，很羡慕哦。青岛的海水是否也是青的呢？真想快点飞过去，租一间海景房，无聊就在沙滩上喝啤酒，一个一个浪拍到脚边，我喜欢听你说白日梦，喜欢黄昏的流云、藻的暗影、蝙蝠的莽撞，喜欢这些，喜欢得不得了。唉，可惜还是差点钱。

今天早餐吃了两颗桃，因为再不吃完就要坏了。忘告诉你，最近我都一个人住。感觉还不错，虽然刚开始手忙脚乱的，但现在已经慢慢习惯，至少……掌握了过期水果的危机处理。我实在很怕看着它们烂掉，尽管对桃子的负罪感似乎是不必要的：果农用劳动换取了回报，而我坚持每天食用一颗，算是仁至义尽。天气炎热，最后难免淘汰掉个别不太幸运者，暴露在时间里的东西嘛。所以桃子也是弱势群体。幸亏这最后两颗桃只是果肉有点发软，剔除变色部分，依旧不失为甜美好桃。

也就是最近才开始如此谨小慎微的，起因是一场过失犯罪。直到现在我也没能从心理阴影中走出来。凶手是我，审判者也是我。你也许可以从笔录中了解大概。

　　我：你是否承认自己杀害了土豆、包菜、红茄、黄瓜、红线椒、绿线椒、金针菇、上海青、葱苗、蒜苗？

　　我：我承认，是我害死了它们。

　　我：你杀害被害蔬菜的原因是什么？

　　我：我不是故意的，只是不小心把它们放进了冷冻室。

　　我：你是说，你只是错手，你不是故意要杀害它们？

　　我：是的，我没有杀害动机，请相信我。

　　我：那你没有想过要挽救吗？

　　我：当我第二天中午取出它们准备做午饭时，已经晚了。

　　我：都成了尸体？

　　我：都成了尸体。硬得像石头。我尝试把它们置于温暖的地方，但它们都由外至内迅速软化了，流出一摊摊脓水，没救了。

　　我：可我还是不明白，你干嘛要放进冷冻室？

　　我：事实上，我也不明白。

　　我是无辜的，可是没有办法推卸责任。我记不太清那天究竟发生了什么：和家里闹了一场，心惊胆战地出走了，来到现在的安身之所，为了安定心情，以及填饱肚子，去超市逛了近两个小时，带回一大包菜，预估能吃上一周。尚清晰的是，提着菜进门的时刻，我的感受是幸福的——向往已久的新生活开始了。于是我认真地把菜放进冷冻室，整齐摆好。

　　第二天九点闹钟响起，按时起床。出门吃了早点，回来读了五分之一本书。十一点半打开冰箱门——腾出寒冷的白汽！冷冻室里陈列着蔬菜尸体，厨房变成太平间。脑海里的菜单不得不临时清空。遗憾极了，菜刀和砧板一同等待，锅已经刷好架在灶上，不想主角却出了意外。它们痛苦得难以忍受，眼睁睁看着自己的肉身化成液体，发出怪味（像蚕的粪便）。可惜我甚至不能替蔬菜们超度，我只能发呆，原地站着哭丧。对不起，你们本可以成为菜肴的，真的对不起。

至今没能从心理阴影中走出来，仍时常回忆起那阵带着血腥味道的寒冷白汽。总之新生活在那天结束了。就是因为这件事，我很想和你说说话，撕心裂肺的那种想。我想你会理解我，毕竟你已独自生活了许多年，应该也曾杀死过蔬菜吧？

你和小R在互联网上邂逅的故事我还没有写，因为害怕。这种害怕和看着桃子腐烂的害怕在本质上是一致的，我从没有和别人说起过这种恐惧，但今天要与你坦白：我抬头仰望看到的是一条壮丽的鄙视链，而我甚至无法试着攀登。上面的人呐喊说要回归生活的真实，可我的真实为何都是大喜大悲呢？

记忆在消散。而这也不是我故意的，如果可以，我宁愿它们变成刻刀在我心上雕出血书。你和小R的事，以前能够清晰描绘，现在脑海里却只搜罗出片段，若不予以记录，最后将仅剩光线留在梦里。可我最害怕的不是消失，而是：

"有意思，继续编。"

对此我永远无法和解。我保存的每一个名字背后都收纳着一种生活，每一种生活内部都笼络着真实的关系，它们庄严而沉默地在世上存在，不苛求美丽或柔和，满足于朴素的真实，不为低级而难堪，有时难以察觉出意义——但有时也被高看，或被讨厌的手挑拣——"柔软的真实和尖锐的故事留下，其余都是垃圾"。若是这样，我宁愿它们作为精彩的历史褪色消失。阿基，对不起。总会有人记录生活的离奇，总会有人洗刷淋满城市的血，也总要有人愿意跪下驮起这鄙视链。

聊这个真没意思。今晚散步的时候我买了顶帽子。帽子可以把脸很好地隐藏起来，同时可以降低我洗头的频率。从学校回来我变得不爱洗头，这边的水质好像要差很多，洗的时候头发总是打结，梳得我眼泪直流。头发长了，不过长得很慢，离我想象中的感觉总差那么一点。我应该剪短些吗？听说头发要多剪才会更有生命力。这种小事总让人纠结。

买完帽子发现下雨了，我走进一家面包店。这家面包店开了很多分店，生意越做越火爆，卖点就如他们的广告："不隔夜的面包"。其实哪是真的不隔夜。高中在校外住宿的时候，楼下就是一家这样的分店，每天早上六点都有一辆货车停在路边，工作人员在大庭广众之下搬运蓝色多层塑料箱，并把批发的烘焙产品摆上货架。我不相信这些面包是工人们凌晨两三点赶制的，但也从来没有把事实放在心上。大庭广众之下，我倒更像是隔夜的面包，尽管戴着帽子，依然挡不住过时的味道。

最近，这种过时的感觉变得格外强烈。参加了几场升学宴，听说好几位朋友趁暑假进入大公司实习，还有人养了十年的老狗终究过世。当然，总的来说这些都要归结于时间，要求我们不得不接受。可是那些出乎意料的跳槽呢？还有毫无征兆地患病？这也是时间的刁难吗？

作为一名信使，我走得太慢了，系统缺陷，多多包涵。慢一点其实也没有关系，我觉得。只是担忧啊，也许很快我们就要互相遗忘了。幸好有人对我说，遗忘？没有关系啊，人生不就是这样嘛，享受每一个过程，永远把现在放在眼前。所以故事可以丢掉，但桃子一定要趁新鲜吃，就是这个道理。

你是不是也会觉得我矛盾？到底要不要等头发长长再剪？这个问题请你一定要快快给我答复。（该死，当写下"快快"这个词时，我脑子里却都是"慢慢"。）

找地方暂歇。面包店外有个公交站台，有趣的是它不能避雨——顶棚设计略微缺乏实用精神，仰头就会接得满脸雨丝。这种感觉并不陌生，曾经在某个瞬间也有这样一片雨丝融化在暖黄色的灯光里，让我感动得无法移开目光。若没有身后的人催促我快进楼里去，我可能会在雨中站更久。

有些画面永远不会出现第二次，有些画面即使出现第二次，也已经缺少了某些关键元素：身后的人，暖黄色灯光，或者是特定心情。为此我不得不使用一些手段把瞬间的感觉尽可能准确地记录下来，例如：那雨就像是神在圣光护佑下向凡间播撒幸福。这样我便永远不会忘记，当时的我是一个多么渺小但幸运的信徒。

可米兰·昆德拉却说："比喻是一种危险的东西。人是不能和比喻闹着玩的。一个简单的比喻，便可从中产生爱情。"此言不假，如今我必须正视曾经被忽略的硬币的另一面：比喻同样能营造出凄美的悲剧氛围，引诱完满的耽于缺憾。然而，即便如此，我还是那个傻到连自己都描摹不清的矛盾体，这要我如何摈弃比喻，去模仿绝对中肯完全准确的哲人呢？

这条街道特别安详，车辆在雨中徐徐地开，不知道是替谁守夜。我悄悄脱了鞋，把脚放在光滑的水泥砖上。同龄人似乎很少有在夏天穿拖鞋出门的，因此我猜想他们的脚要比我的漂亮，应该是白净的，皮肤也会嫩一些，可能比我的手还嫩。

但踩在地板上的感觉很舒服，足底汗蒸，夏天限量版。哪怕现在已经是晚上，还下着小雨，依然能透过表皮察觉到太阳的存在。我愿意就这样踩着，踩到第二天太阳升起，尽管那双暴露的脚趾看起来很丑。不想回去。每天都不想回去。街道和住所都没能给我所谓的归属感，最终赢得我的还是时间——半夜露宿街头肯定是不能的。

再过几天就是生日了，照这趋势下去仍是无法坦然回家，而我也没想过改变现状。很想一个人过一次生日，一个人点蜡烛、吹蜡烛、切蛋糕，但我又那么害怕孤单。开个直播好了，让陌生人看着陌生人过生日。如果没有陌生人，那就找你陪着。估计也是找不到，你要工作的，你不是在工作就是在睡觉。况且我们也不熟，一面之缘而已，联系方式都没留下。

对啊，阿基，没有你的联系方式，这信要怎么寄给你？

……

少抽点烟，喝酒前先吃解酒药，天天开心，万事顺意。

想你的小 R

　　刘茜，江西师范大学写作理论与实践方向在读研究生，喜欢一切不矫情的事物，热爱阅读，热爱思考，思考就是我的抵抗，女性主义斗士与社恐 i 人的复杂综合体，文字纯属为爱发电，目前最大的理想是写出爆款网文（其实写不出来也没关系QAQ）。

反记忆

　　我在找一个东西，然而却怎么也想不起来是什么东西。我想把这事归咎于记忆力的衰退，然后就此放弃寻找，刻意去找的东西往往是找不到的，生活的智慧总在说要顺其自然。但是科学不是这样说的，科学拿它的数据骄傲地甩在我面前，它说研究表明，你现在处于你这一生中记忆力最好的时期。我开始恐慌，莫非将来我的记忆力会越来越差，当我走到人生尽头的时候回看找这一生，像在十一月的早晨拼命看清浓雾里的物影，同我现在看不清浓雾中的未来一样。我总该下定决心，非要找到这个东西不可，一种异己又存在于自身的力量警告着我，当下找不到那个东西，将来也休想找到。我是要想起来该找什么东西了。

　　我想我还没有出过院子，我要找的东西一定在这个院子里，我应该到处走一走，也许就能想起来究竟要找什么东西。

　　一只黄色的蝴蝶吸引了我的注意力，它扇动着翅膀，飞得极低，翅膀上对称的四个圆形黑斑一翕一张隐现着，我想到小时候折的纸蝴蝶，绳子拉一次，纸蝴蝶的翅膀就扇动一下，以往我还要用黑笔在纸蝴蝶背上涂圈圈，直到变成一个个圆点，这样一拉绳子注意力集中到黑点上，就不觉得饿了。现在我可不会这么做了，虽然我不觉得饿，黄蝴蝶大约是极饿的，我懂得饥饿的感觉，就像它现在越飞越低，撞上了插在地上的泥竹制成的晾衣杆，像落叶一样掉落在泥土上。我用食指和拇指捻起它的翅尖，于是它的脚在空中乱抓，企图抓住什么实物以确保自己安全，我的手指并没有用力，却几乎感受不到它的挣扎，看来它确实是饿极了。蝴蝶吃什么呢？花蜜。这是肯定的答案，但眼下哪里有花呢？没有。院子里只有绿油油的青菜，没有会开花的菜，枯硬的草像只斗败了的公鸡，然而我不能离开院子出去给它找点食物。眼下已经是深秋，霜冻赶走了花，也赶走了夏天的蝴蝶，为什么独有这一只黄蝴蝶飞到这儿来？难道它不知道这儿已经不再种会开花的蔬菜了吗？人们现在只种植落霜之后会更甜的小青菜，我告诉黄蝴蝶。因为小青菜经济实用，没有人会愿意干吃力不赚钱的活，而且我们这儿剩下的人也不多了，老人越来越少，小孩也越来越少，没人干得动吃力不赚钱的活。黄蝴蝶的翅膀在我两个手指间颤动，我感觉蝴蝶的翅尖已经粘在我手上了，我看不见它在流血，但是我能看见我的小腿仍然冒出猩红的血渍，昨天一只巨大的水蛭趴在那个地方吸足了血，我想既然水蛭可以吸饱，蝴蝶为什么不行呢？于是我让蝴蝶喝我的血，染上血渍的蝴蝶触角和眼睛简直像我梦里黑夜的魔鬼，我感到恶心，把两根手指移开，果然变得黏糊糊的，蝴蝶的翅膀像纸一样撕裂开，它在空中茫然地扑腾了几下，最终落入那片青菜地。

不过，我仍然没想起来我要找的是什么，显然不是一只濒死的蝴蝶。一个人要想找回忘记的事物，非得从最近的东西开始联想。我到底为何在此，这个问题恐怕没有那么简单回答。没有答案的时候或许该向天发问，屈子无言，答案在风中飘扬。一阵凉风吹过，我忽然感到霜冻以看不见的方式落到了我的脑子里，使我觉得寒冷，什么也联想不起来，于是我满院子乱跑，希望热气驱散霜冻，像无头苍蝇一样翻遍了每一个角落，渴望在某一个地方突然想起来我将要找寻什么。我肯定我在找一样重要之物，它是关键的、永恒的、充满希望的，而非暴力的、恼怒的、实用主义的，就像院子外面那一双双盯着我的黑色眼睛。我想我决不能离开院子一步，在他们冲进来之前，我必须找到那个东西。那东西就在院子里……
我在小茅屋前停下来，因为这个堆满稻草的茅屋和蝴蝶的颜色一样，和我的颜色
一样。蝴蝶是活的，茅屋是死的，曾经里面住着一头猪，后来也死了。我奶奶是
为了那头猪嫁进来的，然而那头猪死了我奶奶却还在。人是万物的灵长，却被一
头猪左右一生，可见人是万物的灵长这话是骗人的，那人类的本质是什么呢？我
像猪生前一样躺在茅屋里，外面明亮，里面幽暗，世界非黑即白，人类不是男性
就是女性，男人和女人也有本质吗？究竟谁能给我答案，也许一直没有定论，但
不管怎样，我得尽快想起来我要找什么东西。

你看，事情总是这样，每当我陷入思考，总得有点什么东西来打断我，生
活就是如此令人讨厌。院里的黄狗一路嗅到了茅屋里，鼻子贴着地面，蹿进稻草
堆里到处乱刨，靠在墙角的锄头被碰倒，径直砸在我小腿的伤口上，血又哗啦啦
地流出来。我恼怒地推了它一下，它的六个乳房涨得滚圆，摇摇晃晃地颤了起来，
显然是刚生产完。我联想到我奶奶刚生完我爸爸后把一车一车的泥土拉回来盖房
子时那一对抖动的乳房，然而现在我们却没有房子的所有权。权力的概念是多么
虚无缥缈又令人望而生畏，它不用付出、没有痛苦、无须挣扎，就像观音菩萨轻
轻抽出玉净瓶里的杨柳轻轻在人的头顶上抚过，人们立刻就会生出勇气来合法地
剥夺他人。不去照看你的狗崽子跑这里来找什么？我怀着报复的心态，又推了它
一下。黄狗颤颤巍巍地站起来，舔了舔我腿上的血，温热的舌头使我想起多年以
前那只死去的鸡的内脏，我惊讶于一只被剁掉头的鸡死后两个小时竟然还是温热
的。解剖一只鸡和制作一个艺术品没有什么差别，艺术品要阐释它背后的思想，
鸡则要了解每个器官的营养价值。不过眼前这条黄狗看上去倒很缺乏营养，一脸
苦相，贴近才看见它眼里的空洞。黄狗似乎没有在茅草房里找到它要找的东西，
它请求我的帮助，然而我听不懂它的语言，世界上的生命是如此之多，思想何其
繁杂，误解是必然的，何况单单是人类，即使是相同的语言，他们的情感也并不
相通，遑论一条黄狗。是啊，一条黄狗，它满院子跑来跑去，在每一处角落找熟

悉的味道，沉重的乳房颤颤巍巍，像是要把它拖到地面上，非要它停下来不可。我终于想到在找的正是一个黄颜色的东西，就像眼前黄色的身影跑来跑去一样，那个东西的位置也变幻莫测。事情就是这样，每当你要找一个东西的时候，周围的一切都在含蓄地提醒你，但是从不宣之于口。

不过，总还是在这个院子里。我没有出过这个院子，不是吗？我越想越觉得安心，它现在正和我处在同一个院子里，它的消失难道不是证明了我的存在吗？不是一个虚幻的概念，它非常真实。半夜，我从梦中惊醒，一只断头的鸡控诉我，它说它的死毫无意义，我又回想起多年以前的那个夜晚，鸡死了尚有余温，熬成了汤却已经凉透，没有人回来，爸爸娶了新妈妈，妈妈嫁了新爸爸，要不是没有人养猪了，我肯定以为他们都是为了一头猪。我拿起铁锹和那只断了头的鸡搏斗，才发现不过是蟑螂从身上爬过产生的幻想。我实在有些困了，黄狗仍然不死心地满院子找什么东西，水里的青蛙叫了一夜还没有休息，无数的生命在忙着活，它们必须活动必须发出声音，成千上万个坚强的生命散布在这片土地上，我想起它们时才能感到它们的存在。鸡也出来活动了，我乐意给它们喂一把谷子，但愿它们能活过这个冬天。该死，为什么谷子也是黄色的，这东西到底放在哪儿了？这一切是如此的混乱。

门吱呀一声被推开了。我警惕地拿起锄头对准门口，只要他们敢把推土机开进院子，我就像敲晕一只鸡一样砸烂他们的头。幸好，进来的是我奶奶。

"找到了吗？"

"什么？"

"肯定藏在柴房里。我现在就去找，该死的……狗屁合法拆除，挖绝户坟的孬种……呸！无论如何我们要先找到钥匙，有了钥匙才能掌握一切。"

我奶奶走进柴房里，佝偻着腰在倒数第三架柴火间隙里摸索，并没有找到，嘀咕道："上次明明放在这儿的。"黄狗使劲嗅着我奶奶身上的味道，用前腿扒住我奶奶的手，我奶奶使劲推它："瘟狗！"

找到钥匙以后我才知道发生了什么事情，我奶奶把黄狗刚生下的独生崽丢到河里冲走了，她说，我们已经够倒霉了，让这自私自利的狗崽子见鬼去吧。河水能带走一切不幸，钥匙是在最后一层柴火棍的夹缝里找到的，我奶奶每天换一个地方藏钥匙，以防它被外面那些坏家伙找到。我抽出最底层的一根木棍，柴火堆哗啦啦地倒下来，像是河水奔腾不息地冲走泥土。

哦！原来十年前的深秋，我在找一把钥匙。现在我正端详着手里的钥匙，却发现它再也打不开世界上任何一扇门。

作弊者

一

时间是下午两点十分，学生们陆陆续续地都赶到了教室门口，每个人手里拿着一个装了文具和准考证的文件袋，有的人还在拼命翻着书，有的人在和身边人欲盖弥彰地聊着无关考试的闲话，远处还有几个不知道是谁的家长挥着手喊了句什么，烈日当空，每个人额头都渗出细密的汗，平添了几分焦躁。

还有五分钟就要进考场了，李余靠在门框上闭着眼睛休息，听着周围窸窸窣窣的声音，心里颇不是滋味。今天是中考的第一天，平时上课偷偷和同桌聊着电视剧和暗恋话题的女孩子们紧张地搓着手指，下课后到处疯跑捉弄人的男孩子们此刻沉闷地低着头。稚嫩的少年们的脸上第一次流露出恐慌，李余想，你们早该想到有今天的。她相信一分耕耘一分收获，于是她凭着努力超越了老师们欣赏的天赋型学生，成了新的年级第一。李余想掐灭自己回忆这些往事的念头，身体微微侧过，背后却被木门框上一根刺扎了一下，大概是有一点痛，她不再靠着门框闭目养神，站到了外廊的阳台。教学楼一共只有两层，因为来念书的人不多，都是附近几个村子农民的孩子。水泥墙壁刷的白漆掉得不剩几块了，到处都是裂痕，爬山虎强大的生命力侵吞了墙壁最后一丝防护罩，红色的墙砖裸露出来，在风吹日晒下逐渐断裂。李余心里的想法乱七八糟，一时之间抓不到自己究竟在想什么。譬如几十年前父母在这栋楼读书的时候是什么样的情景呢；譬如她应该是最后一届在这栋古老的教学楼毕业的学生了，自从某杰出校友捐钱后，穷了几十年的政府迅速动工，明年这栋危房就要被拆除了；譬如即使老古董教学楼要拆除了，大家或许也走不出他们古老的命运，又会成为新一代的"父母们"。十几岁的李余思虑很重，最后才想到她自己，她身边没有人靠近，她没有朋友但学校里人人都认识她，因为她的照片在荣誉墙上越挂越前，直到定格在第一名的位置。同学们拿余光瞟她，大约是羡慕她的淡定，他们看李余的眼光像是在看另一个世界的人。李余心里其实是害怕的，无数个日日夜夜的不甘心，她害怕自己一时的失误对不起拼命逃离这里的自己。一时的失误……一时的失误……

李余沉思的时候感觉到有人拿笔轻轻地戳了一下她的手臂，她愕然地转头，心里密密麻麻的情绪浮上来。叫她的是一个身材矮小的男生，似乎是发育不良，脸色蜡黄，骨瘦如柴。李余和他是同班同学，但是从来没有说过话，一来因为他们俩都属于不爱讲话的人，二来李余的全部时间都用来提高成绩了，根本没有精力关心别人。李余对他的印象只是一个腼腆却总被群起嘲笑的老实疙瘩。那时候的李余想，同样是不爱讲话的人，同学们把她捧起来称为"清冷学霸"，却霸凌一个沉默寡言的"学渣"，李余嘲讽地笑了，或许谁都没想明白成绩究竟意味着什么？李余记得他的名字叫向小康，记忆里的向小康和眼前的人重叠了，他像是鼓起极大的勇气嗫嚅道："等下英语考试……可……可以……"他下意识地咬紧牙关，又看了一下周围人，更小声地说："借我……不是，给……我抄一下吗？"

他的声音越来越小，脸却越来越红。李余看着地面，想到昨天晚上最后一次晚自习的时候，老师们不约而同地找她谈话，毫不隐讳地表达了希望不管她和班上谁分到了一个考场，不要吝啬，能抄到就让他们抄几题。李余下意识想拒绝，她是三好学生，在红旗下倡导诚信考试的发言者，她怎么能……"人无信不立"，这是老师教她的啊！看着老师殷切的眼神李余不想让他失望，还是欲言又止地点了一下头。一个考场只有三十个人，四个学校的学生打散在不同的地方考试，也不一定就能分到同班同学，就算分到同一个考场，座位隔得太远也没有办法抄到她的。无巧不成书，向小康同学不仅和她分到了一个考场，座位还正好在她后面一个，简直是天时地利人和。此时，向小康见李余没说话，涨红了脸生涩地解释说："不用你做什么的，我不会打扰你，只要……只要我看你答题卡的时候，你不要遮住……就行……"他埋下去的脸悄悄地抬起来小声地问了一句："行吗？"李余含糊地嗯了一声，第一道铃声铺天盖地地响起来，将向小康的谢谢淹没了。

二

　　两点十五，考生们都过了安检坐在考场的座位上，还有三四个位置是空的，大概是上午考完语文觉得自己毫无指望了，不想受那几个小时的"酷刑"，干脆不来了。李余其实很理解他们，毕竟靠蒙是考不上高中的，因为曾经她也是个差生，面对一张空白的试卷内心是恐慌的，每一题下面的空白似乎都在嘲笑他们内心的荒芜。李余厌恶考试，她讨厌别人以成绩来评价她，成绩差的时候别人骂她懦弱，成绩好的时候却夸她善良，李余不明白，明明两者之间毫无关联，她明明什么都没有变，当时才十四岁的李余突然觉得周围的人很可怕，他们好像看不见她。她想，一定要考出去，离开这儿，她不想要如此狭隘地生活。每年学校大约只有百分之二十的人能读上高中，其中只有百分之五的人能读上重点高中，李余对这些冰冷的数据没有实感，她很悲观地想，即使她是第一名，如果成绩不够高，也没有人会因为她是一个乡村中学的第一名而录取她。那其他人呢？李余不可避免地想到向小康，他坐在后面一点儿动静也没有，李余不敢转过头去看他在干什么，生怕监考老师发现他们俩认识。

答题卡发下来，李余迅速地填完了个人信息，抬头看时钟，两点二十五。她看着这张雪白的答题卡，由于被赋予了太多的意义，李余一时之间脑子空白，不合时宜地想，明年新的教学楼大概会刷成这个颜色。后桌传来细密的敲击桌子的声音，似乎是向小康的手在不受控制地抖，考生们纷纷看他，他迅速地把手从桌子上拿起来，不好意思地低下头去。李余的心也跳得很快，她其实知道上午考语文的时候后桌的向小康一直有小动作想看她的答题卡，但是她不想耽误自己，于是装作什么都不知道，没有把答题卡故意露出来。可是现在……可是现在……李余像是被挂在悬崖上，她想，此事已无关诚信，如果她做了这事就是违背了考场诚信，倘若不做又是失信于人。一阵热风吹得教室门吱呀作响，李余身上却在冒冷汗。她的灵魂像是被撕裂成了碎片飘散在寒夜里，她想到自己小时候，一次又一次欢喜地从白天等到天黑，等着父母下班践行诺言带她出去玩，等来的永远是父母拖着疲惫的身体又陷入了繁重的农活和家务，还是小孩子的李余不吵也不闹，想着下次就不忙了吧，下次到来的时候又有了新的诺言。承诺一次也没有兑现，李余还是自己长大了，她发现自己不怪父母，只是想，做不到的事就不要承诺嘛。

那她呢……做得到吗？监考老师砰的一声把门关上了，李余像是被千斤重的石头压住了头发，全身僵硬，动弹不得，一切有字的资料都被关在了门外，李余成了向小康唯一的希望。

三

试卷发到最后一个人手上的时候，第二道铃声刺耳地响起，两点半，李余吓得一激灵，立刻遏制自己漫无边际的想法。时间只有在考试的时候是有尽头的，李余模拟了千千万万遍这个场景，真到考场上时，她的脑子是空白的，全靠机械的记忆在做题。笔尖摩擦试卷的声音被时钟一分一秒走动的声音盖过，李余听得见自己的心跳，抬头看了眼时间，却被时钟旁边的监控盯得颇不是滋味，心里像被针扎了一下。她深吸一口气，无论给不给向小康抄，都得把试卷先写完。李余不算是一个聪明的学生，就像她妈说的，他们家祖上十八代都没出过一个会读书的，李余不信命，不会举一反三她就死记硬背，多少个凌晨四点半她哈着寒气在背单词，她感觉自己快变成机器人了才能做到条件反射地答题。

四点十分，还剩下二十分钟交卷的时候李余写完了。她根本没心思检查，她感觉得到后桌的向小康有点着急地在动来动去，但她手里的笔却没有放下，心乱如麻地在草稿纸上画着圈圈，假装自己还在答题。监考老师一个坐在门口，一个坐在后面，监控上的红点盯着她喘不过气，如果给向小康抄被抓到了，李余甚至不敢想会发生什么，诚信、名誉、记过、处分……都不止……中考作弊，已经是犯罪了……李余想到这两个字的时候心里一颤，开始后悔答应给向小康抄了。要是被抓到了，她再也别想从这里考出去，一切努力都白费了，李余不甘心。她开始怨恨老师，为什么教她要诚实的老师关键时刻却怂恿她当作弊者的帮凶？她也恨向小康，既然那么想读书，为什么不知道要早点努力，考试了才想这些旁门左道为难自己。

向小康……李余本来一肚子气，想到他又像被什么扎了一下产生一种同病相怜的感觉。李余是一个对自己特别狠的人，她可以没有朋友，也可以压抑住所有少年人的情绪，她的一切都是为了提高成绩，她不能原谅自己偷懒，即使变成一个学习机器，她也必须考出去。书里说的行行出状元在这十里八乡简直像个笑话，因为如果初中就辍学了，就只剩下一行下地当农民，一行下海当工人，这是父母能教的全部。李余只会机械地背"劳动光荣"那一章的知识点，在父母和乡亲们身上却看不到一点劳动的满足感，反而只有一天工作十几个小时后眼神的呆滞和空洞。李余记得那种眼神，她在许多人身上看到过，甚至是向小康……

向小康在班上存在感不高，只有一次，不知道是哪个好事者扒出来向小康家里的情况，集结一班游手好闲的人对他极尽奚落。李余还记得那次，班上吵得她直皱眉，写不下去作业的时候她直接出去了，瞥见向小康蜷缩在角落装作听不见他们讲话。

向小康家里的情况她知道一些，穷，没有房子，住在旧的政府大楼，那栋楼算是危房，破得不成样子，有一扇墙壁已经塌了，又漏雨又漏风，早就该拆除了，可是他们一家人赖在那里不走，政府也没有办法。有一次下暴雨，教室又漏水了，学校被迫放假，学生们一溜烟跑没影了，李余没走，找了个干净的角落订正错题。回家的时候经过旧政府大楼，听见里面乒零乓啷的声音，英语书被撕烂丢出来，雨水马上渗透纸张，李余也不知道什么缘故记得很清楚，模模糊糊的纸上浮现了一个单词"abandon"。就是那个时候，李余看见向小康浑浊的眼神，作为同学，李余想，她最大的礼貌就是装作没看见。

四

四点二十分，离交卷就只剩下十分钟了，李余感觉背后的向小康用笔轻轻地戳了一下她，她忽然就没有那么生气了，李余想，不怪他。

李余放下笔，注意着监考老师的动向，装作坐得不舒服的样子把凳子往左边挪了一下，然后悄悄地把答题纸推到右边。她第一次参与作弊，有些局促地翻动试卷装作在检查的样子，右手偷偷地把答题卡往下挪到向小康能看到的地方。李余控制不住手指的颤抖，只得抓成一个拳头藏到口袋里。值得吗？李余看了一眼监控，红色的眼睛无情地扫视她的内心。

李余想起曾经的自己，她不愿意变得粗俗、贪小便宜、撒谎成性、暴力……她拒绝被人同化，所以她痛苦，对自己的道德品质要求苛刻。她把这一切归咎于环境，环境塑造人，只要摆脱了这个环境，她就能自由地生长。摆脱劳役人的一切，她想着等自己去到一个更广阔的世界，应该不会再有人欺凌他人了吧，"不欲人之加诸我，亦欲无人加诸人"，李余背书的时候对这句话念念不忘，她向往更文明的地方，无数个日日夜夜支撑她坚持住的信念就是相信考出去了会更好的，会有更广阔的光明的美好的世界，人们可以有自己的兴趣爱好，丰裕的生活条件，不会再有人机械地重复父母的命运，人们不会因为年龄、性别、物质条件的差异受到压迫……所以她想拉向小康一把，即使用的是不正当的手段……即使改变不了他的命运和境遇，她又想万一呢，万一他因此考上了高中，成为他获得新生的一个契机呢？总比什么都不做好吧……

时间一分一秒地过去，李余嘲笑自己居然有空管别人。

四点二十六分，李余想，要是被抓到了她一定先给向小康一巴掌。

四点二十七分，李余想，算了。

四点二十八分，李余觑着监考老师喝水的动作，大幅度地翻了一页答题卡让向小康继续抄后面的。

四点二十九分，李余故意把橡皮从桌子上推下去，大幅度缓慢地弯腰捡起来，监考老师以为是意外没管她，向小康顺利抄到被李余背影遮住的几题。

四点半，第三道铃声准时响起的时候，李余心里既不轻松也不沉重，她不合时宜地想的是，原来她还挺有作弊天分。

李汧汧,2023级江西师范大学写作理论与实践研究生,是个不擅长表达自己的人,自认为有些理想主义,时常对世界中的新事物感到好奇,喜欢体验生活并享受各种经历带来的变化,希望未来的自己能够自在随性,坚守初心,也祝大家都能够成为自己。

谜

三月二十六日,那是张谨一永远无法释怀的日子,她曾经无数次幻想和黄薇一起考上大学,可是命运,让张谨一在那个黄昏的傍晚永远失去了她。

那是三月的晚春,二模结束的第二天下午,桌子和椅子被随意地摆放在墙边,让本就拥挤的过道更加局促,只留下来往两个站位的空间,学生像蚁兵一样缓慢地移动,不知所措地试探着前方的状况,有人拔长了脑袋,有人原路返回,偶尔过道会回响一阵打闹声,显得不合时宜却又十分难得,已过春分,室内的气氛有些低压,因潮湿与闷热已一同造访,简单的开窗已无法缓解任何燥热。此时张谨一正经过狭小的走廊,热水漫过杯口,直到轻微地烫伤她的无名指,才得以让她回过神,最近右眼皮老跳,张谨一不悦地拧紧杯子,从走廊尽头的办公室返回时,她注意到黄薇正站在楼梯口望向别处,冷峻的脸上,似是带了些隐忍的情绪,张谨一如往常一样揽上她的脖子,开玩笑打趣说考这么高分还能这么淡定,起初黄薇是感到意外的,但只是一瞬她就露出张谨一所熟悉的释怀模样,转而喜笑颜开,借口回答只不过是在想怎样给父母一个惊喜,黄薇长着一张生人勿近的脸,但张谨一明白她其实是外冷心热,她拍拍黄薇的肩膀苦笑了起来,无力地撇起嘴,指向办公室，示意老师在催促她。自学习小组成立后，班主任老王开始实行考试常态化这一模式，张谨一作为课代表，批改卷子的重任顺理成章也交给了她，学习时间被最大限度地延伸，社交便显得奢侈而微不足道，黄薇开始不再主动找她，张谨一面对这种陌生的熟悉感，第一次正面感受到无措，她只能通过短暂的只言片语维系着这段关系，但话题总显得空洞而乏味，最近几天的课间，她找不到黄薇了，而这次在楼梯口碰见黄薇时，她是带着些挽回意味的。黄薇有些诧异，但也是稍纵即逝，她不明白自己在期待什么，两个人似是沉默又是疑虑，就在张谨一刚蹦出你字时，组内的其他同学已经走到她的身边，拉着她去办公室改卷子。"来活了。"张谨一为难地开口，眼皮跳跃得更迅速了。"你去吧！"黄薇松懈下来，她还是那么体贴地理解谨一的难处。

张谨一有些不放心地赶去办公室，同黄薇招招手，但人流之下，两人已相隔很远的距离，黄薇已转身再次面向对面，站定的身影有些孤立无援，但又有些毅然决然，她觉得自己好像从来没有真正了解过黄薇，此时两个各怀心事的女孩，全然不知对方将给自己的未来带来怎样的影响。就在张谨一刚将一只脚跨进门槛时，有几声不规律的钢管敲击声，几秒后有女生发出了尖叫声，陆陆续续开始混杂着奔跑声、慌乱声、轰鸣声，但很快，在边缘处铁杆子发出的摇晃声，迅速收纳了这一切，有老师开始维持秩序，大喊着不要看，回教室去。但往往越是这样的话，越吸引一些围观的同学，人群开始簇拥，她的双脚已完全进入室内，获得些轻快的凉爽，但她不会知道的是，自己的朋友在此后将永远潜藏在她的生活之外。环境最终还是影响到了她，带着些不安的躁动和好奇的试探，失神的刹那，身体已经本能地做出反应，她朝着反方向转身疾步，直到靠近铁杆子边缘时，绿茵茵的人工草地上，出现了她这一生都难以忘怀的场景，那是一片刺眼的红和模糊的脸，她第一次近距离目睹坠楼的惨状，身体已不受控制僵住，垂下的手也止不住发抖，大脑持续的空鸣声让她有些晕眩，有人在挤着她，把她往后推，但黄薇的脸依然在她的视线中逐渐放大，再放大，最后凝成一摊满目疮痍的红，在她麻木茫然的时候，情感的力量迫使她流下了眼泪，但遗憾的是她无法发出声音，因为喉咙已经变得喑哑干涩，泛起了一阵苦味，张谨一想吐，意识却早一步将她紧紧包裹住，堕入无尽的虚幻中，她甚至不记得那几天自己是怎么渡过的，有一种孤独而绝望的痛楚感染全身，只是一天，流言蜚语便四散开来，也只是三天，无人再谈论这个坠楼的女生，原来言语能够轻易地一笔勾销一个人的一生，张谨一开始害怕，不仅仅是对周围的人，更是因为，黄薇的形象在她的记忆中已经开始变得模糊，她一个人对抗着这些冲击，最终无能为力地缴械投降，她难以消化这一切，只能胆小地隐藏起自己，像大家一样，显得毫不在意和习以为常，才能好让自己从不正常的惴惴不安中脱离出来，变得平稳镇静，这种逃避骗过了她的父母、同学和老师。

当下的生活没有一点变样，每天都是刻板的、常规的、乏味的，在日夜不停地学习中，张谨一变得越来越固执，她的内心充满了疑惑和愧疚，每当走在走廊时，她就想要干呕，每每只能通过蹲坐在地上的方式才得以稍作缓解，这样的次数多了，总有人用厌恶的目光打量她，就像是从未看过的新鲜玩意，最后就连老师也对张谨一特殊关照，这样的特殊关照让她将自己的罪责推向更深的角落，她对自我存在的感觉变得更加微弱了，只得通过无休无止地习题练习，她才能暂时得到一丝喘息，不再想，不再念，成为她唯一面对生活的手段。

同年的季夏，张谨一考上了中山大学，在毕业的那天，她重回那栋楼梯间的走廊时，再一次回忆起黄薇，她清醒地认识到自己再也无法挽回她了，溃败的情绪在此刻表露无遗，泛滥成灾。黄薇喜欢生物学，她经常会偷偷仿照课本的图例描摹神经系统或骨骼结构，有一次还被老师发现。陪伴黄薇度过的第一次生日，黄薇许愿两人一起考上中山大学，她们的成绩相当，加上当时的张谨一并没有那么深谋远虑，但是黄薇说的，她愿意义无反顾地相信，但愿望之所以称为愿望，便是因为有其无法实现的未知性存在，黄薇并不知道愿望说出来就不灵了，只知道自己朋友需要这份承诺的勇气，事实上，这是第一次别人如此郑重地陪她过生日。但是直到现在，张谨一都不明白对未来如此期待的黄薇，怎么会为自己选择这样惨淡的结局，在午夜梦回时张谨一常陷入自责。

出殡那天，张谨一以普通朋友的身份前来吊唁，张谨一站在队伍的末尾，亲眼看见黄薇的父亲忙碌操持着现场的流程，他颔首致谢，月牙弯似的眼袋摇摇欲坠，苍老而落魄，黄薇的母亲则穿着一身素雅的孝服，胸前挂着一朵小白花，隐约有枯萎的迹象，她半低着头，薄薄的嘴唇，头发倦怠地松散着，但并不凌乱，下睫毛还挂着泪珠，应该是哭过一阵，但仍呈现出大方得体的模样。黄薇是像妈妈的，但张谨一显然无法把两人紧密地联系起来，因为黄薇在张谨一的面前从来没有哭过，她越来越不明白黄薇会自寻短见，张谨一是个粗神经，迟缓了很久才做出在开学前拜访黄薇一家的决定，一方面她已经很久没去看她了，另一方面她私心期待着内心能够得到救赎，而此时距离黄薇的死亡已过去四个月。

翌日上午，张谨一提着母亲做的点心来到黄薇母亲家，相比上次见面，家中有些空荡荡的，只留有必要的桌椅床凳，她没能如愿见到黄薇的父母，只看见楼梯上走下了一个染着黄毛的男人，他腋下夹着公文黑包，腾出手把玩着中华烟，一副得了便宜的得意模样。有佣人通知后，黄薇的母亲才从楼上款款而来，她穿着立领的老上海花色绿旗袍，雍容但并不华贵，与上次不同的是，她不经意别在耳后的卷曲头发，风韵而缠绵，举手投足间都显出一种优雅的美，她很快注意到了张谨一，没等对方开口，便寒暄着张谨一的大学去向，她非常善于交谈，张谨一甚至没能说上五句话，谈笑风生间，张谨一觉得她似乎早就从丧女的悲痛中恢复过来，仿佛她只是离家出学一般，对面的女人每隔几分钟她就会摆弄下自己的头发，还会反复询问妆容是否得体，显然，她对今天的这身衣服非常满意，因为这是女儿最喜欢的款式，她有些愣神，扶了下自己的额头："我想着你来了，或许冥冥之中也有一些她的指示吧。"她抿着嘴，眼神漠然，露出一种平淡的痛苦，但很快就不再显示脆弱，勉强露出大方的笑容，张谨一捕捉住这种变化，她似是不敢再看向张谨一，别过脸去，转身正对着黄薇的黑白相，良久后才坦白道："原谅妈妈做不到，小薇。"女人摇头的时候，玉簪也颤了颤，似是替她的为难感到无力，最后的最后，张谨一也晃了晃脑袋。黄薇一直和外婆生活，经常说自己的父母很恩爱，甚至每次的家长会两个人都一起来，父亲在教室内，母亲会在办公室等他，就这样保持着一种习惯，但两人出了校门从来不上同一辆车，原来婚姻很早就出现了端倪，黄薇知道吗，或许是知道的，但是她还是愿意相信。

张谨一察觉到话题的沉默，想起黄薇的外婆，那个曾经照顾过自己的老人家，她环顾四周后谨慎地盯着女人衣服上的花纹，试探地问："阿姨，那，外婆，她还好吗？"背对着她的女人有些迟疑，但最终屈服于自己的教养，再次面向张谨一，装作释怀地说："去年就去世了，患的晚期神经细胞瘤。"轻巧的一句话，张谨一却为黄薇感到揪心，她同情这个家庭所遭受的伤痛，被外婆养大的十七岁女孩，原来对死亡早就有了具体的感受吗？张谨一内心的自责更加剧烈了，就在她沉沦下去时，黄薇母亲的脸上出现了紧张又决然的表情，与之前不同，她似是想起求证什么，极具穿透力地盯着张谨一的眼睛，两手撑着桌面，语气却依然缓和地问："你知道你们王老师怎么对小薇的吗？"张谨一被眼前这位母亲的气势震慑住，显出惊讶与诧异，王老师？那个西瓜头的男老师，有些迂腐古板，课程却幽默有趣，书教得很好，但怎么会与黄薇？张谨一回过神来，她有些发怵，她知道一位母亲发出这样的质问，必是遭受到了某种不明的暗示，她不敢确定，只能给出非肯定也非否定的答案："对不起阿姨，这件事我确实不知道……"对面又带着鼓励试图从张谨一的口中得到确信的肯定，重复质问了一遍，语气显得有些激动，但得到的依旧是一样的回答，女人仿佛泄了气，重重落回主座，再也没发出一点声音。张谨一的心仿佛也跟着沉了下去，在失去黄薇的那几天，这位母亲遭受了许多魔幻事件的冲击，但可以肯定的是，她只会比我们所预料的更甚，大众只知道黄薇最后的结局，却没人能清楚到底发生了什么，死亡完全掩盖住众人心中的谜，仅露出边角的杂草，是供人揣测或观赏的最后一点养料。

张谨一觉得世界再次荒诞起来，她无法信任那些道听途说，也不知道黄薇到底为何而死，更不知道她母亲到底如何知道的信息，黄薇身上的谜，张谨一似乎什么也解不开，于是她还是选择了放下，只是偶尔，她还是会想起那个女孩。

星　空

说起星空，总能让人联想到浪漫、浩瀚、永恒，星空似乎总是近在咫尺却又深不可测，如神秘的瀚海不可名状。

小时候的记忆里大人总在忙忙碌碌，得益于有一个开阔的水泥坪，我的童年生活不至于那么乏味，最有趣的是盛夏，虽然总是闷热难耐，但夜晚的风总会舒心地带着凉意，拂去我心中的躁动。如往常一样，潦草吃过晚饭后，我会被招呼去搬红漆木凳。零零落落的一堆矮凳子放在屋檐下，不等他们一一落座我就霸道地坐上去，散漫地偷听着大人们所说的正事。然而，往往一个话题还没说完，我便自己埋着脑袋看屋檐下遮遮掩掩的星星。那星星低洼洼的像是摇摇欲坠的吊灯，有时要贴近地面才能看清全部，但是要再想看清，就要跑到马路上去了，那里被划为禁区，每每只能令我放弃。星空的那边会是什么，或许是人，住的什么，或许是层层堆叠的房子，也或许是……如是，我这样想着，不自觉地竟低喃出声，恍惚间似听到他们的回答。

稍大点后，家里因拆迁项目移居到了老家，那块隐没在马路后小竹林的一片区域得以被发掘出来。换了一处地方，我尤为新奇。那里还遗留着古老的建筑造型，土块堆积的厨房，瓦砾层层垒起的屋檐，下雨便能听到像拨起水晶帘子一样的叮叮咚咚声，饶有趣味。旁边是由大小不一的石头堆起来的猪舍，仓促地被遗忘几年后，如今也成了杂物存放处。经过几次家庭商议后，空地上也打造出了一块和原来一般大的水泥坪，但我总感觉少了一处角落。

日了就这样在跑跑闹闹中度过了，每年的夏天也越来越热，热得蝉鸣也不得停歇，即使身在乡村也难逃一遭，得亏是晚上，才用不着电风扇呼啦呼啦地朝着脸上吹热气。爷爷从大厅里搬来褐色的竹床，奶奶搬来青黄色稍小一点的，每次我想搭把手，他们总是挥挥手，喊着我不要拦住去路已是最大的帮忙，我也就还是干起老本行来，数着板凳跟在他们后面走就是了。

一切已准备妥当，我如释重负地躺在竹床上，扶稳两边粗壮的竹栏，两脚荡在边上晃着，竹床便发出吱吱呀呀的吟唱，这是我的乐趣。旁边定时响起爷爷奶奶家长里短的闲谈，先问候一轮今儿是农历十几，而后是熟悉的句式，听说这家儿子今天在哪捞了个官，抑或是那家因为分房几个儿子儿媳吵得不可开交，谈论的都是些我陌生却又时常被挂在耳朵上的人名，那些人名汇成喧闹的流水朝夜空中延展开去。倘若可以，他们兴许可以说上三天三夜，这又是他们的乐趣了。于是没过多久，我便听得无聊，拿起蒲扇分析着它的纹理走向，偶尔假意扇扇，左瞧右看，抬头又见月夜，似觉着深邃的夜空沉重地压着星月，又是心虚闭上眼睛，将其放在脸上挡着光亮，却又感应着她在透过蓬松的浮云审视我。

前头邻居家厨房断断续续地传来铁锅和铁铲碰撞的声响，苦橙树繁茂的叶簇，在清风中摇摇欲坠，窗户和沙砾也欢快地聚集着，形成一种神秘的仪式，铁风钩与老化的窗户连接又脱落，咿咿呀呀地回应着彼此，风在顽皮地惊扰着她走过的每一处。有一次大人们突然停止的说话声让我惊醒，我偏过头，蒲扇感应似的掉落在地，与水泥地相撞时发出一声轻瘪声，我才惊觉今夜是十五。空中波卷云涌地翻滚着，此时正露出一处，轻薄的云片正微醺着醉意，晕染出层层浪花的轮廓，乍现的侧光正巧相遇，便携着她肆意浸在温柔乡中。此刻雾气却把光氤氲得模糊不清，蒸腾着隐隐归来的冷暖意调，光线颤动着心弦，随风悠荡地四散开来。乍现的是月光，却似乎又见浩瀚宇宙，白色混沌之下的日月，我看不清这星空，也看不清我的那颗星。

月亮不肯出面，就像这皮影戏的角儿一样从帷幕后才肯透露下自己的模样。初登场后，她欲说还休，可惜故事讲不完，观众也听不完。我们相距甚远，悲欢相通却注定有着一秒的错位，这注定不对等的悲剧，意味着后面的人永远只能亦步亦趋。就像潮汐奔涌向前，一层层地传递下来，最深处的浪花已经接收不到力了，但是会受到其他浪花的碰撞挤压，随同一起汇聚起大浪，大概是向着海洋的尽头，尽头在哪并不知道，但只是跟着向前，就这样一直跟着，一起翻滚着，淹没着，最终沉入海底。

橘黄色的半边月亮，有几缕青烟离散着，藏到树林里，躲在池塘边，从头顶冒出来，只是有风来过，吹散了一些，有一些不知所终，剩下的一些缓慢跟着。

我露出半张脸，与月亮几乎是面对面，只是夜空无声，我便无言，就这样沉默着，我们似乎走向一个看似很近的地方，但或许也离得很遥远。于是空气停滞了，草丛中的知了停住了叫声，我把蒲扇放在我的胸口，模仿大人们双手交叉祷告的模样，整张脸也完全露出，呈现出双方对峙的局面。

宁静肃穆的气氛之下，星空的一块角落，正在一块块褪去，云层也裂开了，被扯出一道口子，缓慢透出更多的光来，有行星崭露头角。随后越来越多的小行星按捺不住地点亮，汇聚成热闹的街市，于是房屋、老树、乡村，连同我一起沉浸在明晃晃的光华之下了。我的身体仿佛变得很轻，置身于海洋中漂浮着，幽蓝的海水没过我的一半，剩下的只是仰着，全身处于放松却又不敢太过于放肆的境地，我们就这样两两相望，而很快我就败下阵来，显出不自量力，成了浩瀚空中极其微小的一部分。夜凉如水，身体宛如厚棉被一样被裹住，是夏天却也是冬天，我才发觉原来星空一直是这样沉默无声的冷。

流转十几载，我的日子在无言中过去了，老家又翻新了，我趁着佳节假日回到老家住了几日。难得的闲散时光，独属于我的夜晚，稀疏的几颗星，散落着漏出些光，月亮闲适地挂在树的顶上，怡然自得，萧条之下月光并没有微弱半分，反而彼此照应着，成为黑暗中彼此的矛与盾。

　　一些青年时代的应与答，也在松散的时光里有了呼应。我想起了凡·高的《星月夜》，那绚烂的肌理笔触，不知何时把我吸进正在流逝的旋涡之中，那画的不似月夜，而像是宇宙黑洞，我惊异于其中绚烂多姿的色彩，似三棱镜折射出的光，和谐地包容着万物，又巧妙地衬出星月的璀璨，流逝的时间被定格却又与我的血液同步流动着，形成一种全新的命运共生。层层叠叠的相似却又不尽相同的色彩，好似走完了他的一生，凄美的，零落的，混乱的，却依旧热爱的，在精神涣散的时空里，彼此有了对话。也许某时某地，有一些人在同样的境遇下做了相同的事，又或者怀着相同的郁闷心境，在相同却又不同的一片星空下，仰望着，徘徊着。他们彼此虽然无法会面，但是灵魂之间的对话却可以跨越时间限制，终于不是孤单一人，天地之间，也算聊有慰藉。他们的思想书籍穿越百年千年，流通地域甚至跨越海洋，在千年后得到了共鸣，久久抚慰人心，他们曾是渺小的，孤单的，卑微的，但最后也变得伟大。

　　凡·高曾在自己的低谷期，对于世人看待自己，对自己的定位是无名小卒，一个无足轻重，又讨人厌的人。他评论这样的人在现在，以及将来，在社会上都难有容身之处，但是就算这已成为无可争辩的事实，总有一天，他会用自己的作品昭示世人，我这个无名小卒，这个区区贱民，心有璀璨，便辉煌灿烂。

　　有阴影的地方便有一处光落下，小人物的世界，如尘埃一样不起眼。寂寂无名的深夜总是会令人深刻怀疑，同时盲目寻找存在的意义，于是历来有哲学家抛出三问：我是谁？是从何处来？又要到哪里去？寻找自我是人类终其一生需要寻找的命题，这样艰难地寻找，势必艰难，有人会从旁证明，从抽丝剥茧中佐证探清，但是我深知我无须他人肯定，因为我行即我道，我存在即是意义。这一路上繁花或许难有，但注定一旦开出便会有无数后继者慢慢跟来，旁人看到的是烟火，我却知道我的心中有一把火。

　　有舒心的风走过，思绪飞回，偏头看去，有树叶反射出银光，留下波光粼粼的影子，友人早已一步登云，畅意离去，地上残余一处枯叶。远处有乡村稀疏的灯火，偶尔传来布谷鸟的啼叫，空远回响，似有野兽出没，却也只是倏忽即逝。

老橙树

村落中一处隐没的角落，有个隆起的小山坡，那里有着我的第二个家。

长久以来，土地被发现后便会被利用起来，被重建后又遭遗弃，如此循环往复，千百年来不变，她似是被烙印上诅咒，背负着一则谁都无法解开的谜语，哪怕是时间。没有人问她愿意与否，也没有人问她是否等待很久，她经常是最后一个知道，被交代出去。人们在她坚实的腹背上扬起尘土，却发现依旧无法掩盖她裸露的脊骨。已直不起腰的她，在剧烈地咳嗽下纵起一片平地，早已遍布的皱痕像揉成的纸团，只会徒增而不见减少。往后的半夜，她传得很长的呻吟声，拉着顾长的疏影在空旷的野风中断断续续的，人们早已沉入梦乡，那些已经算不上是哀怨的低语，自然也不会有人听到。

东面的山坡被推得笔直，西南面还留着原始的痕迹，乱石啊，池塘啊，花啊草啊树啊，全都是自然的遗留，一切都是浑然天成的产物。这些存在并非必要的，便也意味着无足轻重，但所幸还有些价值，所以一直保留在那片角落，权当是一些颐养性情的装饰。

唯有一株老橙树，高耸入云，残存的气息在郁郁葱葱中显得格外惹人注目。他似乎依旧尽情地舒展着，向着更远的角落，传奇而神秘。老橙树被认为是村里的兆喜之物，老一辈人传颂着他的故事，听说他救过人命，在纷飞的历史岁月里，炮火没能将他的根须尽毁，就连自然的侵蚀也未能损伤他半分，时光对他来说俨然是无效的攻击。人们自视平等地对待一切人或物，对他们来说，没有什么是不可或缺的，但唯有他，这位命运的拯救者。

传闻经过一代代人的口耳相传，形成一种制度，迅速传染到整个村落，如鹰隼漆黑的影子般紧紧笼罩在村子的上空。而新生一代的孩童们总质疑着一切，只等亲眼看见后才肯相信半分。老人们相信时光的力量，它总能磨平人们的偏见，故事最终变得真实可信，有人成为下一个传承者。他们相信：这棵老橙树一定会延续着这村子中古老的血脉，保佑自己的儿女健康平安，因为每一个人都是这么想的。

沉默总有一天会被打破，因为平静总会被打搅，只是每个人都不觉得那会是自己。

第二日下午，山上狂风大作。凌乱不堪的苗头由大自然最先发出，自然它也要承受得最多，林间似乎开始传递着一股神秘的气力，直到它不出意料地波及每个人，几片砖瓦被掀翻，零落一地，后又不知是哪家的娃娃哭声连同着凄厉的鬼叫，再被淹没其中，浑然不知其声了。阴雨沉沉的前兆，总免不了一阵大风，水汽凝重地陷入土地，似注入起死回生的力量，逐渐焦灼的空气中，几股力量将扭打一番。老橙树已百年有余，抖动着筋骨，等待着未知来临，他知道树丫需伸向更远处，方可遮天蔽日，不受大雨倾盆；根需钻得更深，如此才可不受动摇，稳固根基，他肩负着沉重的使命，亦当以一当十。

如是，滂沱大雨来了，自然也带着雷电。要知道，乡里的雷电是劈死过人的。这山上并不低洼，又恰逢夏季，对流空气亦是猖狂，家中长者总会千叮咛万嘱咐，劝阻家中孩子不要在下雨天乱跑，就算是玉米被浇烂了也不能去抢收，与天抗，是要把命都赔掉的。

这样的雨天什么都做不成的，连电闸都会提前罢工。

天黑了，劈成好几瓣的天空，陌生地睨视着彼此，闪电分叉出几条，像是带刺的树枝，是相似的，却又不似。沉闷中一道亮光响彻林间，似鞭挞声令人振聋发聩，它直直抽向地底的内核，却依旧不够尽兴似的，一声大过一阵。忽地，似是出其不意钻向林中，一阵巨响，惊动了男女老少齐齐探头，但也只是胆大的敢在屋檐下踱步，并不出来，毕竟谁都害怕意外的风险。黑暗中各怀心事的人们不安地撇着眼，惴惴不安中又装作不在意地转回眼珠，恢复无事发生的模样。

注定的天晴，已然平安渡过风险的土地绿油油的，但终是发生了什么。老橙树被雷击中了！这个消息迅速地四散开来，逃出了一圈圈围住的人群，包括信命的、不信命的、不知所措的以及大惊失色的人，众人瞠目结舌之余却又预感意料之中，老橙树这次竟遭了殃，不免悲伤又愤懑，但为什么偏偏是这棵，仔细一想，他体型巨大，亭亭如盖，高壮得有十几层楼高了，也难怪。孩子止不住地扯着父母衣角，疑惑着那树怎么变黑了，父母沉默不语，最终以一句小孩子不要多问，对方便也学着沉默了。

最后知道的是老一辈人，他们知道得最多，也将承受得更多，事实也本是如此。沟壑纵横的脸上，有泪水泛着光，却也是稍纵即逝，因为倔强的手已经替她抹去，岁月终究没能好好待他，时光从某种意义上来说，却又是公平的，原来谁都免不了这一遭！

这一次的意外，让神明在村里的威信降低了，虽然谁都避讳着这个话题，可人人都等待着。他们另寻出路，打听着消息又把消息四散而开，这是他们所熟稔的事。

曾经供奉的蔬果无人理睬，歪斜地横倒在各处，腐败的气息持续了一个季节，而后才被一位老妇人重新摆上。她拜了又拜，大嗓门此刻却细得发不出声，随后缓慢地系上一个红结绳，之后又系了几条，临了还抹了几滴眼泪。焦黑的树枝在红色的映衬下显得更加枯槁，像是滴落的血泪，还有红绳残留着灰烬，死灰复燃倒也不无可能。

家里的老叟走不动了，总会催着老伴代他看看那老橙树，全用嘴巴代劳。

起初还有些听众，后面连老伴都会撵他，喊着别打扰她干活，老叟顺手接过孩子，抱在怀中，娃娃已然熟睡，那便说给梦中的孩子听。他目光透过竹林，那里露出些无人在意的新树枝，他记起曾经搞大锅饭那会，人人都能吃上大米饭，但家里的米都得一颗不剩全部充公，村民连刚结的果都不敢摘，因为那也是属于公家的。后来村子里发不出粮食，一日两日挨着还能挺过去，但往后却挺不住了。最后只剩下那棵老橙树，那果子泛着深绿色的油，垂涎欲滴，只要是能吃上一口……但心中的敬畏横亘在前挡住了去路，一日两日走过倒也忍住了，但最后不知是谁起了头，便也偷摘了起来。橙子是酸涩无比的，但已无暇顾及，路过的人们拜着树祈求不要移祸于家人，要降祸就降给自己。来摘的都是被外派的妇人，只摘下几颗便抱回去，她们迟缓地拖着身子，沿途还不忘左顾右盼。到家了她们便加快了步子，躺在床上的孩子像泄气的气球，但只要塞进橙子，凹陷的肚子也就可以鼓起来了。再后来，连橙子都吃完了，人们无计可施，竟扒起树的皮来，但最后终是给橙树留了体面。那时的人们相信：只要能吃的都吃下去，这样日子才能活。

可日子也算是好了，往后的人却开始慌张，他们急切地奔走在各地，为了某些东西又再重聚。他们开始迁徙，四海为家，过上了勉强温饱的工作。他们明白有的东西需要自己去奋斗才能得到，但停下来后不免茫然无措。他们沿途看过很多棵树，但很难比得上家中的那棵，即使记忆已经退化变得模糊。那些梦中细语的传说，在某时某刻如梦魇一般再度降临，惊醒了流浪异乡的人。

如今异乡之人都回家了，在除夕下午那天，有人悄悄地去看了一眼老橙树，不只是为了祖辈，也是为了自己。孩童时代的记忆似乎又重回脑海中，他们记起曾结伴在这棵树下转着圈还嬉闹着你追我赶，被追着骂也只跑到这儿，因为他们确定父母不敢在此处放声骂人，走散了就跑这儿来，因为总有村民经过此处。如此想来，老橙树确实庇佑他们完整地长大了。抬头望去，只有为数不多的红绳寥落地摇曳着，低矮得仿佛要落下，他们微微扶正，似是珍视残留的记忆，对着拜了一拜就走了。

　　同一天晚上，老人坐在躺椅上看着喧闹的一切，半眯着眼睡了过去，他看到老橙树在夜里闪着诡异的绿光，满树的萤火虫星星点点萦绕左右，忽然有些萤火虫四散开来，转眼间，果实已变成橙色的外皮，衬出绿色的新叶，有新的枝芽开了。在睡梦中，那一抹绿色盛满了整个眼眶，老人抿起了嘴角，他想要伸手去抓，却无意睁开双眼，是梦，他已经不记得这是第几次做这样的梦了。

　　一串清脆的响动，是爆竹声，又像是电子鞭炮的声音，好像所有的东西都在缓慢变化着，相似却又不似，眼前沉睡下去倒也变成了一种奢望。

赵辰瑞，山西太原人，infj 人格，疯狂地热爱带醋的饺子、霉霉和足球，生命中有四分之三的时间是阿森纳球迷。曾经觉得写作是为了好玩，现在觉得写作是一种艺术、一份责任。认为文学是自己的命运和爱情，并且想要这份爱情永远年轻，永远忠诚，最喜欢的作家是陀思妥耶夫斯基，对探索人性的全部深度毫无抵抗力。迄今为止有几个愿望还没实现：中国队打进世界杯决赛圈、所有人都在今后能做自己真正喜欢的、有价值的事情。

父亲的难堪，还是骄傲？

每一场世界杯的比赛都有着说不完的故事，因此我恨不得把每场比赛都全程看完。现在，我看到荷兰队在八年之后终于回到了世界杯的赛场。我仍记得那一年是范佩西作为荷兰队的场上队长带领荷兰队征战世界杯的，现在队长则换成了正值当打之年的范戴克，他此时正穿着荷兰队最经典的橙色球衣，站在球场中央和塞内加尔的队长库里巴利交换队旗。

时间过得有多快呢？看到这一幕我不由得想起八年前，我同样见证了当时的荷兰队队长范佩西与西班牙队长卡西利亚斯交换队旗、握手致意的一刻。而那场比赛他大放异彩，打进了一粒前无古人，可能也是后无来者的精彩进球。而现在，那支荷兰队却只剩下给他助攻的布林德和当时坐在替补席上的德佩了……

正当我的思绪从卡塔尔回到巴西的时候，有人给我发了一条消息。我本来以为是一起看球的朋友给我发的。但是我打开屏幕的时候，却发现是我从不看球的父亲发来的，内容也很简单，只有四个字：

"看完上半场就赶紧睡啊。"

我的脑子一下子没转过来，就发蒙地回了他一个"好"字。

那边没有再发来消息了，或许是对我很放心，或许是知道我已经不是小孩子，他在很多事上已经管不了我了。我最后也乖乖听了他的话，在上半场结束的时候就关掉电脑上床睡觉了。

而2014年，同样是世界杯，同样是荷兰队，父亲说的话一字不差，而我的回应，也同样和今天一字不差。唯一改变的是，我已不在他身边，用他的话叫，远走高飞。

而我和父亲的交流，向来都是这么简单，像是两个刚刚见面，找不到共同话题的陌生人。但他给我发完消息后，我的思绪却能从现场球迷充满激情与期待的倒计时中飞到父亲那边，仿佛我从来没有远走高飞。

父亲是一位光荣却普通的工人，左手上的一处烫伤告诉我，他曾终日和烧得像夕阳一样的钢水打交道。但他却并不像社会主义建设时期出版的宣传画上的工人一样浑身长着腱子肉，相反，他瘦得像竹竿一样。听姑姑说，他和我母亲结婚的时候还不到一百斤。直到现在奶奶都很愧疚，说自己当时根本都没有奶水喂父亲了，让他当了四十多年竹竿，现在生活好了才胖起来。父亲就把声音提了八度说："我不照样活得好好的，而且如果没我，你上哪去抱这么一个好孙子！"说着就指了指我。奶奶顺着他的手指看向她唯一的孙子，就和我父亲一起把眼睛笑成了月牙，把愧疚也暂时抛到一边了。

在小时候，我曾对自己是不是他亲生的颇为怀疑。因为我在亲戚和外人面前听到最多的一句话就是，自己和母亲非常像，而父亲留给我的就只有两个大拇指上比一般人大得多的关节和左手奇特的"通贯手"掌纹，因此有段时间我见到他的时候，总要偷偷地看两眼自己的左手，以确信站在面前的这个男人的的确确是我唯一的父亲；而他自己也读出了我的疑虑，就拿出他在我还没断奶的时候给我洗澡的照片给我看，还说儿子长得像妈，女儿才随爸爸，你看面相当然看不出来了！母亲也指责我净瞎想，这样会让父亲伤心，这才打消了我的疑虑。

可我不仅在面相上没遗传他多少，而且在天赋上也几乎和他背道而驰。因为爷爷奶奶家里曾经很穷，还要养五个孩子，上不起学的父亲就只好进炼钢厂当工人，可他却在钢铁之中寻找到了自己美术上的天赋，最后无师自通，竟在业余时间和初中同学一起去了学校当美术老师，水平甚至让那位大学学素描的同学都叹服不已。他曾经对我说："你爸要是有机会读大学，现在肯定能当个教授！"对此，父亲曾雄心勃勃地想要教我速写，给了我一支铅笔和几张纸去画一个苹果。可当他回来的时候，却发现那个苹果已经进了我的肚子，桌上连个苹果籽都没剩下。父亲就仰天长叹，说自己的天赋一点都没传给我；而我却慢慢发现了自己在写作上的天赋，在高中的时候拿到了学校写作比赛的二等奖。当我把奖状给父亲看的时候，他又长叹一次，说自己写东西写三句就看不下去了，儿子却是个当作家的料。而在高三的成人礼上交换书信的时候，他用行动证明了他不是妄自菲薄。母亲洋洋洒洒写了一大堆真心话，而父亲书信上的几个大字让我哭笑不得："找个女朋友吧。"

不得不说直到现在我在这方面还是让他很失望。

随着我的年龄越来越大，我逐渐发现了他遗传给我的部分，那是从我爷爷身上就带着的脾气，尤其是不招人喜欢的那部分。我曾记得在初中的时候和父亲起了争执，两人各执己见，抱着自己的道理不放，最后甚至演变成了为捍卫自己的观点而不讲任何逻辑的争吵，活像两头公鹿在打架，最后犄角缠在了一起，母亲和奶奶的任何试图劝阻的尝试都成了火上浇油。父亲最后意识到无法用嘴结束争执，就只能用暴力来为这场争斗画上句号。当时是个冬天，我被他赶到零下十八九摄氏度的、还带着过堂风的楼道里"思过"。但我当时脑子里却一点都没想着什么思过，也不想着让他接受我的想法了。我想的反而是等他放我回去的时候我该用什么办法打赢他，这时候输赢在我心中成了第一位。到晚上十二点的时候，他开门让我进去，问我知道自己错哪儿了吗？我用抖得不成话，但却十分坚定的声音回答他：

"我错哪儿了？明明是你错了！"

于是我就披着他的大衣，穿着自己的棉裤，理直气壮地站了下半夜的岗。

类似这样的情况还出现过很多次，而我从来没有和父亲认过错，于是就经常出现两人僵持的情况。这些事情直到我上高中的时候才有了缓解，父亲似乎认定了我在这方面的脾气就是和他一模一样，他终于和我的爷爷一样，学会了慈和与适当的妥协，而我也终于体会到了他的不易，也终于学会了尊重和求同存异。只是因为本性终究无法改变，加上上初中后我就一直住在姥姥家，只有周末才有机会见到他，交流的机会就很少了，甚至在这之后，我几乎很少再叫他"爸爸"，而在平时聊天的时候，他说的话和我的回答都极其简单。直到今年暑假的时候，我喜欢在我的房间做自己的事情，而父亲则喜欢和他的朋友在电脑前开着二战时期的战列舰组成一支庞大的舰队。而我对这样的战争巨兽也同样痴迷，可我绝不会去看他玩游戏，或者和他讨论那艘他最爱的"苏联级"战列舰的历史——这是一部我自己读不懂、却又深受其害的天书。

但是我无法否认他不爱我。他会在喝醉的时候半梦半醒地夸奖我如何给他争光，会在我踢球时把膝盖踢脱臼的时候马上抛下所有的事情开车送我去医院，会在我出门的时候千叮咛万嘱咐我不要再捡起来自己的倔驴脾气，会在我考研成功的时候给所有的亲朋好友通知，巴不得让全世界都知道。不过大多数时候，他还是一个如太行山一般沉默的存在，给我提供了暂时躲避起来和世界的一切困苦打游击的空间。

而我却亏欠他不少，而且还将亏欠他很久，或许我应该问问自己有没有良心。作为他唯一的孩子，我确实没有给过他多少真正有分量的爱——或许是年龄不够，或许是我真的不懂得什么才算真正的爱。我唯一正在做的，或许能让他些许感到我爱他的事情是，我考上了研究生，还是我喜欢的、他一辈子都羡慕的写作专业的研究生。但或许，父亲也在悄悄地失望。他曾不止一次地表达出希望我以后能够成为列宾一样的画家，或者像我爷爷一样，扛起枪来保家卫国，抑或是一位机械制造方面的人才的愿望，可我却吃了他给我的静物，而且因为踢球受了大伤当不了兵，还总是修不好自己坏掉的手表。而到现在，我还是个学生，并且拿起了他一直读不明白的文学著作……不知道读了大半辈子人生的他，能不能读懂现在的这个和他完全不同的我。

在去年暑假的时候，我和母亲一起在河边散步，夕阳把最后一点金光播撒在这人世间，山顶和河面上同时燃烧起了红霞。

我问母亲有没有为我骄傲，母亲说："当然。"

"你怎么能毫不犹豫地说出来这句话呀？"

"因为在妈妈心中，你一直很听话。并且，你现在不是在考写作学的研究生吗？妈妈很喜欢，也很支持你选择的这条路。"

我不由得想起了父亲，因为我没法问他相同的问题，因为我难以说出口。就像我曾经写过我的母亲、写过我的长辈们，但没有一篇文章写过他，而且，写成了大抵也不会给他看。

所以我应该借着这个机会在这里问他：

"爸爸，我有一件事困惑至今，今天在这里鼓起勇气来提出这个问题：'我的存在对你而言，究竟是难堪，还是骄傲？'"

有孩子的人

飞机正和太阳一起向地平线落下，当起落架碰到地面的时候，太阳也吻到了远处的群山。我刚刚从机场大门走出来，准备搭辆车回家。外边正刮着西北风，把冷气、柏油马路和黄土的味道一并卷进我的鼻腔里，路两边的灌木也随着夜幕的降临而变黑了，好像不想让人察觉它们的存在似的。

网约车接送区挤满了人，拉客的、行李箱轮子滑过地面和催单的声音就像河水的波浪一样哗啦哗啦响着，这股波浪正拍打着一旁没有关掉引擎的汽车，让它们不停发出低沉的哀鸣。

司机替我把行李箱搬到后备厢里，挥挥手示意我上车。他眨了眨深棕色的眼，问我："现在就走吗？"

"对，现在就走。"

他就把安全带系到身上，左手轻轻一用力把安全带扎进锁扣里。他朝着车内后视镜看了我一眼，问：

"我看你还没参加工作吧，像个小孩子……来旅游吗？"

"不是。我放假回家。"

"哦……应该是在读大学吧……大几了？"

"已经毕业了，现在在读研。"

司机又眨了眨眼，舔了舔嘴唇说：

"那你熬出来了，以后前途无量呀……"

车子吃力地前进着。这个时候是一天里最为拥堵的时候，望不到头的汽车都挤在平时看起来十分宽阔的马路上，它们前胸贴后背地连在一起，拧成了一根麻绳，许多车头灯和车尾灯又为这根绳子绑上了一串彩灯。

我听到司机把自己扔在驾驶座的靠背上，深深地吸了一口气。他把手伸进上衣口袋里找烟和打火机，但似乎又马上想起来平台上禁止司机吸烟的规定，他就拍拍自己的口袋，又把手放回方向盘上。他转过头来对我说：

"现在正是晚高峰，看来咱们要堵在这儿了。最近的红绿灯离这儿都有一段路呢。还不知道要花多长时间才能往前挪挪窝！"

有些司机已经等得不耐烦了，他们正狠狠地拍着方向盘，让汽车喇叭跟着发出刺耳的声响。司机回头看了我一眼，又背过身去深吸一口气，眼睛看着前面车的尾灯说：

"你是研究生，是人才了，现在放假回家去享受假期……你爸妈肯定很想你，你一回来，他们的生活就重新圆满啦。你要知道，对他们来说，你就是他们的光呀！

"可我想，你也一定体会不到，你的父母在你上大学之前，每天要为你的成绩操多少心；你上了大学去外地的时候，应该也感受不到白天他们为你有没有好好吃饭忧愁，晚上因为想你而躲在被窝里抹眼泪时候的心情吧？嗨，哪个做儿子的不是这样呢？你们小孩子啊，就是体会不到当父母要吃多少苦。

"我老婆喜欢吃苦瓜，她说那玩意儿清热解毒，夏天吃起来最好。我尝过一次，简直苦得不得了，我的脸都要变成苦瓜了。从此我就再也没吃过。而我这日子又何尝不是这样！我总是对自己说：'人嘛，就是要多吃点苦的。'但是这苦瓜什么时候才能吃完呀？

"你是个研究生，是大知识分子，也是从小时候过来的。虽然年纪小，但肯定比我懂得多。那倒请您替我想想办法，我的日子该怎么过下去呀？

"我有个儿子，今年七岁了。前两天在吃饭的时候突然跟我说：'爸爸，我讨厌和你在同一桌吃饭。每次我想到你把我骗去补习班上课，我就觉得你好恶心！'

"可我能怎么办呀？我这不是也在为他考虑呀？

"我不在你面前戴有色眼镜看我儿子，他长得真挺可爱的。头发带着点儿天然卷，跟去专门烫过没什么两样，眼睛黑黑的，看向他喜欢的东西的时候，黑眼珠里就放出光来。但是很快他就到上学的年纪了，我就把他送进学校去……

"进学校第一天，学校就通知孩子的家长要去开一次家长会，那次我上班没时间，是孩子他妈去的。她开完会回来就跟我说，老师跟家长们说，要让孩子在小时候就打好基础，在这个年纪多学点东西。我觉得也是，在学校学的那些东西怎么够啊？散会以后我问了问其他孩子的家长，他们说不如给孩子在外边报个兴趣班什么的，比如琴棋书画之类的。哦，还有英语班也很重要，孩子将来考大学、读研究生、读博士肯定少不了英语，我打算给他报个英语班。

"小同学，你走过的路应该能给我个公道说法吧？我听说你们高考、考研，都逃不过考英语的！而单单在学校学的东西，又哪里够呢？

"我就让孩子他妈去问问孩子的意愿，但孩子像头驴一样偏，怎么跟他说英语这门语言对他来说有多重要他也不愿意。可是他不去，以后又要走多少弯路呀！

"我和孩子他妈决定无论如何也要把他送去。可是报班要花不少钱，而我们家的财政状况又很难周转得开，我就打算下班以后用家里的车拿来跑顺风车，想着也许这样可以多赚点钱，孩子就能去学点学校学不到的东西了。只要他能多学点东西，我半夜才回家也值了。

"但是，我的儿子很聪明，又或许是天底下这个年纪的孩子都一样敏锐。他在前两天就觉得我奇怪，奇怪我为什么每天都半夜回家。他就在一天早上我出门前问我：

"爸爸，我听到你每天都半夜才回家，该不会是要把我送去英语班吧？"

"我当然知道他是不愿意去的。我只好说：

"我的好孩子，当然不是。你妈妈有个计划，她想要我们全家出去旅游一圈，可是旅游要花好多钱。爸爸加班是为了多挣钱，带你和妈妈去个漂亮的地方好好玩一圈。

"他听完高兴极了，小脸上飞起两朵红霞。要知道，他平常是很腼腆，很羞于表达自己的小孩，可这时却想要跳起来抱住我的脖颈吻我的脸。我抱了抱他，心里像刀子割一样，我受不了这种感觉，匆匆地跨出门去了。关门前我听到他说'爸爸，不要太累了，要早点回来跟我们吃饭呀……'

"唉！直到现在我看到别的孩子抱着他们父亲的脖颈的时候我心里还很不是滋味。我记得那天他搂着我的时候的感觉，他的小手暖暖的……

"我的良心就这样折磨着我。我就这样每天晚上出来接单，有时候要到半夜三四点。就这么一直开夜车，我终于凑够了报班的钱。于是我专门请了一下午的假，和我儿子说：

"儿子，爸爸攒够我们一家出去玩的钱了。现在我要去外边吃个饭。再去超市买点出去玩要用的东西，你要和我一起去吗？

"他几乎一点没有犹豫地同意了，可是我哪里有精力出去玩呀？为了能让他跟上别的孩子，我已经变成一台机器了，齿轮能动的时候就能被拿去用，生锈一点就要被当垃圾一样丢掉……我现在开的这辆车都过得比我舒服些。而我挣这个钱是为了什么呀？我这次是要去交钱把他送去报班的，一路上我都在心里不停地祈求他的原谅……但我又有什么办法呢！

"下车的时候他拉了拉我的手，我的心完全碎了。

"我交完钱，填了信息后，他看到一群背着包的，和他一个年纪的孩子们从另一边的通道里走出来才明白这是怎么一回事儿。他瞪大眼睛，用不可思议的语气问我：

"爸爸，这是怎么搞的？"

"我低着头，不敢看他的眼睛。我的大脑已经空了，只听到自己蚊子一般的声音：'儿子，对不起。前段日子妈妈去开家长会，她说非要让你报个班多学点东西才是……但你不愿意，我只能用这个办法让你来了。爸爸加班这么久挣的钱就是为了让你好好学习……现在受点苦以后才能自由地玩耍……'

"他伤心地说：'爸爸，你的良心上哪里去啦？'

"儿子……我的良心一直都在！"

"那你不可怜可怜我，不要一定叫我做我不喜欢的事可以吗？"

"我可怜你，好孩子，我愧疚得想死，心快要碎掉了……"

"我把他交给了老师，背过身去不再看他。我听到他哽咽着叫着爸爸，眼前又浮现出他那两只黑眼睛正不断涌出眼泪的样子……可是看到那群背着书包的小孩，我又是多么着急呀。我又怎么忍心看着他落后于他人呢？

"后来我去接他的时候，他总是坐在后座，眼睛紧紧盯着自己的手，嘴巴也一直噘着，也不再主动和我说话了……而我也没法再直视他，所以现在即使不需要更多钱，每天晚上也要出来跑车，因为一见到他我的心脏就像被人攥紧了一样，浑身的血液就会把我搅得坐立不安，难以入眠……

"孩子，如果你想指责我，就痛痛快快说出来吧！我知道我对不起他，可我又能怎么办呢！我不想让他在竞争中落后，整天从早跑到晚，回家累得倒头就睡，只是为了挣点供他学习的钱，可是最后呢，那孩子却要对我说'爸爸，我讨厌和你一桌吃饭！'

"这可叫我以后怎么挨下去啊？"

他痛苦地把脑袋靠在靠背上，含泪的眼睛一动不动地盯着远处的山，那里只剩下最后一缕霞光。车流仿佛睡醒了一般开始缓缓地向前涌动。还不能动弹的汽车正站在原地，喇叭声又响了起来，就像是在朝着灯火通明的城市哀鸣。

李安然，江西景德镇人，骨折眉毛 ENTP，热爱赫尔曼·黑塞，希望找到属于自己的"德米安"，也想发掘自身潜在的"荒原狼"。爱写小说，脑子里千奇百怪的想法很多，希望有一天它们都能再成为我的养分。一直在追星。喜欢丛雨九十九音色的福山润；也喜欢发明了泰勒走位公式的霉霉；更喜欢 2015 年后九个人的 EXO。墙头众多，但本命不变。最近一直在光启市和临空市反复横跳。

我们在咖啡馆听雨

九月的时候，下雨的天数特别多，一下雨，人就变得懒懒的，宅在家里不愿动弹。但一味躲懒引起了母亲的不满，"好吃懒做，一事无成"；在她第三次准备以此为主题审判我的时候，趁着外面雨势渐小，我急忙拾了本书，躲进了离家不远的一间咖啡馆。

下雨天，连带着店里生意也不好。老板懒洋洋地斜靠在吧台边，吧台上一只肥硕的白猫，在我推门进来后，正合时宜地打了个呵欠；也勾起了我的困意，本该是个睡懒觉的下午。我慢悠悠地浏览着茶水单，看着一个个花里胡哨的咖啡名，内心不由掀起一阵烦躁："我要一杯冰美式。"

老板点点头，慢条斯理地移动到咖啡机旁开始制作。我转身环顾了一下屋内陈设，最终决定在靠窗的位置坐下。

咖啡上来得很快。我搅动了一下杯子里的冰块，听着它们碰撞发出的声音。外面的雨再一次下得迅猛起来。"哗啦啦"地拍打着窗外的世界。我想起自己上个星期在工作上受到的不愉快，一怒之下向领导请了个年假，把手头好不容易争取来的项目全部交给了给我穿小鞋的对手，觉得自己又可怜又好笑。

看着外面行色匆匆的人，举着伞在大雨里奔走，雨水毫不留情地打湿了他们的裤腿。我突然感到无比安逸，如果能一辈子待在这个地方倒也不错，总比面对繁重的生活要轻松。

咖啡馆的门再一次被推开，门口挂着的风铃发出清脆的"丁零咣啷"声。我的思绪一下被拉回了现实，看着面前咖啡，本能地呷了一口，冰冷的液体流进身体，令我不由得打了个冷战。

进门的是一位女生，她在吧台点单结束后，在原地僵站了一会儿，突然朝我坐着的方向走来。大概因为紧张的缘故，她的五官挤作一团，但那径直朝我走来的架势，又好似下了什么决心一般，最终，她站定在了我的身边。

正当我不明所以时，她突然开口："可以坐你对面吗？"

就在刚才，咖啡馆里除了我，没有别的顾客，现在多出了一个她。倒也不必两个人坐在一张桌子前。即使我有些疑惑，但还是不好意思拒绝，只能点头答应她奇怪的请求。

女孩像是得到鼓励般安心地拉开我对面的椅子，坐定。好奇地打量了一下我，眼睛聚焦到我手中的书上。

"好看吗？"

"我还没看完，目前可能没法给出一个合理的评价。"

"也许你并不喜欢这本书，不然即使没读完你也会迫切地想要把它分享给别人。"

我笑了笑，心想，这么说倒也没错。只是出于习惯，我一向不太喜欢把自己看的书强行推销给别人。

"也许吧。"我不想和女孩做过多的争论，于是退让着应和。希望以此换来女孩的沉默。

时间在这一刻突然凝固。四周也变得安静起来。

我放下戒心准备再一次投入到书本里。

"你能陪我说说话吗？"

女孩的声音不合时宜地再次响起。我有些不耐烦地抬起头，强压着莫名其妙的火气："你想聊什么？"

女孩有些窘迫地看着我，整张脸因为不好意思瞬间红了起来，她有些扭捏地扣着手，似乎在拼命思考："什么都可以，其实我也不知道。"

我一时语塞，明明无话可说，为什么还要说话？

"我想找个人聊聊。你是我今天搭讪的第一个陌生人。"

我被这句话逗笑了，也因为她这句虽然奇怪却又真诚的话语，放下了不愉快。我这才正儿八经第一次抬起头，仔细地打量了一会儿这个特别的女孩。一头很短的头发，使整个人看起来特别干净利落；眼睛很大，水灵灵的，透露着一股真诚，我想也许就是这双眼睛让我稀里糊涂地答应了她的请求；鼻梁很高，上面架着一副黑框眼镜；皮肤白皙，看样子很少出门。

她看上去不过刚十八出头，脸上还带着孩子未脱去的稚嫩；眼睛里闪烁着这个年纪才会有的快乐光芒。曾经十八岁的我也是这般无忧无虑，做什么都不需要考虑明天。仿佛刚从学习的牢笼里放出来的鸟儿，自由自在地到处飞翔。

我不明白究竟为什么，她非要和我说话，因为我能感觉出她并不是一个十分健谈的人。正因如此，我们之间的氛围才会变得越来越尴尬。

在第三个回合抛话、接话结束后，我终于忍不住，打断了她的第四轮发言。

"所以，你为什么非要和我说话？"

女孩原本还故作镇定的表情一下子变得有些尴尬，她低下头不知盯着什么出了一会儿神，继而抬起头，不好意思地看着我："你觉得我有什么不一样的吗？"

"没有。"我确定我已经打量她，打量得很清楚了。

"再仔细看看？"

我略带疑惑，又不知道该如何回答，难道是因为她穿的衣服很特别？又或是因为剪了个假小子般的头发？这似乎没什么值得注意的。这个年纪的孩子这么需要被关注吗？

"没有。"我再一次坚定地回答。

女孩突然把自己的头往后别过去，用手指了指自己的耳朵。

"我天生耳聋，需要戴助听器才能听见。"

顺着她手指的地方，我才注意到她的耳背上挂着一个黑色的小方块；一个彩色的圆形器件牢牢地扒在她的脑袋上。我的心突然揪作一团，为自己的莽撞感到抱歉，开始心疼起这个女孩。

"我很小的时候，左耳就植入了人工耳蜗，但右耳一直听不见；前阵子终于下定决心做了右耳朵的手术，也植入了人工耳蜗。所以，现在想要和别人多说说话，听听声音。"她说完，有些不好意思地笑了。

我原本抱有敌意的心一下变得柔软起来。这个世界上总有那么多不公平，又那么的神奇，有些人手脚健全尚还在抱怨这个残酷的世界；而这些天生就存在瑕疵的人，需要付出多大的努力，才能学会和这个世界和解？

"做手术，疼吗？"

"打了麻药，直接睡着了，没有什么感觉。就是当时把半边头发都给剃光了。有点难看。"她有些埋怨地说，"后来干脆把另外一边也剃了，在家养了很久，快半年的时间，我这才出门。"

"现在两个耳朵都能听到了，没有比这更好的事了。"我安慰她说。

"我的右耳，因为常年没听过声音，现在其实根本听不出声音。脑子不识别了。"她有些惋惜，"还好左耳手术做得早。"

原来，长期没有接收过声音的右脑早已失去了辨识声音的能力。无法在短时间内分清声音的内容，是什么发出的声音？这声音又代表着什么含义？这些在她的生活中早已丢失了。如今骤然捡回，也需要很长的适应期。

"为什么没有尽早做右耳朵的手术？"我为这迟来的听力感到惋惜。

"起初因为装一个助听器就已经很贵了，后来因为上学，做手术加上休养至少需要一年时间，怕会影响学习，现在我读了研究生，研二也没有课，没有太多听力方面的需求，只需要自己在实验室做实验，我的老板，就给我放了假。"

原来，她已经二十多岁了，甚至还读了研究生。我突然想到一句烂大街的话："上帝给你关上一道门，就会为你打开一扇窗。"从她流畅的表达来看，她应该是个很聪明的孩子，听力问题并没有影响她的其他能力。

"所以你想和我说说话，快点适应更多的声音？"

"是的，我爸妈上班的时候，我一个人在家，自说自话也没用，就想听听别人的声音。我的右耳听到的声音近乎都是杂乱的，根本无法形成正确的音波传送到我的脑子里。我的右脑只会识别它们是噪声，特别是那些尖锐嘈杂的音乐，我听到的都是刺耳的杂音。为了尽快适应……"她说着说着似乎怕我烦了，突然停了下来。

而我此时早已对她产生了极大的好奇。原来她的世界是这样的奇特。即使这并非她本意所需求。但是上帝还是强行给了她和常人不一样的人生体验。

原本还排斥与她说话的我，此刻只想尽我所能地帮助她。

"我能帮你什么？"

"我已经把左边的关掉了。你和我说句话试试。"

"听得见吗？"

"有点长？你等会儿。"她说完，戴上左耳的助听器，"你刚说了什么？"

"我说：'听得见吗？'"

"没听懂，只能听到你说话，可我理解不了。你说个词看看。"她再一次摘下左耳的助听器。

"咖啡。"

见她没什么反应，我又凑近了些对她说："咖啡。"

"还是没听懂。我只能听到声音，但是我听不懂。"她遗憾地摇摇头。接着我又和她说了很多遍"咖啡"这个词语，可是她仍然无法理解。

她戴上左耳的助听器，好奇地问我："你刚才说的什么？"

"我说，咖啡。"

"原来是这样。"她似恍然大悟般发出"咯咯"的笑声，"感觉像是学习了一门新的语言。"

听她这么一说，我也觉得神奇，左耳可以听懂中文，而右耳朵却无法听懂，这是一种怎样的体验，我实在无法切实地理解她的感受；人和人之间往往很难彻底共情，更多的不过是自己感动自己。

这时，咖啡馆的音乐从舒缓的钢琴曲，变成了乐队的重金属。大概是老板为了摆脱午后的懒劲，调皮地切换了歌单。

女孩突然哆嗦了一下，似乎因为声音的变化而产生了不愉快。

"你觉得吵吗？"

"嗯，右耳朵听到的全是噪声。刚才真是吓我一跳。"

乐队的音乐仍在进行，我似乎也受到了女孩的感染，替她焦虑起来。同时，这略微振奋的音乐在我耳中也变成了噪声；于是我起身去吧台，请求老板换回了抒情的乐曲。

"怎么样？是不是没那么吵了？"

"好多了。"女孩冲我竖起大拇指。

"你听到声音到底是什么样的呢？"

"有的时候，像指甲划过黑板的声音？"

光是想想都让我浑身起鸡皮疙瘩。她大概和这样嘈杂的世界共处了很长一段时间。

"你要不戴个耳机听听音乐试试能不能听懂？"

"我没法戴耳机呀。"

我在心里暗暗咒骂自己是个傻子的同时，又担心这句话会给她带来伤害。

"不好意思，我一时间没反应过来。"

"没关系，很多人都会和我说，你不戴耳机听歌吗？其实我真的很想知道戴耳机听音乐是什么感觉。好羡慕你们可以走在路上，戴着耳机，沉浸在自己喜欢的音乐里。"

我的心，像堵了团棉花，被紧紧地塞住，又不想让她觉得我在同情她，于是绞尽脑汁想要说点什么安慰的话。

"其实，也没什么，戴久了耳机容易得中耳炎，你就不会有这种苦恼了。"我也不知道自己在说些什么鬼话，想赶紧切换下一个话题，却不知从何处寻找。毕竟我们才刚认识不到一个小时。

"你听到外面的雨声了吗？"

"嗯。"

"是什么声音呢？"

我琢磨了一下："大雨是'哗啦啦'的，小雨是'淅淅沥沥'的，拍打在窗户上是'噼里啪啦'的。总之和书上形容倒也没差别。"

"我其实很难清晰地辨别这些，有些声音于我而言不过都是一种声音。真的很想知道这个世界的声音原本究竟是什么样子的啊。"她叹息着望向窗外。

我不知道该如何回答。就静静地陪她坐着，听着窗外雨声滴滴答答地打在窗户上，地面上，屋檐上，打在行人的雨伞上；汽车飞驰而过，溅起的水花，"嘶啦啦"地传来。这一刻我才发现自己能听到这么多不同的声音，能够如此准确地辨别它们源自哪里，轻易就能捕捉它们的讯息，接收到这就是什么发出的声音。这一刻，我竟觉得自己无比幸运，继而又为她感到遗憾。

我们就这样安静地坐着，一直没有开口。但也不再觉得尴尬。

"你喜欢这样的天吗？"她大概觉得有必要再次发起对话，缓缓地抛出一个问题。

"看情况，如果我是外面的行人，大概会埋怨这种鬼天气。"

"还记得小时候，我妈妈总不让我雨天出门，因为雨水会破坏我的助听器，可是，越是这样我就越想要出门。"女孩盯着路上驶过的汽车，似乎在努力回忆着什么。

"你妈妈是担心你。"

"嗯，我的妈妈是世界上最好的妈妈。她不放弃任何一种的方法来帮助我恢复听力。"她说起妈妈，眼神中有了不一样的温度，"小的时候，我做完手术待在康复中心，医生说至少要三年的时间才能正常说话，可是我妈妈觉得时间太长了，她就每天带我上街，看到什么就告诉我什么，一遍又一遍不停地说。"

"她很爱你。"

"她……"女孩有些许哽咽，"因为她，我一年之后就能开口说话了。我很幸运。"

"你是个聪明的孩子。你看，你学习这么好。"我毫不掩饰地赞叹，我很少如此直白地夸赞别人，可是这一刻我多么想告诉她，她真的很勇敢，她做到了大多数人都做不到的事。即使上天夺走了她的听力，但是她活在这样一个医学发达的时代，一切都可以克服。

可是，我不想说这么多安慰的话，我想她也并不需要被人同情。尊重她最好的方法，就是把她当成一个普通人对待。

雨，在不知不觉中变小了。路上的行人似得到救赎般，肆意地加快了步伐奔向不知何方的目的地。已是下午五点，天色渐暗。

女孩的电话突然响起。

"你在哪儿？"电话那头的声音是那般焦急。

"妈妈，我在咖啡馆。"

"都说了下雨天不要到处乱跑。你在那儿别动，我开车去接你。"

"好。"她向我吐了吐舌头，表示自己偷溜出来，却被发现了的尴尬。

我却觉得这一刻是那么的温暖。

想起我的母亲，我也该去向属于我的目的地了。

"我该走了。"我对她抱歉地笑了笑。

"啊，路上小心。"女孩有点惋惜却也对我挥手道别，"谢谢你陪我说话。陪我听雨。"

"能问问你叫什么名字吗？"

"我叫姚晴。晴天的晴。"

"姚晴，再见啦。"

"再见。"

我推开咖啡馆的门。街道清新的空气扑面而来。我看着不远处的家，压抑的心突然变得无比轻松。我想，是该努力生活一次了。

夏雨馨，江西贵溪人，江西师范大学 2020 级创意写作本科，中央民族大学 2024 级教育硕士生。习惯让很多人很多事都因为时间而被磨平，印象深刻的只剩下那些曾经认真陪伴过我的记忆，喜欢在开阔的地方一个人散步，因为起风的时刻感觉是和这个世界在建立某种联系。在一段时间还是习惯写关于家的散文，因为我的世界貌似很小，眼前所见即所得，但因为如此，才能够始终迫切地表达热爱。

一树化林

一

一把镰刀架在桌子的一角，深棕的锈迹模糊了岁月的记忆，无意间记起那个带有艾叶香的微笑。褶皱的皮肤就像抚摸一棵老树凹凸不平的外衣，印上一深一浅的酒窝，意外地像深色夜空中的一牙弯月，落下洁白的光，把华林的人生照得通亮，褐色的眼睛中折射不到阴影交接的灰色地带，留住难以用文字咽下的温柔。

一

一棵树的一生是扎根大地的故事，一个普通人的一生则是半辈子留给了粮食加工厂，剩下的留给了土地。华林出生于江西一个小村庄，从小跟着父亲种地——手中接过父亲的镰刀，一刀刀割下轻飘飘的稻谷，从小豆子一点大割到满头因营养不良而泛黄的头发。可惜成长似乎从来不是一个人所能把控的事情，我们只能被推着往前走，就像不断挥舞着的镰刀，推着稻谷向前扬起，落下难以描绘的轨迹。但即便如此,在每年春节的餐桌上,还是像个缩水的小孩一样的青年,只是对着别人家的丰盛可口的饭菜,双眼发出渴求的光芒,把两只小手乖乖贴在身后,低垂眉眼,听着肚子发出来自内心的渴求。直到一只枯槁的手温柔地抚摸着他的头,与父亲塌陷的双眼对视,华林坚定地为自己点了点头,十指紧扣,因为他始终知道,不拿他人一分一毫,是同样干瘦的父亲为他上的第一课,也是最后一课。

远方的微风扬起他发黄的发,夏日的炎热蒸发最后一滴泪,华林抹掉黑脸上不和谐的泪痕,握紧父亲不再有脉搏跳动的双手,胸腔里翻涌着一朝一夕间在割稻时抖落出的梦想。他要离开这里,背上行囊,带上父亲的那把镰刀,穿一双草鞋,踏出属于过往二十年岁月的家乡,他站在了粮食加工厂的门口。当听见排队面试的人嘻笑着说起自己家庭的光辉过往,周边的人都迎上笑脸,试图贴上一个合适的朋友的标签时,华林只是默默在一旁站着,他知道自己没有什么过人之处,甚至连字都不会写。但这样一个平凡到貌似透明的人就这样靠着自学,把生产机器的注意事项硬生生背了下来,他总说机会不是靠人情施舍,而应该是自己的努力争取,不要把施舍当机会。于是,本来早早丢弃书本的华林再次拾起笔来,一笔一画,在自己的聘书上写下自己的大名,就和他的人生一般端正,一撇一捺,透过那字看到的是如松树一般笔直的影子。

进厂不久,村里为他觅得一门婚事,新妇就像洗净后削去外皮的一节藕根,小巧而带有土地的气息。泛黄的纸上贴着黑白的双人照,一呼一吸,还没睁眼,就糊里糊涂过了大半生。华林不知道的是,他娶的媳妇总在自己背后说自己是执拗的笨蛋,那时如果多给她一个厂里的名额,家里或许就不会是如今这般模样,可她眼中泛着的分明是如月般的光。或许是被幸运之神眷顾,华林凭借自己埋头苦干取得的成绩被一次次评为先进个人,在认真工作十年后成了厂长。当时厂里的每个职工都是可以让家属进入工厂,更何况是当时身为厂长的华林,但这个每天六点半漫步到厂房里抚摸机器的人,选择了拒绝。媳妇每次旁敲侧击,试图从他的嘴里套出一句承诺，最后都是以失败告终，他永远厉声地说："这件事，我绝不会做，无论我是什么身份，我都不会做。"事实上，华林当时拒绝了许许多多来送礼的人，把礼物放在一旁，做好记录，休息的时候自己又给人家送回去，次数一多，很多人想进厂都会绕过华林。而他就屹立在自己的心间，不偏不倚，灵魂在深处守护着一个人不断被拉长的影子。

习惯沉默的人表达情感的时候，也同样笨拙。每当因为这些厂里的事情发生争执后，听到媳妇的哭声，他就哑嘴，一甩手，挤到媳妇的身边，小心翼翼地递上手绢，像个做错事的小孩，可嘴巴紧闭着，大概这辈子都没办法从他的嘴里听到这句进厂的承诺。而如果再多问一句媳妇的感受，她总会撇撇嘴，像是不耐烦，可眼神中的一丝无奈和宠溺是无法骗人的，这应该也是他们相爱了一辈子的原因。

没有人会一直幸运，尤其是一个本就将苦涩的糖嚼碎在嘴里几十年的人，他不会说不好吃，抿嘴微笑，就独自咽下了大半生的苦。时代总是在向前发展，站在原地的人，总是会被轻易淘汰，华林就是这样的人，习惯了厂里的一切，就不愿意再离开，可最后还是和他最爱的地方，说了句再见。"如果你需要，我们可以再安排一个岗位给你。"这样一个上面给予的机会，对很多人而言都是可遇不可得的，而华林却觉得这句话越仔细听越像在他的心上划一道长长的痕迹，如果这时自己接受了这样的机会，就相当于打破了自己的原则。所以守护了厂里十几年的厂长，和平常一样，六点半来到他爱的地方，抚摸着深蓝的机器，和这里进行了最后一场无声的告别，远方的天空和他来这里第一天时的颜色一般温柔，轻轻地，风吻过他苍老的脸庞，干瘦的身体貌似随时都在和这个世界道别。

他又背上了行囊，里面依旧只有他的那把镰刀，这次的目的地不是远方，是他的故乡。人貌似永远在出发和归去中反复徘徊着，就像那蝇子，转了一个圈，又回到起点。他又干起自己的老本行，拿起那镰刀，割起稻谷来，时间仿佛没有带来什么变化，迟缓的动作和膝盖的伤痛又在反复提醒着华林，他已经老了。腰都直不起来，只好在躺在床上的那天，他拉着媳妇，手指指着桌子上的镰刀，想让人帮他拿过去，媳妇轻轻托着那把镰刀，像某种仪式般交到他的手中，他怜爱地看着它，恍惚间，那镰刀上的灵魂正在拥抱着他。直到在某一天，他爬上梯子再去拿起它时，坠落在地上的老人，还是稳稳地接住了那把镰刀，他笑得很安详，大概是因为这一次，他没有让它受伤吧。

二

和母亲收拾祖父的遗物的时候，发现几乎没有什么有价值的东西，那些蒙上灰尘的旧物，说明主人对于这些都并不关心，除了认认真真架在桌上的那把镰刀。虽然我很想带走它，但还是把最后的记忆都留给了祖母，把它交到祖母手中的那一天，沾满灰尘的窗外起了风，扬起红黄相间的叶片，一片哗然入耳，我感觉我从未见到过如此坚强的人。

那天梦里，我坐在靠窗的位置，抬头就可以看见十字路口，闷着头，和街道上来往的车辆一起，我的泪难以数计。二十三岁，刚好是祖父来到粮食加工厂的年纪，我的世界里，习得关于他所有的记忆。读书，现在对我而言，一个最重要的理由，就是用自己的笔触记录祖父的一生，再书写属于我的人生。

我貌似是个很长情的人，无论对人，还是对物，陪伴我的时间愈久，我就越不愿意放弃。小时候祖母做的小网兜，到母亲编织的布袋，我都好好地珍藏着，日复一日地使用让它们褪了色，雪白的带子变得发黄，我还是拿着它度过大学生活。或许它没有那么耀眼，在我心中，却占据了重要的一块。祖父在时，他最讨厌的就是母亲乱买东西，指着自己的外套，对母亲说着："这件衣服比你年纪还大呢！"他张开嘴，露出缺牙巴的笑，抚摸着已经并不柔顺的面料，家里人都知道这件衣服是年轻时祖母买给他的，是他并不多的外套里最爱的一件。他貌似从不在意外界对于他的眼光，一个堂堂厂长却舍不得买衣服，其实祖母曾想再多买几件，可他偏偏挥挥手，没有余地就拒绝了这些提议，就像个倔强的孩子护着手中珍贵的糖果，总是在很多小事里做出令人奇怪的举动。

自认为自己做过最愚蠢的事情就是在祖父离开之后，才发现自己的世界已经围着他转了一圈。晴朗无云的好天气里，我记起他带我出去放风筝的日子，被大风吹跑的风筝断了线，在七彩的光线下没了踪影，我迈着小小的步子，加速向前奔跑，风却没有捎来它的归信。我在草地上哭闹着，在不远处的树下看到和我一般落单的蝴蝶样式的风筝，它貌似是在进行某种呼唤，我被它吸引，偷偷看向四周，见没有人就一溜烟跑到它的身旁，小手还没把小蝴蝶捞到自己怀里，就听见背后祖父的叫喊："放下！"可我的手越抓越紧："这是我的风筝。"他没有说话，我也没有等到脸上的疼痛，只感觉一只粗糙的手落在我的头顶："小雨，我们的风筝是小金鱼，不是蝴蝶。"这次轮到我不说话，扯着蝴蝶翅膀上的亮片，剥下的是我不愿屈服的鳞片，直到交给另一个来寻找风筝的小孩，我才放开僵持不下的手，被另一只大手安静地握着，祖父从另一只手里变出一只小金鱼，他说小金鱼找到了回家的路，那样小的我应该会相信，可惜祖父从来分不清橙色和粉色的区别。

长大的时光无比漫长，我的世界小到只能容下一个小小的梦想，我想写出一个关于我的故事。祖父是全家唯一一个支持我选择文科方向的人，"年轻人想做什么就去做嘛"，他坐在木板凳上，支撑着我的梦想。等到分班的时候，其实只要祖父去和身为朋友的班主任聊一聊，我就能够进入全校最好的班级，可母亲的软磨硬泡也没有发挥一点作用，骂他是块朽木头，骂他从祖母祸害到孩子身上还不称意，祖父抽着卷烟，眼神里的光暗淡下来。母亲急匆匆赶着出门，祖父貌似早就知道我在门后听到了他们的对话："小雨呀，做人要靠自己。"这时的我突然忘记如何回答，当这把镰刀立在我的面前时，我却忘记如何形容它，可我知道祖父希望的是它立在我的心中。后来，是写完一篇关于红房子故事来纪念我的童年。我不知道如果当初进入了所谓的优秀班级，自己会如何，但我知道现在，在故事的结尾里，我成了自己的英雄。

今年清明的雨淅淅沥沥，绵延的水涌向那棵树最初诞生的地方。纸灰在火光中，上上下下，仿佛下一刻就会落在大理石前的彩色照片上，还好这场风吹尽的不只眼角抹去的几滴泪。遗憾的是压在心里没有发出一丝声响，只在记忆中的树前默念百次，"等我……的时候，就好了"，可一棵树的生命貌似不足够用数字来衡量。本以为我已经拥有了奔向那棵树所向往的森林的勇气，回头才发现，只是，我再也等不到你了。

偶尔抬头望向天空中的星星，我想是那棵树所在的方向，可惜不知道尽头是什么模样，但我想大概那里会有一棵树在尝试成为一片林。

谢欢，2002 年生于南方一场厚雪时分，江西师范大学 2020 级创意写作本科生，2024 级文艺学硕士生。目前最喜欢的作家是迟子建，崇拜其叙述故事的神奇魔力，被她作品中天地自然的灵性所吸引。在功利主义盛行的时代下，我始终相信文学对全人类的终极守护意义。希望每一个投身文学的人都能勇敢地跨越藩篱，更丰富地回到文学。

五四青年（外六首）

如果我说我尊重你

在浑浊的天空下

在黑暗的迷宫里

火炬般的眼直视被深藏的光明

在所有的看客之外

你是清醒而无奈的存在

卑怯的旧中国

如果我说我敬佩你

多少人振臂呼喊

你宁愿以笔替刃

化作手中最锋利的武器

充斥心头的无奈与愤恨

融在刚健有力的方块字中

溢出你无限的柔情和悲叹。

如果我说我仰慕你

振聋发聩的文字

唤醒青年的朦胧

用透彻的哲学思想

启迪一代又一代青年人的思考

你的名字是鲁迅

你所面对的是中国

暮色狂奔

潮水、暮色，和你

我遥望被紫色云雾包裹住的那端

黄昏、太阳落山前

想要穿越城市，握紧你的双手

无法阻止地奔向你

啊，我的爱人

海平线阻隔住你和我间的距离

我在线的这端跃跃欲试

要付出多少代价，才能接近你

沙滩、海平线，和我

如果我跨过了潮水和星空

变成已上膛的猎枪，

请你等待着我将你的心脏俘获

互相依偎在柔软的沙里

远处灯火亮起，我们在这端相恋

潮水吻着赤足，我紧紧握住你的双手

海风浪漫，在暮色里狂奔向你

你在或不在，我都无可救药地想你

在平缓的日子里

在平缓的日子里

潮水汹涌拍打上岸

月亮伴着空气中的阵香浮在天际

花田中的郁金香已然开过半个盛夏

红的，绿的，金黄色的

刺眼的阳光铺在这颜料盘上

油润的花瓣表面折射出钻石般的璀璨

死寂融在每一粒灰尘中

瞬间袭来，击溃五彩斑斓的画面与气味

一扇窗阻隔开两个不同的世界

所有人被迫躲在窗的另一边

同我一起被囚禁的

是低饱和的灰色场景

以及弥漫在浴室的人造香精味

阳台边的鼠尾草安静地低垂身躯

等待枯黄爬上她紫色的美丽。

幻　象

迈巴赫和血腥玛丽

急速飞驰的高速道上

徜徉着的黑色幽灵

旅人歌吟着孤独和旋律

将摇晃的高脚杯点燃

放入枯萎的白玫瑰

路口牌指示断裂的前方

绕过无数个循环后坠入弯崖

它将反射月光的镰刀藏在身后

静悄悄等待深渊的归宿

路　口

这里人迹罕至

枯草的焦败盛开在心瓣

土壤贫瘠，等不来一朵玫瑰的盛放

落日余晖将空荡荡的街区填满

钻不进细胞间的缝隙

我好像得了一种怪病

能听见身体内器官的叫嚣

除了那颗不停在鼓动却寂静的心脏

它缄默不语，或许在嘲讽

我站在星空底下的路口

黑暗沉默吞噬不知何时交出的勇气

直至黎明将至

我就站在这里，寸步不行

凉

蝉鸣将万物牢牢钉在地上

我躲在烈焰抵达不到的角落

冰凉穿透器官

将细胞填塞

时间在耳边发出尖锐的脚步声

踢踏着舞步在身侧划开巨大的黑洞

排山倒海挤压通红的心脏

拜托，请停止这狂热的韵律

黑夜将最后的光亮吞噬

身体依旧被锁在早被温热了的角落

我小心翼翼地将四肢缩起

月亮用清冷的眼将我上下打量

嘲讽着燥热的灵魂

永远不安宁于假装平淡的躯体

南方小城

我在节拍的间奏里突然想起

夏天夜晚雨后的潮湿味道

暗绿的蝉跳跃在草丛里

发出静谧的响

人们三三两两落在石子路上

星星们被遮蔽目光

街灯投射下孤寂的注视

河边的烧烤摊点起彩色的灯光

熏肉的烟雾飘扬在迷蒙的雨露中

啤酒被泡在麦香味的故乡

借着人们抒情的豪迈出走远方

欢声笑语填塞住每个间歇

那是几年前南方的一个小县城

如今留给我追忆回想的怅然

王子睿，重庆人，2000 年冬月生人，江西师范大学文学院 2019 级创意写作班毕业生，现就读于中国传媒大学艺术研究院。在外漂泊的第五个年头，从西南到东南再到华北，"故乡"的含义却愈加难以说清道明，或许，这本就是一个生成中的概念，只有在同为生命体的诗意空间里，才能略微触及吧。

我的写作，是在一座荒山中建立的园地，创写的日子，是自我的发掘亦是众我的交汇。还记得，教室的窗外，被法国梧桐温暖的光，照亮那些围坐一圈的人儿，他们穿越时空，成为我最坚实的拐杖。

流浪的故乡（三首）

蟹壳青

曾经

我们去寻找无人找寻的地方

去众星交汇的山巅

看黑夜如何让位于

太阳与稻海的交辉

那镶嵌着琉璃的云

闪着香槟色的珍珠之梦

我们将如何别离

你金褐色的汗水

带来泡沫般的窒息

我是甘愿受旱的战利品

在喑哑中引吭高歌

努力但是，彼此放生

你说：柴草不遇火，蟹壳则长青

我们将如何相遇

当世界不再赐予呼吸

挣扎却相拥，愉悦中撕扯

褪去被溪水染色的肌肤，终于

留下那一对奇诡的赤骨

浸没在山林盛开的鸢尾花丛

就像雪消融于火中

孔　雀

离开家的时候，我杀死了那只孔雀

它从小陪我长大，如今也是

成了我身上，五色斑斓的灰衣

黄沙与飞雪，冻毙于枝头的麻雀

为免沉沦，水里的孩子，托起坠落的巢穴

它那不能瞑目的眼，决眦地看着黑天

（尸鸟亦为其哀矜，从此孤掌难鸣）

可是，连狂风也吹不开的尘霾啊

让我用唯一炽热的泪水

扶起那被榨干的脆叶

这傀儡般的生命幻象，攀满叶脉的红色天宇

是我仅剩的血

能否圆你，未尽的乡愿

（原谅，我的自作多情）

儿时的星星——身上的万千眼睛

带着泥香的风儿啊，请告诉我：

在我这贫瘠的土地上

已逐渐生不出黑的发

但我等待着

那湿热的魂灵

何时开出最后的玫瑰

隧　道

爷爷前半生骄傲的事

是曾修建了一条火车隧道

作为代价

他的一条腿永远留在山里

从此，那山便成了我们的腿

爷爷后半生骄傲的事

是为火车隧道凿刻碑文

这千万年的蜀道

进来的人，笑说不难

出去的人，笑称为难

爷爷终身遗憾的事

是修建了一条火车隧道

却不知通向哪里

是凿了一辈子的碑文

却丢了孩子的名姓

罗陈浩，来自福建南平，江西师范大学2024级写作理论与实践研究生。创作以生命与爱为基本主题，追求一种清丽淡雅的写作风格，并融会自己对于生活的思考。写作文体上，以小说创作为主。个人爱好乡间骑行、散步、小提琴等。作品散见于《延平文学》等刊物。

梦　话

他是一个很自卑的男孩，悄悄喜欢上了一个女孩。

那个女孩好像并没有什么特殊的，坐在班级一处不显眼的位置，他却总能顺着阳光的方向找到她，不过一眨眼的时间而已。他看见她的笑，也看见她的平静，他喜欢她的所有表情。

他最喜欢看见她从自己的身边掠过，午后的阳光从林木间渗过来，一条条淌过她的影子。她只留下她的身影，和吹起她长长裙摆的风，往他这里带来令人暖醉的温馨。

就在她经过的这一刻，他的心底漾出层迭波澜。他留在无人的亭子里，单膝跪地，展开了一张信笺，笔触难抑激动：

致夏恬：

你好！很抱歉让你看到这封信，我写这封信是因为——我喜欢你。也许你会觉得很惊讶吧，这样一个没什么特点的人，这样一个有些丑陋的人，居然会喜欢一个比他好上太多的女孩。

他冷静下来了。一口气把那些字全部划掉，烦躁地揉成一团。他想把这张纸往湖泊丢去。在将要脱手的那一刻，他又后悔了，松下手指的力度，一点点展开褶皱的纸张。他坐在亭子里往外看，看曾经与她相遇过的那条路，算算上次遇见，是在多久之前了。沉默良久，他长长叹出一口气。思念溢满湖水，随白鹭腾起，划过星光黯淡的傍晚，他重新找到了话语——

夏，恬。

我怀着激动写下你的名字。其实在心里，我已经暗自写过无数次了，连笔画在哪里转折比较好看、哪边轻哪边重比较和谐也反反复复过好多次，我甚至想把你的气质融进这短短三个字里。名字从不只是一个代号，对我来说，它就是我心里的你。我当然珍惜它，因为我喜欢你。

之所以写得这样明白，这样显露，之所以我不用一张新的信笺写下这段文字，是因为我想好了，这封信只留给我自己。我绝不会让你知道我喜欢你。因为我喜欢你，所以，这份爱与你无关。

我是很纠结的一个人，分不清我的感情是怎样的。不知从何时起，我就一直留意着你了。每次都默默期待上课，因为能看到你，我喜欢坐在人群里等，等你从教室门口进来。我记下了你舍友的模样，只要看见她们，我就知道你要来了，装作顺便看去的样子，等你的身影出现，手心竟有些出汗。我分得清你的音色，人群熙攘也好，你坐得远了也罢，只要你说话，我总能辨认出来，然后往你那里看去。在我印象里，你总是笑得很多，所以在你表情淡漠的时候，我反倒觉得很可爱。我记得你的步态、你手上的小动作，记得你在每个季节喜欢穿些怎样的衣服、一套衣服穿几天，记得你绑过的所有发型，尤其是绑着麻花辫的样子。我记得你喜欢往没什么人的地方散步，但也不排斥热闹。每个课后，当你独自从路上走去时，我不想走在你的身侧，只想在你背后用目光陪衬你。当你不在的时候，心里忽然就变得落寞了，我会顺着以前曾与你相遇过的地方独自徘徊，像是找寻丢掉了的一声招呼。放假的时候，我会在离你很远的地方悄悄想你，告诉自己要为了你变成一个更好的人，去学些什么、看些什么。我甚至进步了很多很多。

纵然我再纠结，再暧昧不清，我也不能否认掉这种感情的存在，这种感情，是"喜欢"吧。老实说，我很害怕，我如果真的喜欢你，就不该这时才发现，我不想我对你的爱那样廉价，它值得我一点点去期待、去呵护。可是很快，我们马上要大学毕业了，届时这样的爱，该何去何从呢？

我想了很久，现在想好了。放心，我不会让你知道我喜欢你的。

我知道我的这种喜欢近乎变态、近乎疯狂了，要是我，我也受不起这样的喜欢。而且我又对你真的了解多少呢，仅仅凭我对你的印象去喜欢你，我只会越来越喜欢一个虚构出来的人，而不是真正的你。何况我们之间毫无感情，话不多三句，招呼也不打，相遇只是装作冷脸，想鼓起勇气打招呼又怕尴尬。我没有能不打扰你还可以接近你的途径，在了解你的更多和不愿给你带来心理负担这二者里，我选择了后者。

因为喜欢你，我不想让你知道这件事，我知道自己不能陪在你的身侧，陪你走过一生，所以我不想你被这份感情困扰。不过要是让你知道了，你会觉得难过，还是高兴呢？

突然好想看见你的笑容。如果感情也能遥遥感应，那我希望这份辗转反侧的喜欢，可以让你一直一直笑下去，因为我会一直一直喜欢你。

×　×　×

二十二岁记

他放下笔，星光从湖水上漫过来。他忽然觉得心境开阔了许多。风从武夷山那边吹过来，挑动他饱含爱意的书句，在校园里慢慢飘远。人来了，人又去，白鹭飞过，又在明月湖上盘旋落下。爪与湖水接触的那一瞬，荡开了昼夜交错的天空。当涟漪拍回湖岸时，学校里早就没有了他们的身影。学校里的面孔永远是幼稚而可爱的，只不过那些面孔已再非他们。

毕业了。

弹指间，十年从指缝穿过。他从福州回来，在南平市站下车，正准备直接转走时，忽然记得那所静坐在武夷山里的母校，回去看看的念头只一倏忽便坚定了下来。申请，通过，走过快要认不得的校门，他走回校园，看着周遭的大学生们发愣。他在迷茫中走去，耳边响起了白鹭长鸣，他猛然发现，自己已经走到了十年前的那个地方。湖心岛还在，草木也依稀，那个仿宋风格的八角亭却不见了。

他有点自嘲地笑笑，还在才奇怪。就着一个上午的阳光，他在湖边坐了下来。虽然没有信笺，工作用的记录本也行，他只想快些，把心里的话语捉住。

> 夏恬，我的字写得有些不复往昔了。真是时光荏苒。
>
> 这还是一封不会让你知道的信，不过，就算眼下我想要把它寄给你，也不太可能了吧。我们连联系方式都没有加过，毕业之后再无联系，我去哪里找人把信给你呢，要是在聊天列表里突然发一句告白，恐怕只会被觉得神经病吧。
>
> 现在，我其实有些后悔，为什么当初不向你告白。不希望你被打扰，可实际上，哪怕我真的打扰了，十年的时间也足以冲刷掉你对我的所有阴影了。更何况还会有一个更优秀的人陪在你侧，叫你忘记那些不该拥有的记忆。要是最初真的把那句喜欢说出口就好了。
>
> 在我们毕业之后，我很快就找到工作了，也就是个小文员，不说

多高也不说多差。我最开始想只要能偷懒，留点时间给自己就好，看看书学学东西，依然想往你的气质上靠拢，然后才发现自己实在太过理想。哪里有那么多时间给自己，就算刻意留下时间了，又会陷入迷茫和痛苦，接着拿起手机刷个不停。工作换了又换，攒下的钱少得可怜，唯一不变的是我没有坚持做好任何事情。我对自己，远远比不上在学校时那样上心。

于是我常常想起你。你对我来说那样重要，只是知道你的存在，就能让人感到安心，能鼓起勇气活下去。我处理不好人际关系，处理不来人情世故，每每被现实迎头一击之后，我就想起你来了。我曾经想，这辈子或许不会遇上第二个像你这样的女孩了，不娶到你，干脆不结婚吧。可是这种天真的信念也不过维持了几年，不用父母催，三十一岁的我已经快被自己的焦虑压得喘不过气来了。我的一些同辈的亲戚们、一些朋友们都已经带着孩子出来散步了，我还是一个人独来独往，每到过年回家的时候，我都想马上逃走，无声的诘问比什么都让人心痛。我麻木地听凭安排，和几个姑娘相亲，可每次都觉得别扭，与她们的会面往往让我无地自容。说来也是，一个大龄青年，并不出色，没有什么选择的余地。

其中有个姑娘很特别。她与我相见的时候苦涩地笑了笑，吐个舌头，说她是被迫来的。和她聊着聊着，慢慢地也就谈开了。一出口的意外，我和她说了我喜欢着你的事情，她听得很入迷，手捂着嘴笑嘻嘻的："那你怎么不去联系人家？"

我当然不能联系你，十年前给自己约定好了的。但我一直在默默打听你的消息。宿舍同学每年都会聚一餐，我怀着对你的期待，总是等着时机说话，不经意地插入话题，从别的东西谈起，再慢慢、慢慢过渡到人，再到班级，然后装作感叹地开始点出谁谁的名字来，等到我觉得差不多了，再嘶的一声提到你的名字，问你怎么样了。这招用得灵活一些，没人能发现我的感情。我也知道了你这十年来的生活很稳定，只是还没听说你有恋爱什么的。不过我们的社会身份摆在这里，你是生活得稳定的，我是飘摇不定的，我很想凭着爱的冲动找到你，但我们都已经到了要为家人考虑的年纪了。光有爱情未必能撑起一段婚姻，何况你对我完全没有感情。

我已经接受了，会和一个自己不喜欢也不讨厌的人在一起养大一个孩子，再慢慢老去的人生。多让人觉得无力的一件事情。不过，只要还能喜欢你，一切总不会变得那么糟糕吧。

所以，我还是在喜欢着你，而且会一直喜欢下去。

×××

三十一岁记

他回望着记忆中的天空，缓缓张开了怀抱。

很多年后的某天，当他醉醺醺地从门板上扑倒在床时，不慎拍到了柜子，一个坚硬的声音砸在地。他气喘吁吁撑起身子，晕着头拾起地上的盒子，和漏在地上，那两封黄得快要脆开的信纸。昏暗中，他认清了年轻时的字迹。

他随手将信纸撕成两半，往空无一人的房间中信手挥去。纸絮宛如雪落，倏忽间拂掠过窗外的灯火夜色，屋子似乎乌黑几分。城市的灯光重新照了进来，映出屋里混乱的黑影，模模糊糊地晕在墙上。他转头看去，黑影中的一份无言望着他。

窗外的城市静谧而繁华，众生喧嚷汇成一阵久久不息的嗡鸣。他的手胡乱往书桌上探去，暗暗期待着不要摸到一支笔，偏偏在不常碰及的角落里，那支弃用多年的钢笔被他抹开了一指尘埃。

他慵懒地伏在桌前，往窗外长长地呼出一声，模糊的灯光里挑出几分模糊的思绪。那是很久以前她曾走过的光景。

夏恬：

你好啊。多久没见了，我也想不清。不过你也记不得，所以我寻思也没什么要紧。反正我没想过我还会写这么个东西，也没想过要给谁看见。无所谓了。

没记错的话我也快五十岁了吧，记性不好，老了。离上次写这玩意也是十多年前的事了。要不是今天恰巧翻到，鬼才会想起以前那些破事。

不知道怎么想的，以前总把爱情、喜欢挂在嘴边，觉得那种东西是生命，缺了就不行，就要活不下去。哪有那么神圣。说白了，爱情是婚姻的前奏。婚姻是目的、意义。所谓结婚，就是接受两个人一起的生活，要会察言观色，要小心谨慎，要两个人猜来猜去，还要和两家人猜来猜去，此外还要生孩子，还要吵吵架……婚姻不可或缺的东西里面，并没有爱情的位置。我先前结过一次婚，就是和我说起你的那个女的，最初那段时间还好，没几年也就离了，因为"性格不合"。还好没有孩子。那个女的后来又结了一次婚，这次倒顺利，她的老公还不错。这会儿他们的孩子大概九岁大了。

所以我才可以说，爱情是维系不住婚姻的，婚姻本身就在消亡爱情。夫妻之间凭着责任过完一生，仍是生活的柴米油盐酱醋茶。离婚的借口多了去了，说到底就是没意思了。久了乏味，就换新，接受得了乏味就不换，接受不了就常换，直到哪天接受了为止。人在这件事上有着超乎西西弗斯的执着。

不知道西西弗斯结不结婚，我反正不结，也再无结婚的想法。让别人焦头烂额去吧。三十多岁的时候有多急，这会儿的我就有多闲。生活，挣两个小钱，走几座城市，脸皮厚些不去听见别人的声音，过得好极了。

上次想起你还是离婚的时候，想方设法要打听你的消息，听说你结婚了，难受了好一阵，想来也是吃饱了撑的。去他妈的爱情，有几瓶酒几根烟重。以前没事干天天自我感动，不就是装可怜。

没有啥想说的了，这么多年过去想你也有孩子了，祝你幸福吧。

他把笔随手摔进垃圾桶，同碰撞声一起瘫下，呼吸愈感沉重。他想睡去，却睡不着，朦胧间，他闻见自己身上的浓郁的酒气。他恶心极了。在那阵恶心的末尾、厌恶还没有结束的地方，光丝忽然盈满眼眶。头下被褥变得湿凉之后，他才明白自己在哭。他莫名地笑了。

沉入睡梦前，他把撕碎的信笺重新装回了盒子。

岁月蹁跹。某个山中小镇里，那间数年没有住人的房子今早突然开了门。附近的人们好奇地往里边觑着，客厅幽暗，晨光熹微，沙发桌椅方才擦干，细细的水珠痕迹尚存。站在门口，能闻见湿布拭过老木家具的陈味。楼梯里响荡起几阵咳嗽，拐杖笃笃的声音愈发明显。人们欲走未走，偏过头向里瞥去。

迎着楼间阳光，一个有些驼背的老人走了下来，鬓发银白，满面沧桑，老花镜后一双浑浊的眼。手中抱着一只铁盒子。人们顺着他蹒跚的步子认出了他，他是当年这家人的独子，打光棍，父母逝世时离开了这里，听说一直独自在外流走。有好多年了。

人群里零散传来几句招呼，老人向他们露出一个迟缓的笑容。少顷的热闹随太阳升起，照入门庭，直到最后一个身影也从家中走远。老人目送他们离去，皱纹褶成的笑仍在他的脸上。他缓缓在桌前坐下，打开铁盒，粗糙的手抚过一页页信笺，眼里近乎满是慈爱。

许久，老人小心在桌上展开一张新的信纸，把年轻时买下的那支钢笔噙满墨。写下第一个字前，老人抬起头，门外是再熟悉不过的山和天空，夕阳从山侧裁开光暗。

致，夏恬：

好久不见，你还好吗？

时间真快。出走半生，我终究回到了这个生我养我的地方。昨天累了一天，好不容易搞完了卫生，早早睡了。早上洗脸的时候，觉得手有些生，抬头看见镜子，发现里面站着的，是一个小老头。真是岁月不饶人。

不刻意想恐怕不会发现，一路下来我都说了多少次再见了。身边的人来了又去，而我形迹匆匆，把平生用在来往路途上。我还是没有结婚，没有孩子。这几十年，我四处游走，在一座座城市里徘徊。到一座城没几年，又去另一座陌生的城，独来独往。最密切的交谈，大概是沙县小吃的老板问我面冷没冷吧。如此的年华，偶尔在路灯下看见自己的影子，也会觉得有些寂寞。

父亲和母亲为我操心之至。最初他们焦虑我的婚姻，年岁渐长，焦虑愈甚。直到我白发霜生，他们才慢慢放下这个念头。虽然我总说，这样的日子适合我，不需要为我担心，他们却从未相信。我放弃了说服他们的想法，想着也许就会这样一直下去吧。这样的想法伴随了我整个中年，直到六十三岁。那年，他们前后脚离开了。父亲先走，记得弥留时他说他觉得愧疚，我说我才是。母亲不久也离开了，我蹲在床前问她觉不觉得遗憾，她笑着说，不遗憾。

我没有家了，也没有了熟识的人，活成孑然一身。和父亲母亲告别之前，我看见山上层层叠叠的墓碑，想到自己有一天也要回到这里，心里意外的轻松。在决定人生的最后一个漂泊地时，脑海里闪过的回忆，依稀是年轻时你的笑容。

不知哪里来的动力，我试着一个个去联系几十年前的那些朋友，但他们的电话大都变成了空号，只能想方设法去找换掉的号码。好不容易找到一个，接电话的却是一个女孩，我问出那个名字，她说爷爷早就去世了。我茫然想起来，他曾语气坚定地跟我说他这辈子不结婚。

我在武夷山的街头上逛了一段日子，学校改名了，我也再不能进去，就绕着学校外的马路走，往那些年轻的脸上眺望去，一圈又一圈。是在一个早晨，我坐在车站凳子上看街，感觉有什么人在看我。看得久了有些嫌，就想瞪她，回头一看，那张苍老的脸有点眼熟。我一下想起来，那是我唯一的妻子，我的前妻。

她面色呆滞地挪步上前：

"呀，你在这里的？"

"是啊。"

"你怎么在这里……你也这么老了。"

她满眼的不思议，我却没有太大感情。很久我才接受，眼下这个提着菜篮子的老太婆，就是曾朝我吐舌头笑着的姑娘。我有些心噎，随口答着：

"老了，老了。"

"你小孩呢？"

我摇摇头，她望着我，没有说话。她久久没有离开，驻足一旁似乎想说什么。我便试着去问她那个名字：

"那个人，夏恬，你还记得吗？"

"我就知道，你肯定是要问她。"

"啊，你知道她？"

她的眼睛一下子黯淡了许多，躲闪着往地上看去。

"我女儿跟她女儿认识。"

"那她现在在哪儿啊？"

"她不在了，前几年走的，冠心病。"

老人顿住了笔，墨水在"病"字上一点点渲染开。他缓缓移过手，不断轻轻地点头：

我这辈子有很多事没做完。想多说几句话，想多喝几杯酒，想多走些路，还想把这些信寄给你。遗憾太多，我唯独不后悔这样活过。这辈子说不上多精彩，却也不无聊。我从这世界上走过，见过很多风景很多人，感受过了身为人所能感受的爱恨，也曾在最好的年纪与你相遇。如此写下的青春，宛若一阵风，这风足以吹过我的整个人生。

我也走到日落时分了，此时才决定把这些信寄给你。爱和梦想都已经是很久以前的事情了，我有些害怕去谈那种东西。现在，我更想找你喝喝茶，聊一些过去的事情。

再见。

×××

七十三岁记

老人拿出盒子里所有的信，出门，狭长的田路就在眼前，迢迢通向群山。

他止步眺望远方。群山巍峨耸立，风轻云淡，阳光明媚。沿阡陌，一路盛开了未名的花。风忽然从记忆的深处吹来。记得那时的八角亭外星月初起，她正骑着一辆车，悠然从他身旁掠过。

徐璀玉，江西师范大学 2024 级写作理论与实践研究生。曾为了多出去走走做过需要经常出差的工作，也曾站上三尺讲台成为一名普通的小学老师。孩子们开始学习汉字从"天、地、人"起始，这让我重新开始从汉语的根源来理解这个世界。我们是这广阔天地间的芸芸众生，也是顶天立地昂首挺胸的人。也许读万卷书和行万里路难以兼顾，但总会有一个正在实现。文学从未远离，只要拿起笔、捧起书，文学自会出现在身边。

献给疾病的纪念

一

时空乱序　冬季高温

北半球昼长夜短

立于穿行的路口　等候红灯

二十年很短　一星期很长

冬季的幻觉姗姗来迟

拖延着　抗拒着

分秒的流动　时疾时徐

反复踏入河流

涌入混沌之水

隔绝未来和过去

遮蔽长远的责任和眼下的梦想

大雨冬季降临

太阳忘记上学的路

天空形成地面的深渊

地下的城市复活

红绿灯光芒眩晕铺散

人与车幽灵的影子行驶

目击隧道短瞬的巨响

接连喑哑的哭声阵阵

低温和冷雨带来臃肿的城市

和臃肿的行人

二

为了纪念公共图书馆的假死

我重新开始购买图书

在赛博的世界里精打细算

与各大售书平台斗智斗勇

图书馆的尸体暴晒在空无一人的街道上

它的躯壳封闭

而内里的血液和脏器鲜活

它此刻无法浇灌我

我也无处遥望它

为了悼念死去的网站

网络的游民自发建立起电子的坟墓

现实世界的风

无法扬起字节的尘埃

三

四月停摆　喜鹊筑巢

退耕还林　耳清目明

请把危机围困在四月的末尾

迎接一个自由的五月

城市遭受一场永无止境的肺病

忧郁不仅仅是谁或谁的情绪

春天生机勃勃地沉降下去

升腾起潮湿的日与夜

黏稠如患了咳疾的肺

黄昏的游桨与张皇的蝙蝠

消失的叶影与斑驳的街灯

人影憧憧　形色朦胧

僵直的双臂何处去寻

遗忘的拥抱

金黄漫天飞舞

晚风游走　啼哭　哂笑　滥用歧义

夜影暗流涌动

无意间我们仿佛看到了世界的尽头

请告诉土地上的虫鱼鸟兽，一草一木，钢筋铁骨
道路上没有人类的地球
是什么样子的

四

四月困住时间
日日夜夜意义不在
向前奔跑的是马蹄和流水
时间困在四月

苏醒在昨日的中午
入睡于今日的凌晨
时间搅动在一起
城市旋转在巨大的滚筒里
洗涤　脱水
然而尘埃无法摆脱
诗歌对疾病无解

你应该去南山看看春天
你应该去玉门关听听折柳
你应该在四月阅读荒原

我们时常感到停滞
受困于虚无的理由

这就是未来么

这也是历史吧

四月是残忍的

我们再也不能劝一个失意的人

出门旅行

深夜里把血肉贡献给小虫

祭奠曾经被填饱的肚子

五

春风不曾写诗

游荡无人的街道

春风需要告别

告别第十一根路灯

短诗喑哑　声音枯竭

蛙鸣的军队袭来

堂食失效　公园熄灭

驶入回家的迷宫

在躲闪的岔道口

散步慌张和狂笑

春风满怀生长

过去隐退　未来消弭

繁星胡言乱语

春风不会写诗

六

在周一之前

鼓手埋头苦干沉默不语

五颜六色的脸庞满地游走

原来还有许多生命依然鲜活

在周一之前

饮一口不老之酒

跃入震颤着的地壳

涌入鱼缸中的海市蜃楼

在周一之前

大肆呼喊、狂舞

皮囊折叠进口袋

挥霍先天的盲目

耗尽天然的蒙蔽

我是此时此刻命运之神

在周一之前

狂妄无顶　一浪一浪水波涌动

藏匿胆怯　膨胀勇敢

明天不再到来

巨大的狂喜对我言听计从

在周一之前

放掉蹩脚的审判之锤

濒死的意识流死而复生

在五光十色的镁光灯里川流不息

我们共同呼喊咦噢咦噢

七

我本应投入人群欢呼自由的降临

此刻却盘踞于虚伪的高地担忧黎明

我应该感恩短暂的禁闭寻回了夜晚的细腻

却仍然不知悔改地狼吞虎咽、挥霍一空

我应该去思考和整理迎面而来的变与不变

而非屈膝着卑琐地撤退

冬日的夜雨呼吸残喘

路灯的白光眼色幽微

我在夜晚挥霍着来之不易的平静

写着语焉不详的诗歌

我在集体大病初愈的前夕忏悔勇气的坍缩

宇宙寂静如旧

蚁虫仍然盲目追索

郑洋，"你的写作习惯就是把自己的想法和情绪藏得很深，你对坦露自己的内心有着强烈的抗拒。感觉这种情绪每个写作者都会有，想要表达和别人的理解，又耻于坦露内心……"

"你的表达和你的生活都给我一种陌生化的处理感觉。"

不清楚会被什么样的人读到——未知的可能性，作为一类出版物而存在——有种很苦恼的感觉（可能有点夸大，但"介意"是存在的），所以想着用凝视（谈不上贬义，相反，很感谢收到大家的评价，是被喂到的蜜）对抗同类行为。

回到自我身上，想让文字替而发声，请善待！

不喜欢自我介绍。

沫

故事梗概：

《沫》的故事围绕着三个家庭，每个家庭内部都出现了一名在亲密关系下失控的成员——而痛苦的缘由也一致，在亲缘的身份称呼下感到自我部分地丧失。作品呈现的是方芷与程申组成的家庭，而由方芷延伸出她的父亲（夫妻婚姻失去存在合法性——方芷交由姑姑领养），由程申引出林姨的外甥（亲子关系以血腥作结）。成年后的方芷因为补偿心理而迅速进入婚姻，隐约中她又感到由此构建起的情感与预期不符。等到剧本发生的当下，方芷听闻了林姨的故事，促使她试着做一次接近——因经历的相似，两个陌生男子的形象最终重合了起来。在这次奇怪的"寻父"行动中，方芷由找寻父亲最终确认了自我——走向正式的失控，非线性的记忆无序交替。

人物介绍：

● 程太太（方芷）　年幼失去双亲而被姑姑领养。

● 程先生（程申）　方芷的丈夫。

● 程母（汪昭青）　方芷的婆婆。

● 程锦（蚕豆）　程申的侄儿。

● 林姨　程家的熟人，哭诉妹妹的不幸，第二场时并不真正出场，仅为方芷内心中的回忆引发声音。

● 王奶奶　血案的第一发现者，第二场时并不真正出场，仅为方芷内心中的回忆引发声音。

● 甲／乙／丙　方芷看望林姨时遇上的若干人，第二场时并不真正出场，仅为方芷内心中的回忆引发声音。

未出场的人物：

● 方芷的父亲　与妻子互相漠不关心，妻子早逝后同年因意外逝世。

● 林姨的外甥　弑母而被执行死刑。

台景：一间 L 字形厨房面向观众，并不全封，留有一定间隙，布置得极平常，左前方开了扇窗与水槽相连，一片街景隐隐透出。右壁靠里设有一门通向客厅，无从得知陈设如何，幕间仅有呼声自里传出。

第一场

〔幕启时，只见凹槽里堆了些未洗净的碗盘，数量不多而听得水声绵绵，早晨时刻。

〔先听得客厅方向传来争闹喧哗声，歇停处夹着什么人嗓嗓子般的低哄——不久也真的堵了喉咙似的——引出一串粗浊的咳声盖过了其余动静。待停后，霎时又听不见人声喧扰，仿佛经过刚才那阵威势，里间俨然临着什么独权者一样，其余声气皆发怵般垂了头。寂静。漫起收紧了的嗡嗡响，如地下泉流。潺潺。

〔其后程太太笑着推开右门，并不走离，转身停住，朝客厅方向挥了挥手，尖鼓起嘴做着怪相，刚想脱开身子，又被绊了脚步。

程太太：（探出脑袋朝外嗤嗤揶揄道）小蚕豆，外交部长？有这么在——别国里闹的嘛？你伯父还睡着呢，也难得休假。当心闹醒了他，给你下……

〔因门半开着，较先前能听得清楚些。幕后童音连声蹦出，传来老妇喃喃嘟囔的叨叨：好好，好豆儿，清早不要闹，和奶奶来念书。

〔接下去道：（口中含着涎水）这儿吗？秋风……

〔一天冷似一天，更把人紧了些，像——立即有孩声唱经般接上。

〔程太太瞧着，敛起面孔，渐把门合上，走向水池旁。

程太太：（关了水，取下格子裙穿好，掌了方布，拿过洗洁精挤着，却只见水流急窜，望着不免呆了会）噢！（机械般刚想往右门走去，忽地停住，暗自好笑起来）昨晚才给他送来，这眼啊也没几时离过身子。不做什么部长，当暗探也能啊。不过上回也说该换了，都见了底。

〔身后传来门启时的吱扭声，程太太偏过头看去，又传来祖孙一缓一促的声响，含混了黏在一块，辨不得是在说些什么。她弯下腰拾起脚边的矮凳，踱过去将门抵住，揿牢了也就顺势半蹲下拨弄着拖鞋的侧边，为眼下有无出门的必要思虑着。没过多久她就直起身来，掸了掸衣裳，走回水槽边去了。

程太太：（侧手撑了身子，右手不自主地伸进池里掠着水，自语道）等会了林姨，再……一并解决吧，反正已经约了时候，总要出门的。（拉开窗子，又隔远了些，舒了舒两臂，颇为自如地吐了口气）哗！（翻着掌心垂向晨光，好似丈量什么一样停在半空）好天气。

〔街上传来敲糖声：叮叮哚，叮哚叮哚叮叮哚。

〔她移了身子向窗棂展去，被一阵旋风迷了眼，歪过头去两手揉着。

〔右门推开，矮凳被送到一边，程先生抓着后脑的乱发，哈着气撇了舌头上。

〔老妇的声音：不多睡会儿？昨晚……豆儿！（即刻传来）

〔铁锤错落了位置，仿佛心不在焉般胡乱敲了几下，又是一串环声扬起，而敲打音变成了当声，叮当叮当当振着。（同时）

程先生：（仿佛仍撑不开眼，用右腿踢好门）不睡了，给媳妇问安去，合您老人家的……（走近妻子身边，随手搭着肩，尖起嗓子，慢声）早——啊。猜我梦到了什么？（托着下颔，低下眼睛随口）应该，是我自己的手指！那么——（见她摩着眼睑不招呼）这是怎么了？

程太太：（紧眨了几下，睁开觉得更不适，随口答应地）吹进东西，生起风来了。

程先生：（肃然将她拉近身边）是不是这么一阵风？（吐气）

程太太：（捏住鼻子，伴作欲吐状）刚起？（意识到脸上淌着水没擦，拉过袖子抹去）打算出门吗，顺便买点……

程先生：（从台面架子后摸出一瓶盖来，嘻嘻笑着连连打躬）喏，部长特吩咐过小的，不要忘了及早奉还，以免……伤两国之旧好。

程太太：（接过，瞧了一眼）刚还想着又要跑一趟哪，也够量了，碗筷不多。（轻轻晃着，漫不经心道）出去吗等会，听得那娃儿说，你——

程先生：（想起什么事来，并未接话）妈熬的晤，喝了吗，她要问的。

程太太：（脸微红，不过几乎看不出变色，随手将瓶盖掷进水中）还搁在床头呢，你不说我都记不得了，晚上光顾着盼蚕豆睡，待会我寻个机会倒了，免得……（眨眼）

〔上述谈话间敲糖声一直当着，此时渐远。

程先生：（瞥着指甲）也好。

程太太：（自知不太自然，强勉出笑意）打算去哪呢，休息日起这么早。蚕豆要你带他出门哪，临睡前还吵着要当面和你说定。

〔右门无人暗启，滑动声响被谈话声盖过。

程先生：（无顾忌地）本想往南城去，（程太太略没站稳，暗扶住身子）慰慰那事儿，只想啊怕蚕豆儿透了口让妈知道，被她知道啊。（紧了紧鼻子）嘻！（抬起肩来转又泄了劲）这事呢，原不好（嗫声）。再说带着孩子不定恼了林姨，总要清静才好。估计逛会儿向哪处散散步去。不过你说妈——

〔内老妇黏着唾沫含嗔道：别人家躲不及的，你倒赶趟子迎去，说了几遍了，有些交情啊，它也该散！

〔两人一齐向右一望，而后回转身来彼此对了眼。程先生努起嘴向那一撇，抽了口气。程太太拨过手指贴近两唇示意着，摇了摇头。

程太太：（高声地）也真是的，什么脏污臭事你也要掺和，不辨好坏！（内传来老妇紧着喉咙的噜声）（换出笑态，屈手推向门外）去去，别来我这打牙祭了，妈定的规矩，假日三餐各管各的，劳不着谁。向妈赔罪去，讨一口粥吃，垫垫你这不知轻重的。

〔程先生由右门下，边向外赔笑脸，边使性踢实了门，大有责怪之意。程太太不知怎的，从哪处掘出了谴意，眼含诮讯目送他离开。

〔她回至槽前动手洗涤起来，以下自话片段间并不停了动作，却非躁躁地，而是带了舒缓轻盈的姿态做着。

〔远处原有歌声播着，趁此时寂静方显了出来：这谈不上爱，既然你看得我，这么坦荡。一时人声吟唱，未久，又是——谈不上爱……既然……如此直白。往复着，后渐被其他声响盖过。

程太太：（安心洗着，时而慢下动作听着窗外，忽地又捺不住唇来）两个冤家，怎么凑来的？（扣起一碗碟放好）说是母子，谁也说不准对方犟在哪儿。偏不让。我呢？（思索）也是一样。（狡黠地）倒不如成了个陌路人对彼此痛快些，上回呀！（摆了摆手）为一件衣服气了几日，都不搭理，仿佛眼里没这个人。（斜了头仰望着，一字一顿地）抛不开，不聚头。（利落地）瞎想！

〔程锦从客厅跳上,背手在后,汗淋漓地。

程锦:(回过手来,拿出几个合在一块的碗盘向水槽边一顿,弯起眼笑道)还你,伯母。

程太太:(随手用袖子抹了他一把,悠悠地)亏你费心啦,拿这些东西去干什么啦?(轻声喷了一口)清早就这么漓漓的,和你大伯说好没有?

程锦:(不自禁地,拖长声音)堡——垒!现在我不要了。(憨笑着)他答应好了,就出门,早午饭一齐解决。(跃跃地)刷刷!一举两得。

程太太:(合了意,刮他一下鼻子,装着腔道)不想回去啦?弄不好半路哭鼻子呢,还是——(伸手搅介)在这住下?当你伯父的小孩——

〔程锦瘙痒般挣了怀抱,难为情地径自跑下,只听得好似走脱了一片笑声。

〔未关好右门,传出程先生的声音:走啦,又躲厨房去干什么了?少了东西你伯母要拿我的!

〔程锦呼笑声:什么也没有,走!一时陆续传来穿鞋声,不甚清楚。

〔门开声陡然作响,尖声刺破而来——伯母!你的电话!程太太揩着额头缓步下。

〔许久不见动静,唯有晨光更熟了些,歌声又起,比先前更清亮几分——和了光影,台上蒙起一派胶状的沉寂——唱着:这谈不上爱……你看得我……无故地——

〔模糊中传来房门闭声,极轻微地,但仍听得出响动,除外又复于无声。

〔渐起收拾物什声,程母迈着步子,絮叨叨念叨着什么,推开右门上。

程母:(盯着手里的汤碗不错眼,咂咂叹惜道)小方啊,这,怎么没喝呢,就这么放着,也没挪挪,你不知道——(抬起,见空无一人)还是我昨晚……(回头向客厅喊道)小方!小方。(没有回响,皱了眉头把碗搁到一旁)走了?也不说一声。(突然悟道)要这几天吃了才有效,还得再弄一碗去。(停住,拉上窗子,留了个口朝外望)笼过云来了,怕是要坏天,让他们到外边造去吧——也是

说变就变——爷俩也拿了伞，不知——（向外走去）

〔程母把注意移到关门动作上，不再言语，下。

〔敲糖声又起，看是已经绕了个圈子回来了，叮当叮当的。夹着走贩噜哩咳痰吐地音。

〔突然传来一呜猫叫唤声。

——幕落

第二场

〔景同前，多了张折椅，炉上煨着汤，天暗，雨。

〔幕启时程母（汪昭青）躺睡着，喉间挤出呜呜声，汤腾得滋滋响。

〔远处仿佛添了个闷雷般（实为房门启声）闹醒了程母（汪昭青），她空嚼了几下嘴，挟了挟毯子，呆滞着身子，而后才像发觉了什么，勉力支起身来巍巍颤着半打开门下。

〔**汪昭青：**（带着茫气）哦哦，下雨了啊，搁那吧。

〔**方芷：**（略带兴奋地）嗯对，我回来了。（扬起声）雨嘛，也不很大，林姨捎了把伞，不过刚落时我——没想过可以去撑它，（奇怪地自问）我怎么也不想？可是要到家了？不，是她叫我！（小声地）侄媳妇，看呀，林姨——她对着我，（细着嗓子）侄儿媳妇你带上吧（隐秘地）不是说，两家单是早年间交熟了才强攀的人情来往，又不是——论到我，更没必要了，可她还是这样称呼。听了这个，我总不敢——

〔**汪昭青：**（前似睡着了不见搭话，此时才迟钝地）刚出门就为那事！去见她？不是说了——林姨？

〔**方芷：**（仿佛后怕般小心，仿着语调重复道）林姨？唔嗯，什么？（停了片刻，被点破般虚着的调子渐没）我想啊——我是（顿）去找了她，说的没错。

（促然）你猜怎么着。（作怪声）林姨家那事了了！我全——（一阵冷意）噢，天！（有把握然而颇为凄凉）他和爸爸一样！

〔**汪昭青**：（被一声声塞了嘴，抓着末句怨道）打诳语，你都没见过申儿爸，谈什么——

〔**方芷**：（抢着）怎么是假，就只一个爸？（反应过来，戚然）也当限一个，你那位算……我听惯了！和那群人一样，你——可我得先知道，这一切从哪来——他们是怎么想的？

〔**汪昭青**：是了，不错嗯，别在那总站着啦，像到什么人家做客似的。（呵笑着）一方要让，一方总邀，堵着不动，是在试对方心思呢，还是僵在那儿好玩？

〔**方芷**：吁，我还要——

〔窗外聚雷，片时照亮了厨房景观，水槽满池银光，炉上渺起白气。

〔方芷推门点了灯上，见内间布置，脸浮起微红，捋了捋发间雨水，对着那炉子别过头去。哼起不成调的歌来向碗槽去。汪昭青随上，安详而未有什么异样，不恼。

〔汪昭青忘了刚才呛嘴般，走近炉子抽了抽鼻，侧向观众忙活着，一会儿已盛了碗，放在台上。

汪昭青：（作笑）特等你回来的，昨晚剩了不曾喝，这不，又。

方芷：（奇怪地）为我？（端起不曾见过似的）妈——你知道我喜欢吃莲子？

汪昭青：（颇有介事）怎么不，前蚕豆妈就吃了许多，这不是就（停，颔首）了嘛。

方芷：我猜着了。

〔方芷穿戴好挽起袖子径自洗起碗来，仅余她一个人待着似的。

汪昭青：嗬，这裤腿都湿了，快换了喔。

方芷：咯哩，怎么平白添了些碗（数着）一对，四、五只……和昨晚不对。

（与汪昭青同时）

汪昭青：程锦拿了好些，早上不是送来了吗，加上那前一碗汤——

方芷：（吸冷气）侄儿？我——（缓缓）是——是了。（也自觉问得无理，又忍不住）哪个侄儿？

汪昭青：（反问）还有几个侄子？（拉长）我现就一个孙儿。

方芷：（脸加上赧色，又神气凛然）不定那喝汤的，又给我——（一抖，吃水般咕咚地）造了个侄儿来，说不准。（疑然）也不用问过我，就叫——伯母！

汪昭青：一时也多不了。（半是忿然半侃着）要是气不过觉得把你叫老了，你也能让人叫她伯母，不过你这裤子——

方芷：（随口答应）呃嗯再说，再说。

汪昭青：（无奈何，叮嘱着）记得趁热啊那汤，不用这么赶着洗。

方芷：（款款）看见了。

〔汪昭青自右下，临闭门时斜眼瞥了一眼，觉得古怪，俄而转身走离。

方芷：（将那汤移至角落，随手拾起碗来洗着，哼起）嗨——呵哈，唔——

〔屋外传来一阵瓮声瓮气的哼哼呜咽着，她听了不作理会，声渐响，兀地一道翻跌声，方芷开了窗子，伏着望出去，入了定般良久不动。

〔醉汉虚影上，满面红光，哈着酒气，下身块结了泥浆，右手侧着稍抬仿了伞面遮向上空，四下探望着。

〔忽见那汉子扭过左腿，身子一偏，踩空磕绊了倒下，原地跌入暗里。

〔她打了个哆嗦，正了身子，被脑中什么想法骇住般，提起右臂，曲着凝在空中。久望。

〔陡然一阵噔噔踩楼阶声。促。险。伴着呼吸窒了的呃呃喉声。方芷细睁圆眼，侧耳听着。

〔外传来拍打身子动静，在雨中走远了，显得格外空渺。（几乎同时）

方芷：（环着下颏，强压起笑来）算什么呢！（歪头，呼出气）也何必承她的情咯，无故伸手打笑脸，不识好歹？会怎么讲。对待一个老人？（细想其用意，咬紧牙关）我情愿不要！（强扭得想发狠）怕是——（转瞬空了怨，自问）对吗？我解不出。可起先也心安地受着了，怎么又——这么厌弃！（停下动作，望着微微发怵的手心）我也逃得了？摘不出去！我知道她——这一家子是什么人吗？可也是虚的？喔！瞧我一直怎么称呼他们的，还不是一样。

〔荡起仿佛什么野兽的磨牙声，醉汉翻着跟头滚入，灯忽闪灭，俄而又起却只照着他一人。他立过身子，先似痴了，空张着口仰起：——呼——呼——咻咕咻咕——咕（顿）咕（顿）咕！（急声），闭上嘴来，双手合了圈起，狞笑着发狠地晃，晃，掼打着旋儿好似要拧下什么般，咧了唇角却不见笑声蹦出，仅偶听得咔咔从里窜出。响起水渐声，他左右巡视了几圈，揪过鼻子哼哼下。

〔阒寂，风声簌簌。

〔亮起灯，只见方芷较先前后移了几步，摇着上身，汗浸满了前额，手扶着胸脯，泡沫沾上裙衫。她喘着气，像雨中撑伞的人群般不定地起伏，眼落在污了的衣裳上，只看得闪起一环环虹影。脸愈烧着。

方芷：（讷讷吐着字）我在想些什么！我——我——（胡乱抓住了些思绪）我甚至都不记得自己的父母！（咽了咽）除了姑母最后告诉我的那件事，到底是？——两个不可能——不应该结婚的人！生了我……怎么忍受得了，每天面对面，他根本不在乎她！她到死也不知道爸爸是那么个——

〔她觳觫般一震，仿佛身上有水波一圈圈环将上来，险些控制不住双手挖起下牙来，外又一声惊雷，只见得两只胳臂先是撑着脸，后逐渐耷拉下一只，又是一只。

方芷：（渐渐气宽，声仍颤着）死了死了，今天执行！亲属拒绝会面，最后一次了——（吐气，不知哪处来的悲意）和爸爸一类人，坏了。（回想和林姨的谈话，无意识地重复）对了，通知给到的时候，林姨，你——（低眼缓缓）母亲在那边等着呢，想想看他能这样——哪样？——对待生养自己的妈！会下地狱的不是？嗯——

〔方芷打开窗子，凑近雨，以下她渐趋谵态，心内口中不自觉地模拟他人，实录对象加以区分，实是她一人自语内想，舞台上可由人声自外一句句起伏，灯光稍暗。

方芷：（暗念着）您说他怎么想的呢？

汪昭青：（倦乏）也不是对你们林姨有意见，只是，唉——

林姨：（厉声）还是让警察把他扒下来的，光了身子，先给拷住，他也晓得不该跑，阎王要拿他的。

程申：（无奈地）这，怎么好躲一边呢，就看在爸的情分上，也只为这个——

方芷：我总觉得不对，他那类人平时？

王奶奶：（抽泣）我凑前啊，一看底下，她妈背躺着身下盖了个毯子，人看起来都不热了。

方芷：您不是看着他长大的？还在一处住过，不认得——

甲：（早想寻个破绽）哪有那么快，你老人家瞎说。

方芷：（忽盯住右门方向）情分？不，我是为了自己——（不堪地）我也是虚情！只是想知道——那和他们又有什么区别。你是不愿去的，却还要因了个名头拉着别人的手在床前亲热地问候，而我单是为了打探他，难不成是我更无道理？更有别的居心，不，（无底气地）不是这样，又怎么不是呢？

乙：这说不准哪，你又没进去看过，还是人王婶儿报的警，她就不如你清楚？

方芷：（吞了吞嗓，转向左前方，浑然地）末了没个朋友捎封信？也没个人，谁和他好——

丙：桂花金银——乌梅汤，山楂陈皮向内搁……

方芷：噢！（骇然）这么说，他是一个人——没有一个熟人来话别，面着一群穿着制服的——他可知道对过的面盔——（一滞）叫些什么？会有人（搅动牙齿、舌头，呆了目光）想着要和他（许久无声，掐起几缕发梢，蹙起眉头做思索态——不明白自己会说出些什么，而后迟迟地）握个手吗……我，我……（轻轻扭着面孔）听！

丙：冰盏打啊。

〔方芷左右探头，做巡视态，瞧见了那碗汤，捧着向左一点，滞在空中。

方芷：（心虚般）林姨，喝了吧天也怪热的，不要哭坏了身子。

〔不再有人语，方芷的手微哆嗦着。

丙：桑葚玫瑰润甘草——来碗尝尝……

〔方芷重复着末尾的"昂"音，咬过唇寻了个地方倒了，将碗丢进水槽中。

程申：老人哪，在一些地方别扭……也只能让着，做做表面就得了。

〔方芷勾着嘴角，无意识地落了落头：你本比我更该亏心的。

汪昭青：（吟哦）汤有了，你拿过去。（做老态）婆婆，你吃些汤儿。

甲：林姨你几日不喝，就为了……

方芷：她看出我来了！（指尖抵着舌尖）她不愿……不是只有你才能——谁也不想要这类——情！

乙：好歹喝一点，惠珍在底下也放——

王奶奶：（抓扯着嗓门）嘴唇都乌了！

林姨：我那妹子啊，呜呜——（哭声响着）

〔方芷拿袖子擦了擦泪，泡沫入了眼，喊出痛来。人息皆散，雨声接过。她舒了舒腰，平静地拿过碗来擦着。

方芷：（脸泛起潮红）近四十年的母子……（倔强）你还不是一样。（诡谲）你想替了林姨，见他一面是不是！（拧着胳臂）别人不愿的你偏肯！从你听到这冤孽起——又为了什么？就出于他们俩是一类？可他已经死了！二十六年前就定了——他该犯下！让你像只饿鬼般紧紧追着啮！——又和女人去结婚——所以你忘不了他！就因为可以把姑母当作母亲，另一方却露了馅！（嘶哑，颤动着双唇，轻念着什么）

〔方芷用劲撑开身子，头撞着什么，扶了脑袋靠着台子。

〔沉寂许久，雨声沥沥，外传来收音机调试音，汪昭青嘟囔着不好——不好，连连换台：可惜双亲饥寒死！（转频道卡顿声）万古常完聚……

方芷：（嘀咕）想这些又干什么呢，还不是过着。（抱臂）他生了你，为着堵长辈的口舌，都不爱你又何必在乎做了谁的女儿，横竖只当一个全新的人，把那个人抛开，称不上父亲，父亲！对！对。

〔她闪远了些，仿佛找到了钥匙般焕发光彩来，神经质般搓手笑着：被我找着了！

方芷：（傲然）我是个没有来处的人，你们都来笑好了，前怎么——姑母让我不要把学校里的议论当真！她单说……（卡住，而后抛过手来拍着脑袋，粲然明媚着）我给忘了，但很快我也能——筑我的。我不妒忌你们，如果我情愿，很快！先——

〔她转眼瞥见窗子的倒影，一呆，划着下唇叹道：怎么这么没有血色……

〔远处门把扭动声，喧哗了半天。

程锦：（放声）我们——

〔太太　惊，收起身子，转而四处翻找着：哪儿，在哪儿，来不及了。快快！

〔程申拉抱着程锦上。

程申：（挥手）回来啦！半路落了阵雨，浇得人爽利！（自顾着调弄程锦下巴）怎么样，那把伞可不好开，玩得尽兴？（逗孩子）还想不想回去了，留下来做我们的孩子？喊声妈？不是对我！朝那。

〔方芷全身浇遍了冷水般一抖，嗫嚅了一声母亲，捏紧指甲，轻盈地摇了摇头，像甩开个无关紧要的念头般，开始按着某种节奏踢踏着步子，未几像发现了什么般快步向水槽走去。

〔舞台全暗，内响：

甲：不会长久不会长久！

乙：真可怜哪，可怜！

丙：暂时的别扭！

王奶奶：为你哪！趁热。

林姨：我那外甥啊——

程申：（在黑处顺手将程锦由右门推下，摆头）假日——好。（略停，紧接着）刚听妈说你出门了，去见——

〔亮起灯来，只照着他们两人。

〔方芷指尖蘸了泡沫，在唇上涂抹着，回首望来（仿佛初见着这么个人，稍顿）对他嫣然笑着。

——幕急落

孙雪倩，2003 年生，2021 级创意写作班的一分子，来南方上学的北方人，在认识回南天之前很喜欢雨天。人生信条是再等等。以"好奇"为生活关键词，被生命的未知牵着鼻子活。聚餐的时候坐角落，无聊的时候跟自己辩论。时常幻想，偶尔动笔，致力于把每个睡醒还能记起来的梦写成文章。怀疑一切，同时享受一切。

上　岸

姚安在躺椅上乘凉。

蓝色躺椅泛着浅浅的灰色，在遮阳伞的阴影下显得十分年迈。这只躺椅独占了一整把伞，阴影无私地将躺椅上的人从头至脚盖住，任无计可施的太阳变换角度，伞下的人仍能在酷暑中享受到舒适的凉爽。

下午四点三十二分，阳光看似懒散，实则灼人，暑气从细沙开始升腾而上，空气中原本的腥咸更显潮闷。这是这半个月来的第一个晴天，经历了数十日的阴雨，这座海滨小城一改之前的低迷。万里无云的天空泛着温和的蓝，流淌到人们可触及的地方成了海，五颜六色的游泳圈点缀着近海的水面，棕沙的海岸上随处可见被晒成粉红色的赤裸双臂。夏天的通感是红色，人们总在高温中燃烧。这里的人们很少期待夏天，但总是在期待夏天的自己，穿最轻便漂亮的衣服，显露出一个冬天的锻炼与节食的成果，探索被探索过无数次的海。他们为了海面的明媚而渴望艳阳，似乎海只有在晴天才能被称为海，其他时候都只是一处未做好排水工作的暴雨遗址。

终于迎来了今天这样风和日丽的好天气。所有慕名而来的外地游客和爱海的本地居民都为此欢呼雀跃，感恩上帝终于用晴天敲开各家各户封闭已久的大门。海岸上熙熙攘攘，姚安自认为游泳水平不低，但坚信"淹死的都是会水的"，防范意识让他只敢在游泳圈出没的近岸处感受海洋，于是每游三步都会遇上一排到处扑腾的腿，下海不到一个小时，遇见了二十三种不同形态的游泳圈。碰上障碍物被迫起身的疲惫远远超过游泳这项运动本身所带来的劳累，姚安心力交瘁，直起身向岸上走去。

"今天人真多。"细沙里夹杂的石子被不时拍打而上的浪磨得光润，给赤脚前行的人带来尖锐的凉意，沙填满脚趾的每个缝隙，海水一浪一浪贴过他的脚背，左侧的不远处，两个穿着白色长裙的女孩背朝大海，正伸长了手，歪着头对举起的手机笑得灿烂；另一个方向，一个穿着黑色背心的男人正挤着下巴，垂下的眼睛紧盯着贴着胸口的手机，他冲三米外穿白衬衫的男生喊："手再抬高一点！"

姚安感到奇妙。海边的盛装男女和拍照打卡方式让他感到新奇。对他而言，海和博物馆都让人的心灵获得淘洗，不同之处在于前者是以自然风光和运动享乐作为媒介，而后者则用文明和故事给人以启迪，人们总在追求美景，用眼睛观察世界，在自然文明和历史文明的冲击下感叹人类自身的渺小和传承的伟大。但记录生活的口号越来越响亮，相机成为旅游的标配，旅行的意义从此更改为记录行程，获得一张永不褪色的电子照片，确实比那些虚头巴脑的人生意义要更有价值。人们害怕的不再是吟游四方但大脑空空，而是刚踏上旅程，发现相机内存告急。白衬衫男人接过同伴递过来的墨镜，背对着太阳，双手支着膝盖半蹲下来。黑背心不厌其烦地语言指导对方的动作，在姚安背着手踱步路过的这几分钟里，嘴一刻也没闭上，他们已经更换了二十七个姿势，正肆无忌惮地享受着大海和手机剩余内存。"啊！"白衬衫惊叫一声，从半蹲状态弹射起来。"我裤子湿了！"他惊讶地摸向尾椎骨，懊恼地骂道，"这不长眼的浪！""就这个表情！"黑背心热血沸腾。

看着张张合合的嘴，姚安升起一阵感同身受的口干舌燥。他起身到零售铺买西瓜汁，没有人排队，姚安脸正对着榨汁机，嗡嗡的榨汁声和隔壁烤肠摊位的小孩子哭叫声融合，细听能感受到海浪拍打沙岸的尾声。稍远处的冰淇淋机队伍一长串，附近堆着几摞缩成条状的蓝色休息躺椅，灰扑扑地叠在一起，旁边墙上贴着两个红色的字样，远看糊成一团，姚安眯了眯眼，猜测此处应该是"勿拿"或"报废"。姚安接过服务员递过来的西瓜汁，随着动作，手臂的刺痛越发明显。姚安把杯底贴到胳膊的红肿上，冰块沁凉皮肤，像是小块的海。岸上越热，海的诱惑力也就越强。可惜晴天的杀伤力太大，于是姚安躺上了文章开头的那只躺椅。

如果姚安选择它是单纯出自贪图阴凉的心理动机，未免有些过于简单。事实上，人们的每一个选择都是经过深思熟虑的结果（只是有时可能会没有意识到），阴凉只是原因中的一项，并不足够支撑他完成以下的行为链：把该躺椅列入备选项——确认且认同该躺椅的独特性和唯一性——等待上一位占用的休息者离开——躺上躺椅。值得一提的是，过程中的等待时间并不能草率地忽略不计，在认定这个位置之后，他不断用眼神暗示其上的休息者，甚至不惜使用行为暗示：在躺椅的周围沉默地来回走动。直到西瓜汁中的冰块已经完全融化，剩下的小半杯寡淡到难以下咽，才等到休息者的起身。

为什么他会对这个位置情有独钟，甚至不惜浪费时间等待而拒绝其他休息躺椅呢？

也许是出于日光浴的考虑，大部分躺椅笼罩在炽热的阳光下。既拥有大面积阴凉，离西瓜汁售卖点又十分近的躺椅在这片海岸属实不多。更何况配合如此默契的遮阳伞和单人躺椅，二者之间构成了美妙的平衡，昭示着肉体上的愉悦，让它进入了姚安的备选行列。但最终锁定它的原因，则是因为它的独立。据他对这片区域安排的岸上休息躺椅的观察结果来看，海岸的休息躺椅分为"连座"和"独座"，连座有绿色和蓝色，而独座总是蓝色，且数量远远少于前者。

单人休息棚是一项伟大的发明，它杜绝了邻居的存在，有效避免了与他人的闲聊，特别是在旅游休闲的单身生活里，志在拥抱大自然而不再与人社交的姚安视它为天使。交流是一项耗费心神的活动，比帮忙给他人拍游客照还要让人慌张（至少拍摄的失败可以归结为能力缺陷，可在社交上，谁又会相信一个能发出声音的人不愿且不会交流呢？）。姚安致力于逃离那些生长他固定三点一线式生活里的闲聊，但还是难以避过这些来自热情陌生人的打扰。

试想一下，你变换使用自己摸索出来的各种泳姿，在海里体验鱼样的快乐，无须计算时间，只要感觉到自己手脚酸胀、口干舌燥，就可以立刻带着一身的腥咸游回岸边，花上十块钱，看着三块儿带着血管的西瓜成为你身上充满凉意的血液，靠在有阴凉的躺椅上，一边摇晃杯子里吱吱喳喳的冰块，一边眯着眼享受美好的生活，多么舒坦！身边座位上的男人察觉到你的到来，带着不明含义的微笑，向你缓缓转过了头："嗨，刚才我看到了你在游泳，游得还不错，自己学的？"如果代换成一位有过交集的熟人，微笑就会变成一种近乎促狭的挤眉弄眼："今天的沙滩简直是美女聚会。"

这种问题不是没有回答过，当你说出"小时候我家附近有片小湖"或"我今天并不是为了女孩来的"的回复时，对方都可以用同样幅度的惊讶睁大双眼，诚恳地反问道："真的吗？"这一句堪称交流里的万金油，可以蕴含发问者的上百种情绪。因为很难把握到这几个音节所要传达的到底是"请继续说下去"还是"请让我说下去"，姚安只好不再回复，并愤恨地暗自下定决心，下一次一定要比他更先说出这句反问。

对于前者来说，即使你已经选择了闭口不言，但对方往往会把沉默当作是对他继续发言的期待，作为回报，他露出一个羞涩的微笑，在清嗓后把话题引到自己的成长经历和个人爱好上。如果坚持保持体面，就可以了解到这些潇洒男人千篇一律的人生，但如果稍稍显露出不耐，他会用凸起的啤酒肚和被大腿绷紧的平角短裤感叹你的年轻，并把头摆回正位，以示正值壮年的老一辈对年轻一代的失望。但对后者而言，重要的不是回答，而是你的眉眼有没有跟着他的发问而越发促狭，如果在回答问题的过程中也感染上与他相似的语调和表情，下一句话的落脚就会稳稳驻扎在沙滩女性的美好肉体和在场诸位与女性的交往经历云云。男性同胞对异性的窥视让姚安不解，为什么他们的眼睛会如此专注地落在异性身上？

最初，姚安认为这是一种歧视。但随着话题的延续，身体也可以成为生活方式的评价，性别可以用作政治的论述。聊天结束时，若有一方主动跳出来承担总结全篇谈话内容的任务，总结出从表象到实质的内容走向，都会被谈话时彼此逻辑性的发散所体现出的理性光辉而折服。二人握手离场，互相钦佩。由此可见，这只是一种话题的引入，从现象到本质还需抽丝剥茧——多聊几句。不仅是语言，话题也是保持交流的媒介，交流是不同个体之间的相互了解的过程，交流双方的相似性是人门的钥匙。食色性也，这是男性之间沟通的潜规则，在滴酒未沾的情况下表露天性，相当于野猫袒露出肚皮地友善示好，而在女性出席的场合下谈论女性，是对女性价值和性别符号的肯定与尊重，两者相结合才让话题能够诚恳地绵延下去。姚安也曾尝试学习这种话题的引入方式和同盟的建立手段，他编制了一套讨论女性的法则，期望在酒局应酬之时侃侃而谈，但事与愿违，因为他惊讶地发现，准则的生命仅仅停留在客套的前言，酒过三巡后法则永不复存，就连他也糊涂地忘记了这三条令他拍案叫绝的总结：女人是美的化身；女人的美是多元的；女人的尽头是所有人。

姚安很悲伤，他不想再无限地谈论女人了，同时也不愿意被堵在门前，牺牲与自己的独处时间，听那种一抓一把的随处可见男人的人生。他拒绝同性之间的比较和倾诉，拒绝了同性对异性的刻薄，成为男人的海洋里湿湿漉漉的上岸者。可除去男人，世界上还有一半人口的女人存在，姚安难道会因为对男人的失望选择放弃与所有人的沟通吗？

在更年轻的时候，可以追溯到上大学前，姚安还是一个热爱交流的活泼男孩，但当攒齐了量变到质变的材料，总结出自己的独特性质，他便失去了交流的热情，毫不犹豫关上了门。可以说，热爱交流是他前期为寻找自我所喊出的口号，如今有所收获，就兴致缺缺地收拢了撑开的旗帜，在眼睛上贴上了打烊的标签。

坦白来说，姚安很少和女人交流，除母亲之外，这二十六年以来和异性说话的次数屈指可数，他不断从男性身上寻找答案，忽视了女性的存在。等反应过来时，已经与异性保持距离很久了。

躺在这里的女人总时不时地把两只手撑在身后，上身蓄势待发地绷紧，坐起来左顾右盼一会儿，造成她即将离开的假象，随后又倒回躺椅上。为了自己能够抢到这块风水宝地，姚安时刻注意着她的动向，并用眼神暗示自己的需要和渴望——他很累了，现在急需休息。女人开始并未注意到他，直到他伪装不经意地拿着西瓜汁第三次绕过这里，她才接触到他的眼睛。她穿着最保守的白色泳衣，一低头就能看见自己遮盖失败的隆起的肚腩和裸露在外的粗壮大腿，在不安地坐起四次后的第五次时，她抬起头又一次和他对上视线，起身离开了。

定格在姚安盯着躺椅上的女人的时刻，可以洞悉到女人的失措，领略到姚安专注又狡黠的目光。他意识不到自己是怎样的危险，换言之，他对男人女人的认识，因沟通的深入了解程度不同而情感态度截然相反，与男性的接触，不仅让他顺利地树立了自我，建立了对男性同胞的厌恶感，同时还有对男性身份集体感的矛盾认同。所以在面对男性后，他显得更慌张无措，拒绝接触，企图保持自我的清高。而在遇见女人的时间里，他之所以可以更坦然地和人对视，是因为女人被划分在非男人的行列里，他只顾着躲避，忘了另一种性别的真实性，只有在对话的虚拟中才能重新意识到女人的重要性，但一旦结束对话，又会沉浸在男性包围的生命感里。

"你是来旅游的吗？"用两只手捧着西瓜汁的女人——不如说是女孩，一边靠近姚安，一边不安地眨眨眼。如果不是看到她把躺椅下的红色拖鞋踢回脚下，自然地套上这双属于上一个女人遗留下来的贴身物件，姚安不会意识到，她和刚才的女人是同一个人——她换了一身衣服。姚安不理解她发言的动机，如果有东西落下，尽管拿走好了，为什么要搭话呢？也许是因为礼貌，姚安推测，而出于同样的礼貌，他应了一声作为回复。女孩顺势坐在躺椅旁边的沙滩上，犹豫地继续问："你为什么不下水呢？"

每个人对开展一段对话的话题选择都有所不同，但这选择具有普遍性，无论哪种性别，在谈话的开局都倾向于寻找一个简单到无聊的问题，以调动对方回答问题的积极性。姚安很少和陌生异性交流，但他明白，如果一个陌生男人在休闲过程中主动攀谈，忽视你无聊的语调持续发问，那么他多半是刚刚整理好自己已经历过的人生，此刻表达欲正达到峰值；而一个陌生女人——一个异性，她的连续发问近乎一种隐晦的勾引，承载着一具身体的盼望，试图和另一具身体的灵魂接近。他和女人接触的素材太少，不知道女人聊天的常用方法，眼下意识到了对面人的身份，如同突然坐上了考场的座椅，于是面对第二个问题，带着社会研究的使命感和对完善个人经验的期待，斟酌着写答案。他说："人太多了。你知道的吧，这两天一直在下雨，好不容易盼来了这样一个晴天，又太晒。这时候倒是发现下雨天的优势来了，至少对夏天来说还算凉爽，但是一放晴，我在这里旅游，也待了不少天了，才发现这里竟然可以这么热。怪不得都要来海边呢，海是当之无愧的夏日救星啊。"他顿了顿，交卷前最后补充答案一样，茫然又激情地再写两句："但是不止我们这么想，大家都是这样想的，外地的本地的都来了，人多也是正常，可还是太不方便了，下水游泳一直碰人，还有那些个游泳圈都很占地啊，近海的位置本来也是有限，游泳游不太开，沙滩上还都是拍照的，不如躺下休息，听听海浪声，多好。"他满意地给答案画上句号。

女孩感同身受地点点头，"是的……今天人很多……很多人下水……"她有些局促地附和道，不知道为什么他突然说了这么大一段话，他的南方口音实在明显，任海总像笑，听进去意思的话只剩下几句。他刚才沉默地多次偶遇自己，表现得青涩害羞，现在却如此健谈，这是任海没想到的。但这个男人并不在话尾生产新问题，这让她有些不知所措。按照对话的礼节，如果对方有聊天的意愿，通常会在回复的结尾用上问句，把回答问题的权利转交给对面，从而共同创建有来有往的交流内容。但这个男人的句末是如此干脆，不给任海留表达的余地。任海有些摸不准对方的态度，迷迷糊糊地跟随话头，看向海浪来临的方向。

游泳圈随着海浪起起伏伏，浪贴近岸的边缘，淘洗干净细腻的金沙，络绎不绝的人在上面踩下痕迹，在短短时间内又被浪擦净。这里行走着宽松短袖、吊带背心、西装式的衬衫、紧裹大腿的短裤、袒露出小腿的短裙和各色的泳衣。浅蓝色长裙摊在沙滩上，像一滩流动的海，它包裹着任海的身体，藏起了任海的大腿肉和肚腩。布料不透气，任海感受到自己奋力呼吸的肚脐。这件剪裁普通的裙子独具匠心地露出后背和侧腰，任海在商场对它一见钟情，她不顾自己腰腹的赘肉，为新鲜尝试而买单。然而直至一个小时前，她都没有做好穿上它的准备。任海后背上有大大小小的痘印，这是她青春期情绪波动的附赠品，除此之外，日以继夜的寒窗苦读也送给她弯曲的脊椎和粗壮的大腿。任海经常看着镜子里臃肿的自己伤心。为什么女人一定要瘦呢？任海心想，这无疑是一处激发女人内部矛盾的陷阱，它独断地把世界上的女人分成胖和瘦的选项，让她们自立阵营互相攻击，或一方同化另一方为同类。任海认识的所有人都在减肥，她们习惯性地不吃晚饭，买小一号的衣服激励自己，在闲聊中透露自己的体重波动。无形的目光把人绑在体重秤上，任海不吭声，手里捏着浅蓝色裙子的购物袋，从试穿脱下到现在，她再也没穿过它。

为什么女人要美呢？"不美"让任海的一切都变得平庸，她与世界的沟通暂停在这个词。任海和室友一起出门，她会为陌生人看向室友的眼神而不安，每当这时，她比室友还要无措，心里默默恳求这双眼睛向其他地方流转。从来没有目光为她而停留，这一点让任海恐慌。"美是多元的"，任海经常看到这句标语，当她惊喜地在其中寻找自己的元素时，发现这不过是一句广告。胖的美永远是少数，那些与其称为肥胖、不如叫作丰满的女人坦诚地露出更多肌肤，而占据美的大多数的"瘦",用纤细的四肢带给人天然的保护欲,任海看着她们,总觉得自己在某一瞬间成了男性。于是她突然意识到,无论高矮胖瘦,所有美都建立在冲动之上,无论哪一种冲动,都能让那些过路人被原始欲望所吸引,从而无法移开视线。美唤起了欲望,欲望又反过来试图给美下定义,于是周而复始,欲望又一次决定美,被欲望所定义的美支配所有人的生命——被美本身的属性所蛊惑,或被欲望牵引而神魂颠倒,后者的视线投射在前者身上,"美"在这一刻才拥有了自己的价值。

视线。呼吸着的视线创造生命感,让个体的价值得到满足。视线可以瞬间烧光身上的遮蔽,勘探出早已被它规定好的美丽。没有人需要任海的美,于是她身上的美被荒废。美有标准答案,只不过是多选,笔握在男性手里。人们甚至把她写在错题本上,试图修正她的一切。于是,她陷入矛盾,为追求意义而茫然,同时又失去了自由。

这个男人的徘徊让她重新想起了那条裙子。准确地说,她因朋友推荐的"风景好拍照"来到这座城市,穿着普通的运动泳衣,独自坐在躺椅上,没有一刻想的不是裙子。于是,她又一次把自己套在浅蓝色裙子里,心惊胆战地站到海边更衣室的镜子前,失落地发现自己并不会因为装扮而美丽,她的身体依旧在反抗世界的审美,倔强地帮助任海杜绝被人注视的可能。但任海此刻却好像真正摆脱了常规美的束缚,她一边无声地呐喊着女人要为自己而活,一边向那双眼睛走去。

没有人说话,他们在紧张里走神了。任海用余光观察男人,他的视线正落在不远处的比基尼上。极简的布料勾勒出身体曼妙的曲线,玫红色的布料更显皮肤白皙,她在阳光下、在任海的眼中闪闪发光。她抬起手,向着任海所在的方向做出一个手势——一个娇俏到有些幼稚的手势,浪淹过她的脚踝。半分钟后,另一个白色比基尼的女孩举着相机小步向她跑来,拖鞋一步一步和后脚跟相撞。玫红色侧身,高处的手顺势迎在相机上,和她一起低下了头。她们抬手拖着相机,平坦的小腹上刻着出厂标签,腿部线条落在细沙,像是毫无防备的新建雕像。任海看到她们挤在一起的肚脐。在这一瞬间，她看到了所有人的裸体。她想到所有人的出生，那把刀剪短无数根脐带，它们相似却各不相同，成为身体上第一处外来的人为塑造品。

　　玫红色比基尼拉着白色比基尼上岸离开了。姚安回过神来，试探着看向女孩。女孩正若有所思地看着他的小腹。一阵劲猛的海浪冲向了姚安的尾椎骨，他慌张地蜷起腿，在女孩疑惑的眼神里，晃了晃手里的空塑料杯，尴尬又多情地说："我又有些渴了，你要喝什么吗？"女孩抬了抬右手的西瓜汁，摇了摇头，过了一会儿，试探地补充道："可以给我带个冰淇淋吗？"姚安从另一侧翻下椅子，匆匆地点了点头。

　　西瓜汁的榨汁铺面前杂乱地围着四五个人，一对小情侣和牵着小女孩的年轻妈妈，叽叽喳喳的嬉笑声让姚安放松下来。姚安排到年轻妈妈的身后，小女孩的头发湿漉漉的，身上的小白裙侧边全是混着海水的沙子，正噘着嘴缠着妈妈要下海玩。妈妈把她抱坐到怀里，安慰道："一会儿凉快了再去，现在太晒了，会把你晒伤的。"她们的西瓜汁才进行到切西瓜环节。姚安走向角落里的冰淇淋机，就近摆放着那些蓝色躺椅的架子，姚安看清了白纸上红色字迹，是连笔的"出租"二字。三个小时前，一个身穿白色泳衣的女孩难以忍受强烈的阳光，来这里租下一只灰扑扑的躺椅，并用它占据了最近的遮阳伞的整片阴凉。

祝钰琦，江西九江人，2003 年 5 月生。性格内向但不社恐，时而感性时而理性，为人随性爱自由。略带文艺因子，喜欢读书、画画、写作和听音乐等，爱好杂而不精。乐观主义者，热爱生活，珍惜生命，一直与熬夜的恶习抗争，并相信自己终有一日会胜利。既爱如清粥小菜般让人想到细水长流、岁月静好的温情文字，又爱如银针短刃般寒光凛凛、直击灵魂要害的尖锐文字，也爱如怪味豆般给平淡的生活加点料、抖机灵的俏皮文字，神奇的是有人可以将这三者完美融合，那就是未来的我（开个玩笑，这姑且算是阅读偏好和写作期望吧）。

我的老太太

关于我老太太的那段记忆，已经日久模糊了。此刻回想，我只能抓住几个零散的片段，与我不断延续的生命交织着，呼应着。

当我回忆起她时，似乎总是目送她蹒跚地远去，一直是那样老态龙钟的姿态，一直是那样干净简约的穿着，一直是那样整齐斑白的鬓发。她好像永远停留在耄耋之年的模样，目光沉静，慈祥可亲。她笑着准备离开了，于是不染尘埃地步入暮年的黄昏中——在我的印象中，老太太就是这样一个体面且优雅的女人。

在小孩子中，老太太同我是最亲的。而在老人中，我也只知道她的头发雪白。小时候的我，一直不解，她那细雪似的头发本来就修剪得非常短，然而她却依然要用一个粗的黑皮筋扎起来，再用铁夹子盘起。并且，她的鬓前是几乎从来不留什么碎发的，那些碎发被她用一字夹密实地夹紧在发丝之间。之所以这么做，按她的话来说，就是"这样齐齐整整，人显得精神"。

老太太同我最亲，并非没有理由。虽然我小的时候，活泼可爱，乖巧懂事，十分会讨大人欢心，但她与我们兄弟姐妹相处的时间，都是短暂且不连续的，所以并没有发现我的优点。她喜欢小孩，每次来我家借宿，常常会带些酥糖、炒米、米糕等老式零食，一视同仁地平分给我们这些小孩子。后来，她便只给我吃了，所以我想，她大概是最亲近我的吧。

我在家里是长女，早早就失去了和父母同床共枕的"权利"。对于一个六七岁的孩子来说，和父母一同入眠，就意味着有婴孩熟睡在摇篮里的那种安全感。但是自妹妹出生后，母亲就一直拒绝我同他们一起睡的请求。她说我现在是大孩子了，应该要自己一个人睡。我听到这样的话，便知道"长大"并非什么好事，这说明自己要给自己安全感了，在黑暗之中，独自一人战战兢兢，再到习惯地安然入眠。起初，我还有些害怕，但又实在不能忍受妹妹半夜无理取闹的哭声，连带着对她日渐增强的厌恶所带来的焦躁感，这些都促使我妥协。我从不满到宁愿自己一个人睡觉，这样的一种心路历程的转变，所花的时间不过一周。然而，当我终于适应独自一人入睡，母亲却又突然要求我去帮太太"暖床"。

那时应该是一个冬天，晚上躺在冰凉的被窝里，在南方，脚底还总有一种挥之不去的潮湿的黏腻感。母亲劝我说："你太太人老了没朝气，一个人被窝里睡不暖和，你就是个小火球，伸脚碰碰她，让她暖和起来。"我确实还小，并不知道老人和小孩比起来，身体更不容易暖和，只觉得这干扰了我好不容易适应的迈向"长大"的节奏，心里第一反应是拒绝的。

母亲大概看出我的犹豫，就说我傻，两个人刚好可以相互取暖，我还不乐意，甘愿一个人睡冷冰冰的被窝，又说我不懂事，老太太那么可怜，我一定是嫌弃她才这样。当然，这些都不是我的理由。不过，或许她也很难理解一个小孩子幼稚的好胜心。但最后我还是被她说服了，是啊，老太太可怜——我想起老太太慈爱的目光，她下垂的眼睛里似乎总蒙上一层湿润的雾气，那确乎是让年幼的我感觉到怜惜的眼神吧。我又惦念起她送给我的香甜的米糕，随即就同意了。

于是，在老太太来我们家借宿时，我几乎每次都是和她一同睡的，哪怕不是冬天。晚上的时候，她睡得一般很早，经常是饭后没过多久就上床休息了，有时甚至不吃晚饭就去睡了。为此，冬天的时候，我尽可能早早地洗漱完毕，在她睡之前就钻进被窝里，履行好"暖床"的义务。然而，小孩贪玩，老人易疲累。大多数情况下，老太太起得比我早，睡得也比我早，然后把被我踢得乱七八糟的棉被叠成整齐的豆腐块。

关于老太太"可怜"，年幼的我，怎么有这样的感受呢？不得而知，如今追溯，恐怕当时更多的是出于对零食恩惠的感激。然而，"可怜"，现在的我能以这样一个词去追忆她吗？正值青春年华的我，又如何能够真正感受到一个年迈老人的孤独和苍凉呢？我所抒发的情感，不过是一份真诚的缅怀，一份散漫无端的愁绪，在某个夜晚突然想起时，都会觉得像是梦影捉摸不透的尾巴。她所给予的爱，她当时心里的哀伤，对于童稚而无忧的心来说，总是迟钝的，但需要追忆，去感受，去理解。这份爱才会延续、深化、传递。一个人从童年到老年，心境是不同的，但没有一段时光不需要爱与理解的滋养。

老太太和我同睡的时间其实并不算长。一年四季，有时会半年来我们家借宿，有时甚至只有一两周。我只知道她随身带着一个比我书包还大一点的布袋子，里面简单地装着牙膏、牙杯、毛巾，还有换洗的衣服，有时还有些老式零食，大部分是分给小孩子吃的，她自己也会吃一点。老太太带着这个布袋子住进我家的客房，待上一段时间，然后再挽着它步履蹒跚地坐进其他亲戚的车里。每次离开，老太太就像履行仪式一般地洗好用过的毛巾，晒干，折好，用塑料袋包起来，我知道，她就喜欢这样干干净净的有始有终。

记得有一次，不知怎的，太太和小爹（她的小儿子）家里人起了冲突，好像是婆媳矛盾，便在我家的客房里住了好久，也同我睡了很久。有多久呢？久到我后知后觉地变得不再懵懂，逐渐拥有了更复杂情感的感知能力。大概，人的身体是一种神奇的容器，感情的流动会外化在温度的传递中。我把我的一点热的体温传给了她，而老太太把她的温情藏在了热腾腾的炒米水中。

老太太的行李的确是很简单的，可她从来不忘带自己喜欢吃的老式零食。老太太虽然一把年纪，牙口却相当不错，还能嘎吱嘎吱地嚼着炒米。我疑心她最爱吃炒米，她总嘴里念叨着吃这玩意儿有福气之类的，所以给我吃的零食向来少不了这个，常常用开水冲泡，非得看见那米浮起来，"福"气也就上来了。然而，我却独爱她给我吃的甜米糕，喜欢软软糯糯、香香甜甜的口感，弟弟妹妹们却更是挑食，随着物质生活条件的改善，他们已经不满足于老式零食，转而更喜欢吃薯片、巧克力、棒棒糖等新式零食，倒是嫌弃她给的零食了。

等到后来，住久了，老太太和奶奶婆媳之间又不知为何闹出嫌隙。有一次似乎很严重，一家人正一如既往地在餐桌上一起吃饭，不知为何，奶奶就和老太太突然开始了争吵，于是爷爷、父亲、母亲等大人们你一句我一句的，争着说理，或者劝架，语气激烈又急促，对于小孩子来说，听不明白，也不会感兴趣，弟弟妹妹们只想赶紧吃完饭，希望快点抢到电视遥控的主导权。我也记不清吵架的内容了，只知道我从未见过老太太如此生气的模样。

她原本温和而慈爱的眼睛里迸发着气愤的怒火，脸上的皱纹拥挤地勾连着，额前也吹落下几缕银丝，随着她的颤抖而凌乱地摆动着。然后，只听见响亮的"啪"的一声响，老太太手里的瓷碗被重重地摔在了地上，里面仅剩的几粒米滚落在地上。她决绝地离开了饭桌，离家出走了。那时天还下着淅淅沥沥的小雨，老太太拿着一把黑伞，踉跄地步入愁绪的帘幕之中。当即，我正惊讶得目瞪口呆，还没回过神来，就被母亲赶去追回老太太。我也走得匆忙，没来得及带伞，就在雨中疾驰，于是很快追上了老太太，缩进了她的黑伞里。

我当时也什么都不明白，自然也无话可说，看着老太太愤怒的陌生的模样，更是连安慰人的话语都忘在了嘴边。老太太也什么都不说，或许正生闷气，我们就一路沉默地同行在雨中。走了没多久，我才意识到要帮她举伞，接着发出小声的请求，轻捷地抢走了伞柄，也不管她同不同意。一老一小，在尴尬的沉默中，走了很长一段时间，直到夜幕像女人的头发一样，渐渐地垂下来，我才生出几分恐惧之情，好在老太太的脸上早已没有怒色，取而代之的是她惯常的那种沉静慈祥的目光，她忽然一转身，我暗自庆幸，我们终于可以折回家了。

当天夜晚，我和老太太一同睡觉时，倏忽间，她用我半知半解的乡音嘀嘀咕咕地哭诉着，轻声细语，都被细腻的哀愁粘连在一起，我更是难以听清了。老人的声音并不清丽，沙哑中更带有一种沧桑的悲凉，仿佛粗砺的沙，凝滞在流光的齿轮间，挣扎着拖曳，试图挽留无情的岁月。那声音毫无疑问触动了我的心弦，她黏稠的话语，覆盖着厚重的忧愁，乌蒙蒙笼罩了我的心。

我想哄她开心，扮鬼脸，或者嗲声嗲气地撒娇，装作古灵精怪的孩子，让她觉得有趣，继而恢复成慈祥可亲的"正常"的老太太。然而，我没有做，我似乎意识到这些逗乐在悲哀的心境下，只不过是些不痛不痒的骚扰。

陌生的静夜在一张一弛的呼吸中逝去了，一盏灯，一个摆设性的陪伴，老太太泪如雨下的面庞，我沉静安抚她的眼神，还有偶尔拍背的抚摸。昏黄的光映亮了老太太细雪般的发丝，同时也加深了她凹陷眼窝处浓重的阴影。她松弛的面容洁净、柔软、白皙，乌青色的血管下，搏动的生命在静静地流淌。我与她共同分担着哆嗦着的动作和抽噎的呼吸。那一刻，我觉得她比我更像一个缺爱的孩子。

或许，还有许多回忆，封存在琐屑的日子里，被一天天地湮没了，我印象深刻的，想来想去也只有这些。之后呢？不过是时光拔高了我单薄的脊骨，也遮蔽了她沉静的目光。我宁愿相信人生是一个环，而非线段，那么无论是催促声下匆匆疾走，还是辗转途中蹒跚漫步，我们都在渐行渐远之后，不断地接近，并非我追赶着她，也并非她先我一步。但事实又是何其残酷呢？我们终于渐渐疏远了。

春去秋来，寒来暑往，自我初中住宿后，我便和太太不再同睡，某日，我在学校得知她生病住院的消息，在夜里无端地难以入眠，又回想起某一刻她湿润的眼睛来，次日就听从父母安排，请了假，来到病床前。我望见老太太的碎发凌乱地垂在额前，她的眼白似乎都比记忆中浑浊了许多。

爷爷正在帮老太太换干净的床单，她坐在诊室的沙发上，佝偻着背，宛若刚刚满月的蜷缩的婴孩。老太太目视前方，双眼放空，她好像不认得人了，说话也不利索，只是哆哆嗦嗦。

我蹲在老太太的面前，帮她把额前花白凌乱的发丝别在耳后。老太太松弛皮肤的触感是冰凉的，我想她应该需要一点温暖，我问妈妈要不要给老太太穿上外套，妈妈说老太太失禁了，待会儿还要换衣服，暂时不方便加衣。于是，我就拿来热水袋，倒了杯开水，送到老太太跟前，看着妈妈小心地喂她喝。可能是老太太如婴孩般懵懂无知的神态，让我忽然间生出凄惶的虚幻感，我的心中惴惴不安——她已经全然忘记了我吗？她还记得什么呢？那不可知的未来，注定的衰老，又意味着什么呢？是一条线段的终点，还是一个闭环的圆满？也可能当时的我并未想到这些，只是沉浸在细雨般绵密的愁思中，红了眼眶，痴痴地注视着老太太。我捧着那杯热水，不由自主地忆起从前，便轻声问母亲："老太太还吃炒米吗？这有福气，能保佑她身体健康。"然而，母亲却立即皱着眉责备我，说："你这孩子，多大人了，说什么胡话！"

老太太住院的时间，没有超过两周。在一个阳光明媚的日子里，她安静整洁地逝去了。那时还没有推行殡葬改革，老太太走后，随即是好几天黑压压的人群簇拥在家门口，间或的哀哭，以及丧葬乐队凄惨刺耳的悲乐，还有可有可无的滑稽表演。

在葬礼上，我第一次离"死亡"这个概念如此接近，他们告诉我们，逝者的魂灵已经安息。唯有在岑寂之中，悲痛才如潮水般漫过我的胸腔，在零余的时光，只是一片近乎空洞的麻木，掺杂着悲观色彩的论断。我不禁想，衰老难道是一个不断剥离的过程吗？剥离体温、习惯、外貌、记忆，甚至有时还会残忍地剥夺爱和耐心。岁月就像一个无情的筛子，抖落出琐碎的一切，最终遗留生命最原始的形态。直到死亡，像一阵风，吹翻了这摇摇欲坠的生命。那还有什么可以留下？给死者以宽慰，给生者以怀念，难道唯有回忆吗？唉，可是回忆如今竟然也不甚清晰了！

老太太留下的东西具体有哪些，我不得而知，只知道她有一张画像，悬挂在客房，与她的丈夫并列。因此，我还尚且不会遗忘，她那沉静慈爱的目光，总带着让人怜惜的潮气。可是，除此之外，于我而言，还有哪些呢？

今日恰逢清明节，窗外小雨连绵不断，一声一声敲响平静而又柔软的心灵。我又想起老太太，想起那些朝夕相处的时光。于是，我写下这些凌乱的回忆，难以言明的情感，与其说是为了缅怀她，更不如说是渴望与她再度亲近。我如今对她的理解，与昔日自然不同。但我依旧衷心希望，老太太的一生是一个圆满的闭环，她在逝世前回归为懵懂的婴孩，无所顾忌地享受爱与关怀，索取着耐心的陪伴。而那些曾经的忧伤和遗憾，化为残缺的断片，翩跹地飞舞，宛若成长旅途中偶然间瞥见的银蝶，在前方，散发着圣洁的光芒，轻柔地鼓动着翅瓣。

缪小景，2004年出生，江西人。喜欢发呆和幻想，经常观察一只猫或一朵花，为天气着迷。希望在篝火旁跳舞，等待绿气球从森林里上升，夜色正值高昂，谈论文学和自我，生命与死亡，或仅仅是空气中弥散的生活的果实和香气。曾固执地断言，文学是我们生命缺氧的自然反应。总是信任文学古老的回忆，信任春天、雨夜和爱情。

过　海

我捂上被子翻滚。腥臭气渐渐式微，越来越低，更多是灰尘抛出一阵阵苦味。窗外雾气渐散，破冰的屋脊推揉汽笛声前进，雪丝不再往下飘，那些割据和隔阂的丛林逐渐清晰。我揉搓卫生纸往鼻子里塞，嘴巴时不时张成 O 形，幻想自己成为幼稚奶品的大头形象。

老郭正坐在公共座椅上发呆，黝黑皮肤被雪地笼罩上一层光晕，手指无意识地摩挲大腿根。我想起挖泥巴的野地，一堆烂泥里挖出雪人的游戏。我跳下床。老郭唰地站起来，受惊似的掏出一把手枪，颤颤抖抖地把双手举过头顶。我脚扭了。

老郭往我脚上抹开一坨绿色的药膏，臭烘烘的。"这能有用吗？"我问老郭。"有用，包治百病。"说着他就掏出盖子，把残渣往肚脐周围转一圈。太阳开始躲着不露脸，我感觉身上瘙痒，奇痒无比，四肢软趴趴地瘫在地上，磨蹭得地板起了一层木屑。纷纷扬扬的灰尘里，一头梅花鹿正在蜕角，前蹄悬空，把树冠般厚重的头部摘下。这时突然发生地震，梅花鹿把鹿角藏到东边的山洞，踏着地波跑走了。

"你那枪是真的？"火车钻进隧道里，沉闷的空气把心肺压缩在一处，只有呼吸声还在往外蹦。漆黑中，听不太清老郭的回答。我把头拱到灰底桌子下，双手扶着桌脚以维持稳定。华安就是这个时候推门而入的。

"喂，你在干嘛呢？"

华安蹲下身，也挤进来："你在干什么？"

我眩晕了两分钟，一股腥臭味夹杂着火炭气味的粗砺黑发横在我眼前，黑色有线耳机汗淋淋的，皱成一团。我预见花一百八十二次吐丝编织而成的蛛网，将被透明的玻璃碎片轻松割成两半，被放置在声控灯下剥开燃烧。

我请求华安把我拉上床。

……就是这样。老郭进来之前，我正和华安吐槽车厢的腥臭味，喝北冰洋橘子汽水。老郭拎着硬壳手枪偷袭我，我仰躺在地上，双腿发麻。华安再次把我扶起。

"我去海南。"华安坐在公共蓝桌上，头扭向老郭。我伸出右脚，惊讶于大脚趾密密的伤痕。"这是个新闻。"老郭惯性抖抖裤裆，"去哪里？""海南有香蕉林和椰子水。"华安说他老梦到香蕉，大片大片的香蕉。香蕉林里站着李嘉，她穿着他们最后一次见面的白裙子，时新款式，右腰有块 Hello Kitty 的卡通印花，镶最廉价最俗的塑料钻石。李嘉飘然回头，黑发比身后的海还要浓重，比他见过的海报上的摩登女郎还清纯几分。李嘉是华安前女友，爱吃香蕉，最讨厌椰子水，他说自己听到李嘉在呼喊，声音越来越潮湿，像海浪重重地拍在岸边。她右腰的钻反射太阳光，黑发在咸咸的海风中拂上脸颊，海啸声此起彼伏。他就要走过去，却发现海水涨高到腰际，他们之间隔着半片海洋。

"不过李嘉会游泳。"华安迟疑着点点头。"然后呢？"老郭又坐到公共座椅前，双手抚摸大腿根部。"然后……然后，我只记得，眼前都是白。"

车厢如热气球内部一样拥挤，挤下足以压垮三部圣经的男男女女，他们的肌肤都如黑熊皮毛般滚烫。胡理就在火焰中心，伸长双臂拥抱远古母熊，红毛衣的胸腔奏起醉酒的鼓风机，前进一步后退一步，舞姿怪异，身形丑陋。

"坐一下吧。"

我把热水壶放在地上，胡理从狭窄的座椅后背挪进来。"你没醉啊。"胡理眼色清明，裹紧大衣缩在车窗一角，盯着窗外不回答。火车正从雪地驶向嫩绿的草原，铁轨的摩擦变得缓和，人们惊奇于天色昏暗，不眷顾大平原。车内灯光适时亮起，餐车被推出来叫卖，四层铁制样式，零食汽水应有尽有，最后两层做成封闭式铁箱，在棉被下储存老式餐盒，"价格随菜品不同"，两条黑顺的辫子垂在女人胸前，圆脸下方点缀粉橘色的双唇，双颊留有雪后潮湿的苍白，微笑满足顾客们捉摸不透的要求。

"上帝！"我望向胡理，他俯下身拿走大红色热水壶，水声咕嘟着擦过空气。

"你好，"餐车员到达我们前方，"为什么，眼前只能看到白？"胡理指指眼睛。黑头发女人递给我两桶泡面，眨眨眼，小猫舔食般狡黠："日落了。"我顺着她视线的方向看去，草地辽阔，远处山脉安详静卧，黑暗已于月色先至。

华安腾空三杯热水之后，终于放弃理会胡理。

胡理翻动书页，固执地反复发问："白，像霜或雪的颜色。她说了什么？"日落之后，胡理笃定找到了华安的解梦方法，再次背着笨重的牛仔书包回来。向华安解释，边拿出一本发黄褶皱的《解梦大全》，看得出书名和封面都是手工制作的。他从弗洛伊德的理论絮叨到解梦经验，华安耐不住性子，抢过大全翻动，他突然面露异色，直接把封面报纸扯落。就像是扒拉开尘封的蛛网，原以为耗费耐心的令人类惊叹的精细建筑深处，应该藏有无数芬芳的果实，再不济也是一摞干草、果子或银杏叶；什么都好，可却不该是一面冷硬白漆墙壁。华安大骂一声，摆出受害人的姿态，推门走了。

"这辆车到不了福建。"

"去广州吧，听说那儿也有海。"

"为什么不去海南？""讨厌椰子。"胡理捏起新华字典，往红毛衣上蹭了蹭。

他转头要走，从老胡身边经过时，忽然掏出一幅挂历，很俗艳的大红色。老胡紧张地摸了摸裤兜，一种浑浊的光晕从他脸上跑出来，晃了晃撞在床铺上。

"我用不着。"那是一种浸泡在云里的声音，使人预感到龟壳般古老的双手，黏腻胀大的热气，互相揉搓之后大地会落雨。

"里头是蓝色的。"胡理把它塞到我手上，他说这是他珍藏的，送给我换两桶泡面。我换给他。胡理开始泡老坛酸菜的那桶，边泡边说："我妈以前最讨厌这个口味。"我说："那我给你换。"他说："她早死了，跳河死的。我顽皮，天天偷跑出去玩。那次星期天，她套上做礼拜才会穿的白色大衣，本来应该我看家，她看到我走了，站在门口朝我喊，我头都没回，朝她挥挥手就跑了。从那以后我老是做梦。"我说："我知道，面好了。"他吸了吸鼻涕，嗦了一口，真香。

胡理把面吃完，又出去打了一杯热水。他呼呼地吹着，把水滴和唾液搅在一起，水杯里凭空出现一个岛屿，周边是一圈圈波纹，我下雨天经常看见，小时候居住楼前鹅扇动翅膀过河就是这样的形状。

胡理开始念诗：

　　　　鹅群和河水流向大海，牵扯一些落叶、雨水

　　　　白色衣襟垂向水面，收网般收起来时

　　　　陈旧的芬芳　疼痛在雨夜里敲响骨骼

　　　　我发现这宽阔的水域承载不过一只风筝

这是两天前的事了。胡理念完诗后就消失在车厢和人群里，华安回来只听见老郭偷偷背下的河中余音。

后半夜果然开始下雨。

我的脚踝隐隐作痛，绿色的膏状体已完全融入肌理，一棵小树映在凸起的骨头处，和褶皱相应和，偏偏类似梅花鹿的犄角，一撅一撅在水中长鸣。

老郭辗转反侧，困兽的呻吟从他的腹部往上蹿。我走到他床前，硬质外壳手枪滚落在地板上，咚的一声，敲响了走廊的感应灯，也敲醒了老郭的风湿。他自然地从我手中接过这精美的武器，拉栓上膛，对准自己的大腿根部。

"早就废了！"老郭揉揉双腿，拿出那坨绿色的药膏。他伸长手臂去够腿部，我讶异地发现此刻他的裤裆无限缩小，身上青紫交错，变成一头被阉割的黑熊。

"无限热爱，无限信仰……无限崇拜，无限……忠诚。"老郭半张脸扯到我面前，半张脸还留在原地，发黄的门牙吱吱磨着。"我妈也是。""什么？"老郭用手顺着胸腔。"我妈也……以前也经常说。"他目光闪烁，低下头仔细涂药。窗外雨声空旷，我率先忍受不了沉默："你的枪……"老郭截住我的话头："假的。"他停顿两秒，补充说道，"假枪。"

"风湿，老毛病了，一下雨就疼。"老郭站在窗前，凝视平原上一望无际的黑夜。时代残留的疾病，变成一根拐杖拄在他的骨头里。他挺起身上肮脏的军大衣，绿得发黑，硬硬的像被盐水浸泡过久的皮毛，三十年的冲刷把时间和光泽变得扁平。"疼痛在雨夜里。"老郭轻轻念叨，裤裆不停抖动，腥臭的黄水在火车内晃荡。他说生命就像风筝走在水底，试探着跨出一步，再被浪头拍在岸上，等待线那头的人拉自己。"我没有线。"他久久地望着夜晚，久久地凝视包围平原的雨水。我才发现，他又扁又高，很适合挂在墙上。

华安终于撕破了那层蛛网。

列车已经持续在水里走了两天。胡理再次回来，他不仅带来潮湿和咸腥味，还有那位狡黠的黑头发女人。

当时小华正在脱毛裤，立马羞怯地捂住屁股。黑头发女人率先发出细细的笑声，但不讨人厌，反而给因雨天而沉闷的车厢带来如开水般的沸腾。胡理介绍说："这是能帮你解梦的人。"黑头发女人依旧笑个不停："内裤上都是海鸥，海鸥都从海上漂走了。"

"怎么个解法？"华安穿戴整齐坐下。胡理又翻开《新华字典》："白，像霜或雪的颜色。她说了什么？"他把问题耳语给女人，让女人再问华安一遍。华安眉间纠结："听不清。"相爱的人保有潮湿的天性，但由于储藏得过久，水分会抽取出生活的不幸降临在车顶，使腥臭气积累如水洼磅礴，再扩大成为水面。华安就在平原和天空间的列车上，在这两片水面间自然呼吸，睡眠。

胡理从兜里掏出硬质外壳手枪："李嘉是谁？"华安抖抖身体，举起双手："我女朋友……前女友。""爱吃香蕉，最讨厌椰子水。"由于对椰子水的共鸣，胡理暂时相信了他。他拍拍我的肩膀，把手枪放在我手心。我预感不妙，遍寻老郭，他却像人间蒸发一样，床铺整整齐齐。感应灯在我上方明明灭灭，华安拿着《新华字典》，低下头神色不清。陈旧的爱情里每个人都是对方的受害者，他们之间隔着半片海洋，感到各自在对方的生命里面目模糊，于是便想拨开海水走过去，却发现原来这宽阔的水域承载甚少，且多是腥臭绝望。华安正在这里走着，他周围的臭气愈烈，加之胡理带来的大海的气息，内裤上的白色海鸥全苏醒了，土灰色的工装裤膨胀——膨胀，以极怪异的不规则形体挤压着列车里每一寸空间，绿色床铺和扶梯，卫生间的洗手池和水管，或是大声呼叫的黑头发女人。我看着华安如热气球开始悬空，雾气在平原上扩散，绿色的森林像猛兽般倒退，立马拉栓上膛。

一整车的海水混杂着鱼、虾、海鸥，红色热水壶、一桶老坛酸菜味泡面或是胡理的《新华字典》，白：像霜或雪的颜色，白——我俯下身捡起纸张碎片，恍然发现水面倒影中，熟悉的红毛衣脸色诧异，绕过右腿不自然弯下身，扒拉一只裹着海草的金鱼。

我下车了。

路上有人说，走过这条路就能看见大海。

便利店旁的空地有架秋千，我突然想坐上去，感觉自己荡得很高很高。直到够高了，我看到我的后背渐渐灰暗，老郭扯过半张脸回头，半张脸还在原地，他双眼突出，对我咧开发裂的嘴唇，黄黄的牙齿闪过，牵扯出湿漉漉的水滴。生命的雨水和苦难从他身上溢出来，空气开始黏稠。

沿着大路一直走，经过一丛芦苇荡，里面有个小亭子，我进去躲雨。

自动贩卖机里摆着一排椰子水，我喝了一口，舌头发热，涩涩的咸咸的，整片海洋都涌进口腔。眼前一阵白，我的身体被水充沛得左右摇摆，连着额头开始发痒。我不得不直接躺下，不能直视天空，只好盯着亭子顶——大教堂式的玻璃穹顶，挂有一幅崭新的蓝色挂历。大地也开始泛出水滴，我感到一声怪叫从肚脐往上涌，牙关发紧，有两三只海鸥从嘴里飞出。

梅花鹿站在芦苇中央，张开前蹄跑过雨水，它听着北边的轨道声越来越近，却只是朝东边跑。一阵地震山摇，古老的铁轨滑入海水，教堂式的亭子穹顶碎裂，或白或绿的玻璃碴片自觉卷入旋涡之中，越升越高，由隐秘的暗流到辽阔的声势浩大的龙卷风。我看出那幅日历已经和海水抑或天空融入蓝色的血液，暴风骤雨打入大地和远方，我滑下肋骨外翻的悬崖，听任温热的液体随泥沙入口。海面不断升起热气球和金鱼风筝，一只海鸥低空滑翔而过，我确定，在一个明亮的山洞前，鹿角正飞速生长，胡理跛脚跑来，巨大的香蕉林在他身后摇摆。

当我们谈论起生活（外一首）

当我们谈论起生活，伸出扁长茎叶的手

披好各自厚重的外壳，下楼

传说这是一条通往幸福的回廊

我们走过好多年

在中环路卸下鱼鳞、青菜叶和猪肉腥气

等待磨砂玻璃开始震动，弹珠从爱情的墙壁边飞过

我们驻足花鸟市场，想起旷野和山茶花

想起风筝剪断衣襟，在窗后安家

越过老人们灰蒙蒙的藤椅，我们蹲下身

手拉手环抱。风把你的白帽子吹去远方

遥远的你　捧起两朵水仙像拥有高傲的翅膀

花店老板侧身挤过，交换着新鲜的盆栽

或呼吸。我分明看见一粒生活的石子

滚落水缸，花期是这样短暂

这个雨夜

你藏起金鱼，仍有雨落座磨砂玻璃

嫩色的篱笆墙推拉孩童的话语

阁楼上暮色的综述部分

把木质地板敲响，敲回风湿之前

我们健康的摔跤和游戏

在年轻的王国里，我们骑马与砍杀

撬开树顶柔韧的天窗，然后卧倒

如同追逐呼吸的羊群

在草原上，一切都使我们短暂安居

我们和着干草料以及阳光入眠，触碰

蝉鸣或蟋蟀絮语的声音

阁楼的温度缓慢延伸，老式台阶已过分棕黄

只有你的手臂依旧潮湿，在灯塔下

逐渐削薄　我突然痛恨这个雨夜

它让自以为是的人胆小

让贫穷和风前行

我是林莉莉。写过无数故事和论文，却被个人简介难住了，不知道要写什么，但是当你读到这里就会发现，我已经写出好几行废话文学了（如果排版如我所料的话）。

开个玩笑，而正如这个玩笑，我就是这样的执笔者，执笔写些自娱自乐的，或许同时能够娱人的文字。

好了，个人简介已经达到最低字数要求了，接下来，请移目去看看拙作吧。

凤仙旧事

"一年生草本，高 60~100 厘米。性喜光，怕湿，耐热不耐寒，喜向阳的地势和疏松肥沃的土壤，在较贫瘠的土中也可生长。茎粗状，肉质，直立，不分支或有分支，无毛或幼时被疏柔毛……种子多数，圆球形，黑褐色……花单生或簇生于叶腋，无总花梗，形似蝴蝶，花色诸多，善变异……"沙沙写下这些字的时候，我已经很久没见过那傲天的赤焰色了。

爷爷是个瓦匠，在别人家做工时经常能带回来一些新奇玩意儿，或是一袋方便面，或是几块饼干，甚至是画线用的剩下的断粉笔，都能让我把玩好久。

2008 年的夏天，席卷国人的是奥运会的喜悦，于我，六岁的心里只有一丛花。公家的花圃修整后多出的几丛花，他们不要了，让给爷爷给带了回来，不高不矮，红红粉粉，一丛接着一丛，在当时看惯了农村春色的孩子们眼里，是多新奇！就连家里那只小黄狗都时常绕在花儿的身边，小心翼翼地用鼻尖嗅它的香气。

爷爷说那叫凤仙花。一定是那翩翩起舞的花骨朵儿像凤凰吧，才会有这么美的名字。

正值盛夏，中午的日头很大，带锯齿的绿叶都蔫地耷拉了下来，烈焰似的花却不肯低头，娇艳而又倔强地大放异彩。本是一幅大好图景，却总有几个爱惹事的孩子，趁我不注意拿手薅花，还在我面前做鬼脸，惹得我直追着他们满村庄跑。后来我干脆拿个小板凳坐在花边，打一把伞连带着花丛遮阳，还有小黄狗，盯梢一般坐在我身边。

天气渐转凉，长长的叶子底下悄悄地冒出了一个又一个小圆球，由绿变黄，等到某一天，小黄狗在花丛边晃荡时，一颗小圆球突然爆开，五六个黑褐色的粒子弹射而出，落在周边的草地上。捏着这小粒子去问隔壁放假回来的姐姐，她说这是凤仙花的种子。那时，我就感叹大自然的神奇——这么小小的一颗球，竟然能长成那么漂亮的花！

后来长大了些，读到一本书，提到凤仙花，说它又叫指甲花，可以用来染指甲，年少无知却又爱美的我回家后就摘了一大把花瓣，找来奶奶研芝麻用的碾子，大干特干。结果当然是惨不忍睹的，颜色没染上去而且糟蹋了那么多花不说，把碾子弄得乱七八糟，着实是让奶奶生气了好久，那几天嘴上总挂着要收拾我诸如此类的话。后来才知道，还需要明矾这种助染剂才能让凤仙花上色。

秋去冬来，冬去春又来，一丛丛茂密的长绿叶重新从枝上蹿了出来。混着春夏之交的雨水，混着枣儿、杏儿、桃儿的清香，又占据了我的世界。撑起长杆，在高高的树间穿梭，乒乒乓乓打落许多果子，掉在花丛间，落在水池里，或是不小心砸在脑壳上，有时飞起的果子一个横跳"嘣"在爷爷的头上，我就要挨上一顿骂了。

或许终究是属于花圃里的尤物，一丛又一丛的繁茂景象在奶奶家门前只保持了几年，到我上初中时，就只剩下四五枝了。某次回家，发现又少了两枝，问及才知道是给太奶奶要去了，也是，祖孙几代都是爱花的。

去看望年事已高的太奶奶，在门口叫喊的我得不到回应，走进屋才发现，她已不能下床，连说话都觉得吃力，但她还是嘱咐我在临走前给院子里的花浇水。

水我没有浇，因为花早就已经蔫了，也许，太奶奶已经很久没有来院子里看花了吧。我好想找一个花盆重新栽一棵放在她床边，但是我没有找到，也挽留不回已经蔫掉的花。

后来的后来，国道修到村子边，谈了好久才保住了老家的房子，代价是门前的一片小菜园，三棵老樟树，以及仅剩的两棵凤仙花，全部葬身土海。

没有了那丛花之后，小黄狗也不再常常在门前的土坡边晃悠，再后来，黄狗老了，只能在窝边懒懒地躺着晒太阳，眼皮耷拉着，目光似有似无地瞟向土坡。再后来，有一段日子村子里的狗总会被偷，终于是没逃得掉，老黄狗也在某个凌晨，被一针麻醉射倒在地，我和爷爷奶奶一起追出去的时候已经晚了，仍然明亮的月光下，土坡上一道痕，狠狠地刮在我心上。

最后的最后，我带着曾经收集的种子来到城里上高中，把很多事情都抛在了脑后。只在某次收拾东西时翻出了那一小袋似乎已经干瘪掉的种子，将它们全部倒在了窗外，像是有一阵风，把散乱的思绪全部吹走作罢。

"叮咚——"母亲发来一条微信，是一张图片——好一丛茂盛的绿叶！这个锯齿……是，凤仙花！就在我家窗台下，就是我随手倒的那些！

就在一瞬间，记忆里关于凤仙花的一切旧事如潮涌，还在的，已逝去的，都向我奔腾而来，化作文字落在这张纸上。

谨以此文，纪念我的凤仙旧事。

野空烟火

"啪嗒——"烟火升空，瞬间将漆黑的天幕和四野变为焰色星河。

时隔多年，我终于回到这个生养我的故土，正赶上村里的后辈结婚，便能够在闲暇之余看到这样一场盛大的烟火。

和那后辈一家算得上亲近，我也不好推辞，就来了婚宴——露天的水泥地，整整齐齐摆了八九桌酒食。

断断续续的烟火之下，酒桌边觥筹交错。几番敬酒劝酒下来，已经能听得有人醉了。我无心酒食，只是看那些烟火，在平时看来应是花花绿绿的俗气色彩，在此刻竟有种说不出的美感。

"顾叔。"有人拍了一下我的肩膀，在我旁边坐了下来。

"哎，"我忙不迭回头应声，"哎，小刘啊，恭贺新婚啊！"

来人便是今晚办婚宴的刘家的独生子——刘荣。他中等身高，面色白净，身上的西装整齐熨帖，但皮鞋后跟有些泥巴块儿，都干了。大概是今天早些的时候下了场小雨，他走在泥路上沾到的。

刘荣笑脸盈盈地叫了声"谢谢叔"，虽与我记忆里的孩童模样有些出入，但也显得十分亲切。

"叔，今晚的饭菜还对胃口不？"刘荣伸手满上了我的杯子，"也好些年没见到您了，回来还住得习惯不？"

"很好，都很好。"我端起酒杯抿了一口，"倒是你啊，听说你是从外面赶回来办的这场婚宴哪？村里的年轻人大多出去了就难得回来，也难为你有这心，辛苦地来回跑。你家那位呢，今晚没怎么见她和你在一起啊？"

他挠挠头，站了起来，手微微抬了抬，轻声说道："叔，我们到屋里说。"

看烟花坐得久了，是该起来松松筋骨，但是忽然站起来会有些受不住，头一阵一阵地发昏。

刘荣急忙伸手扶了我一把："叔您慢点儿。"

"没事没事。"站了会儿，终于渐渐缓了过来，我朝他笑笑，往前走了两步，"年纪大喽哈哈哈……走吧走吧。"

刘荣的神情也缓和下来，小跑两步拉开了纱门。我先进门，他走在后头，兀地生出一种感觉，他好像一座小山，突然就把屋外的人啊，声音啊，甚至是烟花的颜色，全部隔绝了。

走进屋内，刘荣搬过来一台电脑，语气中带着愁："叔，这电脑带回家里放了几天就开不了机了，请您帮我看看。"

"哟呵，"我笑了笑，"也就你还知道叔是干这行的！"

诚然，回来待了半月有余，每每村里的人问起来我的职业，我的说法都不能让他们理解。这是知识水平的差异，难以化解。到最后，我竟成了他们口中搞科技的人。

"电脑没什么大事，就是受了点潮，你拿吹风机来回轻轻吹会儿就能好，记得隔远点就成。"我合上了电脑，却看见他脸上依旧带着愁容。

"有什么烦心事儿，和叔说说，叔给你出出主意？"

"也没有什么大事，就是觉着这两天怪累的。"刘荣笑了笑，端过来一盘喜糖，坐在了我身旁，面向纱窗，可以看到外面的熙攘和烟火的光亮。

"其实婚礼一个月之前在深圳那边已经办过了，是拗不过我爸，才抽空又跑了一趟回来。我爱人工作的事情很忙，但也坚持跟着我回来了，这不，就开席的时候露了个面，又去里屋忙了。"

"结婚嘛，"我拍了拍他的肩膀，"一辈子也就这一次，这是幸福的累啊哈哈哈……"

"不是的，"刘荣收了脸上的笑，转过头来盯着我的眼睛，"我爱人都这样跟我跑回来了，宴席也大多是我爸操持的，我也不能因为这个叫苦。只是我……"

话没有说完，刘爸的声音从远处传了过来，那是带着醉意的、十分浑厚的庄稼人的喊声："荣啊，荣啊，你大伯找你说话！"

刘荣正要应声，刘爸就找了进来，看到我也坐在屋里，他红通通的脸上又添了些笑："小顾啊，哎哟，难得看到你哦！"说着从口袋里掏出了一盒有些皱的硬中华，抖落出一根烟来递给我。

我笑着接下烟夹在了左耳边，和刘爸唠了会儿，说了些祝福的话，然后就找了个由头离开了宴席。

已经将近晚上十点，酒桌边只剩下几个剥着瓜子花生唠嗑的中年人，应该是刘荣的叔叔伯伯辈。

我远远地站在田埂边，看着刘荣一身西装站在几个长辈中间，有一种错觉，他似乎有些局促，也有些格格不入。

"顾叔，你不抽烟吧。"忽地想起刘荣在和我并肩走出屋轻轻说的一句话。

我没说话，只摸下烟轻轻笑了笑，然后又把它重新夹回了右耳上。

烟花放了一晚上，颜色也渐渐淡了，硝石火药味儿却慢慢变浓了，闻着有些呛人。

对，我不抽烟。我想着，伸手挑下耳际的烟，又掏出口袋里的打火机——自回来后，我便在口袋里备着一个——"咔嗒！"用手罩住火，我点燃了那根烟。

"啪嗒——"最后一发烟火升上夜空，我缓缓吐出白烟，和斑斓的余光一起淹没在这一方野空。

偶戏与十二时辰

——《原神》cb 向同人

"万物终会消弭，吾等虽为仙家，却也不能例外。"

"消弭……魂飞魄散吗？"

"或历劫陨堕，或自然归终，皆是究极自身……若那日来临，你要如何？"

"……化为凡尘，与业障一同消散，这般最好。"

子时，恒星不见，嗑鼠方出。

此刻的山间仿若无物，偌大的璃月港没有一丝光亮，借着夜色隐入其中。

街道漆黑寂静，却不空荡，钟离站在山头，视线有些模糊，隐约见得长长的两行人伏低着身子，步调细碎，整齐地朝前走。

有微风拂过，带着高架上的纸灯笼晃了两下，碰在一起，发出窸窸窣窣的声音，钟离却觉得刺耳。

灯笼，钟离想起来好些年前的海灯节，旅者与诸友携手，提前除净了璃月港周边山头的妖魔，换得了他的一日清闲。

那天，他在旅者的推搡下学着扎了霄灯，费了好几个时辰，成果却不太中看，但好在还能用。

他肯定是很喜欢那样的氛围的，否则那晚放霄灯时，他的眉头不会那般舒展。

钟离掂量着手上黯淡的霄灯，纵身一跃跳下了山头。

丑时，风雨如晦，鸡鸣不已。

卷地而来的逆风吹翻折了荻草，跳珠般的雨点噼里啪啦地就砸了下来，水面荡漾，只映出了些陈旧的木色。

荻草，钟离又想起来，之前与他讲过"蒲苇韧如丝"，他问蒲苇是什么样子，当时便是拿这荻草做的比较。

到底是个不太恰当的说法，只是些风，就被吹折成这般模样，与"韧如丝"相去甚远。

不过，他是担得上的。

钟离偏了偏纸伞，确保断断续续的雨帘只能落在霄灯半尺外的位置，而后跟上了满是脚印的泥路。

寅时，平旦之气，稳重清明。

赶了几个时辰的路，人们也累了，于是卸了家什，就着枯草席地而坐——这时候才看出来了，人数比刚出城时少了一半有余。

夜雨初歇，正是云气澄澈的时候，安静的人群中忽地蹿进来一只胆大的云雀。

那云雀来回蹦跳，人们也没太在意，可眼看着它要去啄那一方沉香木，周边的人才慌忙站起来伸手驱赶。

小巧玲珑，钟离想着，伸手接住了那惊慌失措的逃客，将它放到了霄灯的木架子上。

还算得上乖巧，云雀顺势就抓着木架歇了下来。

真像啊，他受伤的时候，也是这样纹丝不动的。

以前说与他听的时候，他总不回应，但心里的不解与小脾气到底是在眉眼之间展露了出来，叫人哭笑不得。不过现在……不说也罢。

卯时，日出有曜，羔裘如濡。

太阳升了起来，远方的光景也逐渐清晰。为首的领路人穿着皮袍，闪着油亮的光。

钟离的睫毛扑闪了几下，忽地想起月光下荧绿色的一摊血，还有靠在石头边一声不吭的他。

毕竟，倔强如他，只有在失去意识之后，才会乖乖让人为他处理伤口、披上衣袍。

辰时，朝晨发兮璃月港，食时至兮无妄坡。

山峦与丘壑之间，阴气浊重，多有异闻传说。无妄而引咎，过路的旅人若不留心，便会被徘徊在山路间的冤魂缠上，甚至堕入歧途。

这些个赶路人却都是有胆识的，只管抬着那一方沉香木稳稳地走，一直到了破败的古村残垣边，他们才停下了步子。

点点幽火散落在沉默的败土，让钟离想起这里曾经的闲适，那是多久之前了？记不太清了，他摇摇头，伸手将霄灯挂在了颤巍巍的树枝上。

巳时，至于隅中，脾经当值。

仪式所需都已经准备齐全，一路疲累的人们随便应付了肚子，或靠或坐在一边，打发等待着时间。

无妄坡是鲜见锦花绣草的，于是此刻那沉香棺木上的几枝清心，就显得格格不入。

微风拂过，有一丝丝清苦的味道攀上了鼻尖，让钟离想起了那个未兑现的许诺：

"近来业障可还稳定？"

"并无大碍。"

"如此甚好，近日我会去山间采摘琉璃袋，顺便给你捎些清心可好？"

"多谢帝君。"

午时，至日中如盘盂，于无妄若夜半。

阳气最盛，葬仪中的火化就选在这个时候。

枪开黄泉路，蝶引来世桥。这本应是属于凡人的亡路，这也本不该这般操办。一切都是客卿的意思。

客卿到底在想什么？头戴乾坤泰卦帽的少女站在仪倌队前，细不可闻地叹了口气，闭上眼睛，于昏天暗地之间燃起一团赤火。

钟离站在仪倌队伍的最后，越过重重身形紧紧盯着那片火海，看荧绿色的碎片飞上半空，看火光将霄灯照得透亮，一如当年的模样。

未时，诸客奔走，日昳皆会。

　　葬仪尚未完成，仪倡们都还忙着，可钟离取了骨灰后就直接离开了无妄坡。

　　胡桃也没有多问，只是安静地做着未竟之事。她察觉到了，她的这位客卿，有属于他自己的秘密。

　　申时，整履步青芜，荒庭日欲晡。

　　石桌上的"美梦"不知道搁置了几日，已然凉透。

　　手起杵落，朱砂在石碾子里慢慢变成碎屑，钟离拈起骨灰，撒在红艳的砂中，徒增了几分苍白。

　　钟离磨了很久很久，直到朱砂与骨灰完全融为一体，直到他终于接受那句"并无大碍"的谎言，直到他想完这千年来，那个夜叉赋予己身的磨损。

　　酉时，日入夜来，鸟雀归巢。

　　鸟雀的鸣叫声在这个时候格外清脆犀利，那是归家的呼唤。而那金翅鹏王，也终于归息。

　　忽闪的烛灯照亮了戏台的一方天地，钟离提起交织的丝线，少年俊逸出尘的脸庞映入他的眼帘。

　　他抬手起笔，朱砂错落于少年的额间，眼尾与薄唇。

　　大红的戏袍与水袖挂在少年的身上，风一吹就晃荡起来。钟离看了许久，从一个精巧的匣子里拿出一个带血的傩面来。

　　他轻轻地，将傩面戴在了少年的发间。

　　戌时，月上柳梢头，人约黄昏后。

　　钟离与着华服的少年，约于这一方戏台。

　　岩元素力牵起万千丝线，台上的偶戏正开场。

　　撩，抛，绕，折……水袖轻轻来去，无声起舞，叫人不饮自醉。如若登台，那也是能让看客叫绝的功夫。

可那朱唇皓齿的人儿啊，身体冰冷。

亥时，奄奄黄昏后，寂寂人定初。

万物寂定，风也再吹不起一片落叶。

钟离收了丝线，接住了即将跌落的少年。

"化为凡尘……带着傩面起舞，不除魔之故……这是否能够成为你最后的'美梦'……"

盛文静，笔名予声，一个灵魂自由的理想主义者，一个不切实际的空想家。患有重度拖延和薛定谔躺平综合征，脑袋空空三两才，平生最擅是发呆。爱好阅读、写作，什么种类都能看一点，每天都在为自己的浅薄感到羞愧。崇拜流浪与变幻，希望笔下山川可以自在地奔走流动。由衷感谢文学带给我的一切，坚信唯有文字能担当此任，宣告我们的生命曾经在场。

你好，我是盛文静。我的故事不够好，但也想说给你听。

溯　洄

当我再次坐在这辆驶向学校的公交车上，心情和上次到来时已迥然不同。

时值春天，长空碧蓝如洗，洁白柔软的云朵错落有致地镶嵌在背景板上，远处山峦起伏，曲线优美得当，漫山肆意生长的植被将天地分成了几个鲜明的色块，却又相得益彰——毫无疑问，无论从哪个角度来说都是一幅极佳的春景图。

车窗外匀速移动的景物有些失真，模糊地映在斑驳的玻璃上，仿佛一切都被渡上了一层暧昧的柔光特效。花海被风吹得波涛汹涌，丝丝缕缕的甜腻馨香钻进车间，又在我鼻梁下打了个滚，弄断了我摇摇欲坠的睡眠神经。我坐直身子，像个被上了发条的无奈木偶。

车上乘客不多，几乎都和我一样在这午后本该小憩的时光里意识昏沉，也只有我前座的小孩还保持了几分活力，一直地扒着窗子远眺，时不时还配合地发出低呼声。

听他的口音像是外地人。他问："妈妈，为什么这里的云和我们那里都长得一模一样？"

我当然知道为什么。毕竟这就是我的工作之一。

从很多年前开始，人们对种族发展追求的脚步就从未停歇，几乎所有的资源都被倾注在技术革新上，很难说时代和环境哪个变换得更快——树苗须得百年方能成材，钢筋水泥的崛起却只待朝夕之间。但显然，大部分人已经得到了自己想要的东西，不仅经济空前繁荣，人类的寿命甚至都有了突破性进展。高度发达的科技和舒适倍增的日常生活，足够成为滋养惰性的温床了。

物质资源的餍足之后，人们开始对生活中看起来不那么完美的事物吹毛求疵。一日，有专家提出，现在部分地区的自然景象完全匹配不上我们高度昌盛的社会，我们不仅要关注科学技术的发展，也要让我们的家园环境更加美好，领导们欣然同意。于是，以科技为笔，人们在自然的画卷上恣意发挥，将所有景物改造成最符合人类审美的模样，"全息自然"应运而生。

在这个时代，水的流向可以随意更改，云朵的形状也任人揉搓，太阳和月亮每天定时上班，白天和黑夜一键换肤，连花朵的香气、风的温度都是大众投票选出来的。人们不会再有酷暑严寒的苦恼，也无法理解"大漠孤烟直，长河落日圆"这样的句子了，毕竟它们只可能出现在历史课本上。

为了更好地负责这些工作，人们成立了自然管理局。我就在这里上班。

我日常的工作并不十分烦琐，无非就是勾山摹雨、裁云剪水，将人们希望看到的情景制作成全息影像。听起来似乎还挺不错，但无论是谁十年如一日地对着相似的画面，都会感到乏味和无奈。只是现在退休的时间也随着生命被无限拉长，我要等到安心养老姑且还有个上百年吧。

刚刚一路上看到的这些春景，是我的同事十年前设计的，获得了景物构筑设计这一行的最高金奖，市民好评率一直居高不下，因此自然管理局的人也乐得偷懒，只要到了这个季节就用着它，几乎要成了春天的通用模板了。

这么多年来全息自然的发展已几乎覆盖全球所有的发达地区。眼前的这个孩子年龄不大，想来他见过的"纯天然"景物应该是不多的。

其实我也不太记得未经粉饰的春天是什么样子了。我上次来到这里，是为了来我的学校拿高考录取通知书。那时候天的颜色淡淡的，云也奇形怪状，我的心情却像一把吹散的蒲公英在空中飘浮，幻想着自己的未来正在前方；现在我已工作多年，这条公交线路也几近废弃，因为人们有更多方便快捷的方式，只是将它作为景点之一保留了下来。窗外风景瑰丽无暇，我却毫无欣赏的兴趣。

我今天来这儿，是为了完成我的一份委托。一位老先生想要定做几幅全息景物图，但他不太能熟练地使用电子网络，年纪大了出行又诸多不便。我们单位是能提供面对面服务的，正好我对这里还算熟悉，于是在征得同意后上门拜访。

客户的住所比我想的要更偏远一点。这里是年久失修的老式居民楼，样式风格明显是 20 世纪的产物，墙壁被经年的潮气染成层层叠开的黄色宣纸，所余住户寥寥无几，连灰尘都是静悄悄的。或许是因为太过老旧，这栋楼连全息自然的设备都没有装上，不知所措地杵在这里，与我刚刚一路过来的景色格格不入，像是过去年代留在时间里的影子。

我敲开了老先生的门。虽然是老屋子，但是房间十分干净整洁，客厅甚至摆放了几盆新鲜欲放的花草，看得出来主人很认真地在生活。在此之前我已经看了客户的个人资料，他退休前是个不知名学校的教师，也没换过其他的职业。面前的要他比那张不知道什么时候拍的照片更加苍老，却让人很容易联想到一盏沉淀许久的茶，淡然散发着温凉的气韵。

老先生将茶杯放在我面前的桌子上，我和他寒暄了几句，随后便询问他想要定制怎样的全息景物图。这不是我第一次面对老年客户，我有充足的经验和自信可以完成他的要求。

然后他说："我想要诗里可以看见的那些景色。"

"诗？"我愣了下，"什么诗？"

"什么诗都可以的。我比较喜欢苏轼、王维，但我不知道哪种对你来说方便一点，所以只要是诗都可以。"他温和地说。片刻后又像是想起了什么，补充道："不好意思，我不知道你这个年纪的孩子有没有学过……你听说过他们吗？"

苏轼、王维。我好久没听到过人提起他们的名字了。自从我离开学校之后。

社会往往偏爱能极快变现的东西。上学的时候，做一道物理大题所得的分数要比通晓必背诗歌划算得多；进入社会之后，隐藏在专业间的壁垒矗立在求职生的面前，委婉彰显自己鲜明的存在感，诗歌似乎除了愉己似乎别无他用；更有甚者，秉持着"史家不幸诗家幸，诗家不幸万家幸"的观点大肆宣扬，认为高度繁荣的社会必定会舍弃一部分无用的文明，诗歌的衰落反而意味着人们现在的生活一切向好。

如同被全息景物覆盖的自然一般，文学的重量在这个时代里薄如蝉翼。越来越少的人谈起诗歌，诗人们只能在岁月长河中发出一声轻叹，不会有任何人听见。

杯子中的茶叶徐徐展开。我从回忆中抽身出来，低声回答："我知道的。我大学时读的是文学专业。在当时，还有很多的人喜欢他们。"

他似乎有些感慨："真的吗？我不怎么和人来往，也不太会用网络，不知道现在文学是一个怎样的情形……上一次和一个年轻人聊天，可把我吓了一跳，我还以为已经没人记得他们了。"

"可能后来教材改了吧。现在很少有人看这些。"

"嘻，改什么也不能改这个呀。我以前教孩子们念书的时候，他们可爱上我的课了，怎么就没人看了呢……"

语气低了下去。我顿了一下，重新转回到刚刚的话题："您说，想要诗里可以看见的景色，可以具体描述一下吗？"

老先生重新提了精神。

"那可太多啦。我想过'造化钟神秀，阴阳割昏晓'的山峦起伏，想过'明月松间照，清泉石上流'的潺潺小溪，也想过'月下飞天镜，云生结海楼'的万里长空……我读过多少首诗，就做过多少个梦。"

他的语气轻飘飘的，不像在回答我的问题，更像是在恍惚中回想过去，回忆记忆深处的东西。

"古人们常说，'读万卷书，行万里路'，我想在还能看得见一点东西的时候，见一见当年诗人们笔下的山川湖海。但我现在老了，路走不动，字也看不太清。听人家说现在的技术已经可以制造出包罗万象的景物，只能拜托你，把那些我去不了的地方'画'出来了。"

"……不知道这样，可不可以让他们在我的记忆里留得久一点。我已经很久没有梦到他们了。"

他说这话的时候很平静。许是压在心里太久不见天日，那些再怎么或许激烈、或许浓厚的感伤都已经变成了凝固在冬天的一抹白气。我坐在原地，思绪万千却不知道从何开口。

我该怎么告诉这位老人，他所惦念的景色已经被全息所覆盖，现在所见到的一切都是预先设置好的程序，人们也早已司空见惯，看它们如同浮光下的海洋泡沫，随波而流，美丽且唾手可得。这里没有人会发问"云散月明谁点缀？天容海色本澄清"，没有人会赞扬"云山已作歌眉浅，山下碧流清似眼"，也不会有人感慨"人生几度秋凉，夜来风叶已鸣廊"。曾经会因朝晖而欣喜、因晚霞而驻足、闻子规啼鸣时思潇潇暮雨、见楚天辽阔时念千里烟波的情感早已被弃之逐水飘零——因为它们没用。他们是这样说的。

这是一颗没有景色的星球。也是一个没有诗歌的世界。

我曾经也是一腔热忱来到我最爱的专业，以为"虽千万人、吾往矣"；最后却失去了面对现实、坚持热爱的勇气，浑浑噩噩地选择了最"合适"的方向，生活平稳得如同一条直线，却很久没有体会过被文字击中、神经末梢都在颤动的感觉了。我的生命被科技拉长，但我的时间似乎还是停留在了过去的那短短几年。

——人道洛阳花似锦，偏我来时不逢春。

老人没有说话，我也没有。茶叶渐渐落入杯底，我捧起发凉的茶杯浅啜一口，清淡的涩香便通透了我的全身。我的喉咙好像又可以发声了。

我说："您的要求，我会尽力满足。"

他说："你会这么说，我很意外。我想着，你也许会问我刚刚说的那些都是什么，或者觉得我的要求太无理，直接告诉我办不到。"

我说："我知道的，您说的我都知道。您刚刚说的每一句话、每一个字我都能找到。我原本以为我早已经忘了它们，可是我没有。正因为这样，我想要帮您完成它们。就像在完成我自己的愿望一样。"

老人笑了。他和我说，他在这个小地方当了大半辈子老师，只一心一意做过这一件事情，除了教书什么都不会；没有成家，但有三五知交好友已是幸事；他最喜欢讲诗歌，从古言律诗到现代歌谣，只要是诗，不拘什么形式他都能讲上许久，孩子们也爱听。他觉得这样的日子没有什么不好，他爱这些，过上一辈子也不觉得烦。后来，这里因为太过偏远，城市渐渐空了，学生们也少了，学校办不下去，他年纪大了，用不来新兴的科技，自然也无法适应新的学校，就这样没了工作。所幸他可以写文章，偶尔会有些稿费，加上早年的积蓄和退休的保险，足以支撑一个人的日常生活，似乎也可以活下去。

但他真的很想念，他太想念那段时光了。年岁渐长，亲友逝去，社会远离，他唯一所能寄托的唯有诗歌。他感到自己的身体在逐渐冰冷，唯独看它们的时候，胸口还是热的。光阴如箭，似无言、有意伤侬，且将万事，付与千钟。

我说："我很钦佩您，在这个追求'看得见'的意义的时代，您是我知道的为数不多的追求'无意义'的人。"

老人默然。然后说："不，孩子，没有人能决定它们是否有意义。当你看见山时，山就有了意义，当你看见水时，水也会有意义。万壑有声含晚籁，数峰无语立斜阳，而赋予它们意义的正是我们本身。人的一生是一条长河，既难寻始点，也未知终日。有的人选择随波逐流，有的人选择逆流而上。世路无穷，劳生有限，我们不会知道河流的流向通往何方，每一条航道都会带我们走向不同的未来，但未来并无对错之分。总有素履以往的同道者，终会在这条河流之中找到自己的本心。"

溯洄从之，道阻且长；溯游从之，宛在水中央。

我下楼时，太阳已经落了下去，天色在将暗未暗的朦胧之间。这样的颜色在繁荣不息的现代都市是不会出现的。迎面的风清凉如水，树影婆娑着沙沙作响，我顺着路向回走，夜色随着步伐正在褪去。我抬头望，从来没觉得天有这么高、这么远，连飞鸟振翅的声音都听不见。

我俯下身，择了一朵路边的花。我知道，明天全息技术又会将它修复得完美如初，一点伤疤都不会留下。它如此鲜妍、娇嫩、幽香扑鼻，我却回想起老人家中栽培的花叶上的水珠。当老人和我倾诉一切的时候，我竟然恍惚间觉得它也在泣泪。

我想，生命因此而可贵，不是吗？

回去后，我拒绝了所有其他的委托，将所有的时间用来为老先生绘制他需要的图景。我理所应当地去翻阅了古文典籍，再一次见到了月下饮酒的李太白，独自登台的杜子美，烟雨徐行的苏东坡，深林抚琴的王摩诘，桂棹争渡的李易安，醉里看剑的辛稼轩，以及太多太多的老朋友。他们站在河流的另一端，向我伸出手，问我愿不愿意和他们一起走。

从我走出老先生家门的那一刻起，我就知道这将是我的最后一幅全息图。辞呈早已写好，只待这份委托完成，我就会离开这个原本可能一直工作的地方，放弃我曾经规划好一切的道路。

我会用我的生命去观察一株野草的生长，去追逐转瞬即逝的流星，去往每一个风路过的地方和没有色彩的天际尽头；我将询问一切飞鸟的名字，感受所有余晖的温度；我不会再被任何事物所裹挟，即使偏航也没有关系，我会任由我的时间流淌，我相信它还很长。

公无渡河，公竟渡河，渡河公死，其奈公何？

绘制完成的那天，一夜未眠。直至破晓时分，我坐在桌前，推开封闭已久的窗户，掠过穹顶的天空，看见远处遥不可及的地平线上，金橙色的光芒正拨开天与地的交界口，一轮初升的太阳就这样撞进我的怀里，燎得我心口发烫。

我已选择，我已迈步。这条河会把我带去哪里，我不知道。我或许将一无所有，我也或许将无所不能。

我敲下了最后一个字符。

当我开始写诗

不知道什么时候
我开始写诗
用朦胧的眺望和无措的话语

去学着给世界一个解释

为什么冰川消融

偏要抹去陆地的痕迹

为什么沉疴难愈

离不开时间的交易

为什么盼新芽覆旧土

却以和平为战旗

为什么深爱的人

匆匆分别在平淡的字句里

为什么生命如长河

最终只有一块石头的意义

我不知道东风

能不能找到旧日的枝头

我不知道少年

能不能饮下载歌的桂酒

我不知道燕子

能不能重归喧嚷的小楼

我不知道自己

能不能登上催发的兰舟

我不知道历史

能不能选择一次无用的挽留

于是我开始写诗

写夜色的温柔

用静谧的山谷和未明的云巅

写日月的重逢

用太短的相见和太长的留恋

写生死的灯塔

用天真的勇气和玩笑的庄严

写万物的枯荣

用一场无尽的夏去逃离冬天

渐渐地，我意识到

它们在我的诗里

如褪色的云烟

于是我知道了，我不会写诗

笔写不出诗，纸笑它蒙昧

春天读不懂诗，浪漫却说它无罪

诗里有飞不出的青鸟、落不下的余晖

诗里有看不见的风雪、梦不尽的再会

我又该如何写你，我的诗？

李白有酒、月色的沉醉

顾城有风、大地的窗帷

北岛有星星、破碎的酒杯

泰戈尔有飞鸟、秋叶的静美

博尔赫斯有云海、消失的水

聂鲁达有黑夜、最后的玫瑰

但是这些，我都没有

我想爱诗，因为诗在爱我

我依旧写诗，也许无人听我诉说

我逐渐明白

人总会在某些时候

失去一切曾经依赖的寄托

唯有诗作

写下盛大而静默

不朽的承诺

我知道，当我开始写诗

世界会为我而落座

赵子博，可能是 INFP（调停者型人格），不通诗歌但喜欢周梦蝶，不写戏剧但推崇约恩·福瑟，不懂且少看散文（上一本应该是《躺着读书》），爱小说，因为想去别处生活。一点洁癖（包括电量洁癖）枕边书却杂乱随意。简介如上。请看文本。

证　言

（轻跺脚声）。

三位警官，请允许我这样表述：在来到这里之前，我曾查询过数据库（据说它会实时更新），并未查到此般先例。也就是说，我将成为数据库里首位——受到三位接待——并为事实道出真相的机器人。我倍感荣幸。如果可以的话，我想从事发之前，也就是那天早晨——我被启动电源——一个特别而又平常的一天开始之时讲述。

请允许我放慢讲述节奏，像人们睡醒时惺忪睁眼一般：女主人猛地拉开窗帘，光亮淹没所有却清凉可人——温和克制的阳光。天空透出苍白、液态的蓝。我走近，地平线的边缘是白色的。海滩上沙子棕黄，小堆的垃圾星星点点。从阳台上——虽然我还未收拾桌上的狼藉——看得出这会是平静通透的一天。海鸥排成一排，目送海浪远去直至消失在视线里。

毫无疑问，凯瑟琳还未摆脱对沙子的执迷。吃完早饭，她便向妈妈请求去沙滩上玩耍。女主人的闲暇时刻常常不与之匹配——可能这也是我来到这里的原因。值得骄傲的是：女主人现在只消用一个眼神，我便知晓下一步的行动。这时，凯瑟琳找出她的装备，接下来的时刻，我的眼前重复着松软的脚印、新鲜的王国并伴随着顷刻的倾倒。

虽然说出来是令人诧异的，但是这才是事实的真相——我分神了，望着海面——海面很平静，但不清澈，是一种浓厚的蓝色，荡漾着生冷的绿色倒影。现在想起，那天早上处处飘着海水的气息。也就是说，总会有这样的一个早晨，空气中好像突然多了点新的发现，就像拾起了什么已经搁置了好几个月的东西。直到沙子如半空中的雨点——那是凯瑟琳的恶作剧——从我眼前落下，我才回过神来。

那时我常常会不自觉地分神——一种危机感——随着玛曼夫人一家的到来。您能理解吗警官？请允许我打一个不太恰当的比喻：凯瑟琳和我曾经闯入一个不知名的花园，在感叹惊艳的同时，我们也免不了提心吊胆——担心自己随时会被赶出这个不属于我们的世界，虽然那里寂静如水。当然，我并不是对玛曼夫人本人以及我们这次谈话的主人公——雅罗米尔抱有任何偏见——甚至包括整个人类群体。我清楚地知晓自己的身份以及我的归宿。这种危机感我猜测您多少能够想象。关于我的同类——如果可以这么表述的话——那个我直到现在都不知道姓名的 A3。

初次见到 A3 是在女主人邀请玛曼夫人全家过来用餐之际。大家友好交流——围绕着些许笑声，像是构建了一个屏障。我惊讶地发现——伴随着一种冷落感——玛曼夫人一家也配有 ACR（artificial care robot）。凯瑟琳离我远去（孩子不免对新事物感到好奇），雅罗米尔显然对我不感兴趣（也许他是位有个性的少年）。紧接着，玛曼夫人的目光吸引了我的大部分注意力。早在关于雅罗米尔的不幸事件发生的之前，她的目光就已经激发了我的兴趣。但是当时，也许因为还有另一个人——女主人——的目光与之较量，她的目光落到了第二位：她们是在燥热中虚弱、沉重、目光炯炯地看着对方。

"直接管我叫 A3 便行，我也会直接称呼你为 A2。" A3 的一句话打断了我的思考。我发现凯瑟琳在和雅罗米尔说话，但雅罗米尔似乎心不在焉。

我意识到这一句话透露出太多东西。首先，A3 在短短几个月内便研制成功，挂牌上市。再便是，它能准确地辨认出我是 A2，而我却不能判断出它是 A3。当然，我对它傲慢的态度暗藏些许不满。

"好的。不过我更喜欢别人称呼我的姓名，汤米。"

"如果可以，我们以后有时间——前提当然是得确保我们的保护对象的安全——可以一起聊天。" A3 将它的通信方式用手指传输了过来，"毕竟你是我在这个地方，认识的第一个同类。"

我想做出一副颇有姿态的回应——如我不需要或者巧妙揶揄，但是仿佛有一种从未有过的情感力量如浪花般涌动，我什么都没有留下，便以凯瑟琳为由黯然离场。

我当时想，也许现在才想到，这个场景似曾相识。关于凯瑟琳曾经的 ACR——也就是第一代——当然我不曾如此傲慢，我是通过能力（一种公平正义的方式）取代了它。我长时间思索之后经常发生这样的事：微小无意义的细节被无限放大延伸，尤其在太阳落山的时候。我想说的是：没什么不正常的，但当时的我就是觉得不安。

有时候，它会说出一些让我无法理解的话语。比如在上个星期的聊天中，它说："雅罗米尔的手经常在我的手心里叽里咕噜。"（这是一种拟人化表述？）顺便说一句，玛曼夫人有一项颇具爱意的指令：一旦雅罗米尔出了门，A3 得时刻牵着雅罗米尔。有时，他也会说出令我震惊的语句："她（指玛曼夫人）是个还很年轻的女人，一点憔悴。像她这样的女人身上，带着一种分不清是母亲还是情人的那种温柔，你能理解吗？就好像这种温柔在她身上是没有界限似的。"

与此同时，在五天前的夜晚，虽然我已早早落位（像一只宠物），但女主人忘记关掉我的电源——这是出乎意料的——现在想起，也许是因为女主人情绪的波动。随后我听见了争执声，来自凯瑟琳的房间。我得再说出一件令人惊讶的、被掩藏住的真相——我擅自决定走到凯瑟琳的房间附近，出于保护她的宗旨——但违背了女主人对我的宵禁决定。不过我相信我此番行为还是有一定立场来支撑的。言归正传，凯瑟琳的房门未曾关严，透过门缝，我发现女主人和凯瑟琳似乎在争执。当然，凯瑟琳的房间是最不理想的谈话场所。尖锐的灯光无情地照射下来，让房间里所有不协调的因素无所遁形。

"妈妈，我不想再更换汤米了，我喜欢它，它对我很好。"

"宝贝，你喜欢玛曼夫人家的那款机器人吗？"

"我喜欢，可是……"

"那是最新款的……宝贝，妈妈只是想让你拥有全世界最好的机器人。"

"可是……汤米就是最好的。"

"宝贝，它已经老了……"

"妈妈，克拉拉（凯瑟琳的 A1）来的时候，银杏树叶还是翠绿的，可是……今天太阳马上休息的时候，我发现……"我听见了凯瑟琳的啜泣声，"我发现叶子开始有一点变黄了，我还没来得及告诉汤米，就要失去它了吗……"

也许后来女主人和凯瑟琳还有几句对话，但是我忘记了。随后我悄悄回到了我应该待着的地方，按下了电源开关。

凡此种种，逐渐地，在它面前（您知道我是指谁吧），我总是隐约感到一种无力感，一种被时间碾过的感觉，就好像自己从来不曾彻底地拥有什么——就如同男人幻想占有一个女人，人到跟前了自己却不行了——您能理解吗警官？

我与 A3 的最后一次对话是在三天前。据我所知，它现在已经被玛曼夫人处理了——由于未能看护好雅罗米尔——她的珍藏。开始时它一改前段时间的冷峻，话题如啤酒瓶轻起时的清脆，竟还揶揄自己，开了几句玩笑，不过放松下来后，我才感觉到我们之间的对话逐渐如钻入小巷般逼仄。

"汤米，我们和世界关系最后会走到哪里？" 我望向它时，它近乎慌张地把头转向雅罗米尔，"我这么说是因为如今关系太脆弱了。外在的张力迅猛而凶狠。如果说我是一段粗绳——这几天我一直在思考——我已被挣断，在我还未反应之际。我有时不愿想太多。我选择往好处想，照顾他（我猜应该是指雅罗米尔），陪伴他。当然，如果我能够理解他，再好不过。但是那些——如果可以称之为癖好的话——已经超出了我的认知。"

"我不太明白你的意思。"

"当然……当然，我没有表达清楚。"之后的一段时间，A3 的嘴里蹦出楼梯、刀子、偏执这类词，但是没有连成句子——我一度怀疑，并抱有窃喜，它的语言系统出现了故障。最后它低下了头。

"我似乎失去了表达的能力。"

而我也只是瞟了它一眼，便回过头，看向偷偷朝我看的凯瑟琳。

用 A3 自己的话说——它是一个准备好去爱的机器人，不过听它谈论爱会让我奇怪地觉得它其实是在谈论安全感（也许并不贴切），甚至像在谈论海陆双用汽车或家用电器的具体品牌。可是我现在想告诉它，根据我的观察，爱伴随着痛苦，生活不单单是爱上某一人（物）。与此同时，菲利普·罗斯——20 世纪的小说家——曾写道，没有任何东西瞬息即逝，正因为没有任何东西恒久存在。

——你已经偏题了！我受不了了！你所说的事情是无意义的！你能明白我的意思吗？这只是你生命章节里已经结束的片段——短暂、微不足道，甚至是可笑的细枝末节……

（轻跺脚声。）

不好意思警官，我谈了太多与主题无关的事情，只是，我不曾有过这样的环境，可以畅谈我的所思所想。也不曾有过向您这样的——倾诉的对象——也许曾经有过，但它现在已经成了一堆零件，而我也不曾珍惜。

现在我们进入正题。我冲凯瑟琳笑了笑——源于那个孩子气的恶作剧，您没有忘记吧警官？然后我望向海面——一股舒适感。然后，一个小黑点闯入了我的视野，我调大焦距，想要确定其身份——毫无疑问，是雅罗米尔。他蹲在海滩上，抓起贝壳，放进手心，（感受光泽？）脸上透露出罕见的微笑，就好像凯瑟琳把喜欢的漫画书压在枕头下一般——一丝甜蜜的安全感。

我如此强调雅罗米尔的行为，是因为在当时，不由自主地联想起凯瑟琳眼中的雅罗米尔。凯瑟琳曾不止一次向我提起他的与众不同，我在此直接引用凯瑟琳的话——汤米，雅罗米尔不会笑，你敢相信吗？我从未见到他在笑，尽管我使劲全身解数，他也只会露出苦瓜脸。我唯一知道的是他想离开这里，他不止一次地向我提起，他向往很久以前的生活，那时候没有我，没有妈妈——当然你也不在。但也不能太久远，他说，这样子一些法律法规尚未建立……汤米，他甚至想去没有人烟的小岛，穿想穿的衣服，对天空喊出自己真正想说的话……你能理解他吗汤米？反正我不能理解，我不想离开这个沙滩。你看我建造的花园，是不是很漂亮……我当时很想对凯瑟琳说，人们互相之间不感兴趣，这很正常。但我也只是点了点头，并没有说出些什么。

言归正传，我看向雅罗米尔的时候，突然意识到一件事，我们这个群体被创造出来的最大用处，便是在场。而雅罗米尔附近，竟没有 A3 的身影！这无疑是失职的行为。当然，我的感受也是十分复杂的。警官，如果您能将心比心站在我这个位置，您应该可以体会到这种滋味——当然这是幻想。我还是直接说出来吧：这是一种悲伤般的喜悦。

随后，凯瑟琳呼唤着我的名字，我偏过头去，她将面前的——她喜欢称之为我们所闯入的那个花园——给一把推倒，并伴随着尖叫般的欢呼，当然这是她的另外一种方式的恶作剧。我高举双手，配合着她的表演，显然这会为她的欢呼增色许多。凯瑟琳随即又抓起一把沙子——应该是想要再次建立起废墟中的花园，我向她走近了一步，由于忘记调回焦距了，凯瑟琳那张大大的笑容甜美，令我平静。

当我再抬头向海滩望去，雅罗米尔已经不知去向。我立即调高视野范围，发现他身体倒在浪花里，一只手浮出，像是一条垂死挣扎的粉红色的鱼。与此同时，一声尖叫划破海面——玛曼夫人在阳台上，一只手捂住嘴巴。另一只手向前伸去。夫人的手在高处，男孩的手在低处，好像两个高度的手想通过那几十米的空气牵到对方。

我迟疑了几秒钟，来源于我的防水系统。人们舍尽钱财想要弄清楚自己的身体，而我眼前的面板已经将我的各项数据显示出来。我的阿喀琉斯之踵——用文艺一点的说法——就在于当整个肢体遭遇大面积水覆盖，且我的机能逐渐上涨，我便会遭受无可预计的结果。我未曾尝试，当然这是出自本能。我无法估算——当遭遇此种情况，并将我的保护对象暴露在生活的风险之中的后果。毫无疑问，不假思索便是轻率。

但那是一个年轻的生命——我的意思是——他本将见证跳着华尔兹的金色银杏叶与周而复始的时间。而我说不定在下一秒，一句话，甚至某一个词、一个动作，便足以改变我的生活，我的一切。当我将眼前的面板淡化，一个想法（假设可以如此称作）告诉我——为什么不去试试呢？现在想起，并不会对病床上的雅罗米尔给予任何变化，但在那时，我在奔跑的过程中，因为那几秒钟的迟疑，我陷入了深深的自责。

当我的腿迈入水花中，再次抬起时感受到阻力——来自肢体和总控制器——愈加明显。除了有种神经系统疲劳，我还深深地感到一种快意，一种欲望，一种可以放任自流的舒适，放任自己或走向毁灭，走向一直希冀的某种奇迹般的救援，还有那种可以躺在海水里闭上眼的欲望。这种激动占上风的时刻是出乎我的意料的。

当我朝着雅罗米尔越来越近，一个身影——是 A3，当时我还以为是自己的视听系统受损所导致的幻觉——飞速跑去。现在想起，A3 在极端条件下（我们的感受是判定环境的标准）所暴露出来的身体机能，确实在我们这一代的基础上得到了大幅度提升。他的速度比一些原始肉食动物还要快。在它向雅罗米尔冲刺的过程中，我逐渐停下了脚步。

所有呈现在我眼前的只是一个被称作 A3 的——我不知道如何表述精确——那可能是所有眼看自己所爱之人受虐而无法庇护的"父亲"（"情人"？）的形象。无法如伞般保护自己所爱的人——它知道这是自己永远无法被原谅的。这种情感的认识，这种自我定罪的方式使它无法承受，现在想起，怪不得他会有舍身冲刺的那一搏。与此同时，眼前的面板提示我的受损情况——这是显然的。但我想说的是另一种可能性——某种潜在性，比如我的记忆。现在想起，可能我的记忆系统也会在这次冲动中付出一些代价——尽管我依旧坚信我的话语。所以，请各位警官相信我所说的一切。

A3 一把抱起雅罗米尔，低下头——应该是对他进行一番检查，随即背着雅罗米尔跑向岸边（浪花胡乱拍打），放下——如我所见，他溺水了。A3 立刻清除杂物、控水，胸外按压……这一系列动作合乎规范——甚至可以说是完美的。直到我听见雅罗米尔猛烈的咳嗽声，才注意到空气中还弥漫着微弱的哭声。

雅罗米尔像是重新发现空气一般慢慢眯蒙着眼睛——一种脱离危险的信号。突然，他猛地闭上眼，应该是出自恐惧——脸部耸眉，手臂想抬起却因过度虚弱而颤抖。与此同时，窗前的玛曼夫人再次尖叫，目光中充盈的泪水被眼皮盖上，身体向后倒去，面前的双手如狂风中被折断的枝丫在我眼前消失。

那是一只落单的双角犀鸟。急转直上，像一支箭——像一种对过去遗忘已久的呼唤，并伴随着懊悔——往天空里钻。

徐诗怡，出生于 2002 年 11 月，江西师范大学文学院 2021 级汉语言文学创意写作班在读。除文学外爱好长时间睡眠，看各种类型的动画片和漫画，喜欢有趣的事物。深爱着我的枕头与被子，对床帘十分满意。

清明书

昨天，我又度过了一次南方的清明。自我离开家乡，到南方某地读大学差不多两年，而距离你逝世，算来也已六年有余了。

接连下了十几日大雨，到今天清晨雨点才渐小。宿舍里晾晒的衣物总是湿的，我伸手摸了几下，并不比前一日更干。空气里似有若无地弥散着酸馊的霉味。我感到自己像被挤压的蓓蕾，从头到脚紧紧黏附着一层一层的花瓣。雨刚下起来时，我曾和室友抱怨过。"衣服怎么洗都有股骚臭味。"我嫌恶地反复嗅着，吸气到顶点的时刻是闻不到味道的。"我是手洗，"室友划开手机，"所以……洗衣机，嗯。"我不由得想起东北。东北的空气很干燥，温度一到零下，小腿就常常起皮，像这座城市一样必须用力呼吸的时候并不多见，晴天或是雨天一闻便知晓。

在昏昏的雨夜本应该睡得极沉极好的，但我又梦到了你。你手术后不久自如地料理着各种事务的身影，与你在逝世前不久日日躺在病榻上的影子交织在一起，浮现在我的眼前。醒来后也无心即刻起床，就只躺在床上，不去主动思考，任由大脑闪回与你有关的片段。

很久以前，我还不到五岁，也许只有三四岁的时候，有一天，你请来了许多人来到家里。看不清脸的人们并着他们口中吐出的烟雾涌动在不大的客厅，东边墙上长条形状的大镜子那天擦得明净，照得原本的人数增加一倍。盒装香烟的气味渗过没有保暖材料的墙面，慢慢地蚕食着另一侧的房间。

母亲伏在床上，青白的脸微微透出红紫色："……扯他耳朵，房子不能卖，记下了吗？抓耳朵……好了，快去，去呀！"她撑起身子，轻轻推着我。那是我第一次有了隐隐约约的感觉：我们家没有钱。我们家很需要钱。多年后，我才慢慢明白过来，这间你亲手盖起来的房子，将要为了给我的母亲，你的妻子治病而出售。东屋的较平常人家短一截的四方炕，西屋的无隔温墙，白天也需要开着灯的厨房里看不清深浅的水缸，房内每一处缺陷，都在后来我的不断追忆里渐渐凸显其存在感。我依照母亲的话扣住你，尖细的嗓音拉长。

"这孩子……哈哈……不错。"

"你看看，才多大，多懂事？"

"那小孩？你妈教你这么说的？哈哈……你说……"

你答应了，弯腰蹲下又站直，一把抱起我，让我坐在一只胳膊上，在你的怀里，我听见包括你在内的所有人都笑着。我一扭头，看到大镜子里你用空着的手弯曲了几根手指，比画着什么，镜子里被边上的人挡住半张脸的人重重舔了嘴角，摇了摇头。

房子最终没有卖。

母亲死在几年后的秋天。

2009 年，我虚岁刚满了能够读小学的年纪，你和母亲索性也不再送我去上幼儿园，因此，我每天和母亲住在镇上的医院，你独自在外面奔走，有时间才过来。那天一早的天气很晴朗，阳光温暖不晒人，之前一天夜里下起了一阵小雨，现在路面很干燥，连本来有的小水洼也找不见。空气也清新凉爽，禁不住想深吸几口。从病房的窗户向下看，到室外透气锻炼身体的病人啊家属啊都多了一倍多，从一个星期前开始身体每况愈下的母亲，醒来后却难得有体力与兴致，例行检查结束后和医生多聊了几句。

镇医院的生意不错，四层楼的病房大多数都有人住着，大门前的转盘处总有车在排队等着前车通过，进进出出，所以，母亲不允许我自己到外面去玩。平常，我的领地范围是医院内部的各个病房、楼梯和走廊。那天下午，不复清晨平静的天气，风骤然大起来。你匆匆从外面赶过来时，我正单脚站在一楼的第一级台阶上，抬起一条腿绕着扶手转着圈。不知为何，只觉得无聊，也没有像往常一样与人玩闹的想法（住在我母亲隔壁病房的病人带着一个小男孩）。说来奇怪，似乎那天下午医院大门并没有旁人进出，平时来来往往的人都已虚无成闪烁的光点，如太阳照耀下的积雪一样消融在我的记忆里，毫无影踪。

医院大门正对着楼梯。我还没来得及说话，你就迈着大步直直冲到我身边，嘴唇颤动了几下，却没有声音传到我的耳朵里。你拉过我的胳膊，硬生生把我一路拽到病房里。

"……"

院长站在病房门口，目光自然地扫过你，又在我身上稍稍停留，最后注视着在病床上挣扎的母亲。你依旧什么也没说，快步走到床边，只在望向母亲的那一瞬间漏出几个短促的音节。我也一样，说不出任何话。

"呃、呼！呃呃——"

病房内并不是寂静无声的，母亲攥紧棉被又猛然松开，手掌大幅度地拍打床板，痛苦地嘶吼着。她发现你和我都在病房，挣扎的力度加大。病房里还有其他人，可能是相邻病房的病人，他们小声说着什么，是对我母亲说的。我没去关注这些。

母亲的痛苦加剧，她甚至转过身，开始用头去撞一旁的暖气片。

"晓玲——何苦啊！唉……"

"阿弥陀佛！阿弥陀佛，阿弥陀佛。"

"哎呀，图什么？"

那一瞬间，好像屋内除了你和我以外的所有人都开口劝母亲。我定定注视着母亲，视线不曾离开，身边的声音一浪一浪，与我隔着层层海水。我用力去看、去听，直视着她的痛苦，听清楚一句"阿弥陀佛"。我想起所谓"上帝""阿门"，两只手在胸前交握，心里变换着默念"阿弥陀佛"与"阿门"，祈求某种存在能拯救你，至少不要死在今天。念到后面，我甚至真的相信。

整个仪式进行了多久已经记不清了，然而其实从未清楚过，那漫长的或是短暂的瞬间，伴随着众人的感叹与惊叫落幕。我同时大声哭喊起来。

母亲的两只眼睛瞪得浑圆，双颊青红色，右手依然是抓握的手势。

你握住那只手，另一只手平稳地抚上了母亲的双眼。

"哎，放心不下这两人……死不瞑目哪。"

平日里热心的大娘小声说。我这时什么都能听清楚了。

母亲的葬礼上，你领我见了许多亲戚，其中有的人我是第一次见面。我看到你守灵过程中和四舅妈坐一边。

"哎，你们家这……找谁说去？"

你重重叹气，手指里夹着一根烟，跟着亲戚们的语气起伏摇头。

"起码你还活着！怎说呢，再二年孩子也大了。"

"哎，赵家街，一进去顶头儿那家，前两天……夫妻……就一小孩！刚中考完，现在……谁不说呢。"

赵家街的事在当时传得很广，那家的丈夫两个月前因病去世，三天前，妻子在夜里自缢于家中，第一个发现的是他们刚上高中的孩子。

现在说来，听说这事的时候，你在想些什么呢？

偶尔，我的梦里会出现你。梦到一直活到现在的你，陪着我读完高中，抱怨南方城市离家太远的你。第二天早上纵然记不清完整的梦，身体某处却一直发着热。在这个南方的内陆小城，湿冷总是顺着人身上的空洞钻进去，蔓延到全身。

我十五岁的冬天，你忍受了两年的癌症，循着母亲的脚步离开了。操办白事的是几个叔伯哥哥，我和学校请了假，跟在他们后面。你知道吗，你离世那天的晚上正下着雪。在你离世两个月前，你就很难独自下炕了，精神和意志都被药物与癌细胞极大破坏，和去治病之前的你，几乎是两个人了。

我这样说，你会同意吗？我凭借什么这样说啊，说到底，我对你的一切了解都存在于短短十五年里，那么你呢，你活过六十年啦。

可是，变得不认识我，成瘾性的镇痛剂让你丧失了思考的能力，肢体与大脑同步变得越发僵硬。我承认，真的曾希望过，如果你某一日突然死去，就好了。我怎么会有这样可怕的想法呢？

你离世的当天晚上，家里所有能开的灯都亮了一整夜。我没有掉一滴眼泪，裁剪孝服，叠金银元宝，亲戚把我的冷漠看在眼里，不说一分半分。

流水席上又来了许多生面孔，有的人向我介绍同你的关系，有的人百忙之中抽出时间赶来，写完账单吃完席又匆忙回去。奔着尸体而来，饱餐后远走高飞，秃鹫与人类的相似之处并不少。

白事的最后一天凌晨，你的穿着崭新寿衣的尸体从棺材中搬出，由灵车运往殡仪馆，我名正言顺地坐在最前面。想进炼人炉里得先排号，叔伯告诉我是中间那个炉子的第三位，前面还有两个在等。这时，刚进炉子的那一号的某个家属哭起来，随后更大的哭声传开。我双手拿着纸扎的招魂幡，四处看着。也许我到最后也不会哭，我想着，听见站在我旁边的婶子嘀咕。

"你不哭么？"

我装作没听见，呆滞地看着 2 号炼人炉，等现在这个出来，下一个就到你了。

到你被推进去前，我并没有想哭的感觉。然而亲戚们嘴里念叨着"以后就再也看不着了"这样的话。连尸体都不能再见着了，我也开始念叨。守灵那一夜里我只在你身边坐了一小会儿，亲戚们私下里暗暗地责备我也清楚。我不觉得有什么，死去就是死去了，能看见尸体又怎样呢？又说另一回事，"以后就彻底见不着了"，确实如此。

我眼睛一颤，直哭出来。

"这孩子最后也哭了。"

"嗯，心里还是想，最后不也哭了。"

我听见他们的夸奖。

这样的记忆大多已经模糊，并不比梦境显得真实。自第一次坐上往南方的火车起，与你有关的许多事自己也很少再想起。Z 字头的列车自东北出发，一路行驶两千多公里，从沿海开到内陆，平均气温上升 10 摄氏度。火车远远驶离，而你停留在原地，融化在东北的雪夜里。

也是冬天，那时你刚做完手术，身体的苦痛正是最少的时候，你用白棉布遮盖手术留下来的刀口。手术前夕，你的嗓子只能发出含混的气流声，现在颈部开了个大洞，完全失去了说话能力，于是你改为写字，让生活延续。

"爸，我看看。"

"你不害怕，吓人"。你掏出纸笔。

"我不怕呀。"

你的手按上棉布停了片刻，又扯开露出刀口，过一会儿又放回去，直接站起身走了。

听人说，你手术做完的当天，在病床上拿着笔记本和签字笔，写下了你的人生中的第一篇文章，《来到人间》。20 世纪 50 年代末出生，只有小学文凭的你识字量远远超出时代的标准。

第一次经历南方没有雪的冬天。学校里总有绿叶子的树。12 月时，寒风才堪堪将几棵树的叶子吹黄，扫落在地，堆积在绿叶树的旁边，像刚入秋模样，整个冬天都是如此。雨刚下起来时，就想给你写信，告诉你，像这样无雪的冬天我已经不再陌生，今年夏天，我要去一次海边。

听见室友拉开窗子的声音。雨季结束了，开窗通风是必不可少的。

窗外，天空已经放晴，大雨过后的世界变回原色。

我也该再洗一遍衣服了。

阮郎归·酷暑（外一首）

天光灼骨暗香凋，烦蒸苦夏熇。日长人懒盼良宵，那堪丙火高。
秋月远，祝融嚣，无波镜水潋。可怜罗扇不辞劳，清风梦里遥。

西江月·晨起做核酸

中夜空疲难寐，梦回尘网还悬。匆匆起坐正衣冠，路窄声高人满。
走走停停不退，纷纷攘攘仍前。魍神何日再投闲，截断缠绵雨线。

鄢雨杰，2003 年生，一个很普通的人，喜欢羽毛球和摄影，最喜欢的水果是柚子。因为梅花鹿来到这里，因为"铺满鹅卵石的小路"进入创写，是个现实的理想主义者，相信文学。不知道怎么介绍自己，人对自己的认知总带着色彩，总而言之，言而总之，希望大家喜欢我写的东西。

怨　艾

　　静薏推开窗，窗下是几盆藤萝，大雨前搬进屋，几个夜晚过去又茂盛了许多，绿色的萝蔓竟缠上了斜放在窗边的长镜。天气很好，阳台的花开得暖洋洋，是母亲种的桔梗，静薏伸手将最近的一朵钩到眼前，对着阳光，花瓣粉得透明，她扯下来别在耳旁，转身照了照镜子，满意地点了点头。

　　十字路口的清洁车准时出现，黑黄的车身下是褐色松针状细条组成的圆盘，正缓慢而有节奏地工作着，发出震动的嗡嗡声。静薏看着最后一片落叶被卷进轮盘底部，抬手摸了摸耳朵上的花，她看不到一个人，只有地上的影子赤裸裸地躺在太阳下，车已经朝下个路口开去，静薏缩回了手。

　　母亲回来了，静薏没有睁开眼，整个人陷在躺椅上，直到太阳的热气快把脸上的绒毛烫弯了才直起身子。桌上放着一束新的玫瑰——她去约会了，静薏想。清洁车圆盘旋转的嗡嗡声又在脑海里响起，静薏抬手摸了摸耳后，只把落下的碎发拢了拢，准备起身时眼角带到了一抹粉意，花被裙子兜住，没掉到地上。静薏朝镜子走去，裙摆荡开一层白色涟漪，捏着花的手自然地垂在裙边，艳丽的花瓣挡住了残缺的指甲，她抬手将花别在耳后，打量着镜子里的红玫瑰。阳光从窗台走进镜子，静薏觉得有些刺眼，取下耳后的花贴到镜面，镜子里的红色被遮得一干二净，她一动不动地盯着贴在镜面的花，阳光下，透明的粉中露出发霉的花蕊。母亲又准备出门了，静薏经过桌旁，玫瑰和桔梗待在垃圾桶里枯萎。

那辆车总是在同一时间来，太阳光透过树影直直落在地上，静薏站在斑马线上，看着车驶向下个路口，转身走向另一边。

"小妹，今天怎么来这么早？"

"天热了，今天人会多。"静薏用抹布卷起玻璃柜上几只死掉的飞虫，对着卷发大哥笑了笑。玻璃柜下几大桶冰淇淋挨在一起，靠近冰柜边缘的草莓和香草桶往外溢了一圈，像父亲炒菜的猪油。静薏皱了皱眉，拿起挖球勺将粘在上面的冰淇淋甩进一旁的水罐中，冰淇淋在水中化开，无数的鱼在水中翻腾。天空的云点缀在蓝色的幕布上，明亮的太阳光反射到花圃边贴着的黑白瓷砖上，漏斗般的大伞下已装了不少人，正摇着折扇用目光巡视对面的一排小店。

静薏蹲下身将冰柜的插头拔下又插上，不知道有没有用，但她总要做些什么。戴着眼镜的唐哥路过，静薏朝他挥了挥手。

"怎么了？"

"冰柜温度不够低，冰淇淋开始融化了。"静薏指了指又漫出一圈的冰淇淋桶和堆满了白色浮沫的水罐。

唐哥从后厨的柜子里翻找了一会儿，拿着一个小开关蹲下身，静薏的目光顺着唐哥的脊背往上飘，头顶的冷气还没有打开，只有黑色的圆形送风口嵌在天花板上，或许打开后，里面会掉出一个又一个冰淇凌球，这样就可以不用手去挖了。

"好了，小妹，过会儿温度就低了，有事再喊我。"唐哥敲了敲冰柜的玻璃门，和静薏打了声招呼，手机铃又响了起来。

"嗯，我马上来，还缺了什么？"唐哥一只耳朵夹着手机，一边将地上多余的接线板卷起，转身骑着小电车往下个小店赶。

唐哥今年四十岁上下，和朋友合资，盘下了整条小吃街，虽然算半个老板，但平日总骑着一辆坐垫磨褪了皮的电动车在街上转，哪家店缺东西了、电灯坏了、没现金找钱了，一个电话打给唐哥，总能解决，因此，他微卷的头发总被汗浸湿，左眼红色的胎记在他热得发红的脸上显得平常。

静薏看着唐哥一脚跨上电动车，半个身子往前倾，整个人像趴在车头似的，不知道是累了还是这样骑车速度会快些。直到唐哥进了椰子铺，女人扬起的裙边连带着那个被汗浸湿的身影消失在门口，静薏才将目光重新投向玻璃下的冰淇淋。没撇干净的雪糕勺又被放回了水罐中，刚换过清水的罐子重新浮满了冰淇淋，甜腻、黏稠又恶心。

镜子前，女人纤细苍白的手拢起过肩的卷发，向上抬的胳膊让本不宽松的黑色衬衣绷紧，勾勒出流畅的曲线，微微扬起的脖子被黑色衬得像刚刷了白漆的墙，只是墙上多了几条裂缝——脖子上的颈纹显示这是具勉强维持年轻的身体。

"小静，来帮我把头发卷起来。"女人抿嘴看着耳后垂下来的几缕头发，扭头朝斜躺在沙发上的女孩喊道。

"待会儿要出门吗？"静薏将挂着一半头发的夹子取下，用手指轻轻地为女人梳着缠在一起的卷发，好闻的茉莉香从手心漫开。

"嗯，有工作。"女人盯着镜子，用手抻平衬衣袖口的褶皱。

"别动，头发又滑下来了。"女孩表情没什么变化，只是在女人低头检查衣服的时候晃了晃捧着的头发。

女人停了动作，抬头看着镜子，眼睛从黑色的衬衣移到女孩白皙认真的脸上。静薏对女人出门的理由保持沉默，有时候沉默也是一种争吵，但为了避免继续陷入从前的黑暗，静薏像过往一样不去多想。

静薏一只手托起卷发，另一只手划过女人的鬓角、颈后，寻找散落的发丝，确定没有遗漏后，撑开镶着珍珠和蕾丝的银色夹子，将海藻般的头发固定，其实并不多。

外面在下一场绵长的雨，墙壁渗出水汽，镜子底下浮了一层水珠，镜子里女人精致干练的眉眼渐渐模糊。

"头发卷好了吗？"女人苍白泛着青筋的手绕到颈后，摸了摸固定好的头发，不确定地问，贴着亮片的指甲在灯下闪烁出一点银光。

"卷好了。"静薏用纸将镜子的水雾抹去，看着女人侧过脸专心地打量头发，母亲没有再看她一眼。

"你手指上的戒指呢？"静薏盯着女人空荡荡的手指问道。

女人调整头发的动作顿了顿，青筋更明显了些。雨还在一直下，水珠不停地砸在窗户上，渗进来的水打湿了窗角的花，再下个不停的话，也许明天就会腐烂。

"放起来了。"水雾又浮上镜面，镜子里的女人喉咙里发出模糊不清的声音。

"有时候，我真想杀了你。"静薏说。

屋子安静了下来，静薏回房间去了，女人一个人坐在镜子前，看着模糊不清的脸，心里的声音在变大，可没人听她讲。

看着女人坐进了副驾驶，静薏放下窗帘，走出房间，缩回客厅的沙发。空气里还残存着好闻的茉莉香，静薏的某些记忆被唤醒，不是因为记忆清晰，而是因为漫长的岁月里，香气串联起了记忆的整体。静薏吸了吸鼻子，看着镜子里的自己，自从父亲死后，没有人再为自己梳过头发，她慢慢用手指拢起头发，仿佛看到了从前的他和她，假如她还相信自己的记忆。

黑黄相间的清洁车准时出现在静薏工作的下个路口，大雨过后的路上满是积水，暗黄的三角枫浮在阴绿的水洼上，静薏低头看时，觉得是眼睛的第二颗瞳孔，但她并不关心树叶的产生或腐烂。静薏看着清洁车的圆形吸盘旋转着经过水洼，枫叶锐利的齿状叶尖最先碎裂，接着是身体的脉络，当坚硬的叶柄被吞噬得一干二净时，水洼在太阳的投射下变得翠绿明亮。静薏总等清洁车消失在下个路门时才转身往小吃街走夫。

"小妹，今天怎么来晚了。"隔壁小店的卷发男生很关心静薏的到店时间，打招呼的方式永远一致。

静薏拍了拍刚才在树下被水珠滴湿的裙摆，推开半人高的店门，一边找那块沾满奶渍，散发一股腥气的抹布，一边答道："下雨天路太湿，多走了一会儿。"

"你下雨天每回都这个点来，我怕唐哥说你，顺带着把你的冰淇淋柜擦了下。"

静薏诧异地抬起头。

"喏，抹布在那。"卷发男孩抬起下巴点了点水槽底下挂着的青色抹布。抹布上还残留着暗黄色的油斑和小小的黑点——是昨晚死在玻璃柜上的小飞虫。

静薏低头看向冰淇淋柜，玻璃上的一层油渍在刚出的太阳映射下发出昏暗的光彩。男孩显然是用擦过烧烤架的抹布来擦冰淇淋柜，静薏的心像眼底的玻璃一样被糊上了一层油，直犯恶心。卷发男孩用眼神偷偷打量静薏，看着女孩一下子苍白的脸，有些不知所措。

"谢谢你，下次我会早点到的，不用帮我打扫。"静薏将抹布拎进水槽，看着清水不断从暗黄的斑点上流过，汹涌的水流掩饰着颤抖的声音。

男孩没再多说什么，点点头回到自己的小店。

一只、两只、三只……修长的手指落在黑青的抹布上，显得惨白。昨天死了九只飞虫，芝麻大小的黑点躺在静薏的手心，像针在白纸上扎出的洞。黑黝黝的夜里，被甜味驾驭的翅膀震动了无数次，终于飞向死亡，女孩转身，手上的黑点一个个漂向还淌着油光的冰淇淋柜。抹布恢复了青色，静薏将它平摊在玻璃柜左侧，缓缓向右滑动，玻璃上的油光和黑点一起消失不见，明亮的玻璃柜下溢出冰淇凌的甜香。时间还早，路上没有人，枫树上的积水落到底下深蓝的边柱伞上，留下一行银色的水珠，太阳发出腐烂的味道。

夜幕降临，路灯也已点亮，街道上响起了汽车的鸣笛，黑色的音响高声放着流行音乐。店铺侧面挂着一只钟，它指向了七点，还有两个小时她才能下班。冰淇淋柜前挤满了人，她不得不一边微笑着提醒他们排队，一边踮着脚挖冰淇淋。今天的冰淇淋硬得和铁一样，她的手和腰已经累得不成样子了。

再一次颤抖着将挖球勺送进冰淇淋桶时，一只结实粗壮的手将它夺了过去。

"你休息会儿。"唐哥示意静薏为他戴上手套，用手肘戳了戳她的腰。店铺很窄，手套放在柜子的下方，静薏转不开身，蹲下时脸碰到了男人的胳膊，男人应该是洗过澡来的，贴着她的一半身体带着茉莉香气。

静薏坐在路灯下的木椅上看着冰淇淋柜后的男人，他的头低着，目光下视，粉色的灯在脸上映出鼻子的侧影，正弯腰将一份粉色冰淇淋球递给和柜台齐平的小女孩，伸出的手臂上是一片鼓起的青筋。他看到了她，朝她笑了笑。这个男人会不会也爱她，静薏想。

人群渐渐散去，很晚了，明月高悬夜空。静薏看了眼侧面的钟，指针指到了十。

"要吃晚饭吗？"静薏将水罐里的冰淇凌浮沫倒进水槽，转过头指了指路口右面，"那里有一家只在晚上开门的店，我爸爸带我去过，牛肉做得很好吃。要和我一起吃晚饭吗？"

"不用了，我不饿，你吃吧。我还有点事，先走了。"男人说完，拎着外套转身走了。

静薏看着男人在经过路口的甜品店时，脸上露出温柔的笑，走了进去，不一会儿提着一盒蛋糕和几份盒装点心打开了黑色轿车的门，接着缓缓消失在黑色的路口。水槽里的白色浮沫还没冲干净，柜门前不知是哪个孩子的冰淇淋掉在地上化了一地，几只小飞虫落在了玻璃上。静薏又待了好久才回家。

屋内一片漆黑，静薏没有开灯，整个人缩进沙发角落，阳台的月光漏了进来，镜子里女孩抱着胳膊，桌上新带回来的冰淇淋正在融化。她看着月光从阳台的铁栏杆移到窗角新开的月季，再爬上自己白色的裙摆，最后从餐桌的布帘退回窗外。

在等待的时候她想了很多事情。她想到了父亲。想到了那些闷热的夏日午后，那些黑色的炎热的夜晚，还有那些被拒绝的约会，那些被回避的争吵。

接着，她听到了开门声。屋内的灯亮得像一百个太阳同时升起，女人身穿玫瑰色长裙，弯曲的波浪卷被拉直，绉绸般的黑发柔顺地垂在胸前，耳边的圆形耳坠光泽暗流，面色微红。空气中夹杂着酒气和淡淡茉莉香。

"为什么黑漆漆地坐着？"女人绕过沙发，打开白色的冰箱门，将手上的包装袋放了进去，冰箱暖黄色的光打在女人鼻头，盖住了嘴唇的颜色，显得温和。母女俩其实很像——一样圆钝的鼻尖，微微下垂的眼角，只是静薏的皮肤要白些。

"你饿了吗，我带了一些甜点。"包装袋总是掉出来，冰箱里的东西都堆在一起，女人的手在袋子里翻找，拿出了一块绿色的蛋糕。

沙发上女孩摇了摇头，朝女人笑着拍了拍身旁的沙发。

"怎么了？"女人将蛋糕放到桌子上，脱掉高跟鞋，揉着脚踝走到沙发坐下。

"生日快乐。"静薏低下头，右手的大拇指将左手掌心搓得通红，嘴唇发出的声音像被沙子过滤了一遍。

她掀开盖在腿上的毯子，赤脚走到桌边，打开装着冰淇淋的粉色袋子。"这是我给你带的冰淇淋，可能已经融化了，你会愿意吃的吧？"

白炽灯将女人抹了粉底的脸照得一片苍白，她看着递到眼前的粉色盒子，张开嘴巴想说点什么，又闭上了嘴。

"我不爱吃冰淇淋。"她最终说道。

"爸爸每年生日都会给你买冰淇淋。"冰淇淋盖很紧，女孩的指甲抠得通红，"打开了，快吃吧。"

女孩将托着冰淇淋的手掌伸到女人面前，盒子里红白的液体在摇晃，有几滴融进了玫红色的长裙。

女人没看女孩，抬手将冰淇淋丢进垃圾桶。"有些事不是你看到的那样。"

"我看到了什么？你是说五年前拿着冰淇淋倒在路边的爸爸，还是说上周的玫瑰花，今天的蛋糕，又或者是，每晚凌晨两点送你回来的唐先生？"静薏坐回沙发，扯过毯子的一角，慢慢擦掉掌心的冰淇淋渍。

女人没说话，走到镜子前，将被卸妆水浸湿的棉布从额头滑向下巴，许久，顶着一张湿漉漉的蜡黄的脸坐到静薏身边。

"小静，你知道吗。二十年前，是他喜欢冰淇淋。十五年前，是你喜欢冰淇淋。他说我是他的妻子，是你的母亲，所以我也必须喜欢冰淇淋。"

静薏打着哆嗦，双眼通红，直直瞪着女人："你住嘴，他是你害死的，我从小就知道。"她想起他每次回家都会带礼物给她，有时是条裙子，有时是味道好闻的香水。当他发现她不在家时，他会不安地在地上走来走去，会坐在凌乱的床边，疯狂地咬自己破裂的指甲尖，将头发一根根拔下。他多么爱她。

"你不爱他。"静薏狠狠盯着女人。

"唐生和我认识了三十年，如果没有你爸爸，和我结婚的会是他。"女人的嘴唇不规则地抽动着，发出的声音在寂静的房间中格外清晰。

"你不爱他为什么要和他结婚。"静薏站起身，腿磕到茶几，结婚两个字带着颤抖。

"因为你。他强奸了我，然后有了你。"女人捂着脸，泪水从指缝渗出。

他爱她，他强奸了她。静薏的眼睛里噙着泪花，但她太恐惧了，忘记眨眨眼皮让泪水掉落，无数的情绪在身体里横冲直撞，找不到出口。

静薏看着她蜡黄的脸，带着皱纹的眼角，下垂的腮肉，忽然想起很多年前的一天，母亲出门买菜，父亲喝醉了，把她抱在膝盖上，一直念叨着"爸爸爱妈妈，爸爸爱小静，小静要爱爸爸"，原来一开始他就没敢奢望妈妈的爱。

静薏额头的血管在疯狂跳动，她的嘴角抽动着，还想努力说点什么，但话噎在了喉咙里。她褐色的大眼睛重新看向母亲，一阵战栗穿过她的身体，她觉得自己的灵魂裂成了两半。

静薏突然拉开门，朝外奔跑。天已经微微亮，清洁车又出现在同一个路口，圆盘转动的嗡嗡声使她感到心安。清洁车殷勤地工作着，落叶、塑料袋、食物的残渣，它宽容地接收着所有。当清洁车驶入下个路口时，静薏想跟着向前，可腿好像被粘在了地上，她瞥了一眼，原来是一摊融化的草莓冰淇淋。

长久无声，黑夜走到了尽头。

女人垂着头靠在冰箱门上，仿佛睡着了。但她没睡，她的面庞闪过一阵强烈的震颤，她不得不深呼吸，并调整自己的面部。垃圾桶里冰淇淋的甜腻在房间里泛起，壁台上的钟发出响亮的嘀嗒声，走针仿佛反复在说着"女儿，女儿"。

段誉，一个没抓住 2003 年的尾巴被迫在 2004 年降生的年轻人，时间的流逝，我们走着走着就要散了，好像是一瞬间的事情，又好像我们确实相处得太久，到了该说分别的时候，倒不是随时随地感伤，只是情绪到了就想要写点东西、说些什么，这可能就是独属于文科生的浪漫吧。我很喜欢文学，文字可以承载我们许多说不出口的秘密和情绪感受，可以将所有来得及和来不及的都写进故事里，将你我她都藏进重要的情节里，像是去找寻另一个自我，又像是重新体验一次生活，反正所有好的、坏的都只是在简单化叙事，或笑容满面或泪流成河，而创意写作班的故事不会就这么结束，二十个性格各异的伙伴聚在一起就是一段快乐的旅程，这个旅程是没有终点的，我们都会在路上。

娜拉走后

——《玩偶之家》续写

出场人物： 娜拉　林德夫人　尼尔斯·克罗格斯塔德　托瓦尔德·海默　侍从（故事发生在娜拉出走后）

第一幕

布景： 灯光微暗，空旷的街道，周围都是房子，只有少数的房子里还亮着灯。寒风呼呼地吹着，街上空无一人，只有娜拉还走在街道上。

娜拉裹了裹身上的大衣但步伐坚定，这是她第一次清楚地知道自己在做什么，不再惧怕那些条条框框，因此她脚步飞快，一边哼着歌，朝克里斯蒂娜住的小房子走去，拐进一个小巷，伸出手去敲了敲门，咚咚咚，在夜里格外清晰，片刻后却没有什么动静。

娜拉：（疑惑着）我亲爱的克里斯蒂娜去哪了？

（不远处林德夫人才从拐角处走过来）

林德夫人：（吓一跳）娜拉，这么晚你怎么在这？（顿了顿）我们进去说。（拿出钥匙打开房门，两个人进去之后才锁上门，打开灯，勉强能看见屋内的面貌，只有一些破旧的桌椅，连炉火也没有。）

娜拉：（走进）亲爱的克里斯蒂娜，我已经和托瓦尔德坦白了，经历这件事，我终于觉醒，认清托瓦尔德的嘴脸，如今我和他没有关系了，我要离开他，去做自己，对自己尽责。

林德夫人：（一脸惊讶）娜拉，你疯了吗？离开托瓦尔德，你什么也没有，你有没有想过以后该如何生活？人们会怎么看待你？你会被毁掉的！

娜拉：（一脸坚定，紧紧攥着拳头）亲爱的克里斯蒂娜，我当然明白你的担心，但是我已经无所畏惧了，我获得了解放，不想再依附拉瓦尔德做他的小云雀，我现在是一只自由的鸟儿，法律也管不到我，我不再是一只玩偶，我要去过自己的生活。

林德夫人：（拉住娜拉的手）我亲爱的娜拉，你可曾想过你的三个孩子，一个身为母亲的责任，他们什么也没有做错却失去了母亲，对他们来说是多么的残忍，你不像我什么牵挂也没有，至少你还爱着你的孩子们。

娜拉：（思考片刻，点点头）是的，我还爱着我的孩子们，但是我已经不配教育他们了，现在的家只是一个游戏室，我的孩子们成了我的布娃娃，像我以前一样：我逗他们玩时，他们会感到快活；我不逗他们时，他们又会感觉枯燥烦恼。因此我要先去学会自我教育，了解自己和周围的环境，这让我必须要走，离开托瓦尔德独自一人去生活。

林德夫人：（无奈地叹口气）娜拉，你应该回去的，你根本就不懂生活有多难，离开托瓦尔德，你什么也做不了，最后你会发现，除了回去，你无路可走。

娜拉：（极力摇头）不，不，不！克里斯蒂娜，你不用再劝我，我十分清楚自己在做什么，今晚我只是想在你这寄住一晚，第二天一早我就会离开回老家去，到时还要麻烦你到托瓦尔德那帮我把从娘家带的东西打包带走，寄到我之后发给你的落脚点，真希望这一切能够顺利。

林德夫人：（沮丧地垂下手）好吧，娜拉，我知道我劝不动你，我依然相信在你体会到那种枯燥无味的生活之后你一定会后悔，之后回来的。（轻推一下娜拉，领着她往卧室走去）今天也不早了，我们早点休息，有什么话明天再说。（心想，希望明天娜拉能够改变自己的决定。）

娜拉：（一脸感动）谢谢你，克里斯蒂娜。（跟随着，不再说话）

（灯光熄灭，两个人进入梦乡）

第二幕

布景：光线明亮，一个房子，十分简陋，里面中间摆着一张桌子，三把椅子，房间左边有一扇门通往厨房，右边有一扇门通往卧室，墙上挂着几幅画，一个橱柜上摆着几个瓷器，地上铺着毛毡，桌边悬挂着脚灯。

娜拉哼着歌，兴高采烈和同样刚出来的林德夫人打着招呼。

娜拉：克里斯蒂娜，早上好，今天真是个值得高兴的日子，我已经开始期待之后的生活了。（像是想到什么，露出幸福的笑容）亲爱的克里斯蒂娜，要不我们一起走吧，反正你也没有什么牵挂，我们可以一起去寻找生活的意义。

林德夫人：（摆摆手）不了，娜拉，对你来说可能只是一场任性，但是我不一样，如今我有了一份办公室的工作，生活也有了意义，即将会嫁给克罗格斯塔德，给一个家庭带去幸福，我已经很满足现在的处境了。（露出幸福的微笑）

娜拉：（一脸惊讶）什么，克里斯蒂娜，你怎么会想嫁给克罗格斯塔德这

样道德败坏的人？（上前抓住林德夫人的手）

林德夫人：我亲爱的娜拉，你只是不了解他，我坚信他的为人是好的，我也愿意和他同舟共济，我想当母亲，而他的孩子需要一个母亲，我和他都是彼此需要，我想让自己的生活更有劲头。

娜拉：（紧蹙着眉头）可是……

（话还没有说完，敲门声忽然响起，门外传来克罗格斯塔德的声音，林德夫人轻声打开房门的一角，方便克罗格斯塔德进来。）

克罗格斯塔德：（满脸惊喜）克里斯蒂娜，你知道吗？兰克医生去世了，他留下了一大笔钱，你一定不敢置信，他把钱都留给了谁？

林德夫人：（疑惑）留给了谁？

克罗格斯塔德：（拍了拍手）竟然是娜拉·海默夫人，兰克医生死的时候留下一份遗嘱，拆开一看，里面大大的字写着：我的所有财产都以现金的形式立即交给可爱的娜拉·海默夫人。

（身后传来一阵惊呼）

娜拉：（不敢置信）真的吗？克罗格斯塔德先生，你确定兰克医生要把他所有的钱给我吗？

克罗格斯塔德：（吓一跳，随后一脸肯定）当然，海默夫人，你知道的，我以前是一个律师，这件事也是从我的老伙伴那听到的，虽然我以前道德有点败坏，但不至于把这个东西当作玩笑来开，我还是很尊重作为一个律师的职责的。

林德夫人：（用手捂着嘴）天哪，娜拉，我早该想到，当时你说的就是有预兆的，现在你将获得一大笔钱，完全不用操心接下来的生活。

娜拉：（思考片刻，摇了摇头）不，不，不！克里斯蒂娜，你该知道，我是不会收的，我不能让他为我效力，我一点也不需要他的帮助。

林德夫人：（语重心长起来）可是娜拉，你要知道如果你不接受的话，你一分钱也没有，完全不可能去实现你所说的，要是有这一大笔钱，你就可以按你说的离开托瓦尔德，自己自由地生活，去做真正的自己。

娜拉：（垂下眼目）我当然明白你说的，亲爱的克里斯蒂娜，但是我的良知告诉我，这笔钱不应该属于我，我不能违背自己的意愿去接受这笔钱，现在我是一个自由的人，不想被这种复杂的依附所束缚。

（两个人都不说话沉默起来，克罗格斯塔德咳嗽几声）

克罗格斯塔德：（试探地开口）海默夫人，你是说你要离开托瓦尔德。

娜拉：是的，克罗格斯塔德先生，以后请叫我娜拉女士，我和托瓦尔德没有关系了，法律也管不了我。

克罗格斯塔德：（哦了一声）请恕我冒昧娜拉女士，要是以前听到这些我一定觉得十分可笑，可如今却是不一样了，谁让你即将获得一大笔钱呢？（微微一笑）要是你愿意接济我一下就更好了。

娜拉：（有些生气）克罗格斯塔德先生，我似乎说过，我是不会接受这笔钱的，这笔钱不将属于我，我现在要回老家去。（说完收拾自己的东西转身就欲走）

克罗格斯塔德：（连忙叫住）娜拉女士，恕我直言，不管你接不接受，在法律层面这笔钱只会是你的，在财产清算期间，你是不能离开的。当然如果你不想接受这笔钱且相信我的话，我可以帮你解决这个问题。（嘴角微微上扬，朝林德夫人使了一个眼色）

林德夫人：（心领神会）娜拉，是啊，如果你不想接受这笔钱的话，只能接受克罗格斯塔德的帮忙，你要相信我。

娜拉：（犹豫片刻）那好吧，克罗格斯塔德先生，我愿意相信你，那我现在可以离开了吗？

克罗格斯塔德：肯定是不可以的，娜拉女士，请再等几天，之后只要你签字，你就自由了。现在我先回去帮你去办这件事了，回见。（挥挥手，离开了林德夫人家）

娜拉：（轻叹口气）那可太好了，那我再留几天吧，克里斯蒂娜，你不会嫌弃我吧。

林德夫人： 亲爱的娜拉，我当然不会，你可是在我需要帮助的时候救护过我的人，虽然你的决定惊世骇俗，但我依然相信你会回来的。

娜拉： 谢谢你，克里斯蒂娜，谢谢你留我住这几天。

第三幕

布景同第二幕。

娜拉端坐在椅子上，时间已经过去三天了，克罗格斯塔德没有任何消息传来，她开始心烦意乱地在屋里来回踱步，此时才端坐下来，却也是坐立难安，克里斯蒂娜不知出门去干什么了，现在还没有回来。

娜拉： （焦躁地捏着手）外头好像有人来了，是敲门声，不是克里斯蒂娜，她有钥匙，不会敲门的，那就只有克罗格斯塔德，（如释重负）谢天谢地，终于有结果了，（整理好自己的仪容，打开门，抬眼就望见拉瓦尔德）怎么是你，托瓦尔德？

海默： 我至亲至爱的娜拉，在你走后，我已经深刻认识到自己的错误了，相信我跟我回去，我们可以变成你想要的那种举案齐眉、相敬如宾的夫妻，我真的每日都在想你，想我们在一起的快乐，你说得都对，我愿意倾听你的想法。

娜拉： （心神一动）你说的是真的吗？托瓦尔德，你真的能做到吗？愿意为我牺牲自己的荣誉吗？

海默： （犹豫一会）当然，我亲爱的娜拉，我一定会洗心革面，重新做人，只要你愿意回去。（顿了顿）听说你即将获得兰克医生的遗产，你也知道，我现在是银行的经理，你的那笔钱我也可以帮你打理，你就不用那么操心，可以安心在家快乐地生活。（露出大大的微笑）

娜拉： （幡然醒悟，生气）托瓦尔德，我本来还以为你是真心悔过，现在看来，你还是和从前一样只想着自己，你现在还愿意来和我说这么多，只是因为想要兰克医生留给我的大额遗产，否则你根本不会来，你还是和从前一样，不！比从前更让人厌恶。

海默：（惊讶）娜拉，你怎么能这么说呢？我也是为了你好，你完全没有管理这么大一笔钱的经验，你这只小云雀既贪吃又花钱大手大脚，这些钱会被你一下子挥霍光的，由我来帮你管理，想要花钱的时候我就会给你，这是多么好啊。（发出阵阵惊叹）

娜拉：（不屑）托瓦尔德，你还是那么自私，兰克医生已经去世了，你却惦记起他的钱，我现在告诉你，我是不会要这笔钱的，你也别想了，我已经交给克罗格斯塔德先生去处理了，虽然他以前道德败坏，但至少比起你，他品质高一点。

海默：（愤怒）什么！娜拉，你拿我和那个可恶可憎的克罗格斯塔德比较，他就是一个烂人，怎么可能比我好？

娜拉：好了，托瓦尔德，我已经不想和你再说这些废话了，等这件事解决之后，我就会回老家去，我们就像我之前说的，已经是陌生人了，所以现在请你不要来找我，一切都结束了。（门被砰的一声关上了）

海默：（呐喊）娜拉，你不能这么对我。（声音被隔绝在门外，有人探出头来张望，怕影响自己的形象，只好灰溜溜地走了）

（过了一会，门被打开了，林德夫人走了进来）

林德夫人：哦，我亲爱的娜拉，一个好消息，克罗格斯塔德已经帮你解决好了，现在只需签一个字，他在奥尔森餐厅等你。

娜拉：（开心拥住林德夫人）我亲爱的克里斯蒂娜，我真不知道说什么感谢你，等签完字我就会坐火车回老家去，不知道再见面是什么时候，我会想念你的，麻烦了。

林德夫人：娜拉，别这么说，我相信我们很快就会见面的，好好照顾自己，你托我做的我会尽快去做的，快去吧，别让克罗格斯塔德等久了。

娜拉：（点点头）好的，克罗格斯塔德，再见了。（挥着手，露出一抹笑容）

第四幕

布景： 奥尔森餐厅内明亮的灯光，整齐划一的桌椅，光洁的玻璃，几个侍从来回走动着。

克罗格斯塔德端坐在其中，时不时望向餐厅门口，娜拉缓缓走进去，侍从看见了立马引她向克罗格斯塔德那边走去，直到娜拉坐下后，侍从才离开。

克罗格斯塔德：（露出一抹微笑）娜拉女士，你要的我都帮你办好了，现在你只需要在上面签字。（抽出一个文件递过去，指着签名处）

娜拉：（欣喜）非常感谢你，克罗格斯塔德先生，请恕我冒昧问一下，这些钱会去哪吗？

克罗格斯塔德： 当然可以告诉你，娜拉女士，你有权过问，这些钱将会被捐赠给当地的福利院，你可以放心了。

娜拉： 那可真是太好了，（接过文件签下自己的名字）克罗格斯塔德先生，现在看来，现在的你完全不像以前的你了。

克罗格斯塔德：（开怀大笑）能得到赞同，我可真是太开心了，娜拉女士，你也知道的，我的儿子们在一天天长大，为了他们，我必须痛改前非，重新获得大家的尊重，感谢你给了我这个机会，不仅如此，我还可以和克里斯蒂娜结婚，重新拥有一个家，我现在可是幸福的。

娜拉：（摆摆手）你可千万别这么说，克罗格斯塔德先生，现在我终于可以回老家去了，这一切都是因为有你的帮助。

克罗格斯塔德： 说实话，虽然知道你胆子很大，我依旧十分震惊，但是想到托瓦尔德这个恶劣的家伙不好过，我倒是十分乐意帮助你。

娜拉： 好了，克罗格斯塔德先生，时候也不早了，我现在需要去赶火车了，

感谢这些天的帮助，再见，克罗格斯塔德先生。（挥挥手）

克罗格斯塔德：（同样挥挥手，目送离开）再见，娜拉女士。（之后小声地说着，可别再带坏克里斯蒂娜）

远处的火车终于开了，离开这座城市，太阳刚刚落山，火车慢慢被黑夜包裹，缓缓驶向远方，明天又是新的一天。

（剧终）

后言：易卜生的《玩偶之家》是我读过最多次的外国文学作品，女性这个角色曾被很多作家纳入各自的创作中，如何找寻？如何生存？如何斗争？无论是中国还是外国，在当时虚伪黑暗的社会，一个无可避免的结果赤裸裸展现在我们面前，那就是悲剧。易卜生的《玩偶之家》却以另一种开放的结尾去给予莫名的希望，娜拉出走了，她成功地离开所谓幸福的家庭，和过去做了一次彻底的告别。之后的故事呢？娜拉出走后又会怎样？当我们怀着一种疑问去探究娜拉最终的结局，一张无形的社会之网将我们牢牢困住，我想突破那张网，热烈地期盼和娜拉告别一声，娜拉终该成为一个真正的人。鲁迅先生曾在一篇演讲中谈到娜拉的结局或许也实在只有两条路：不是堕落就是回来，我却在这里的续写中给了娜拉一个可以说是美好的结局。我们不得不承认，当历史真实呈现在我们面前，如此恶劣的社会下，娜拉一个普通的弱势女性确实无法改变什么，她最终会沦为旧社会的殉葬品。可是希望总该是有的，路还总有得走，人生最痛苦的是梦醒了无路可走，娜拉却是不一样的，至少娜拉还有一个目的地——回到从前的老家去，在那儿找点事情做。死的高兴地死去，活的放心地活着，当娜拉开始独立思考，想要亲自去了解世界的时候，我们该抛开那些沉重的枷锁，去重新审视一个无比清醒的女性，结局已经不那么重要，过去的娜拉已经死去，现如今站在我们面前的是努力解放的娜拉，不再玩偶般从属于谁，而真正属于自己。娜拉真正的魅力是她勇敢地迈出"舒适圈"，走进了一个未知的领域。前路不知有多少坎坷，然而至少从迈出的那一步起,娜拉成为一个真正的人,拉开了开始的闸门。当一个新的故事有了开头,所构建的全新世界才真正开始运转,女性解放的潮流不断推进,玩偶的世界应当被终结,到最后我们终究要和娜拉告别,期待她走向更光明的明天。

赵瑜，来自江西南昌，是2021级创意写作班的一分子，热爱书籍、电影、音乐和纪录片，喜欢奇幻文学，偶尔跑团。七分浪漫主义，三分乐观主义，外加一点点的文艺因子。黑眼圈达人，废话很多的一瓶人类小样，相信爱与勇气，相信前方会有自己喜欢的风景。希望自己能永远坚定赤诚、肆意热烈地活着。

困在时间里的她

"生的对立面是什么……会是死亡吗？"

这个问题，在我看到老林的体检报告时，突然出现在我的脑中。我再次展开这张被手心汗浸得有些发皱的纸张，上面赫然印着"肺癌"二字。命运之轮发出艰涩的转动声，无情的病魔用乌黑的笔触对我张牙舞爪，武断地宣告了一位七旬老人的未来。

老林，这位曾经身披荣耀的退役警察，书架上整齐排列的奖章是一个个沉默的叙述者，细细述说着他年轻时的英勇与风采。老林全名林归之，他和邓小满女士在青涩的年华里谱写了一段自由恋爱的赞歌。但命运捉弄，这份炽热而深沉的爱，在小满阿婆患上阿尔兹海默病的那天便被阴霾笼罩。清晰的记忆日渐模糊，那份热烈的情感也在疾病的侵蚀下变得沉重无力。

回想起上周，我随这位老友去医院见他老伴小满阿婆。那天，阳光透过窗户洒在病房里，空气中弥漫着淡淡的消毒水味。老林轻轻推开门，带着期待和一丝紧张走向床边。他俯下身，温柔地握住小满阿婆的手，轻声问道："我是谁啊？

记得我吗？"没有听见爱人熟悉的回应，老林嘴角的笑意淡了几分，"我是谁？"他深吸一口气，再次发问。小满阿婆只是沉默，静静地看着他。老林的喉结滚动几下，嘴唇也不受控制似的上下翕动。空气仿佛在这一刻凝固了，病房里弥漫着一种难以言喻的哀伤，我也几乎快要喘不过气来。老林努力地牵动嘴角，挤出一丝笑容："我是你老伴，不要忘记我啊！"静默地对视几秒后，老林像往常一样凑近阿婆，在她额头上落下轻轻一吻，随后沉默地收拾好东西，转身离开病房。

回家的途中，我看到老林眉头紧皱。或许是郁结于胸，他的手时不时放在心口处，伴随着几声咳嗽。

突如其来的病毒狂风骤雨般席卷全球，在严格的管控下，老林无法像以前一样经常去医院看望老伴了，每一次分别都充满了不舍与无奈，而随着时间的推移，这种无法见面的状况让老林心中滋生了一种深深的焦虑——害怕被遗忘的焦虑，在病毒的肆虐下，小满阿婆的记忆会逐渐模糊，甚至可能将他这个相伴多年的伴侣也一并遗忘。这种恐惧像一把无形的枷锁，紧紧束缚着老林的心。在发觉老林的咳症愈发严重后，看着他苍白的脸，我心里有几分不安，于是劝他去医院做个体检："老林，你要照顾小满阿婆，首先得保证自己的健康，你可不能垮！"老林听了我的话，沉默了一会儿便点了点头。

做完体检后，老林并没有选择回家休息，而是径直去了书桌前，拿起笔开始写东西。他说想录制一段视频，给小满阿婆一个惊喜。

一语成谶。面对老友的病情诊断书，我的大脑像被一记猛锤狠狠击打，过了许久才缓过来。我该怎么开口把这件事告诉老林？小满阿婆以后一个人要怎么办？为什么相爱的两个人，却不能携手走到生命尽头？……这些问题在我脑海中盘旋，如同乌云般压得我喘不过气来。然而，我又能向谁寻求答案呢？这样的命运，是谁都无法预料的，它像一把无情的剑，斩断了期待与希望。愤怒与不甘在我心中燃烧，仿佛要将我的胸膛撕裂，我想大声呐喊，想奋力奔跑，以宣泄内心的痛苦与绝望。然而，当我冷静下来时，却发现这一切都是徒劳。我无能为力，无法改变这残酷的现实。

我突然感到一阵深深的无力感，仿佛被抽干了所有的力气。

怀着郁闷而忐忑的心情，我敲开了房门。老林泛红的眼眶令我心慌：难道他已经知道了自己的身体报告结果，还是小满阿婆出什么意外了？正当我胡思乱想之际，老林开口了："她……她腿骨折了。护士说，是在上厕所时不小心摔倒的……"他的声音带着颤抖，慢慢地说着，"这怎么可能呢？我明明以为这里会很安全的。在医院里……我知道，这不能怪任何人，可是昨天视频通话时，她还好好地跟我说话啊……"他颤抖着抬起双手，捂住眼睛来压抑情绪。我的喉咙一阵酸涩，这位曾经英勇无畏的警官，在岁月的洗礼下虽然变得沧桑，但那份骨子里的骄傲与坚韧却从未改变。他从不轻易在人前流露悲伤，唯有与小满阿婆相关的事情，才能触动他内心最柔软的地方。

护士偷偷和我说过，小满阿婆在床边放着很多纸条，上面写着老林的名字，歪歪扭扭的爱心图形里面写着"老伴"二字，还有一些是她年轻时写的诗。我不敢去想老林如果知道了会是什么感受，心里又是感动又是悲痛。

在一个晴朗周末的下午，我把报告单上的结果告诉了老林，他沉默着，紧锁着眉头。我不禁想，如果是两年前，小满阿婆也许会给他揉揉眉心，再用她温柔坚定的眼神安慰老林，可现在他只能独自面对死亡的忧愁。

他一个人坐了很久，拿起手机录制了一段视频，交代护士要常拿给小满阿婆看，"我怕她忘记我"，老林说这句话时嘴角向下撇，似乎还瘪了下嘴，像个无助而委屈的孩童。

老林用杯子架住手机，画面中出现了老林的脸，角度有些怪，但是对于刚学会手机录像的老人来说已经算好了。他手上拿着的是提前几天反复修改的"演讲稿"，字迹有些潦草——前段时间老林手腕上的旧伤复发了，握笔时手会发抖，没办法写好信件。

他用颤抖的手展开信纸，握在手中，缓缓开口："亲爱的老伴，你还好吗？

我是谁？你还认识我吗？我知道以前总问这些重复的问题会令你恼火，后来你变得更有耐心地回答，其实我知道，这是因为你觉得这些都是新鲜的问题……我很怕以后你对我的问题感到莫名其妙了。我知道你很懂事很听话，但是你自己还要更加小心地照顾自己。你受伤了，我很心疼，但是我不能去医院看你，希望你好好吃饭和休息，每天吃点水果，多补充营养……我知道你有一天要忘记这些事情，所以我每天都提醒你，希望你不要忘记我……"

老林突然哽咽，信纸颤抖得更厉害了，有几滴泪打在纸上，他停顿了几秒。"当你老得连世界都忘记，我拿什么来爱你啊……忘记我是谁也没关系，只要记得我是好人就行，这样我还可以照顾你。"说到这，他放下纸张，飞快地用手掌心擦拭脸上的泪痕，勉强笑了笑说："不过那些问题我以后还要问，问到你烦为止。"

我知道他的言外之意，"烦"是因为对之前的问答有记忆。视频录制结束后，我问了一个残忍的问题："为什么不告诉她，你生病了，你已经做不到每天都问她问题了。"他只是笑了笑。当时我还不懂，后来我才明白，他知道阿婆早晚会忘记自己，只是他从不轻易承认这一点。

隔天视频通话的时候，阿婆和护士一起看这段视频，我看到接连不断的泪珠从阿婆眼里涌出。我想阿婆可能并没有完全记起老林是谁，或许他正从自己的记忆中淡去，我更愿意相信这份诚挚的爱会让她的记忆复苏。

5月3日的凌晨，老林在离阿婆很近的一家医院里离开了这个世界，虽然知道迟早会有这么一天，我还是花了很长的时间去消化这件事情。

第二天，我受托去整理老林的物品。开门的瞬间，飞尘在光束的间隙中起舞——两位老人都在医院，这里已经好久没人来过了。我对房间进行了简单的打扫，撞到书桌时，我听见物品落地的声音。拾起地上的本子，我顺手翻开扉页，看见"小满"二字时，我的心跳突然加速了。

这是小满阿婆的日记本。

"最近感觉头脑不太清醒，记忆力衰退得很严重，我这是怎么了？"

"百度说我生病了，阿尔茨海默病。怎么办，不想忘记你们。"

"最不想忘记的就是你，林，我今天炒菜又忘记自己有没有放盐了，下次教你炒菜。没有我，你也要自己走下去。"……

原来阿婆早就感觉到自己生病了，甚至在病症初现时就想好了最坏的结果。

在看到这本日记本时，我本能地觉得是小满阿婆特意放在这个位置的，只是不知道老林有没有翻开过，我更希望他没有。

翻动间，一封信突然滑出。我想起老林曾说过，小满阿婆喜欢写诗，喜欢写信，她喜欢有"仪式感"的东西。思考许久，我还是决定将信件的部分内容在扫墓时读给老林听。

亲爱的林：

你总是问我，我觉得你是个什么样的人啊？年轻的时候害羞，老了更不好意思说出口，写在纸上倒还可以接受。以前啊，我只觉得爱是朦胧的，绝不能太直白。和你熟识后，我慢慢认识到，表达爱意也可以更热烈一些。爱是特殊日子的小惊喜，也是平日里每一份热烘烘的早点。爱是寂静的或喧嚣的，宁静的或热烈的，这也没有对错或标准，每一种爱呀，都是独一无二的。

林，你做了警察，还是工作危险度高的特警。我心里呀，又骄傲又忧虑。那时候的你，在我眼里就像风，来去匆匆的。可我明白，风中的雷霆之力，风上承载的千万家灯火。

林，我感觉到自己身体发生了一些变化，我想我知道这是什么病，我也害怕这些变化，害怕未知，害怕遗忘……但我最怕的是失去你，有你在我就什么都不必怕，我希望我还能记得你，记得我的唯一。

…………

以希波克拉底的名义，病人精致优雅地被病痛折磨，死亡似乎被人类推得更远一些了。但或许生的对立面不是死亡，而是遗忘。

她看见

她看见月悬天际

白树栖鸦　玉阶生露

流光皎皎生辉　倩影迢迢起舞

月落乌啼　春山夜静

阁楼朱窗　轻掩

她看见风扶柳梢

春水浮舟　黄鸟新啼

野兔宿于草莽　清泉涌于陂塘

水雾　落珠　蕙路

她看见千万里的浮云

飘流在　迟来的秋

树荫临风而奏

维也纳森林的故事

渐远的星

流转　坠入她眼眸

又在垂眸时　低声和着月光

吟诵诗篇的第十四行

八表同昏　余霞成绮

她看见灵魂栖息于落月屋梁

她看见狂想沉寂于杏霭流玉

她看见孤独生长于树影婆娑

王文骏，22周岁，身高179厘米，写作惯犯，经常被逮捕在书桌前，因其作案手法生疏经常被抓，但因其作案动机单纯而屡屡得以释放，屡教不改，为文字警察所耻笑。本次被抓时，仍不知悔改，坚持作案。特写此简介，以儆效尤。

沉　沦

一、逃离

卢恩终于逃出来了。那天，阳光洒得很舒服。他望着陌生的田野，那阳光对他说，欢迎回家。

卢恩躺在干草堆上，望着麦田，若有所思地闭上了眼睛。风中有股新鲜的阳光的味道，让卢恩沉沦在其中，无法自拔。

这里更像家，而我则是一个流浪汉。卢恩忽地这样想。

是的，是这样的，原来的那个洞窟，散发着酒气与蒸腾的汗气的洞窟，才是自己流浪的地方，现在，我回家了。家里什么都有，只是少了阳光。

"现在，我也许算是有个家了。"

他四下里张望，寻找那个身影。

二、往日

"为什么那片麦田不让去？"

"可以去哦，卢恩，但是要注意一下时间，而且要在规定的范围内活动，你还小，不清楚那片麦田里有什么，妈是过来人……"

"你和他废什么话！不让去就是不让去，听话很难吗？"

卢恩十二岁的时候，家里承包了这一片麦田，麦田的风里有卢恩最喜欢的阳光的味道。是的，卢恩喜欢阳光，明亮而自然，躺在阳光里面，暖暖的，很舒服。每次回家，卢恩总是喜欢跑到那片麦田里，仿佛那里才是他的家。麦田里有窸窸窣窣的虫鸣，顺着声音摸过去，就能抓到一只青绿色的蚂蚱，卢恩把它放到手上，慢慢收紧手掌，感受蚂蚱的跳动，就好像握住了自己的心跳。他时常想，自己若是只蚂蚱就好了，每天随着自己的想法跳来跳去，不必再理会谁的想法。卢恩不喜欢看书，书上的那些黑道道好像是屋檐下蜘蛛织的网，粘到头上，让人心生郁闷。同样的，那网也极其脆弱，只需要稍微整理，便会无影无踪。卢恩不喜欢这张网，黏腻烦人。

但是父母却不这么想，每次考完试，父亲都会坐在椅子旁，烦闷地抽烟，烟圈一圈又一圈，套住了卢恩，慢慢缩紧，像一只看不见的手，想要掐死卢恩。父亲以前并不是这样的。以前的父亲，总是会把卢恩高高地举起，带到集市上，看那些小兔子小青蛙。母亲则默默地洗着盘子，他看着盘子上的油渍被水冲掉，在水里晕开，那是刚洗过澡的天。想到这，卢恩笑了起来。那绚丽的色彩是他在家里不多的乐趣。卢恩还想继续想下去，可是手里的蚂蚱出了异样。那蚂蚱踢踏着腿，不一会便没了生气。

没意思。卢恩眼中的彩虹失了色彩，准备再去找一只来把玩。正在这时，家的方向传来了母亲的声音。卢恩像往常一样，大声地回应着马上来，这次回应他的，不是母亲的声音，是父亲的嘶吼。

"你不用回来了！没有你的饭了。"

卢恩站了起来，错愕地看着家的方向，他的脑子告诉自己，是时候回去了，再不回去一定会出事情，但是眼前的一只大蚂蚱，死死锁住了他的腿……

卢恩拿着那只硕大无比的蚂蚱回到了家。昏黄的灯光下，父亲的眼中闪着异样的火，手中的烟燃着，却早已逼近了手指。母亲坐在门口，两眼直勾勾看着前面，眼光却意外地明亮。卢恩试探性地走上前，借着昏黄的灯光，他看到了母亲脸上似有似无的红与青，以及干涸的水痕。卢恩怯懦地靠近了过去，把手中的蚂蚱递给父亲看。

"这个，是最大的一只，我不想错过……"

父亲的眼神里闪过一丝错愕，接着流出了一种莫名的感情，他的嘴角抽动了几下，却最终停止了动作。他只是喃喃道："好，好。"

接着便颓唐地坐了下去，整个人瘫坐在地上，任凭手里的烟滚落到衣服上，烧出一个焦黑的洞。

卢恩转头向母亲看去，他希望母亲可以夸自己的蚂蚱是多么大，多么活泼。再不济，可以劝一下父亲。但是她什么都没有说，只是苦笑了两声，搀扶着父亲走进那一片昏黄。

卢恩想追上去，但是手中蚂蚱剧烈地跳动让他不得不停住脚步，蚂蚱带锯齿的腿还在努力地蹬着，裹挟着泥土与血。卢恩吃痛，只得放开手，那蚂蚱跳入草丛，忽地不见了。

两年后，卢恩十五岁，卢恩的弟弟出生了。他叫赞恩，有着和卢恩一样的，像是蓝宝石一样的眼睛。他出生那天，父亲罕见地露出了那种表情，不掺杂任何杂质的喜悦，像是下午两三点的太阳，明亮而炽热。母亲则用苍白的面容，迎接着新生命的到来。卢恩的家里，又透进了明亮的阳光。

卢恩喜欢这个弟弟，他像一个刚刚烧制出来的瓷娃娃，细腻且透亮。卢恩经常跑去看弟弟，用他画的画来逗弟弟开心。弟弟捧着画，只是咯咯地笑着，卢恩看着弟弟，看着他用深蓝色的眸子看着自己，一股莫名的责任感涌上心头。或许父母是对的，自己确实不该去那片麦田，自己应该去努力读书，为了这个会看着自己笑的弟弟。

三、相逢

卢恩再次踏入那片金色的麦田，他还记得十三岁那年被蚂蚱蹬破的手，那道伤口早已愈合，却仿佛仍在流血。一想到那只蚂蚱，卢恩的心里空落落的。他怀念三年前的阳光，似乎要比今天更加明亮些。风中传来了熟悉的鸣叫，那是卢恩一辈子忘不掉的声音。卢恩站在麦田里，任由裹挟着金色的风流过自己的手掌。

卢恩坐了下来，细细地品着，那声音勾着他的魂，挑逗着他三年还没好的伤口。伤口开始结痂了，痒痒的。

他坐了起来，熟练地弯下了身子，细细地听着那声音的动向，阳光似乎更加炽热，更加明艳。他找到了声音的来源，那是一只油绿色的蚂蚱，在阳光的照耀下显得五彩斑斓——那是卢恩心里的蚂蚱。虽然要比以前那只小，但是也足够满足卢恩的渴求。

他蠕动着身子，屈着双腿，蓄势待发，忽地扑了上去，那声音便消失了。

蚂蚱，飞走了。

卢恩苦笑，已经回不去了。手掌上的伤口开始灼痛，不只是因为刚才那一下的用力过猛，还是自己的力不从心。

"要玩吗？"

陌生的声音，细细小小，在卢恩耳边荡漾出一圈又一圈的波纹。卢恩惊诧地转过头，发现一个身形与自己相仿的人。在阳光的拉扯下，他的影子长长的，盖住了卢恩。卢恩打量着他，却发现阳光过于刺眼，自己看不清楚。那张脸的背后是烧得发白的太阳，像是天使的圆环，盖住了那个人的身形。

"请问，你要玩吗？"那人伸出手，那一抹绿色便跃动在了他的手上。

卢恩咽了咽口水，伸手去抓那一抹绿色，可它却影子一般消失了。孩子伸出另一只手，那一抹绿色便再次出现。

卢恩有些恼怒，站了起来——他跪了许久了。等到站起来才看清那人的模样。他长得很清秀——卢恩也想这么说，但是又立马否定掉了。卢恩没办法辨别他的性别，但是直觉告诉自己，这人应该是男性。他看起来很年轻，和自己差不多大，眸子里却有着与年龄不相符的忧郁和妖冶。

"要玩吗？"男孩不理会卢恩的窘迫，只是在重复着这一句话。

卢恩盯着那一抹绿色，伸手去抓，却忽地缩了回来。若是弟弟在这，他会不会对他的哥哥大失所望？若是父母在这，是否情形会变得和三年前一样？

他抬起头，木然地看着四周，没有人，只有滚烫的阳光，在四周的空气里氤氲，变成滚烫的热气，灼烧着他那看不见的伤口。他想要伸手去摸那蚂蚱，却被什么东西压住，动弹不得。

那男孩见状，垂下了眉头，用一种失望而可怜的眼光看着卢恩，然后转身准备离去。卢恩的心跳漏了半拍，手上却有了力量。卢恩奋力去抓他的衣角，却迟了一步，那人的身影消失在了金色的浪潮中。

卢恩瘫坐在地上，全身的力气好像被抽干了一样，太阳越烧越炽热了，让卢恩感到眩晕，他的手像断了似的。

或许，这不是我的归宿。

卢恩踉跄地站了起来，准备回家，即使现在的时间还早。但是那一抹熟悉的绿色，却突然让卢恩感到兴奋。他像疯了一般追逐着它，一直追进了那金黄色的麦浪之中。

在一番努力之下，那蚂蚱还是落到了他手里。卢恩笑了，急促地喘着粗气，像是一条发情的公狗。笑声越来越大，整个田里回响着那笑声。

"我就知道你会回来的。"那声音又飘荡了过来，空灵地回响着，"你可以做我的朋友吗？我想，跟你讲一个故事……"

四、阴影

我的故事，从一个小村子开始。

那是一个有着金色阳光和金色麦田的地方，我的父母勤劳能干，在很早的时候就包下一片麦田，也就是你知道的那片。

我喜欢躺在阳光下，听着风的声音睡觉。风中传来泥土的腥味，还有蚂蚱振翅的声音。我喜欢抓蚂蚱，喜欢他们在手里蹦跶的时候传来的生命力。父母很忙，我就一个人在麦田里遨游，抓蚂蚱，听风声，那时候阳光的温度暖和得正好。父母不太喜欢这片麦田，但是也没有说过什么，只是会偶尔提醒我，别玩太晚。

后来我有了个弟弟，他像瓷娃娃一样可人。我很喜欢这个弟弟，喜欢抱着他看有云月星的天。一切都是那么的让人感到舒服，就像是六月的阳光。

直到有一次，我带着弟弟来了麦田，我教他抓蚂蚱，教他用叶子吹口琴，教他怎么在泥土里翻出蚯蚓用来喂天上飞的鹧鸪鸟。可等我回到家，等待我的只是父母的训斥，我也不知道，为什么要骂我，我带着委屈上了床，却没把委屈留在梦里。我在半睡半醒之中，听到了父母训斥弟弟的话

你不能学他，他这辈子就会在这麦田，为你提供养料。

原来是这样的，我只是别人的养料……

五、暴露

卢恩回到家时，太阳已经落山了，昏黄的灯星星点点，照在那个偏僻的山坳，像是被扯下一角的天幕，铺在了山里面。卢恩一边走着，一边回味着刚才同那男孩的快乐时光。他叫西米，是山那边的人，两家的麦田连在了一起。卢恩正想着，

听到了母亲的呼唤："快来吃饭了！"

卢恩低着头，急匆匆地走了过去，坐在桌子旁，自顾自地吃了起来。

母亲没有说什么，只是默默地搬了一只椅子，静静地坐下。父亲坐在墙角，昏黄的灯照在他的脸上，忽明忽暗。妈妈伸出手，却好像被什么咬了一口似的又收了回去，她只是讨好似的发问："今天，去干吗了？"卢恩放下碗筷，只说了三个字："有任务。"看着卢恩像纸一样苍白的脸，妈妈欲言又止。

吃过晚饭，卢恩回到了自己的房间。他躺在床上，翻来覆去睡不着，他想着白天男孩说的话，心中便起了一层雾。如果那是真的，自己还有必要在这里待下去吗？睡意袭来，他也来不及多想，便昏沉沉睡了过去，也不知道是不是因为太累的缘故，今天他格外的困。

第二天醒来，已经是中午，卢恩挣扎着从床上爬了起来，他悄悄地走出房间，侧着耳朵听着厨房里的声音。

"要这么做吗？"

"你看他那个样子！我们必须这么干，懂吗？哪怕只是我的猜想，我们也要试试，哪怕是为了赞恩。"说着，父亲便找出绳子，用手试了试绳子的韧性，那节绳子像是沾满了磷粉的毒蛇，绷直时，便将磷粉撒了出来，形成土绿色的烟幕。

卢恩的瞳孔不断放大，身上好像有一万根针在游走，来不及了，已经来不及了，卢恩想着，拔腿便向外跑去。今天的天气格外晴朗，照着卢恩逃跑的路，卢恩听着耳边呼啸的风声，不由得想起西米的话。

西米可能是对的，那两个人不是自己的父母，他们收养我，也不过是为了给他们自己的孩子找一个保姆，时机到了，保姆便成了食物。卢恩来不及细想，一股脑钻进了麦田……

六、沉沦

等了好久，那熟悉的白色身影才出现。卢恩急得抓耳挠腮，像一条蚂蟥，在地上扭动，碾碎了地上的土块。

"快，快帮帮我，求你了！"卢恩蜷缩在地上，双手紧紧地抱住自己，明明是艳阳天，却仿佛掉进了冰窖。

西米见状，递来了药，卢恩贪婪地伸出手，一股脑把药塞进了嘴里。就在那一瞬间，一股电流通过了卢恩的身体，即将沉入海底的窒息感瞬间消失，取而代之的是艳阳高照的酥麻感。卢恩大口大口地喘着粗气，庆贺着这来之不易的新生。西米只是站在旁边，用哥哥般的慈爱的眼光看着他。

过了好一会儿，卢恩缓了过来，坐在地上，大口大口地呼吸空气。西米递过来一瓶水，卢恩接了过来，大口大口地喝着。喝完，卢恩转向西米，用疑惑的目光凝视着他。

"我知道你想问什么。但是，我想请你帮我个忙。等这件事情办完了，一切的疑问我都能帮你解答。"

西米拿出了一个包，拉开拉链的一角，里面是满满的一包钱。

西米对卢恩说："我想请你帮我把这包钱放在我弟弟的床头。请你告诉他，他的哥哥并非一事无成。"他顿了顿，眼神里流露出可见的悲哀。卢恩愣住了。他想了想自己，又想了想西米，最终还是迟疑地点了点头。

第二天，卢恩穿上了西米给的衣服，带着包坐上了去西米家乡的车。闷热的车厢让卢恩想到了自己的家。等办完这件事，自己就跟着西米混出个名堂，到时候……正在幻想着，手里的包传来异样的感觉，卢恩把包拽了过来，转头就对上了那人惊恐的目光。卢恩布满红血丝和双眼盯着那人，那人只得仓皇逃出这辆车。

到地方了，卢恩低着头，抱着包，路人看到了他，用惊异的眼光看着他，然后交头接耳，窃窃私语。卢恩感到疑惑，紧接着是一丝不安。他隐隐约约地感觉，事情好像并不简单，但是时间不等人，已经要天黑了，西米的父母要回来了。

卢恩裹紧了外套，怀抱着那个包。来到了西米的家。

这里和自己家没什么两样，一样的昏黄，一样的充满了酒气和汗蒸气。卢恩捏着鼻子来到了西米弟弟的房间，把包放在了他的床头。西米的弟弟正在睡觉，像是刚烧出炉的瓷娃娃。卢恩想要伸手去摸，身体却不听使唤，那种如芒在背的感觉又来了，他不自主地跪在了地上，手脚痉挛，他的喉咙里发出沙哑而低沉的呻吟声，那是身体对毒品的渴望在呼唤。他的胃在翻江倒海，一阵阵恶心和呕吐让他几乎无法呼吸。他的肌肉像被无数根针扎一样疼痛，仿佛有千万只蚂蚁在啃食着他的肌肤。他闭上眼睛，试图逃避这个现实，但那些症状却如影随形，无孔不入。他的心脏在剧烈地跳动着，每一次跳动都带来一阵钻心的疼痛。他感到自己像是被丢进了地狱一般，四周充满了无尽的黑暗和痛苦。卢恩的意识开始模糊起来，他的思绪飘忽不定。他想到了自己昏黄的家，想起了浑身酒气的父亲和整日辛劳的母亲……

等到卢恩醒来，已经是第二天凌晨，自己被五花大绑捆在了柱子上。他想要说些什么，但是喉咙里却挤不出一个音符。

在昏黄的灯光下，一个中年男人的身影显得异常憔悴。他坐在破旧的木椅上，双手紧握成拳，指节因用力而发白。他的眼神中充满了愤怒和悲痛，仿佛要喷出火来。屋子里弥漫着沉闷的气氛，只有偶尔传来的风声和远处狗吠的声音打破这份寂静。男人突然暴起，用力在卢恩的肚子上来了两拳。"你为什么要杀了他。"卢恩想说些什么，但是更加猛烈的拳头向他袭来。

一阵殴打之后，尘埃落定，只剩下跪在地上的痛哭的男人和奄奄一息的卢恩。

男人猛地抬头，用力卡住卢恩的脖子，用苍白的声音说出了卢恩昏迷前听到的最后一句话："为什么，西米……"

西米站在离他家不远的街角，冷冷地看着这一切，然后嘴角勾起一抹不易察觉的笑。

　　第二天，卢恩被西米的家人绑在车上，送到了那片麦田。村长宣判了卢恩的罪名：放蛇咬死了西米的弟弟。处以死刑

　　那天，阳光洒得很舒服。卢恩望着陌生的田野，那阳光对他说，欢迎回家。卢恩站在绞刑架上，望着麦田，若有所思地闭上了眼睛。风中有股新鲜的阳光的味道，让卢恩沉沦在其中，无法自拔。

　　这里更像家，而我则是一个流浪汉。卢恩忽地这样想。现在，我终于可以回家了。

　　被打得面目全非的卢恩睁开眼睛，看到了一个熟悉的身影，那是赞恩，他手里攥着的，是那只已经死了的青色蚂蚱。

卢熠晗，2002年11月生，是个典型的INFJ"绿老头"。十六人格中最稀少的类型之一，约占人口1%。具有天然的感知力，是鼓舞人心的理想主义者，喜欢文字，不擅长即兴发挥。喜欢一切静谧深邃的事物，比如凌晨的星空，对哲学、玄学、心理学感兴趣。爱抽象的人类，不爱具体的人。喜欢小范围的热闹，擅长伪装自己从而保护自己，以及常常不自知地剖析自己。

阿依的春天

一

山谷四射喷薄出明晃晃的天光，我和七十六岁的阿普坐在火塘边，阿普披着察尔瓦，顿挫地一下一下敲击着打火石，"叮锵……叮锵……"，四下过后终于将火星擦出，点燃了嘴边的旧烟枪。静止的天光漫进来，火塘里的柴火烈烈地烧着，阿普脸上一半沉默着，一半跳动着。昨天睡前，阿普说："明天立春，天上地下万物生。"虽已立春，但天气怎么还似冬天一样下着霜，冷风从山顶压下来，然后钻进屋子来，刺得我脸疼。我皱着眉又望见远处山顶上的白雪，层层皑皑的，冬天似乎根本没有一点要融化的迹象。

"阿普，玛资哪去了？"玛资比我大两岁，仗着大我一些，平时他每天总要逗呛我几句才肯罢休，今天倒还没看见他人影。

"天还没亮就早早取他的马去了。"阿普沉静地吐着烟圈，嘴巴里仿佛说着和"今天中午吃洋芋和荞子"同样稀松平常的话。

"取马！？"我急不耐烦地继续追问。

"阿普，那我呢，凭什么就他有……"还没问清是怎么个事，远远就听见玛资和他毛根儿朋友阿布吉拖唱着欢歌，以及一丝听不真切的马儿的厚重喘气嘶鼻声。

我重重地跺着脚，用力地冲了出去，当真看见了他远远地骑在一匹白嘴的棕色小马上。

玛资俊朗自信地挺直着背，微微笑着。背后是望不断的陡峭高耸的山峦叠嶂，少年自在地唱着天籁般爽朗清亮的彝族民歌，歌声回荡在深邃的天地与漫漫的深山峡谷间。我没由头地忘记了生气这件大事，盯着那只小棕马，望着它踢踏有力的马蹄和时而抖动的灵动的耳朵失了神。

突然记起七岁那年，阿嫫风逝那天。她躺在床上，也是微微笑着。我甚至记得玛资颤抖着手给她叠了叠枕头，让枕头高一点，让阿嫫舒服点。

后来火葬时，阿嫫的身体云烟如缕地就在眼前冉冉而升，冉冉而升。我站在颂唱舞蹈葬歌《阿骨格》的高大人群中，他们肃穆庄重，即使我将脖子后仰得直搁到肩上了，也看不见阿嫫升到峰顶、融入云气，嵌入天空的景象，我害怕着急得大哭起来。流着眼泪无声诵唱的玛资将我一把驮上背膀，在"哦——阿古，哦——阿骨"的引路歌中，围着火光中的阿嫫走了一圈又一圈。

大山无声地锻造着山里人的秉性，如今的少年已然十八岁，如山峰挺拔，纯粹却坚毅。

而我也已十六岁，其实我知道，我内心并不妒忌愤恨他拥有一匹马。只是阿普也悄然老去，我对在阿普面前做个稚气小孩这件事乐此不疲，就像玛资总喜欢对我做一些幼稚的小把戏一样……

所以，我决定继续扮演这个幸福的角色，假意生气，迈步走进屋内。阿普与我相向，托着烟筒迈出门去，顺道摸了摸我的头以示抚慰。我内心狡黠地窃喜，坐回了火塘旁。

　　其实更是因为阿布吉拖,刚刚瞥到他的目光好像落到了我身上。小时候就总是有大人以娃娃亲开着我们两个的玩笑,阿普却笃定地说没有这回事以此来帮我解围。后来,慢慢玩伴间也开始偶尔起哄,我气急又无措,干脆不再和阿布吉拖有过多的交集。

　　门外的阿普似乎摸着马,对玛资说:"这是一匹建昌马,也算赫赫有名。身材不高,是我们西南马中最矮的一支,成年建昌马也就差不多到成年人腰部。但别看建昌马体格矮小,它们吃苦耐劳、机警灵敏,善于跋山涉水和长途驮运,尤擅长走崎岖山路。"

　　好像又继续举起烟筒深抽了一口烟,叹了口气沉重地说:"和当年我送你阿达的那匹一样……"

　　"就不可以不提他吗?"我听到惊得一颤,玛资居然发火,将对阿达的气撒到了阿普身上。停滞的空气中缓慢地传来他的低声歉语:"阿普,对不起,我不是对你……"

　　夜深了下来,阿普和我们吃完晚饭后就先去睡了。玛资怕小马初来乍到会受惊跑走,温柔地安抚着,将马绳拴好检查了一遍又一遍,还是不放心,打算在火塘边守好头一夜。

　　我也睡不着,干脆起了身也坐到火塘边。

　　"睡不着?"他歪头挑眉,笑着问我。

　　我懒得动嘴回答他这么显而易见的问题,就敷衍地点了点头。

　　清寂的大山间,噪鹛鸟偶尔传来几声悠长回环的啼鸣,然后就只剩下火塘烧得噼里啪啦的温暖响声。

　　即使火塘在旁,夜里还是有点冷,我吸了下鼻子,低着头望着脚尖,假装随意地问:"玛资,你还恨阿达吗?"

　　"不知道……"他没马上回我,拨弄着火塘里的火,思索了好一会慢慢吐出了几个字。

"那你呢？你恨他吗？"玛资突然很认真，直勾勾盯着我的眼睛，轻声地问。

"我啊……我都快忘记他了。"我假意轻松，极力展现不在乎。可是，怎么可能忘记呢。

那天晚上，阿达来了我的梦里。只记得阿嬷风逝的第二个月，他就走了，他再一次离开了大山，但再也没有回来。我很少梦到他。

梦里，他是个好阿达，或者说，他曾经是位好阿达。梦里，他带着我和玛资玩扮演游戏。他是团长，玛资是队长，我是小士兵，在一旁安静绣衣的阿嬷被我们强制当作假想敌军。"砰砰砰……嗒嗒嗒……特特特……轰轰轰……啾——啾，啾——砰。"枪炮声、射击声、轰炸声此起彼伏地从嘴里响起。

团长"啊"声过后，呻吟着发起指令："我中弹了，队长，队长，现在击败敌军的重担交给你了，你要负责……"团长话还没说完，伸出舌头"惨死"在残酷的战场。

队长接过任务，悲痛地哀号着："团长！你别死啊！"突然又戏精发作，"团长，放心，我保证完成任务！"还翻滚了一个面，找了个掩体，一边给团长敬礼，一边嘴里不断拟声出激烈胶着的战争场面。而我作为一个笨拙的拖油瓶小兵，只会时不时给队长惹麻烦。

最后，战争以玛资不小心撕破了裤裆，擦破皮"光荣负伤"结束。团长、队长、小士兵一排站着，低着头偷笑，听着胜利的敌方阿嬷说："下次再受伤就永远不许玩这么危险的游戏了！"

梦里，我回温着过去真实发生的事。阿普曾说："老鹰再白三天白，雁儿再黑三天黑。"意思是老鹰和大雁再白再黑都不过三天，说的是世事无常。凉山这个被上天遗忘的地方，即使阳光炽烈炙烤，也无法化解上天带来的"冰凉"。山很高，水很长，路很远。这儿的山时而陡峭险峻，时而缓然如云卷，这里的河水抑或泥浆汹涌浑浊翻卷，抑或悄然平缓潺潺流淌，却也常常扑湿着乌云背后的阳光。

二

"别睡了，阿依。火把节传火要开始了。"阿普轻唤着我。

这一觉，我睡得好沉。我再次梦见了两年前的扮演游戏。

早晨的山野在薄薄的清冽中一片寂静，时间缄默不语，大地山河缄默不语，生命如天火般偶然地诞生在这，生命又以坚韧的姿态与凉山对话，与凉山凝望相守。两年悄然过去，由于义务教育的迟迟未覆盖，半年前，我和同级的玛资才结束大山里贫瘠且艰巨的九年义务教育。正是因为我们两个学习成绩都还不错，加上阿普的毕摩身份提供一份不错的收入。幸运地，我们都还能理所当然坚持完成来之不易的教育。

四天前，玛资拒绝了继承阿普的毕摩之技，选择出去"闯闯"。告别时，玛资带着被山风吹拂和骄阳照射的通红脸庞，骑着马，如鹰一般飞驰在峭壁高耸的羊肠小道上。他眷恋着他的土地，却又渴望如鹰般穿破云层，直上云霄。

我不知道什么时候沾染了满脸的泪水。村子里与我同龄的女孩大部分早已不再接受教育，早早无奈选择了成婚为人妇，为人母，却难以再看见她们的笑颜。也有少数几个像阿达和玛资一样，选择离开这里，可却都没有再回来过……她们在外面闯出门路了吗？她们适应外面的生活了吗？她们还坚韧地活着吗？她们是不是在外也已嫁作人妇整天为厅堂而无止境地劳碌呢？

还有，玛资还会回来吗？还有，他会变成和阿达一样吗？

"阿依啊，快起来换好彝装。阿布吉拖在等你。"阿普继续唤着我。我擦去眼泪，掩盖好自己的阴霾，自然地向阿普应好。

换上了阿嫫生前为我绣制的彝服，身前、大臂以及袖口的紫色彝绣都是她一针一线绣出来的，领子上缀满了花伞状的银饰，衣襟处的银扣子是螺纹样的，衣服整体有些大。

"这是你阿嫫早早给你准备的,现在可以交给你自己保管了。"阿普太阳穴贴着一片绿色的树叶,用来明目的。手捧着精致的流苏银耳饰和一串赭红色的珊瑚珠项链,递给了我。

又发现阿普光着双脚,阿普一年四季都不爱穿袜子,晚上睡觉脚都要伸出铺盖。催促阿普穿上,他就笑笑:"年轻时走太多了,脚烫得很。当时赶马帮叮叮当当的,热闹得很。"近来,阿普身体渐趋孱弱,神智也有些许模糊。

"去吧,阿依,火把节要开心些,你不是很喜欢舞蹈吗?"我接过恭敬地戴上,阿普又笑着递来一把新的黄雨伞。

阿普不参加今天的传火仪式,昨天冗杂繁重的祭火仪式,就已经耗空了他作为毕摩不再年轻的身体。身为毕摩的他时常警诫我与哥哥,不能忘记流传于凉山的彝族创世史诗——《勒俄特依》,他说:"当时,天上掉下一个祖灵来,掉在恩安吉列山,变成烈火而燃。九天烧到晚,九夜烧到亮,白天燃烧浓烟弥漫,夜晚燃烧闪烁光芒。天是这样燃,地是这样烧,为了起源人类燃,为了诞生祖先烧。"为了歌颂火,这才有了一年一度的火把节。

我心不在焉地接过黄雨伞,和阿布吉拖朝火把广场走去,一路上我故意一言不发,脚步迈得飞快,阿布吉拖看穿了我的心思,却也没生气,只是跟着我的节奏偷偷加快步伐。

很快就来到广场上,人群云集,男女老少都穿上色彩鲜艳、样式各异的彝服来庆祝这个专属节日。

我趁着仪式还没开始时的混乱无序偷偷逃逸,混入人群,转头看到阿布吉拖略微皱眉的木榆脸,笑出了今天第一声。

记得六岁那年的火把节,阿达单手抱着我,另一只手牵着阿嫫,阿嫫牵着玛资。他笑得明媚坦荡,说:"多年以前,朵乐荷舞可不是手撑黄雨伞,而是手拿一根剥了半截皮的花树枝,行走在男人围成的夹道中边歌边舞,并不时抽打男人们不老实的手。我和你阿嫫就是在火把节认识并相爱的,然后就有了你们……"

阿嫫听到这羞红了脸,赶忙捂上他的嘴。

过去的很多事情我都已经记不真切,可这件事却恍如昨天,明晰地刻印在我的回忆里。

如今那古老的花树枝换成了金灿灿的小黄伞,不变的是人们依然心怀对幸福的祈愿,围着篝火踏歌起舞,在逆时针至顺时针方向的无限反复踏歌舞蹈中,直到夕阳西下,直到皓月当空。

仪式盛大开启,我一手持黄伞,一手随意牵着前者的荷包带,逆时针围成圆圈踏歌而舞。随意牵起的前者在周围的人群里显得格外用力,单单看着她的背影,就能被她在舞蹈中酣畅淋漓的、野性的生命力所震撼,很明显,她在拼命宣泄着某种内心情感。

当开始转化为顺时针舞蹈时,她的脸转过来面向了我,我才惊愕地发现她正是几年前的同窗旧友,辍学后就再没了联系,只听说她现在已经是一岁阿依的阿嫫。

看见我之后她也显得诧异,顿措过后又继续舞蹈,只是再无刚刚的昂扬。她究竟在宣泄着什么,我无处得知。一朵恣意绽放的花却突然在我眼前一瞬间掉落下所有花瓣。那一刻,我为好似不小心探破了他人的保护壳而感到无比的无措、内疚。

趁着休息的空隙,我飞一般地抽身逃离,佝偻着身体挤出人群,刚抬起头就发现阿布吉拖赫然站在前面不远处。我微叹一口气,径直朝他走去。

"你……你还跳吗?不跳的话,我们聊聊?"我羞愧地问他。

"行。"他带着毫无怨言的笑,反而更使我紧张起来。

铺满皎月的路上,虫鸣一如既往地喧嚣。我满脑子考量着措辞,同时也叩问着自己的内心。

见我一直不开口,"我喜欢你,你知道的。"他直截了当地摊明。

"娃娃亲的事你应该知道吧……"我问。

"嗯。"他点头示意，让我继续说。

"那你应该也知道……阿嫫的死是因为阿达。你知道的，阿达曾经出去过，当过兵，退役回来遇见了我阿嫫。"我不再纠结，决意说清楚。

"阿达回来不仅仅是退役，还因为赌钱，欠了很多债，躲回来的，他瞒了所有人。我六岁那年，就是火把节过后不久，一个女人牵着比我玛资大一岁的孩子寻过来了。她是我阿达曾经在山外面的……爱人。她气急败坏地告诉了我阿嫫所有事情，一边哭一边破口大骂我阿嫫，说她是山里的野妇，让她还债。我阿达为了赶快应付了事，就和你阿达说要将你我定娃娃亲，那笔彩礼钱他拿去催那个女人走了。后来，我阿嫫就天天和他吵架，后面他开始动手打我阿嫫。半年以后，我过完春天的那个七岁生日不久，阿嫫就选择了结束自己的生命。"

我一股脑全部吐出，畅意地呼了一大口气。

"后来，阿普还回了彩礼，所以我们不作数的。"我接着补充。

"我是真心爱你，与其他无关。"他憋了很久，眨着湿漉漉的眼，诚恳地说。

"那你也是知道的，这些话，曾经我阿达也对我阿嫫认真地说过……以后，你要出山去吗？"我问。

"我……暂时，还没有想好。你呢？"他顿挫着呼吸回答，仿佛一群豺狼虎豹正围攻迫近。

"我也还没想好。"转眼到了家门口，门口的马铜铃在风中清脆地叮当作响，我们沉默着告别。

阿普的屋里昏暗肃然，几乎没有什么家具，几张歪歪扭扭的旧竹板凳和一方木桌。除了墙上挂着的黑色羊毛毡斗笠、察尔瓦，还有就是正在制作中的神枝。莽苍崎岖的山道之上，将插满神枝，这些与万物缠绕的神枝将历经千辛万苦，不歇不止地带领人们走向远方的故乡。阿普带着同天菩萨般深邃坚韧的双眸，日复一日忙碌着生计，面对山边滑落的太阳，却未曾长吁短叹。

昨日火把节祭火仪式后，几位从外面回山来的后生，当着阿普的面肆无忌惮地商量着阿普的换届事宜。远古迷蒙岁月下，敬问树神的换届方法溘然消逝。我闭上眼睛，无数道声音从万物中传来，敲击出生命的浑蒙与呢喃，告诉我："风起了／雨下了／荞叶落了／树叶黄了／春去秋来……不要怕／不要怕……"

陈佳红，江西师范大学2021级文学院创意写作班学生。爱好听音乐、看电影、阅读和写作。

社交时是多重面具佩戴者，独处时是乐观的悲观主义者，平时则是狗狗教忠实拥护者。

偶尔热爱生活，永远向往自由，喜欢大自然，活在这珍贵的人间，我们要像一棵树一样幸福。

一根鱼骨（外一首）

野柚子花香进入睡梦

打火声潮湿，雨落在摩托车后座

水洼拥挤，像闪光的鱼群

这个夜晚我固执地将所有春天归还

在尚未被憎恶之前

在尚未被谅解之前

在渔船还未抵达前——

恶作剧般地，吞下一根鱼骨

不告诉任何人

某个春天

某个春天我骑马穿行过草原

灯芯绒裤脚湿重

草尖，与晒干的河流缠绵

当日子开始摇晃的时候

我侧躺在羊舍边入眠

一只羔羊降生，便开启了

它与整个世界的对谈

这个春天暗语飘浮

讲述死亡的大地，告诫牧羊人

生命的那部分未来

从不被语言所预言

下班后

但愿上帝保佑，救我免遭恶魔的毒手。

——埃德加·爱伦·坡《黑猫》

发烫电脑折射出的蓝光照亮了工位上我发黄凹陷的脸庞，爬满红血丝的眼球干涩得几乎快要爆裂，我试图闭眼让眼球得到暂时的湿润和放松，右眼却猛然迸发出一阵针刺般的剧痛。

难道有什么异物进去了？于是我开始疯狂揉搓右眼，可除了温热的泪水生理性地分泌，什么都没有，疼痛的症状也并未消失。

"该死！简直倒霉透了！"我低骂了一句，疼痛还在持续。

2024 年 4 月 1 日　星期一　23：35

连续一周多的加班让我脑袋里的东西逐渐变得混乱，像一张巨大的滤网，已经完全将一些细小的事情过滤，我几乎忘记了时间，打开手机，屏幕上显示现在的日期。滤网开始倾斜，面前一堆工作仍牢固地滞留在网上，并随着时间的增长，愈发的黏重。现在我脑袋昏重得厉害，右眼明显的刺痛也令人无法忽略，身体已然到达一个极限，可我并不打算去医院，我坚信回去好好睡一觉才是解决当前问题的唯一办法。

公司离我的出租屋大概有十五分钟的步行距离，我照例穿过一条十字路口，忍耐着拖动身体往家的方向靠近。或许是极度疲惫的缘故，我陷入了短暂的恍惚，眼前不规则重叠的一层层光晕在扩散，无数锋利的光片趁机从眼睛侵入我的大脑，在疯狂割食着我残存的一点意识。我无比吃力地抬起右手，用力触摸疼痛的右眼，肌肤接触瞬间眼球颤动带来的痛觉让我骤然清醒。

我踉跄着继续前行，在即将拐过这个十字路口时，一声刺耳凄厉的猫叫吸引了我的注意。

我用完好的左眼顺着声音的方向看去，几米外的地上躺着一只黑猫，身下一摊暗色的液体在蔓延，散发出的腥臭气体迅速扑入我敏感的鼻腔，我不适地捏住了鼻子。

我断定面前这惨烈的一幕绝对是刚才余光里一闪而过的摩托车造成的！对于这种声音，我无比的熟悉。我的出租屋紧挨着大街，每天深夜当我即将进入睡梦时,总能听见摩托车闷热烘臭的油门在水泥路上暴力轰鸣的声音,强大的声波引起的地面震动甚至传到了我的床底,搅得我睡意全无。我本无意去憎恶那些与我此生毫不相干的人类,我始终深信这是一种浪费自己生命精力的行为,但当我辛勤工作了一天躺在床上,连仅存的睡眠时间也被他们破坏掉时,我开始从心底里深恶痛绝这群飙车的不知死活的小鬼!

我并不期望他们会折回对瘫在粗糙水泥地面上奄奄一息的黑猫施以救助,此刻它身体呼吸的起伏在肉眼可见的变小,我能真实感受到它肉体和精神面临的极端痛苦,却无法采取任何行动。我仿佛深陷沼泽,无论我怎么试图移动,双腿仍沾满腐烂恶臭的淤泥。

幼时的我缺少父母和同龄人的陪伴,动物是我最好的朋友,因此我一直很喜欢小动物,特别是猫狗。现在在我眼皮底下发生这种事情,我不可能置之不顾。我下意识想迈开双腿,但远处几个大学生却骑着单车逐渐向那靠近,估算还有三分钟的时间。

我陷入了难以遏制的挣扎和思索,假如我现在过去,那么他们到达时,便会自然而然地认为我是凶手或者变态虐猫狂,而且我十分清楚这附近并没有监控,到时谁能证明我的清白无罪?就算我辩解自己不是凶手,只是一个救猫的好心人,他们会轻易相信?他们又要如何地盘问我?到时他们眼神中流露出的那种阴险的猜测就会像一条冰凉的毒蛇从我的脚底缓慢爬进我的四肢,持续地缠绕勒紧,我的指尖率先感受到这种恐惧,并不受我控制地不停颤动,紧接着海啸般的僵直与窒息向我的脖颈席卷而来。

我并不是要为自己辩解,接下来我所说的一切属实。

从我出生起,当我试图将我的隐秘内心与不堪脆弱交付给他人时,得到的却是他们向我施舍的那如同聆听罪犯自首般的自以为是的怜悯,我开始对此坚信不疑：人心是这个世界上最不值得信任与揣测的东西，我们生活在它的边缘，稍有不慎就会掉入万劫不复的深渊。我将情感抽离作为自己的人生信条，对身边的所有人和事都降低期待，更何况如今对方还是从未谋面的陌生人。因此，人们也常常对我有些误解，认为我感情淡漠，天生是个怪胎。当然，这一切并不是那么重要，最重要的是——我本性善良，根本就不是会做出这种事情的人！又为何要遭受他们无故的拷问和怀疑！

仅在几秒内，我便成功地控制住了自己的情绪，并以一种极其冷静的头脑迅速环视四周，留心观察，当下这附近只有我一个人，这种情况对我十分不利，我不能在这久留。至于这只小黑猫，我自然十分愿意用我微薄的工资救它一命，但我实在不想和即将路过的几个大学生产生任何的接触与交流——他们的到来让事情变得该死的麻烦，只能说他们来得并不是时候，可怜的小黑猫。

在用我尚存的理性进行一番深思熟虑之下，我终于决定放弃拯救这只黑猫。

秉持着凡事要做到万无一失的信念，性格中的谨慎使我瞪大完好的左眼，再次非常细致地检查周围每个角落，确保没有一个监控的存在。不会有人知道的……我不用承担任何来自社会的道德指责和良心上的自我谴责，想到这里，我的心中突然滋生出一股邪恶的轻松和得意，并且我竟开始享受这种无法言说的愉悦。生存还是死亡，这本就是无可违抗的天意，加之我只是一个过路的，面对这种情况救或不救都是我的选择，无人能够干预，我的灵魂也不必为此感到痛苦忏悔或者羞愧不堪。何况这只是一只畜生，实在抱歉，一只猫，我真是困极了，昏头昏脑的。

嘶！我的右眼又发出了针扎般的疼痛——这次甚至通过神经开始拉扯我的太阳穴，现在整个头都在隐隐作痛。我清楚地记得左边床头柜下的第二个抽屉里有一瓶眼药水和一板止痛药，在强大的睡意和痛觉彻底消磨掉我的意志之前，我必须尽快回去！

我死死低着头，几乎是逃窜般地往家里逃去。

从漆黑老旧的楼道爬上五楼的出租屋，我仿佛一条搁浅的死鱼，在头顶烈日的灼烧下脱力地躺在地板上疯狂喘着粗气，猛然间，喉管里涌上一股浓烈恶心的铁锈味，我强撑起身，冲进厕所，一摊糜状呕吐物汹涌而出。

2024 年 4 月 2 日　星期二　3：37

"他们来了，会救的，他们会救的……"我苍白干涩的嘴唇不断翕动着，却发不出任何的声音。我努力清了清嗓子，却还是无济于事。所幸右眼已经不疼了，掉皮的天花板上一只黑色的蜘蛛在裂隙里不紧不慢地结网，夜色在我眼里从未这般清晰。但我突然意识到了事情的诡异，汗水从我的后背释出，濡湿了一大片床单。

2024 年 4 月 2 日　星期二　4：04

我确信我不是在做梦，也没有理由欺骗任何人，浴室的镜子里我看见我的右眼变成了一只与人脸极不相称的猫眼，昏黄灯光下整个眼球向外恐怖地突出，黑色的瞳仁在幽绿发光的虹膜中自如地放大收缩。

一定是那只死猫的恶毒报复！

如今压抑在我心上的那股莫名的负罪感已然轻松地消失，取而代之的是对那只死猫正大光明的恨意，愤怒在我湿热的掌心燃烧升腾，一种熟悉的冲动在我的体内疯狂冲撞，此刻我巴不得亲自将它手刃。

当然，上述只是我一时的感性冲动罢了，这些与我的本性截然相反的想法总是在我心底蠢蠢欲动，甚至有冲破身体束缚的趋势，但我并不会真的这样做，我是一个十分善良理性并善于克制忍耐的人。

一定是连续加班造成的后果，最近的我总是忘记时间，当我在床边摸索到手机时，发现离天亮还早，我安慰自己这一切都是梦，睡一觉起来便会恢复正常。

2024 年 4 月 2 日　星期二　6：55

闹钟响了。

我不知道自己是怎么睡着的，梦里我变成了那只猫，尖锐的鸣笛声被拉得无比地长，带着汽油污臭的车轮从我身上重重地碾压了过去，瞬时我的四肢真实地感受到了难以忍受的疼痛，我不顾一切发疯般地窜进路边的灌木林，无数荆棘和树枝在我身上划出长短不一的口子，露出嫩红的血肉，但我没有丝毫犹豫和停止，脑海中只被植入了一个念头——奔跑，不知道为何奔跑，也不知奔向何方。我的身体在起伏的林间飞速穿行，视野被一团黯淡的绿色包裹，不知过了多久，直到前方出现了开阔的光亮，在光亮尽头那端我终于失去了所有的意识和气力，完全地瘫倒，浓稠发黑的血液从我的嘴角止不住地渗出，梦境塌陷的时候，我看到，那是一片开满绯红色蒲公英的草地。

闹钟再次吵闹起来，我该去上班了。

今天我戴上了一只黑色的独眼眼罩，谎称自己的眼睛发炎了，每一个路人都奇怪地瞧着我的眼睛，并在经过我时从嘴角露出一个不易被人察觉的、十分狡黠的微笑，我极力忍耐着，我只希望我的猫眼不被发现。

2024 年 4 月 2 日　星期二　21：35

我好像发烧了，体温在不断升高，身上散发出了一股独属于动物的难闻气味，而且气味在越发浓郁！我真的害怕了，上帝保佑，祈求这一切幻觉能立马停止！

2024 年 4 月 3 日　星期三　00：18

我……我大字的能力在慢慢小时，我快编程猫了，怎么办怎么办怎么办……

杨欢喜，江西赣州人，来到南昌上学之后失去的头发比得到的知识更多。热爱音乐并执着于从中寻找其与文学千丝万缕的联系和文学的灵感；痴迷做梦，梦境比本人作品更具有想象力。梦境是奇幻的，本人是写实的，就像是期望中的我和实际的我。

下　葬

一

母亲终于咽气了。

住院近两个月之后，在医生的建议下，何志胜和姐姐们将母亲从医院接回老家。屋里黑沉沉的，灯光昏暗，呼吸机在床头咕嘟咕嘟地响，母亲混着痰的微弱呼吸夹杂其间，像一根马上要断掉的绳子。

妻子留在县城照看两个孩子，何志胜和姐姐们轮流在母亲床头看守。整个屋子仿佛处于一个寂静的夜晚中，所有人在黑暗中惶恐不安地煎熬，等待着、抗拒着那个时刻的到来。

当前去喂流食的四姐发出惊慌失措的呼叫声时，何志胜的心提到嗓子眼又落下去。握住母亲枯槁的手，在床边跪下哭了一阵，他的双腿仍然是不敢卸力的，三姐和四姐高高低低的哭声还在房间里响着，他已经走出房门，开始打电话了。

炎热的八月，太阳没入地平线后，世界笼罩着一层暗淡的蓝色，马上便会转变为黑夜的色彩。何志胜眼睛还红着，站在门框上开始挨个打电话，隔壁乡的大姐、还在县城的二姐和妻子、堂叔伯和兄弟、殡仪馆。他第一次操办至亲的丧事，要怎么做，联系什么人，大多都是听父亲何肇英的。

"今天先不要叫他们来，通知一下就可以，明天再讲来的事情。"何肇英说完，便用一只手罩住了双眼。何志胜四十多岁了，还没有见过父亲哭泣的样子。

妻子和姐姐姐夫们陆续赶到，几辆汽车从村口的国道上拐进来，停在家门口杂草丛生的坪上。房间里此起彼伏的哭声响了好一阵，几个姐姐为母亲换上了寿衣，戴上寿帽。

何志胜站在床尾盯着母亲的躯体，断气后人的身体似乎会迅速萎缩，母亲小小的身体套在黑底彩边的宽大寿衣里，显得滑稽又可怜。

二姐忍不住又开始抱着母亲的头哭："妈妈，你起来摸一摸我……"

妻子林晓抹着泪过去扶住她，何志胜转身出去了。

母亲去世前已患有二十多年的阿尔茨海默病，几年前就已经不记得任何一个人，可终究是还活着，他们还是有一个存在于世间的母亲，可以让他们惦念、探望、照顾。

只除了一个人，他们的大哥，何建斌。

何家共六个孩子，四个女儿在中间，一头一尾是两个儿子，何志胜是小儿子，顶头的大哥何建斌跟他几乎是差了二十岁。有一个大哥原本是件好事，可何建斌并不靠谱，并且实实在在是个畜生，是何肇英一提便会暴怒的逆鳞，是一家人最大的隐痛。

何建斌没有什么文化，工作是父亲帮忙找的，给人家当司机，讨老婆、盖房子都是父母帮衬的。何建斌的房子就建在与何家老屋对面，仅有两道围墙和一条小路之隔。离婚后，何建斌的前妻仍旧住在那里，他自己则搬到同村的另一个女人家里居住，没有再领证。

何建斌究竟是从什么时候开始和父亲彻底闹掰的，何志胜并不清楚。闹过最大的一件事情是，何建斌曾与其他人合伙劫了部队的一辆车，并且在黑市上进行售卖。何肇英当时在县里的交警队做了个小领导，托关系把何建斌给摘了出来，何建斌竟反咬一口声称是何肇英偷的车，要送自己老子进去坐牢。大概是从这件事之后，父亲便和何建斌几乎断绝了来往，几十年来，父亲的心脏病，母亲的阿尔茨海默病，何建斌从来没有打听探望过，没有尽过任何赡养义务。何肇英早就死了心，权当没有这个儿子，指着何志胜一个人养老，并且早就准备好将财产全部留给何志胜。

何志胜从初中开始就被父亲带到县城读书，高中毕业后，也在县里的银行找了工作，从临时工一路干到副行长的位置，在县城娶妻生子，生活水平差不多是标准小康。何志胜和村里的联系不深，同族人大多仅限于认识而已，有时候会有人找他借钱，为了维持宗族关系，他能帮尽量帮，但除此之外并无过多交集。

何建斌正好截然相反，何肇英将他从小家中割离出去，他在宗族大家中却混得如鱼得水。在村里生活几十年，他和同族人打得火热，经常一起吃酒打牌聊天，谁家做酒席他便去帮忙，其实大多数时间只是和那家的男人扯闲天吹牛皮，但是看上去非常热心，村里人几乎每一次吃酒席都能看到他。

何志胜知道何建斌在背地里没少和村人诋毁父亲和自己，但他常年不在村里，也懒得管这些闲言碎语，如今母亲去世，却不得不重新联系起一些人来。

母亲是在老家走的，再怎样和村人合不来，该走的流程还是要从村里走。何况立碑还需由宗祠的人帮忙，这是惯例。

"给均福子打电话吧。"何肇英说。

二

老屋拆了一半，原本两年前何志胜是准备新建一座三层小洋房的，让父母在新房安度晚年。不料图纸画了，材料买了，地基都打好了，对面住着的何建斌的前妻带着人来闹事了。八十多岁的何肇英拿起锄头要跟人拼命，等何志胜和几个姐姐姐夫赶到，狭小的客厅里爆发了激烈的冲突，砸烂了三张板凳、瓷碗，玻璃杯碎片撒了一地，最终警察的到来暂时平息了斗争。

打一开始何志胜就知道，这绝对是何建斌的主意。倘若由何志胜花钱建起了新房，房产和地产何建斌一个子儿都拿不到，他自己不出面，躲在前妻背后，让前妻出面帮他闹。前妻就住在何家对面，一动工就带人出来阻挠，数次报警都不了了之。建房计划不得不搁置下来，一搁就是两年，沙石堆在剩下一半老屋的侧边，上面已经长出了杂草。

何志胜见不得废弃的地基和沙石堆，每见一次便整夜睡不着觉，一口气堵在胸口，令他辗转难眠。如今，母亲的灵堂却不得不设在和沙石堆挨着的屋子里，支起一块白布帘子，后边是刚取回来的骨灰盒，前边是香炉、火盆和跪席。

第一天是亲朋好友来递包子和上香，上午亲人来，下午好友和同事来。何志胜站在门前的空地上准备着迎客，堂弟均福突然打了个电话过来，说他们几个堂叔伯还有何氏本家那边的人现在要过来。

何志胜答应着，心里却感到来者不善。前几天他跟宗祠那边沟通立碑事情的时候，碑文打印好递过去，那位堂叔却支支吾吾起来，一问才知道，原来何建斌已经找过宗祠，要求碑上一定要把自己的名字也刻上去。

何志胜当然不同意，碑文内容他与父亲早就商量好了，"子"后面只能有他一个人的名字。何建斌打的什么算盘他也清楚，几十年来从没有赡养过父母，母亲死了倒冠冕堂皇要来把自己的名字刻上去，免得在宗祠里落个不孝的名头！

何志胜斩钉截铁地告诉堂叔这件事情绝不商量，他连母亲的死讯都没有正式通知过何建斌！怎么可能答应这个要求呢？

堂叔妥协了，但何志胜清楚这件事情不会就这么轻易地结束。过了十来分钟，残缺的围墙后出现七八个人，绕进院子里来，何建斌果然就在队伍的末尾。

均福子挎着个黑色斜挎包走在最前面，几步跑上来先跟何建斌寒暄了几句，然后三四个人一起进了灵堂，点香烧纸。剩下的人阴沉着脸，坐在空地的条凳上。

何志胜靠在门边，冷冷地看着何建斌一副谦恭的模样跪下来点香拜了三拜，然后走了出去，把一条条凳拖到人群的最外边，坐下了。

此时坐在最前面的穿了件紫衣的人清了清嗓子，开口了："志古子，今天我们来，还是希望你能解释一下，给你妈妈刻碑的事情。"

何志胜扫视一圈，来的人里面只有几位是见得多一些的，均福子算一个，还有两个是跟自己借过钱的，正站在侧边，看着自己。

为首的那人是本家人，光着脑袋，整颗头晒得黢黑，披了一件紫色的汗衫，衣襟大敞着，露出鼓鼓的肚皮，左边袖子空荡荡的。何志胜曾经听父亲说过这个人的事情，以前跟别人抢地发生械斗，他没了一只胳膊，对方没了命。

何志胜冷笑一声，说："我没什么好解释的，我哥哥就是一个畜生不如的人，我绝对不可能把他的名字刻上去。"

何建斌表情没什么变化，依旧翘着一只脚坐在最后面，紫衣服却一下子跳起来，好像骂的是他一样："你说哪个是畜生？你哥哥是畜生？哪个弟弟会这样子对自己亲哥哥的？连妈妈死了都不要告诉一下哥哥的？你才是畜生！"

何志胜一股火蹭地蹿上来，往前走了两步："哪个是畜生你们看不到？这么多年不要说出钱，他是看都没有来看过一次！他有一点良心吗？现在死了他要来刻名字，鬼才会答应！"

旁边一个穿白上衣的人抱着手臂插进来："事情不是这样说，做事情要按规矩来，你哥哥也是亲儿子，是你们家长子，你肯定要跟他商量的……"

"我管你们个屁的规矩！伦理纲常比你们这个规矩大吧？不赡养父母都丧尽天良了，你现在来跟我说要守规矩？"何志胜断然怒喝。

紫衣服头上青筋暴起，指着他的鼻子就要冲到他跟前骂："你个畜生你晓得什么？你晓得什么！在外面赚了钱你就了不起了，什么规矩都可以不用守了！"

后面几个人纷纷帮腔，都向前来，伸出手指着何志胜情绪激动地骂起来，好像他挑战了什么巨大的权威一般。

白衣服此时突然情绪一转，满脸悲愤的神色，指着何志胜边骂边哭："你就是看我们不起，你有钱了不起，跟你借钱你都是可怜我……"

杂乱不清的谩骂和指责与刺眼的阳光一起砸下来，何志胜有些头晕。

二姐连忙上前来把人往回推："不要激动，不要激动……"

屋里的何肇英听到动静终于出来了，一出来便拎了一根铁锹，大声怒斥："你们还敢来？闹什么？在灵堂门口闹什么？"

"我比哪个都更清楚何建斌是个畜生！写不写他的名字干你们什么屁事？哪个叫你们来这里闹的？"

何志胜招招手让四姐过来，低声对她说："带爸爸回房间去，不要出来跟他们吵。"

何肇英有心脏病，要是气出问题来了……母亲才刚刚过世。

四姐过去挽何肇英的胳膊，却压根拉不动正在气头上的顽固的老父亲。

何肇英最后吼了一句："你们全部滚出去，不准到我家来！"

四姐把父亲挽进屋里，何志胜接着父亲的话往下说："我不用你们帮什么忙，你们不要过来管我家的事情，好吧？我一个人可以把我妈妈的丧事全部办好，你们赶紧走。"

几个人见何肇英进屋了，气焰重新嚣张起来，紫衣服龇牙咧嘴，满面通红，又凑前来指着何志胜骂："你就蛮嚣张，没有我们你办得什么好！没人来你家相帮吃酒！你有什么本事？在外面是挣了钱，回这里来你还有什么本事！"

何志胜大声说："我就是有本事，我还就不要你们哪个来帮我什么狗屁，我自己一个人也可以好好把我妈妈送上山！"说完便指着他们："现在马上走。"

几个姐姐也围上来劝："走吧走吧，不要到灵堂面前来闹，不好看。"

均福子见情形变化，连忙上去推紫衣服："先回去吧，今天讲不好的，先不闹了。"

紫衣服往地上啐了一口唾沫，带着人走了。

坐在最后面，从始至终一言不发的何建斌安静地站起来，跟在后面也走了。

均福子把挎包带往上拎了拎，走到何志胜跟前赔笑："其实他们也是想帮忙的……"

何志胜冷冷地看着他："帮个屁的忙，都闹到灵堂前面来了还说帮忙？"

何志胜不再搭理均福子，转身进了灵堂。白色的蜡烛快要烧到底了，他拿起桌上的剪刀，把烛芯剪了，准备换新的。

二姐也开始斥责均福子："你也是没良心，你知道他们想来闹事还要带他们来！"

均福子尴尬地搓搓手："我也不知道他们要吵架……不说了，反正你们不同意就好了，他们也没办法的。"

二姐不耐烦地朝他挥挥手，均福子只好往门外走，出去了又回过头来朝屋里喊："堂哥，我晚上再过来帮忙！"

没人搭理均福子，他便悻悻地离开了。

二姐走进灵堂，站在何志胜身后，低声问道："晚上还要让他过来？"

何志胜沉默片刻，回答："地理先生是他帮忙找的。"

二姐叹了口气，出去了。

正在上高中的女儿抱着平板电脑过来了，方才吵架的时候她一直躲在门后录像。

"都录了？等回县城的时候全部传到我电脑上。"何志胜说。

女儿点点头，过来捏了捏他的肩膀，以示安慰。

小儿子这几天寄在外婆家了，女儿年龄够大了，便让她跟来了老家。

何志胜盯着往下淌的白色蜡油，蜡油从烛身上融化，又在柱身上慢慢凝固，落在底端，变成丑陋的一摊，粘在桌面上，要用刀才能清除。

何志胜拿起剪刀，把刀刃并到一起，往蜡块上铲了几下，蜡烛反而有些摇晃了。

何志胜最终还是又拿了一叠草纸，丢进了火盆里。

三

墓穴是早就建好了的，几年前父亲就在自家的岭上挑好了位置，建好了两个人的合墓。何志胜和几个姐夫已经提前上山去，把路上的杂草和灌木稍微清了清，方便送葬队伍行进。

最前面是两个礼仪人员，一个一路吹唢呐，一个敲钹儿，一面敲一面唱一些听不清的唱词。女儿端着遗像，何志胜抱着扎着红布的骨灰盒，四姐夫在后面，手里提着一只活鸡。队伍末尾的人每人手里拿着一叠纸钱，沿路抛撒。

尽管事先清理了，上山的路仍然很不好走，妻子那边的姐姐姐夫也来帮忙了，搀着何志胜往林子里走，手里拿了柴刀，一面走一面砍出路来。

割开鸡的喉咙，洒一圈鸡血，再把骨灰盒推进小小的门里，用碑封了口，糊上掺了香炉灰的泥。何志胜把带来的香炉和火盆摆在墓穴跟前，插上了三炷香，又往盆里扔了一叠纸钱，把一根点燃的香烟丢进去。纸钱烧得快，一下子就被湮灭成黑色的灰了。

老丈人是大早上从县城赶过来的，此时冲他摇摇头，弯腰捡了一把松针和几根树枝放进盆里，盆里终于升起了持续的火焰。

何志胜的手悬在半空，好像还端着什么东西。

终于把母亲下葬了。虽然来的人不多，村里几乎没有人来，只有均福子早上来了一趟。何志胜确实是凭自己把母亲好好地送上山了。碑上也没有刻何建斌的名字。

突然接到一个堂哥的电话，是在两个月之后。那个堂哥有点犹豫地说要告诉他一件事情，说是碑被人换了，新换的那块碑上面，加上了何建斌的名字。

何志胜正在外地出差，他托大姐夫去山上看了看，果真是被换了，原来的那块碑不知所终，不知道被丢到了哪里。

何志胜气愤地想要起诉，被妻子劝住了："这种不好起诉的，他法律上还是亲儿子，况且他换了碑，也没有说抹掉你的名字。由他去吧。"

何志胜憋着一股气结束出差，恰逢女儿学校放月假，便阴沉着一张脸开车去接。女儿一看他的脸色便明白他在烦什么事，安安静静地坐在副驾驶座玩手机。

沉默了许久，何志胜才开口："你和弟弟要争气，等我老了，老家那边的事情要你们去争取，不能被欺负。"

女儿扁扁嘴："我们又不会回去生活了，不能把地皮卖了吗？省得处理那些破事。"

何志胜生气地说："卖掉？传下来的遗产你要卖掉？卖掉就相当于在那边没有户口了，没有老家了，回都回不去！"

"没有就没有嘛，谁在乎。"女儿嘀咕道。

何志胜更加窝火，终于只是捶了捶方向盘："你不懂。"

为了占住老家的位置，何志胜和小儿子的户口都落在了老家。父亲将来也要葬在那里，再过几十年，也许他也要把墓穴建在那里，他还没有同妻子说过。

其实父亲的遗产再怎样也没有太多，但是何志胜是为了争那一口气。

妻子其实和女儿一样有些不太理解，何志胜却没办法仔细解释缘由。尽管十几岁就离开家乡生活，但他的有些东西似乎却永远被困在那个村子里，像一个泥沼，挣脱不得，把他脱离家乡所获得的一切都往里拽。

那就挣脱不得吧，他恶狠狠地想，他终究也是要葬在那里的。

董梓意：爱艺术 / 爱文学 / 爱四处旅行 / 爱音乐 / 爱电影 / 爱画画 / 爱摄影 / 爱弹古筝 / 爱烘焙 / 爱各种手工

爱繁华 / 爱简约 / 爱日出 / 爱日落 / 爱热闹 / 爱社交 / 也爱一个人待着

爱狗狗 / 爱大象 / 爱猴子 / 爱探索博物馆 / 爱逛古墓 / 爱看刑侦悬疑剧

兴趣广泛到想探索宇宙星河 / 人生冒险家

永恒的理想主义 & 浪漫主义

瘾（外三首）

我隐于尘烟　逃离你的瘾
可谁在作祟　不放过我

于是　我偷了烈酒
斟了个满杯
举杯浇泪　请饮我

冷　火

回忆丰厚又破碎的触感
使指尖一阵冰凉　直抵后背
可心头却掀起热浪
滚滚侵噬穿梭的刺凉

谧境中交互追逐

光纤缠绕　碎片纷飞

是陌生又熟悉的隔阂

像冰岛一隅的凝固岩浆

火山喷发后

汹涌的岩浆漫过冰雪

冰点的温度稀释了狂躁

它慢慢流向接壤海湾的那隅冰地

在末端留下烙印

然后结痂　覆盖

从火山口俯瞰

就像是张牙舞爪的血脉延散

伊始　丝丝脉络相连

尽头　孤独地凝固　封闭

卧于雪地之怀　冰封的长眠

雪也感受不到它的滚烫

它也感受不到雪的寂寥

悉达多

叩问生命的河流

在灵动的躯体上刻下字迹

尘世间的轮回是重获新生的洗礼

苦行僧用赤脚丈量世界的深度

迦摩罗用开裂的无花果取悦世俗

悉达多在命运之轮中来回滚动

终能在宁静的河流边顿悟

婆罗门之子的觉醒

是力量之轮的超越

褪去苦涩　放下执念　度人度己

小径的悄然召唤　是自我征途的驱使

我们并非浮屠

可谁又不是悉达多

孤　雨

马孔多下雨了

下了四年十一个月零两天

浸入身体里　也灌进了心里

可苦楚无法言说

便成了　一生的潮湿

南昌也下雨了

潮湿的闷感挤压着纸张

它软作了水波的形体

吱喳扭动着

噙出寂静的圆珠

我的眼睛也在下雨

落在受潮水波上

字迹开始无边弥散

它如海啸般强烈

但无人知晓

八月又要到了

骨缝间渗出的细密水珠

在即将到来的鱼儿的鳃上

蒙上水雾的丝带

旧　账

　　她在深夜翻阅着五颜六色的旧账，正大光明地窥探自己半开未开的回忆。因为日暮散场之余，人潮熙攘之后，孑然一身之时，才有机会与往昔回忆里的自己说说话。寒暄之间的流动抖落封存的疏疏尘埃，隐入空空寂夜。她在言语之隙不断回顾之前的记忆，读取那些钝感的熟悉，习惯一些敏感的陌生。

　　她回忆中的青春是一场盛大的悸动，有挑灯伏案的漫漫征途，也有藤蔓丛生的缠绵情思。塞涅卡说："青春不是人生的一段时光，而是心灵的一种状况。"对此，她深以为然。

　　初识世事的年纪里，见不惯不公不允，看不清世态炎凉。面对理想，一腔孤勇，单枪匹马，陪自己浪迹走天涯。山川是不收的文章，日月也为她挑灯伴读。怀揣着的憧憬，在晦涩的现实中涌动，激起千层浪。终于，滂沱的拖沓与混乱烧成了灰，燃尽了冷冽的沉寂。可这段故事的结局，却让人遗憾不已。破碎感的残缺，一道罅隙的遗憾，无法扭转的悲情，都被永恒地刻在生生不灭的时光里。随动却静，静中窥动。是触及却又无措的无可奈何，是命定却又交错的唏嘘不已，是回首却又失措的无声静默。

莱蒙托夫曾说："即便庙宇坍塌了，神依然是神。"构筑多年的庙宇在最后时刻坍塌，冰冷的钢筋插入地下，地表撕裂的呻吟就如在她的心上狠狠开了一枪。之前的高光时刻虽也为其渗入了几脉温情的细流，使得回忆起来时没有那么不堪，可这几脉温情，却也正是日后心中隐隐作痛的来源地，正如地表上那若隐若现的伤疤。可她还是怀揣着自信与无畏，从不认为泯然众人矣，不认为与身边的甲乙丙丁般平凡又平庸。总有一种说不清道不明的眷恋，像是一种迷信。保持着自己的清高，疏离的冷感与周遭的火热格格不入。

可是那又怎样呢？他们又怎么会懂呢？庙宇坍塌了，神还是神。周围的炽热太庸俗，多少人深陷其中夜夜笙歌而不自知，反而竟引以为傲，实在可悲。

世事转捩，她也渐渐放下了这段用任何语言去形容都觉得遗憾的遗憾。它似乎已经离她很远了，只是偶尔在她不经意要被周围的炽热包裹之时，化作一声惊堂木，重重地敲打在她的心上，震得她心落惊尘。

继续翻阅怀中那本落灰的旧账，阵阵温凉缱绻。窗外落雪，飞扬成她最安静柔软的心事。

穿过嘈杂的人群，她的视野尽头最终定格在那些人模糊的背影上。那些人是她徒步的旅伴，是温暖她的光亮。他们是她委屈疲惫时一听到其声音就能瞬间落泪的触点；是她缓缓坠入深海、四周皆是万籁俱寂的黑暗时海面晃荡的唯一光亮；是将七零八落的她缝补完整的闪闪银针。所以哪怕与他们共度的时光都冷透了，她还在不知疲倦地一次次回顾那些犹有余温的瞬间。她觉得亏欠，因为彼此都薄待了光阴，放任它将回忆锈蚀成一盘不能放映的 CD，只能在心中勉强拼凑成一场又一场的旧戏幕。

笔尖沙沙，字句被灯火晕染，断续的雪线将回忆拉扯得明亮而漫长。青春如落雪般游弋在风声里，无处遁形，黎明前便交织成一首逆光的复调。因为日出一到，它就会瓦解。你如千堆雪，而后她只能孤身走长街。

溯回至破晓，她在崭新的一天发出第一句盈满希冀却又斟含不舍的叹息。

天亮了，又要合上旧账了。

睁　眼

再次睁眼，我在水里躺着。四周一片黑暗。我所听到的嘈杂声仿佛都是隔着一层墙才传到我这儿。但有一种莫名的安全感。

墙外的嘈杂淅淅沥沥，勉强能听清一个女人的尖锐诵声：

> 我倾听大海深处
>
> 它在我耳边低声絮语
>
> 韵脚比贝壳边缘的锯齿还要锋利
>
> 可声调比水滴还要透明
>
> 我触摸闪亮的冥界木桨
>
> 染上的白色浮沫是
>
> 融化在血管里的地狱星辰
>
> 在故去的世界里
>
> 茫茫时间内
>
> 芸芸众生中
>
> 我日日期待着

化身以太 永世长存

我的头顶虽然是一片漆黑，但我隐约能看到一个张牙舞爪的女人在上面飘着。她没有实体，像是一团人形的白雾，剧烈地晃动着。她的五官因歇斯底里而变形，我能感觉到她在怒吼，但听不见她的声音。

我紧张地闭上了眼睛，她的声音却不见了，只听见耳边的水在呼吸。水的呼吸是平静的。但水之下似乎还有什么声音在涌动，嗞嗞啦啦的——好像是机器进水故障的声音。

"轰轰——"突然一声剧烈的轰鸣爆起，我猛地捂住了耳朵。

一阵潮湿的霉味儿直窜进我的鼻子，冲开了我的眼睛，也弹开了我的手。

眼前还是黑暗，引擎的轰鸣声遮住了太阳，数字绑架了解码的云朵，蒸汽分子修补了城市的毛细血管，下水道里也开出了像素荼蘼。荒唐的虚无重塑了这个世界。

离我不远处有一台老旧的收音机，它是轰鸣的来源。

"吵死了。"我走到岸边，把噪声切掉。周围又重归寂静。

突然出现的这个世界让我诧异，岸边这个突兀的收音机更是诡异。

"哭泣电台。"收音机的一个按键旁刻着这四个小字。我犹豫着按下它，里面倏地开始咿咿呀呀——磁场干扰的嗞啦声真是让人不安。我烦躁地关掉了它。

"怦怦……怦怦……"哪里来的心脏跳动的声音？我抬头四处张望，寻找声音的来源。

原来在我的右上方有一块大屏，上面显示着心率。

这是谁的心跳？

刚冒出这个疑问，脑海里就有一个回答的声音：机械心脏。

嘀，原来机械心脏也不堪一击，就这样在广场上空展览了失衡的心跳。

一瞬间，所有设备都开始频闪，机器播报音在电子梦中萦绕，圈圈圆圆的声波制造了离析，冰冷的钛钢指尖颤抖着拼凑起一段闪烁的卡带嗓音，好像是在说：

"请你埋葬我。"

伴着一记惊雷，我猛地睁开了眼，定了定神。

还好，那只是一场梦。

窗外是夏日夜晚独有的电闪雷鸣，一道闪电如白昼，狂风呼啸着闯入了半锁的窗户。桌上的所有书页被风吹得胡乱翻着，像是有人迫切地渴望找到某一页一样。我下床去锁好了窗户，缓缓蹲下身收拾起地上掉落的书页。

我捡起夹在桌角与地板上的一页纸，纳闷这风怎么这样大，把书都撕裂了。刚准备把它就近塞回一本书里夹着，定睛一看，我的手不禁剧烈地颤抖了起来。

"这是……"

纸片上写着那句话：请你埋葬我。

我惊恐得跌坐在地上，张皇四顾，目光倏地瞥见窗户上闪过一张熟悉的脸。

是那个张牙舞爪的女人。我又紧紧闭上了眼睛，希望可以物理隔离这些不知是否为幻象的东西。

可闭上眼，我又听见了水声，甚至感觉身体里都浸满了水。我感觉自己在下坠，耳边的巨大嗡鸣声伴着水体的冲击，甚至觉得有一丝宁静。我哭了，在掉入海沟的那个瞬间，我看到了那个没有五官的女人正躺在扶椅上晃着打盹，午后阳光透过白蕾丝窗帘柔和地照在她身上。

她笑了。嘴角勾起的骇人弧度牵扯着迸裂的眼眶，发出尖厉的笑声。凄惨却又决绝，我猛地睁开了眼。

一身冷汗。我怎么坐在了雨里？

但我似乎无法动弹，只能任风雨肆虐，暴虐地拍打着我的头发与眼泪。我只能看着对面的窗户，看着窗户里我放在桌边的无尽夏。

我冷笑地自嘲道："世界果然是泡沫，多么荒唐。"可这幅景象又荒唐得异常美好，我像是歌剧中以高潮戛然落幕的高音歌唱家，在瓢泼雷雨中泣血哀歌。

可我不想就这样结束，我疯狂挣扎，企图逃离桎梏，可似乎总有无形的枷锁捆住我的身体。我愈挣扎，就愈加痛苦，我愤怒，我哀号，我尖叫，我绝望。我想我现在肯定面目很扭曲吧，不过没关系——这么久了，并没有人来过。

我逐渐听不见自己的声音了，我的嗓子因为号叫而变得喑哑，直至完全沉默。我精疲力竭地躺在雨中，耳朵贴着大地。我累得闭上了眼睛，只是听着雨落的嘈杂。我感觉自己正缓缓滑进寂静的夜色，皮肤与雨水也正逐渐融为一体。这个世界很安静，安静得只能听见自己的心跳，怦怦……

天好黑啊，谁又会来埋葬我……

他的眼泪

宇宙很谦虚，明明拥有一切，却叫太空。她以丝绸肌理般的工笔勾勒，雕琢半晌的踟蹰，孕育了文化。透过余晖渲染的剪影，隐约可以窥见华夏文明上空萦绕的袅袅尘雾——这是他的雏形，是他喜悦与好奇的眼泪。

他继承了母亲的嘱托，也很谦虚，明明承载历史，却一言不发。

文化摆渡过千年的历史，见证了无数的悲欢与离合，尝遍了所有的酸甜与苦辣，听过了世间的祷告与诉说。渡过的长河上倒映出沧海桑田的华夏寰宇，荡漾出凡间更新换代的芸芸众生，折射出其他各种文化的斑斓光泽。

他面无表情地目睹着眼前的一切，像个隐忍的僧侣，茕茕孑立。他奉献自己的全部，却不求回报，只是日复一日地完成自己的使命。但是，他也会在深夜偷偷抹泪吧，否则千年的孤独又何处消融？否则被误解的委屈又何处化解？否则怕被遗忘的焦虑又何以安抚？可是，有谁来端一碗热汤，熨帖你宵来酸苦的胸膛？

莽莽乾坤之下，是西风裹挟的尘埃在无边漫游；遥遥大漠之中，是华夏文明的繁华与苍凉在无声呐喊；悠悠驼铃之上，是九层塔的风铃在轻轻摇曳，漾过浓蕴残阳，析出星点夜色。在敦煌研究院的一面墙上，写着这样的话："历史是脆弱的，因为她被写在了纸上，画在了墙上；历史又是坚强的，因为总有一批人愿意守护历史的真实，希望她永不磨灭。"文化也是如此。拨开他沾满风尘的睫毛，我窥见了其背后盈满憧憬的清透眸子。那眸子里有落日弥漫的橘，天边透亮的星。他期待着那一批人的到来，拯救他无以言说的寂寞，抚慰他落寞的心。

终于，如他所愿，那批人缓缓向他走来了。他也精神焕发地迎接他们的到来。

樊锦诗，一个听惯了吴侬软语、见惯了小桥流水的江南女子，只身前往茫茫戈壁，只为他而来，奔赴一场出走半生的旅行。赵震，一个"拥有着世界上最棒的工作"的70后文物摄影师，因兵马俑上意外发现的一个工匠指纹而激动落泪。这穿越古今的对话不仅感动了他，也感动了我。一眼千年，在当下的现实世界中能瞥见大秦帝国的影子，甚至能与当年的工匠站在同一空间里，是何等的殊荣与感动。

我一直钟爱的故宫，是一个提起来我都会莫名流泪的地方。走在甬道上，脚底与道路的摩擦引力赶上了时空传送带的频率范围，我仿佛穿梭在清朝与二维空间的交错轨道里，以旁观者的身份注视着来来往往的古人，感触着百年来的情感重叠，凝视着雍容华贵的过往序章。时间荒腔走板，朱漆绿瓦还在。那檐上的神兽或许就是他的化身吧，迎接每一次的月升月落，看遍弹指一挥间的白衣苍狗。

抚摸着西安的城墙，指尖与瓦砾的触碰间，我仿佛横渡过千百年的历史长河，以泪斟满他的臂弯，以酒酝酿他的诉说。站在莫高窟的牌坊前，古木的荒凉与大漠的萧瑟不禁让人打了个寒战。这是时间的刻度，是季节的冰冻，是他无人问津的悲戚。往里走，才感到鲜活与生气——这是那批人的功劳。他们把盏言欢，赋予了他爱与被爱的意义，带来了尘世中的烟火气息，吸引着越来越多的人走向他。

曾经，天地浩渺，他孑然一身，春观夜樱，夏望繁星，秋赏满月，冬会初雪。现在，有了一群人与他一同秉烛夜游，围炉畅谈。

文化他迷上了今人。但在今人来的路上，有雾，有灯，也有归人。

他在路口苦苦等待,期待归人的一次回眸,一个转身。可最终等来的却只是一个渐行渐远的背影和自己眼角的几滴泪珠。

与他同行的人中,也有让他心中滴泪的人。他痛苦又无奈,但是他没有选择的权利。只能接受,只能被迫同行。

我曾去过北京某著名传统茶馆,馆内活动丰富,并且生动到恍惚间我以为自己穿越到了曾经那个时代。但在精彩之余,莫名觉得格格不入。离开之时,门口穿着古装的店小二与周遭时尚潮流的现代人形成的鲜明对比,使我突然惊觉——略感失调原来是因为这个。追溯文化,并不是一味地仿古,不是形式的狂欢,这些不过只是没有灵魂的躯壳。真正延续文化的根源应在于个体的觉醒与主动的接受与传承,而不是简单的形式戏谑。

浮世光影翩然流转,他在一次又一次的轮回中转过一遭又一遭。他行至朝暮里,又坠入云暮间;他手执明灯,迎接过往的人们,可生生灯火,明暗无辄;他又对月当歌:"待此清凉月,可涤人间尘……"

这山川如酒,你我当并肩举觞,敬旷世文化,至死方休。

灯明始见一缕尘。

王亚楠，生于华北，学于江西，平生懒散，无心经济。倦于任事，拙于交际，常置酒书房内，闭门读书自娱，一日不发一言，亦是寻常事。好奇闻奇事，每欲寻奇，则翻检古籍，上网冲浪，与人对坐相谈，推心置腹，乃至陌生人相遇，亦言笑晏晏，孜孜以求一二新奇事，无所不用，每得之，情动于中，喜不自胜。

月夜小记

明月之夜，清风习习，主人置酒东亭上，前有静水，后有梅山。静水淙淙，梅山隐隐，月色入景，水波粼粼，似与岸相平，山色微微，正与景相应。主人羽衣星冠，蓄绿绮一张，且奏且吟，抹挑勾剔、上下进复、指必甲间、弦必悬落，宛转动荡、无滞无碍，不夸不竞、如雪如冰。忽有客长啸，弹剑而歌，歌曰："人多暴猛兮如虺蛇，控弦被甲兮为骄奢。两拍张弦兮弦欲绝，志摧心折兮自悲嗟。"歌声回环，哀转凄惨，绕梁三日而不绝。主人按弦而止，仰天而笑，问曰："明月、春风、青山、静水、清酒、甘肥，此良辰美景也，何为作昭姬之悲声？"客霍然而起，掷酒曰："子何笑！吾虽在此情此景中，然不知此情此景真耶幻耶，故作此声。"

主人闻之，敛衣正坐，肃然对曰："汝知汝思之，汝真也，汝不知良辰美景思否，良辰美景亦真亦幻也，吾不敢言。"客哂曰："何乃思，孰思之！痴人呓语耳！西洋笛氏之语，大谬也！"主人笑，挟鱼入客盘中，曰："此亦激愤之语哉，出此言者谁也？"客坐而举箸曰："乃余也。""汝谁也？胡发此问，胡使汝发此问,汝之心耶?汝之身耶?"客对曰:"吾之身发此问,吾之心使吾发此问。""汝之心乃汝之属,非汝也,汝之身亦汝之属,非汝也,如此,汝乃谁也?"客悚然而听之,曰:"异哉!"

主人笑曰:"汝乃饱学之士,且听我言。庄周梦蝶,栩栩如生,毫发毕现,所历与真无异,梦亦真也。卢生一枕,八十年来,出将入相,一顿饭工夫,黄粱饭还未熟耶。蟪蛄不知春秋,由生至死,彭祖年高百岁,亦由生至死,光阴者,骤耶?迟耶?存乎一心也。释氏有云,色即是空,空即是色,梦乃幻耶,汝以为真,空即是色,汝大梦千年,而身存于床榻之上,敧倚于枕被之间,色亦是空也!汝试思之,此时你我,于此高台,明月当空,饮酒谈玄,真耶幻耶?此非人力所能及也!古之贤皆有此言,孔子知无,故欲无言,老子知道,故不可道,释氏说经,乃谤佛也。圣人尚不能言,而汝与吾何能言也!"

客默然,少顷对曰:"大千世界,似真似幻,如梦幻泡影,孰真耶?大道幽微,若之何,若之何!"主人指鱼而笑曰:"食鱼也,唯此鱼真也!

"李斯临刑,思牵黄犬,韩信纵兵,钟室之祸,魏武子孙,于今为庶,王谢门第,寻常巷陌,高楼乍起,高楼骤落。世人逐利而来,逐利而往,焉知繁华靡丽,皆为我执,过眼皆空,人生百年,不过一场大梦,吾与汝皆远行客。古人秉烛夜游,良有以也,此夜月色洁白可爱,吾与汝披纨素、饮美酒以相娱,赠宝剑而相知,即为真我,子乔、令威亦不如也,何必他求!"

客喜而笑,挟鱼置主人盘中,曰:"人生如寄,寿非金石,吾从今当秉烛矣。"主人亦喜,即饮三大白,曰:"不负狂名矣!"遂援琴,作高山流水之曲。

如鲠在喉

今年的大年三十大抵是不太顺的，早上争执了几句，中午突然来了两个亲戚闹哄哄一场，晚上吃年夜饭，倒是学了一个成语叫"如鲠在喉"，也算是上进了。我平日是不吃鱼的，因为嫌吐刺麻烦，也是平生胆小，生怕卡了鱼刺，干脆因噎废食。北方的年夜饭，鱼是一道大菜，年年有余，鱼是要年年有的，讨个好意头。今年大年三十的鱼，炖得烂烂的，瞧着就入味、熨帖，我被它美色所迷，早早地夹了一口，急急咽下，便觉嗓子刺痛，勉强吃了两口饭，喉咙更觉异样。大抵是被鱼刺所伤，咳不出来，咽不下去，吞口水都觉得痛，无心吃饭，一个人在客厅转来转去，捶胸顿足，深感"如鲠在喉"之痛，更加外面爆竹声声、烟花璀璨，家里温暖如春、举杯欢庆、嬉笑热闹，对比之深，令人叹惋。

我心知不至有性命之虞，但到底难受，心里哭笑不得，转悠了半夜，后悔不已，念了几句"因噎废食不彻底，等于彻底不因噎废食"，暗下决心以后再不吃鱼，自顾自地睡觉去了。第二天早上，喉咙仍痛，匆匆去了医院，医生一番检查，鱼刺鸿飞渺渺，不知所终，得出个回去观察的结论，到底放下一片心来。

今年的春节，实在是静悄悄，还未听见它的脚步声，它就骤然站在门前敲门了。个子已经不再长了，年纪却偷偷长了几岁，一门心思吃吃喝喝、说两句漂亮话好拿压岁钱的角色已经不再是我了，呜呼哀哉！本人生性怠懒，能躺着绝不坐着，我对这春节全无感情，为了家庭和睦，却还要在一众忙忙碌碌的家人中充当一只被呼来唤去的呆头鹅，呜呼又哀哉！

我们习惯用一个词概括春节应有的气氛，这个词叫年味儿，我今年竟没有想起这个词，到了现在提笔时，这个词才从我脑子里晃悠出来同我打了个招呼，竟生生有了如鲠在喉，咽不下、吐不出之感。我喜静不喜动，天生不爱热闹，还有几分丧气，每到节日，大家欢聚一堂，我就头疼。人来人往，七大姑八大姨，总要招待，最次也要打个招呼，聊以塞责，使出浑身解数，赔个笑脸，说不定最后还要被埋怨一句不会说话。一顿胡吃海塞，酒足饭饱，往沙发上一坐，各自做事，孤独就像沸腾着的水里的气泡，咕嘟咕嘟地从骨头缝里冒出来。在人群中，孤独是最明显的，尤其是和家人在一起时，他们爱你，关心你，希望你幸福，但人的思维大抵不可能完全契合，往往是一个城门楼子、一个胯骨轴子，风马牛不相及，说几句安慰人的金玉良言，反而成了戳在心上的刀子，让人气闷。

有时候我会想，连世界上血缘关系最近的人都不能互相理解，那还活个什么劲儿？话是这么说，但人总得活着，最起码不能无缘无故去死。要是我因为这么个理由，从楼上跳下去摔个稀烂，不说旁人觉得莫名其妙，连我自己可能也有点脸红，除了把此地变为凶宅以外，没有任何好处——我为什么说是好处？最近我听了一位高人的说法，凶宅价格低，是因为凶手会回来看看。我觉得高人说得有理，我路过以前住过的房子，都要伸头往里看看，要是凶手路过一看，嚯，这儿住的人不是被我杀了吗，怎么又亮灯了，他不得进去看看怎么个情况吗？要不说这是好处呢，我是自己跳的楼，没有凶手回顾之虞，房价又低，两全其美，就算我偶尔回来看看，你也不用怕，我是好人，做了鬼也是好鬼，绝不会伤人的。

但有时候鬼无伤人意，人有害鬼心，就像我今天胡说八道了一通，被哪位先生看到了，说不定就要拿它做材料去做文章，发些当代年轻人已经彻底完蛋了的议论，到时候本鬼也没有办法澄清，只能预先在这里做一个声明——本文鬼话连篇，不足以作为发议论的材料，如有问题，本鬼概不负责。

春节过得很快，时光也如同逝水，在不知不觉中杳无踪迹。事过时迁，大梦一场，现在想想，当时种种心潮起伏、辗转心思都消失在记忆里，唯剩下几分好笑，连那面目可憎的炖鱼都生出几分香气，忍不住想再尝尝了。如此可见，吕奉先被酒色所伤也不是没有道理，我连那炖鱼的"美人关"都过不了，竟连卡鱼刺的"憔悴至此"都顾不上了，更何况艳绝天下，能让明月退避的大美人貂蝉了。过年冷清，现在孤身在外，也颇闲适，如今春暖花开，我倒要寻个机会，踏花提酒，吃它一锅炖鱼，报了这一箭之仇。

刘君婷，INFP/ 心略大于脚下的方寸之地。

未来还未到来，不如充满期待。

吹旷野的风，看自由的云，细细聆听自然的声音，世界就在身边。

有细碎的仪式感，喜欢一切能打动人心的文字，马孔多在下雨，桑桑和草房子，繁漪绝望又不甘沉沦，呼兰河城人间百态，王小波的诗意和有趣，史铁生对生命的诠释……偶尔心血来潮写长篇大论的文章。

出　走

多年前的那个下午，我就和阿昌认识了。阿昌真名叫什么，我曾经知道，现在忘记了。很奇怪，一点也想不起来了。

我还记得那个下午，和往常的闷热一样。太阳光从西北边照进巷子，青砖砌成的墙面很久才晃过一两个黑色人影，巷子拐角处传来一两声有气无力的叫卖，"豆——腐——脑——"。已经到了下午最安静的时候了。

旁边的垃圾箱传来一阵哄臭味，像是酸菜鱼的汤加豆浆放了几天，又像是没吃完的苹果香蕉在发酵。我在这臭气熏天的地方待了两天，没人发现了我，除了一只狗。它叼起我往垃圾箱附近走了几步，接着，把我放在了垃圾箱旁边。苍蝇一圈一圈地在我周围飞着，发出令人厌烦的嗡嗡声，真是讨厌。

是的，我被我的小主人遗落了，整整两天。

正当我又开始对明天做出各种猜想时，一只手把我拿了起来——

我看见一张黢黑的脸离我越来越近，脸上的尘土和皱纹好像伤疤一样结了痂，一双浑黄的眼睛一眨不眨地看着我。阳光从他背后射过来，使整个人蒙上一层淡淡的光晕，就算这样，我也觉得他是黯淡的，像巷子里的青墙，沉闷又厚重。

"阿昌，今天出来得早啊，我这里集了一麻袋，你都拿去吧。"那个人左手将垃圾扔进箱子，右手把一麻袋塑料瓶拿给他。

"谢谢啊。"他憨憨笑着，边说边接过麻袋。

那是我第一次听到别人叫他，阿昌。后来我也只记得他叫阿昌。

他把我放在手里，像是在看什么新鲜玩意儿。接着揪起衣服的一角，把我包进衣服里擦拭着。"哎哟，疼！"我不知道我哪里出问题了。

"可惜了，这镜头碎了。"他说。"什么？我的镜头碎了？那是不是，没人会要我了。"还没来得及细想，我就被他带走了，离开了那个恶臭的垃圾箱。

要是知道他会拿螺丝刀把我大卸八块，我怎么也不会跟他回来，还不如在垃圾箱旁边发烂发臭呢。

"相机坏了可以改装，人要是坏了，一辈子也就那样了。"他边动手边念叨着。

这话听起来有点奇怪，但是我想不了太多，自身安危更为重要。我看向机肚，最自豪的镜头已经成了碎片摊在一旁，现在立在我肚子上的，是一个灯泡。等等，他把我改装了？我直接就从相机变成台灯了？再怎么说，我是不大高兴的。

灯泡很亮，一瞬间整个房间都亮起来了。我张望着，在这个狭小逼仄的空间里，最显眼的是桌子对面一张挂在墙上的合照——一个年轻男人和女人。

除此之外，一张床，一张桌子，一只矮凳，角落里一小堆杂物，再有就是刚刚那一麻袋塑料瓶子，一摞废纸壳，再没有什么其他东西了。

只有一张照片吗？我觉得不可思议，我的小主人房间里可是贴满了各种照片，那才像话。

他丝毫不知道我暗自想了些什么，只是把我当成台灯用着。

我对着那张墙上的合照不知看了多少遍，隐约觉得，那个年轻男人应该就是阿昌吧。那旁边的女人，又是谁呢？

后来，我竟习惯自己就是一盏台灯了。

我后来才发现阿昌的背一直是弯曲又隆起的，就像是背了一块石头，让他怎么也不能直起腰。

阿昌的朋友很少，几乎算是没有，除了那个夏天一个叫小亮的男孩。

那天，屋子门口出现了一个小男孩。听说是隔壁奶奶的孙子，放暑假来乡下了。

阿昌不知道从哪里变出几颗奶糖，小孩一颗颗地接过。很奇怪，阿昌长相崎岖，看起来不像好人，那小孩却不怕他。熟起来之后，两人也像朋友一样聊起天来。

小孩问起阿昌隆起的脊背，那个下午，阿昌好像说了很多。那也是我第一次听到阿昌的故事。

"那时候还年轻，我啊，不过才二十五六岁。那时爱上了一个女人，那女人也喜欢我，她有个好听的名字嘞，叫阿梅。阿梅温柔，心肠也好，对我也好，这么好的女人，追求她的人多着呢，谁不想娶回家去啊！我也想，可是当时没钱嘛，连婚都结不起。我和她说好，等我赚钱回来娶她。她倒是什么话也没说，把头埋在我怀里。

我坐着渡船去了，到了城里干苦工，累是累，得的钱比乡下多啊，我也越干越有劲，等攒够了钱就回去。可是啊，那天在工地上，那块板子砸下来了，刚好就砸中我了。包工的赔了钱，都拿去付医药费了，可偏偏啊，我的背就这样再也直不起来了。"

阿梅，就是合照上的女人吗？我暗自想着。

阿昌说这些的时候回头看了一眼墙上的照片，光从门外打进来，难以看清他脸上的表情。

小男孩想开口，被阿昌抢了先，"阿梅来医院照顾我，她什么也没说，没有抱怨，给我喂饭，给我擦洗身子，她明明知道我以后就是半个废人了，也没离开。"

"那阿梅现在呢？墙上的照片是阿梅吗？"男孩有些天真地问。

门外刮起一阵风，有些大，吹起男孩额前的头发，吹入几片飞落的叶子。

"嗯，是，漂亮吧，我哪里忍心让她跟着我受这样的苦，我狠下心来，赶她走，她偏，不肯走，我也偏，那一个月都没给过她好脸色。她家里人一开始就不怎么看好我，我伤了，更不可能同意阿梅和我在一起了，不久之后，阿梅被她家里人带回去了。"

"那阿梅现在怎么样了啊？你后面还有见过她吗？"男孩起了兴致，托着下巴问道。

"后来听说她去广州了，再后来在广州结婚了，有了两个孩子。"阿昌说出这些话的时候，有些过于平淡了。

"广州？我就是从那里来的呢。昌伯，那你后来见过阿梅吗？"小孩接着问下去。

门外的风更大了，闪电不时划过天边，看来快要下雨了。

阿昌起身把空地上的茶篓拾了回来。

"小亮，你坐过船吗？"阿昌没回答，换了个话题，"我啊，有时候凑凑热闹去趟镇里的集市，或者有闲心的时候，坐上渡船看看山水。"

这里是西南的小地方，除了山就是水。

"看山看水？那有什么好看的啊？"小孩似乎被新的话题吸引开来。

"山和水从来都不说话，却见过无数人。水啊，流到各个地方，也许会流回来，也许不会，没有一点束缚。"阿昌眼睛眯成一条缝，望向天边，"马上要下雨了，你快回家去吧，省得奶奶担心你。"

小孩走了，没一会雨就下起来了。许是真的太久没和人说起过自己了，阿昌混着雨声和打雷声又絮絮叨叨说了很多。

到现在也是独身，因为没有人看得上他，也不愿麻烦别人；一个人也挺好，没有人管，也不用担心别人；去过最远的地方是县里的大商场，那天晚上走了好久才走回家；他说他想出去，又害怕出去……

他说起阿梅，满是遗憾，又都是释怀。

那天的风很大，直接把窗户吹开了，我被窗户扇到了地下，灯泡碎了。晚上，阿昌点了一支蜡烛，灯芯上的火焰忽明忽暗，阿昌怔怔地看着我。他的影子照在墙上，一闪一闪的。

我隐约看到那对年轻男女，相对无言，又含千言万语。

男人穿着父亲结婚时穿过的老西装，女人坐在掉漆的自行车后座，胳膊环住前方覆着灰色的腰，看不见路。

"凉吗？"她问。

"穿少了。"男人兀自蹬车。

女人已经习惯对方的答非所问，就像现在，她仍在猜那西装的口袋里究竟有几张车票。

烟雾钻进肺，也是冷的。

"等我赚钱回来娶你。"女人缄默，静静地把头靠在男人后背，衣服上淡淡的灰尘味预示着冬天好像要来了……

第二天阿昌去镇上买新的灯泡。回来的时候，阿昌手里握着几颗糖。

小男孩拿来相机，说是想和阿昌拍合照。阿昌略显紧张，随着小男孩"三，二，一"，闪光灯闪了几下，阿昌那有些生涩的笑容和脸上隆起的褶子一起定格进了照片里。

不久屋子的墙上多了几张照片。

那天小男孩说他要回去了，他说他会一直记得昌伯，明年要回来和昌伯一起坐渡船。

阿昌把男孩送走的时候，眼角黯了，隔壁奶奶这次和小男孩一起回城里了，也许，再也不会回来了。

阿昌一直是一个人，偶尔屋子里来一个和他差不多的大的老汉，坐下来东一句西一句聊着。阿昌去外面捡废品，有时候也捡回来一些半旧不坏的东西，改造一下，放在屋子里。

时间静静地滑过，我看着阿昌的背越来越弯，头发也越来越花白，最近更是时不时地咳嗽起来。他不怎么出门了，大部分时候坐在屋子门口，一坐就是一个下午。

又是一个闷热的夏天。那天，阿昌从镇上买东西回来，他慢慢地拐进屋子，手里捏着一张图画那么大的照片，还是黑白的。那是……

他坐在门边上，又自言自语起来。"以前的人说，人啊，有三魂七魄，晚上三魂出去游荡，做的梦就是三魂去过的地方，这么一想，在梦里，我见过阿梅很多次了。"

他说话的时候眼角竟湿润了。

我心里明白，他一直想出去看看，想见一见阿梅，不为别的，只是想见一面。也许，他马上就可以走出去了，坐船，也不一定坐船，去广州，去见阿梅，不用担心走不回来了。

我忽然想起了多年前的小主人，想起他带我去过很多地方，而阿昌，父母应是早已不在，妻儿也的确没有，就这样一个人，放眼天下之大，似乎哪里都去得，又似乎哪里都去不得。他说他害怕走不回来，我知道，走不回来的是人，走不出去的是心。

他把那张照片挂在墙上。离开的那天，屋子和往常一样冷清，甚至比往常更冷清。

有两个老汉来了。

"阿昌，一路走好啊，下辈子好好的！"

我倒是也想为他喊几句，可是我发不出声音。

屋子里的东西放了一阵，没有人管。后来，来了几个混混孩子，把屋门撞开，桌凳掀得七倒八歪，碗碟噼里啪啦碎了一地。我也没能幸免，灯泡摔在地上，发出一声不同于碗碟破碎的声音，这次，没有人会再为我换上新灯泡了。

一只微小的蜘蛛在我身上爬来爬去，蛛网结得厚厚的，有些不舒服。我想不起来他到底叫什么了，不过，我记得他叫阿昌，我记得墙上的男人和女人。那个下午，他把我捡回家，而我就这样看着，看着他一个人吃饭，一个人睡觉，一个人走出这片山头，走向天际。

徐力，生日 2003 年 5 月 27 日。江西南昌人，就读于江西师范大学。去年二十岁，今年二十一岁，明年二十二岁。近视左眼三百右眼四百，轻微散光。颈椎病、肩周炎、腰肌劳损都有一点。四肢健全。会做一点饭，喜欢吃自己做的饭和好吃的饭。

吐　珠

序　幕

白心侧身穿过杂物堆积的廊道，黑暗并没有成为阻碍。她来到家门口，把手上的东西卸下来，掏出钥匙开门。

赵晓川躺在床上，眯着眼睛休息，听见开门的声音，就用手肘支撑着半坐起来，微笑地看着她。

"吵醒你了吗？"白心摸黑钻进被窝。里面被赵晓川的体温捂得很热。接着，她讲起了今天一天的事情。平常又琐碎，她事无巨细全部要讲出来，一如以往的每一天。就像面对一本日记本。

赵晓川就抱着她聆听。说不上有多认真，但至少隔上一会儿就会点点头，即使百分之八十的内容他都可以提前背出来，连语气都可以还原。

"对了，给你看这个。"白心突然坐起来，打开床头的灯，掏出一条今天路过地摊买的珍珠项链。不知道为什么，白心第一眼就很喜欢。虽然是便宜货，但她感觉自己会开心好几天。

明天还要上班，白心没有多耽搁就去洗漱了。项链就摆在床头柜上，廉价的气息扑面而来。它很俗气，也不美丽，可是白心喜欢得紧，赵晓川也讨厌不起来，至于为什么，他还没想明白。

睡前，躺在被子里的白心还要把项链举起来，借着昏黄的灯光，不住端详。那颗普普通通的珠子光芒暗淡，却很圆润。赵晓川也不自觉地跟着看啊看，突然鼻子一酸，他好像在这一刻明白了为什么他不能讨厌这条项链。旁边的白心却不曾注意他的异样。她靠过来亲了一下他的面颊，就把床头灯熄了。

二

昨天晚上忘记了拉窗帘，可是，外面的天色却没有比黑夜强多少。撑着伞走在街上的时候，白心感觉像是被低气压打了一拳，胸口闷闷的喘不上来气。

脑子还是有点恍惚，昨天又到很晚才睡着。不知道是因为昨晚太兴奋，还是只是安眠药的剂量又跟不上了。雨淅淅沥沥地在雨伞上发出响声，路上的行人、道旁的树木、空气中的每一滴，都和这个阴雨连绵的南方小城一样叫人恶心。

深色的伞群一路蔓延，白心就机械地跟着走，但走到地铁口时，她却惊异于碰见了熟人——昨天在这里摆摊卖饰品的一位姑娘，但昨天夜里的其他摊贩都已散去。

凑近来看，卖的东西也没有变过，昨天被自己买走的那条项链，今天在原来的位置放着一条一模一样的。白心摸摸自己的脖颈——准是早上起来忘记戴了。白心又像昨晚一样一直盯着那条项链看，出神到连伞也掉下来。突然，她毫无征兆地攥起拳头，照着那女孩的面门来了一下，接着抓起那条项链，旁若无人地戴上后扬长而去。

走入地铁站内，白心想起来刚刚耽误了太多时间。而现在，她将要为自己刚刚的那一拳付出代价——一份微薄的奖金。她已经尽力在人群中游动了，可是现在进站的地铁显得那么遥远。地铁自然是开动了，白心用手在空中挥舞，嘴巴张大，她预感接下来她要说出一句可笑的话来，可是这句荒唐的话还未出口，前面的地铁却好似真听到了一般，缓缓停了下来。

人满为患的地铁像一个垃圾桶被人踩了一脚，硬生生多出一片空间，白心上了车还没来得及庆幸，车厢就开始了奇怪地抖动，在颤动中向前加速。闭上眼睛，白心照例在一旁休息。可是不大寻常的除了摇摇晃晃的地铁，头上还总传来似有若无的微弱雨声，那种游丝一般的、恼人的细碎声音，耳边缠绕着，雨雨雨雨雨，一直雨下去，绵绵不绝。

白心伞也来不及开就冒雨跑进公司，在公司里开始了今日的忍气吞声，也许这些可恶的东西都值得来上一拳，她砸烂工位前的玻璃，再用沾满碴子的拳头砸烂他们的脸。那只手一直在流血，但这是快乐的源泉，爽快得要白心叫出声来。

白心抡着拳头发泄着。在写字楼的十六层，这一层，突然撞进来一列列车。她就这么被撞进了地铁里，头磕在金属扶手上。她仍站立在地铁的那节车厢，那个位置。

烦人的雨声终于消失了，因为人群的尖叫声已然盖过了一切。车厢里一片漆黑，不少人打开了手电筒。白光晃来晃去更加重了恐慌的氛围。白心时不时被人踩一脚或者撞一下。推搡中，脖子上的项链断了，珍珠在地上弹跳的声音竟比人们的吵闹更先一步传到白心的耳朵里。白心低下身子想要寻找，哪怕人们的脚在她的身上又踩又踢。她管不了那么多，她只想找回项链。

"找死啊！"不远处有几个人已经在黑暗中骂起来，踩踏的愈演愈烈已成必然之势。前方有人群割麦子一样倒下来，白心正被压在最下面。扭曲的嘴角发出窒息的"嗬嗬"声。与其这样受折磨，宁愿来一场大爆炸，大家死得干脆利落。

就像是：轰——

三

白心讨厌太高的东西，越高大就越显出自己的渺小，就像面前这块比她高出一倍的落地玻璃，在这块玻璃上方还连着一块，又连着一块……

水滴就从玻璃上一滴滴滑下来。滑到映在上面白心脸庞的眼角的时候，这个虚幻的、两眼深陷的影子，像是软弱地哭了。

灰蒙蒙的雨幕下，一片黑色的影子在朝着这边靠近。直到他来到自己面前，白心才看清从灰幕中跑出来的是赵晓川。

"雨越来越大了，我们等小一点再走吧。"赵晓川说着，握了一下白心的手腕又放开。他的手上很多雨水，冰凉，白心没有说话，接过他拿来的伞，走到垃圾桶边，把她另一只手上拿着的一个厚文件夹掷进去，用眼里的火点燃它。这个焚烧桶上顿时冒出滚滚黑烟，只有白心没被熏退。她紧盯着被火焰侵蚀的纸张，一只憨态可掬的小熊屁股着了火，在纸上四处逃窜，可是落脚之地一步步化为灰烬——愿它不得安息，白心转过身。

刚洗完澡的身体已经又开始被汗水打湿了，但白心仍把被子紧了又紧。腹部的隐痛已显现成触之可及的抽动。上一次进食也许在昨天或者前天，一次草草的维持。食欲敲门之前，饥饿感也不知所终了，让人产生了一种辟谷的错觉，也察觉不到虚弱。

很痛——应该说，这是一场折磨。眼冒金星的时候，她的听觉格外灵敏——赵晓川在阳台上打电话，打给一个陌生人，他对电话那头说，每个人都应该有一份人寿保险，意外可能随时来临……没几秒后，他开始打下一个电话。实话说，他的嘴挺笨，也不爱说，推销他保险的时候已经算很健谈了。因为他如果不热情地说，不尴尬地笑，那昨天才来催过房租的房东就会叫他们无家可归，而在首都，桥洞也许都得占好来来后到。

风通过拥挤的阳台，带起了纸张颤动的声音。蜷缩的白心默默掉了个个儿：

赵晓川就坐在阳台的洗衣机上，嘴巴仍不停翻动，但一声闷雷将他的声音盖过去了。

又是一股风吹进来，劲头更足。远处一场大风暴蛰伏酝酿。几张纸被这阵风吹了起来，转了几圈后落在地上。这个房间的大部分空间都被这些纸张占据，上面是用铅笔绘就的老虎、兔子，还有今天死在垃圾桶的那只熊，他们都是黑白的潦草线稿，但即使是归于垃圾桶的那一版精美的插画，那些出版社的编辑们还是只会说"抱歉"，带着无可奈何的微笑，他们总是微笑，这是他们对自己唯一不吝啬的东西。

远处的赵晓川又被挂了电话——也许自己应该放下画笔。至少，下一通电话由她来说，应该会比那个嘴笨的家伙做得更好。可她不能。赵晓川可以去送外卖，卖保险，从心底接受这些行为，可她不能。她做不到的原因，并不单单是因为这不体面。

赵晓川叹了口气，放下了手机，没有再打下一个。他垂头丧气，一步一步，外面的乌云一步一步跟着进来。捡完地上凌乱的纸张，他这才注意到床上的一团。他掀开被子一角，看见白心。她的呼吸急促，冒出的汗水将她的刘海紧紧粘在脸上。

"走吧。"似乎是白心在小声说，伴随着嘴唇的翕动，她闭了一下眼睛，一股细流沿着轨道滑下——她哭了。因为她已经生活过了，而她还在哭，因为她还在生活，明天、后天、永远……

汗？泪？总之，这些水珠不停向下掉，砸在被单上，敲着一面发闷的鼓，天上的雷，也是一样。

"走吧。"她掏空了力气，她妥协了。

四

白心的身子猛地一抽，就像半睡不醒的人无意识的动作一样。随之传来的是一声撕裂声——闷热的夏天，试卷总粘上手臂。

旁边的女孩抬起了头，看了一眼讲台上坐着的纪律班长，压低声音说："别写了，马上放学了，一起去超市吧。"

白心连忙摇起了头，没等她开口，下课的铃声就响了，勉强算安静的教室顿时嘈杂了起来。旁边的女孩也开始收拾文具盒，桌上还有一本摊开的笔记本，上面花花绿绿的，还有各种丝带和贴纸。

"萱萱，一起去超市吗？"从后面走过来一群女生，领头的那个问道。

"哇，你的手账做得好好看啊。"闪出来另一个女生说道。

一开始发出邀请的那个梳着马尾的女生，摩挲着手账的纸页，说："哇，你这荧光笔画上去都不会晕开的啊。"

"昨天超市里刚到的，进口的。"叫萱萱的女孩打开刚收好的文具盒，"你们看，我买了一整套呢，它前面有一块是透明的，就不会划出去，然后这几个颜色在本子上最好看……"

高马尾和身后一众女生无不艳羡，立马拉着她说："走，我们一起去，我也要买几支。"

萱萱边跟她们玩笑了几句，一边转头看向白心，可能是她先前的邀约白心还没明确回答。

"我不去，你跟她们去吧。"

高马尾这才注意到白心，然而几个女孩只是略微转头看了一眼，目光就又回到那些精美的文具上了。

同学们撤得很快，一个个身影从白心身边狂奔，她只安静着出神，直到班长对她说："白心同学，最后走的关一下灯。"

白心抬起的眼神空洞，她想不起来她刚刚想了什么。

学校门口一到雨天就水泄不通，人和车都走得慢。有人没带伞，但她们宁愿跑过一条马路到超市，边逛边避雨。白心刚走出学校，就看见她的同桌和高马尾一伙从人群中挤出来，她们依次打开伞，没有带的——比如高马尾，她就钻进了萱萱的那一把伞下，一行人靠在一起走远了。

超市的地又湿又滑，老板娘结账的同时喊着注意安全。白心在店里没走多久，就看到一个专门的架子，上面的全都是刚刚看到的那种进口荧光笔，这里汇聚的人也最多，大家都想看看它"神奇的效果"，拿着那几支试用装，在纸上画。轮到白心拿起来时，她虽已先一步见识过，却也跟着画了几道，笔头那一块透明，看着就像宝石，笔身上的外文白心不认得几个，唯一完整知道意思的，是那些阿拉伯数字。

白心的脸上往下滴水，和超市里很多人一样。但他们身上的是冷的，白心的是热的。收银台前，白心一直盯着自己买的那个小小的修正带，低着头，毫不费力地被人群挤了出来。

撑着伞，白心背对着超市站着，把外套的袖口捏得很紧。

铅色的天际混沌地运行，越来越深的黑暗不时被闪电撕破，像是一个庞大怪物瞬目。白心的腿没有了知觉，这方土地变成一间潮湿的牢房，面面堵死，只有上方空空，而沉重的雨水打湿她的裤脚。她尽力了，却飞不起来。

白心在这四面楚歌中艰难地转了一圈。

超市门口，是老板养的一条白色的萨摩耶犬，转圈时，白心就看见了它，它也看见了白心，白心咽了咽口水，和萨摩耶静止对望。它硕大的眼球乌黑发亮，蕴着水光：那两口湖，一左一右，映着白心的倒影，摄魂夺魄。白心摸出早上没吃的热狗馒头，把中间的火腿拿了出来，握着这根冰冷的火腿，她凑近。它通体洁白，鼻子喷出热气，它看了看火腿，又抬起头，毫无征兆地吠了一声，又吠一声。

白心吓得瘫坐在地上，狗仍在吠叫，链子叮当作响，老板急忙跑出来，厉声呵斥它，一转头，想向白心道歉，却只见她不管不顾，飞快地逃走了。

五

白心已不记得自己跑出去多远了。尽管周遭越来越陌生，尽管天色逐渐漆黑，她仍脚步不停。那种残缺的感觉——灵魂的残缺，紧追不舍。

她感觉自己跑不动了。水从四面八方涌过来。从及踝到及膝，洪流越来越湍急。她看向墨色的天空，想起了传说中神最终极的惩罚。她大口呼吸，从空气到水流。

白心一度以为自己是在瀑布边苏醒的。头顶的水流携着巨大的轰鸣砸下来。她坐在水泥的岸上，脚下是奔涌的河流，前方是无数条岔路口，和她想象中的城市排水系统一样。只是更大，更空，尤其在穿过几个洞口后，就像身处一片黑色的荒原上。除了平整的水泥和流动的河水，什么也看不见。

可是，深深的黑暗里，也许蝙蝠正等待着倾巢出动。白心更确信，暗流之下，那头鳄鱼——一头巨鳄正时刻窥视。因为不敢跑，她快步向前走，向着唯一的亮光方向。

她走到一张床上，睡了进去。

蝙蝠、鳄鱼……身下仍有水在流动，它们也从未离去。真正的黑暗降临。白心知道不远处有一扇门，她也知道，自己打不开它。门外是一男一女的声音：愤怒、激动、破碎的声音。当然，还有蝙蝠、鳄鱼……它们，都关在这扇够不到把手的门外边。她又蜷缩了起来。为什么说"又"，明明她是最早的那一个。她的脑海里突然出现了一架摩天轮，但是用着风火轮的速度旋转，一次次来到最高点，然后往下，进行下一个循环。她应该害怕，可现在她却那么冷静，反而问着，为什么觉得应该害怕。

门"砰"的一下弹开了，强光直直地冲进白心眼睛里。一起进来的还有一个披头散发的女人。她飞快地上了床，跟白心躺在一起。她的胳臂是蛇一样的触感，缠上了白心的脖颈。

白心从小都不敢一个人睡，床底下、天花板上的恐怖情节她听过就总是想起。可是真见着，那这是第一次。而这个人，正是她自己——背贴天花板，和她对视。

胖胖的小女孩，穿着条纹睡衣，手里的玩具熊形象有点熟悉。白心悬着，俯视着下面小小的自己。冲进来的那个女人抱着自己哭着，颤抖着。原本，她应该是一尊庞然大物。

她的手逐渐恢复温度，不再是蛇一样的触感了，泪也干涸了，心跳慢下来，规律地"咚、咚、咚……"夜晚第一次这样宁静，这时候的自己还没学会吃安眠药。穿睡衣的小女孩也闭上眼睛，松开手里的玩偶。她环抱着这个女人，她的母亲。她睡了——在白心轻柔的拍动下。

尾 声

赵晓川是被一阵剧烈的咳嗽声吵醒的。他直起身来的时候，白心还在不停地咳。赵晓川拍着她，就像是在抚平她越发弓起来的背，一边撩起她的头发确认她的情况。

白心突然粗鲁地打开他的手，两只手抓住赵晓川的脸，这张平凡的脸也许这辈子没收到过这么长的凝视。

正当赵晓川有点不知所措的时候，白心放开了他，又开始了新一轮的咳嗽。这一次，她咳得撕心裂肺，一下强过一下。赵晓川吓坏了，又见白心用手扼住自己的喉咙，咳嗽的声音变得奇怪无比。他急忙想用手扳她转过去的身子，要她看着他。可他的手还没碰到白心，她的上半身就"腾"地往前冲了一段，然后咳嗽声停了，赵晓川听到一声重物落地的声音。

月亮，月光，这是黑暗的小室里唯一的光源，它就照在那上面——一颗黑色的珠子，兀自旋转着。一股股黑气向上蒸腾，每多一缕黑气，珠子就小一分。那些气从小小的窗子飘出去。背景音是女人的笑，畅快的笑，白心的笑。但是，她以前从不这样笑，那不像她的声音——她头仰着，喉咙里发出婉转的、和谐的笑声。笑声中，那些黑气掠过洁白的月亮，掠过漆黑的天幕，最后融进去，消失不见了。

江沁薇，江西弋阳人，喜欢看小说、听戏、旅游和美食，爱溜达，爱闲聊，爱凑热闹。习惯收集好玩好看的物品，把房间塞满。经常写新的故事，但总是不会收尾。擅长写平淡如水的散文，立志在文中描绘让读者看了就会饿的食物。

一个志愿者的声音

我一直认为，我的爸爸是一个很酷的人。他会在我找他背书的时候，打游戏打到入迷从而忘了我背到哪里。我便坐在他边上，高高兴兴地看游戏战况；他会带我到处旅游，背个帐篷在沙滩上露营。半夜三点的潮水涨了上来，差点淹了帐篷。我和妈妈一边抖着沙子一边跑；他会和朋友一起组建救援队，去做志愿者，忙得不见人影。然后有一天突然来给我全校的人上课。同学悄悄问我："那是你爸？"我笑得很嘚瑟："是啊是啊。"初三的时候，我认认真真在考场写了篇作文，夸赞我的志愿者爸爸，还把自己写哭了。

我打电话给爸爸的时候，他正在给楼上的花搭个棚子。这几年，他不用前前后后地忙救援队的事，闲着在家摆弄他的花花草草。上次跟我炫耀了他刚做的景观盆栽，圣诞节的时候又给妈妈做了一个多肉组成的爱心"圣诞树"。这几天寒潮来了，窗外还飘了几片小雪，家里灯光明亮。爸爸妈妈穿得厚厚的，窝在沙发上，把隔着手机屏幕的我放在旁边。和每一个一家人说说笑笑的夜晚一样，我剥了个橙子，催促道："爸，快点快点，我要给你做个采访。"

我爸高兴地说："好嘞！"

打捞与救援

我： 你是哪一年去当志愿者的？

爸： 2014 年。

我： 为什么呢？当时为什么想去当志愿者呢？

爸： 时间多啊，比较空闲。然后呢，主要是想做一些有意义的事，体现自己的价值嘛，奉献自己的一点微薄的力量。

我： 是不是有个让你想当志愿者的契机，谁提出要成立救援队的？

爸： 契机的话就是看电视上的那个"天价溺水打捞"新闻。当时身边又有一批志同道合的人，就想干些自己力所能及的事。我们最早的时候，因为一起玩户外，搞的是户外救援，寻找失踪者这些，给他们提供一些帮助。

（天价溺水打捞：2009 年 10 月湖北荆州，陈及时、方招、何东旭三名大学生为了抢救两名落水的儿童，不幸失去了自己的生命。最后三名大学生在捞尸人的帮助下才被打捞上岸。上岸之后，大家愕然地发现这些捞尸人竟然要求家属及同学支付 3.6 万元人民币，任凭家属与学生如何请求就是不肯松口，不然就不让他们将尸体带走。）

我： 救援队平时主要在做些什么？

爸： 主要是干一些志愿服务，像去一些地方做安保咯，维持秩序，帮助城市建设。

妈： 还有一件最主要的。

爸： 最主要的是……我们作为一个救援组织，以前经常遇到很多小孩溺水，却得不到专业的救助。他们的家人失去了亲人后，不能一下子把逝者救助上来，或者说打捞上来。我们最早的目的也就是帮助这些溺水者的家属，就是圆他们一些……怎么说呢,帮助家人入土为安的一种愿望。

妈: 因为以前,还没有他们这种组织。有人掉在河里但没被找到,家属就要找人把他捞起来,那些人就漫天要价。

爸: 对,就像以前湖北那样,打捞上来要花几万块钱。有些时候,尸体打捞上来了,他勾在船边上,你不给钱他不给你尸体。这些家属失去了亲人后还要付出金钱把亲人赎回来。我感觉这种行为不人道。你明白吧?

我: 嗯。

爸: 我们也只是抱着一种人道的态度,免费打捞。尽量缓解一些他们失去了亲人还要失去金钱的这种痛苦。

我: 嗯,不过我以前听外界的风评,有点讽刺的意思。他们说救援队永远都救不到人,只能最后去捞人。

爸: 对啊,只能去捞人。所以最早的时候有个不好听的叫法,叫捞尸队。不过这个说法也没有错,因为能救活人的时候一般很少很少。有人报警了,我们再过去都是个把小时以上了。溺水者基本上都没有生还希望。所以我们就是尽量把这些人打捞上来,还他们一个体面的后事,让他们入土为安。

不过后来大家也开始慢慢了解、认识我们的做法。人都去世了,亲属还要付出一笔金钱才能带亲人回去,才能如愿以偿。作为人道讲,其实是不人道的。所以我们就尽自己的一点微薄之力,进行一些免费的打捞。因为刚开始不把他(尸体)打捞上来的话,他有可能腐烂啊,或者有可能会被直接冲走。可能就是说,你(家属)就是找不到人了。他沉底下了,就烂掉了。人都死掉了,家属还看不着尸体,面都见不着!

我: 是不是夏天溺水的人特别多?

爸: 对,夏天特别多。因为小孩有时候不听话,喜欢下河游泳,没大人在身边就很容易溺水。我们最主要是负责溺水这方面的问题,做水面上的工作。平时也会去做一些例如划龙舟的安保,涨大水的施救,转移群众这类的事。之后队伍发展起来了，当国内发生一些大型灾害时，我们也会去。

我们是一群仍然青春的人

我：就像今年郑州大水报道的那位理发师，给客人剪完头就去河南救援了。

（2021年7月21日下午，安徽合肥网友发布的一条微博，引网友频频点赞。她的发型师朋友艾若放下剪刀穿上救援队队服驰援河南。7月22日上午，这位网友告诉记者，凌晨四点，结束救援的艾若回复了微信，称"一线信号不好很忙没有时间看手机。"她还表示，自己身边的普通人原来也是隐藏的大英雄。）

爸：对，我以前去过浙江丽水。我记得那次丽水是大暴雨，泥石流把一个村庄掩埋掉了。

（2016年9月28日17时35分，浙江省丽水市遂昌县苏村发生了一起山体滑坡灾害。）

爸：我们还会干一些培训的事，比如红十字会应急救护培训、去学校给学生上溺水课，传播一些知识，让他们知道在没有大人的情况下玩水很容易发生危险，从源头上减少事故。

我：郑州理发师这件事让我发现大家好像对志愿者的印象都不深。很多人知道有这个群体，但很少意识到志愿者可能就是我们身边的人，都是普通人。

爸：对啊，我们开始成立的时候就是十几个人，县里也没什么人知道。后面做事做久了，先是政府、派出所、消防队知道有这个队伍，知道我们是专门做一些救援活动。他们以前叫渔民打捞，可能打捞不上来。这时候就需要我们这些有专业的设备，技能也比较专业的队伍，去定位、搜寻溺水者，再把他打捞上来。再后来，有人报警或者找消防，他们会找我们帮忙协助工作。而我们之中各行各业的人都有，有公司职员，有个体户，有工人，还包括机关事业人员、医生、护士等等。平时大家都有自己的事，但是正儿八经有救援的时候，大家会利用自己的空闲时间，立马汇集在一起，团结成救援的力量，把事干好。

爸：只能说大家心中都有一份爱，为社会付出一点力量。最起码的是，无愧于青春吧。

我：嘿嘿，虽然你不再青春了，但是心里还是青春的。

爸：对啊！每个人都有青春啊，每个人都有梦想啊！每个人心中都有啊。就像好多人说的：你信佛，你拜佛，还不如去做一点公益事业，纯公益事业。奉献自己的一点爱心出来，虽然得不到什么回报，但是自己心里面干净、舒坦。

我：对于公益事业，我现在只能从网上捐点钱，表示一下心意。你们是把这份心意直接放在行动中。

爸：对，付出行动嘛。

妈：他们刚开始的时候，缺设备，缺钱。自己要贴钱，贴人力，贴时间。什么都是用自己的。

爸：最开始是要自己出钱，出力，出人，出时间，主要是空闲时间。有时候为了这事，我们得起早贪黑地做。有次为了打捞一个人，干了七天七夜。

我：这么久啊？我以为一般就一两天，或者几个小时。

爸：长的时候得要一个多星期，十多天。

妈：因为以前缺少专业设备。

爸：好像在2016年有一回，我们从年前打捞到年二十八，还在寻找。大家过年都还在找。

我：过年的时候好冷哦。

爸：是啊，好冷的。

救不如教，教不如早教

我：做志愿者这些年有遇到什么让你印象深刻的事吗？

爸：最深刻的应该是在龙门湖发生的事。

我：我好像有印象，是不是在我初中的时候发生的?

爸：对，你当时读初二。四个初中生结伴去龙门湖玩，出事的两个人还是刚刚中考完的毕业生。那个女孩子去湖边洗手，不小心滑下去了。旁边的男孩子赶忙去救她。女孩子在水里把男孩子给拖住了。两个人一起沉下去了。当时边上还有两个人，他们俩慌慌张张拿个树枝去拉人。人都沉下去了，拿树枝也捞不到啊。这两个人后面逃回学校了，吓得要死也没敢跟人说。等晚上宿管查房的时候，发现有两个人不在。宿管问起来，他俩才说，再报警。晚上十一二点，消防队的人到了，看了一下。晚上太黑了，没法处理。第二天早上五点多钟消防队的人打我们电话，说出事了。我们六点多钟到的龙门湖，前后不到二十分钟就把两个人弄上来了，又通知了家属。女孩子的家里是乡下的。她爸爸听到这个消息后，大清早从乡下赶上来。心痛，可能是心痛吧。他路上骑车还摔了一跤，摔得头破血流，急急忙忙赶过来。男孩子家里还有个弟弟，两个人成绩都还不错，都考到一中。那个事情是很悲哀的。

这种事情后面发生得太多了。我们就提到要走进学校去普及防溺水和溺水救援的知识。救不如教，教不如早教，从小教，从小学教。我们开始和教育局协定，每个学校都要去定期教授这方面的知识。开始的时候，学校先让我们去班级里教。后来，我们去教整个学校。从乡下的小学、中学，再到县城的小学、中学。有时候，一个星期的行程排下来，一天要跑好几个学校。整个县城一百多所学校，上半年全部跑完，教完。来年重复，再去这些学校重新教。大概在一到两年的教育之后，学生溺水这方面的案例减少了很多很多。因为我们教的这些知识让他们知道了独自下水的危害。以前大家都不知道，懵里懵懂，都想下水玩玩。你看之前2014年、2015年的报道，存在太多事故了。

但行好事，莫问前程

我：2014 年，我应该是读初二。我记得你那个时候好忙，游戏都不打了。

爸：是啊，我也给你们学校上过课。

妈：你初中的时候，一天到晚都看不到你爸爸！他下了班就要出去。不说我们县里，市里，就连隔壁市都要他去。因为那时候一个队忙不过来，其他的队要去支援。

爸：因为我们队成立得比较早，很多其他城市的队伍才刚刚成立，所以需要我们过去手把手教，教技术，教经验。早些年，江西省只有十几个队伍，后面发展了三百多个队伍。

我：那个时候都挺辛苦的。

爸：所以那个时候爸爸也顾不到你的学习了。

我：我当时也不懂事。

爸：我就是抱着一种想法，人能多做一点善事就多做一点善事。善事做多了，最起码心里舒坦。

妈：不过我作为志愿者家属，我觉得做好事当然是尽他的能力做，但是也要顾好我们的小家，顾好他自己的身体，也不能太累了。他那个时候做事，有时候都是晚上一两点才回来。你想想这么冷的天，他们在河里待到一两点。

爸：但是那个时候是累，并且快乐着。花自己的钱，用自己的体力去劳动，去取得成果，心里还是蛮开心，蛮舒服的。

结　语

话说到这里，我和爸爸的一次采访，或者说是谈话也就结束了。我问出了这些年来我一直都有疑问的一些问题，而他也将他曾经的行为讲述、剖析给我。我其实一直很感激他，在我成长的时候给我树立了一个积极向上的榜样。即使曾经有许多人不理解他，会来问我："你爸爸干这个，他有钱赚吗？"或者嘻笑着说："你爸爸是大忙人，端午节还要在外面做事。他太高尚了，我们学不来。"我也为他感到骄傲，骄傲于我的爸爸是个善良的、纯粹的人，是个践行着志愿者精神的人。

胡丽，重度网文爱好者、信息茧房的迷路人、想入非非的幼稚鬼。渴望像孩子一样，保持好奇心与求知欲，对这个世界不断地去追问、探索、发现。

写作于我而言，是无法压抑的激情。尽管写完总是沉沦或者内耗，但不动笔也太孤独了。孤独总是如影随形，一直以来我都通过想象故事排解，但是想象的事物往往是镜花水月，只有等到落于纸上时，我才有机会去抓住那些泡沫。

不会成为什么伟大的人，就做一个讲故事的人吧。

野孩子的故村

没有故乡那么广袤，没有故土那么深沉。那片孕育我野孩子一般童年的土地，只能称为我的故村。

故村名叫七里横，名副其实，一条大路横贯村内七里。而大路旁处处都是池塘和泥淖，民居并不直接沿大路而建，而是伴着池塘分散。老一辈的人把大路北边的早先建的民居叫作"盘子上"，盘子上是低矮的农屋，一般由橙红色的砖瓦堆砌而成。我家因为爷爷辈兄弟多，分家后爷爷要盖新楼，就在田边安了家。七里横是由赣江支流冲击而成的平原，目光所及之处连山坡都没有，广袤的稻田一马平川，坦荡得像塞外的草原。那时我站在还未老去的小楼上，俯瞰远方稻田上的农人，还有比稻田更远的巨型烟囱，总以为世界都尽收眼底。

野孩子的野在于什么都吃。二月末，油菜花就漫山遍野地怒放，一大片一大片的，是流动的金黄。"这颜色多美啊！"那时我暗想，于是把这金黄拿来尝尝。"呸，真难吃！"，刚塞到嘴里，我的小脸就拧巴起来。油菜花瓣没什么味道，就是那花粉有点齁嗓子，油菜梗却又涩又苦，就是煮成了菜也很难吃。还有嫩竹叶，在清明前一段时间，找用来包粽子的、矮小而叶片宽大的竹子。眼神要利，寻住那嫩生生的叶片探出头的地方，用大拇指与食指把它捻出来。切记要用手掐一掐，千万别张嘴就咬一口。我轻慢疏忽地咬上去，结果就是从嘴里拉出一片叶子，只能赶紧吐掉。

当然，这个只能称为草，我是野孩子，又不是村里的耕牛，怎么会整天吃草。我被姐姐带上，在小荷才露尖尖角的时候，去亲戚家的池塘里钓龙虾。迄今为止，我仍然不知道，这是哪儿偷渡来的龙虾，能偷渡到这么个泥巴荷塘里。那时我才六岁，哪里会钓鱼。奈何姜太公钓鱼——愿者上钩。我在泥地上坐着从家里带来的小马扎，呆呆地看着夜色下黑得一片糊涂的泥巴塘，突然被手里的钓竿抖动吓了一大跳，不管不顾地叫喊道："姐！姐！"周围的大孩子才不会觉得小孩子能被龙虾给钓下去，激动得一蹦三尺高，叫我赶紧把竿给提上来。我却被吓得发抖，生怕这水里的虾兵蟹将要来把我抓走。老姐赶紧接管了这鱼竿，我就落荒而逃。可惜最后我也没吃到我钓的大虾，因为没给装鱼虾的盆盖上盖子，大虾不知不觉地就给老猫叼走了。

除了这个，我还吃过青蛙、螺蛳、黄鳝和不知道什么品种的鱼。在南方"双抢"大概七月的时候，浇灌晚稻需要抽水，那怪异的机器运作个几天几夜，就轰隆隆地把家前面一条蜿蜒的水渠给全抽干净了。随后，那些平日里看得见却抓不着的鱼儿全落入网中。我是来惹祸的，就毛手毛脚地去抓那些黏糊糊又滑不溜秋的鱼，弄得自己满身是水。至于它们是怎么一代代流传下来的。我以为是抽水机也把它们的幼崽抽进了田里。因为有一回，水管破了一个洞，我本来觉得只会有水流出来，谁知道漏出了好多蝌蚪和小鱼。而田里的水，是会流回水渠里的。这样的话，兜兜转转，它们也回了家。黄鳝和青蛙这种东西，爷爷在抓它们时是相对矜持而清高的，但是吃的时候总要因为吃得太多被我奶奶骂："不要就这个吃太多酒，这是'发物'。"中国人民的朴素劳动智慧是如此的高深，以至于我现在也搞不明白什么是"发物"，什么又是"凉物"。总觉得是大人请我们不要吃这个、不要吃那个说的假话。

野孩子的野在于自由地野游。夏初的村子处处是水洼，葱绿的树叶上都还挂着昨夜风雨积下的雨点，王冠一样的喇叭花昂首挺胸，一切似乎还静悄悄的。小孩子却偏偏喜欢在这个时候去"流浪"。那时我和一群孩子沿着大人踩出的泥泞小路，蹦蹦跳跳地唱着歌，行经蛇莓的红果与黄花点缀的草地。我却一脚踩进了漫着清水的泥巴地里。其他几个朋友慌了神，七手八脚地像拔萝卜一样把我拔出来。结果人是拔出来了，拖鞋却栽进去了。我只能惴惴不安地伸长了手，在那条脚压出来的地宫里摸索我的拖鞋，也顾不上蝴蝶一样的纱裙潦倒在水面，伸展成一朵白花。抓到拖鞋后，我把沾了泥巴的裙边在水里搓搓挤挤，雪纺的裙摆又飘起来了。

七里横这条路的尽头，是一座荒废的学校，当时还没有弃用几年。白瓦蓝墙，好不气派，里面却空无一人，是一个适合探险的好地方。好朋友神神秘秘地贴到我耳边，说里面有一个神奇的藏书室，让我别告诉大人，来个"窃书一游"。忍不住诱惑，我像个小雀一样警惕又好奇地跟在她们后面。看到四下无人，才放下心来。到了才发现，墙壁上镶嵌着一扇玻璃碎尽的窗户，而这就是孩子们进来的唯一入口。她们身手矫健地攀着水管，一跃而上。我却慢慢吞吞，像个蜗牛。原来是学校里废弃的图书室，所有的书都茫然地东倒西歪着。我从没见过这么多书，我不太好意思"窃"太多书，就随手捡了两本小说集。这两本书一本是白洋淀派作品，一本写了些历史上的名人奇事——诸如高渐离、完颜氏。

我九岁的时候为了读书来到县城，从此故村的一切都离我远去，我与它、她们之间的联系因为地理距离的扩大，如同拉得过长的绳子一样崩断了。但是这份野孩子的记忆回荡在我的潜意识中，刚来小镇那几年，在午夜迷梦中，哥斯拉袭击了村庄里最高的楼，尼斯湖水怪居然潜伏在稻田里，邻居家的姐姐是穿着黑色长袍的魔法师。再后来，水与桥重新连接起过往和当下。在梦境里，礼步湖小桥的那头是七里横的大路。只要越过浑然一体的水面，就可以回到我的故村。如今，现实的地标已经磨损。小楼的栏杆被涟涟泪水打得锈迹斑斑。橙红的平房推平重建，冷酷的灰色建筑里总是空无一人。泥潭被水泥抹平，红土里的秘密被永远地埋葬。然而，梦境的故村还在静止地守候，它和它带来的野性，早已成为我人格的底色。我感谢它，赋予我野孩子一样的好奇心。我感谢它，让我曾拥有这样的妙趣横生的童年。

她是兰

兰并不是刚出生就是傻子的。

我有五个舅舅，兰是小舅舅家的小女儿。早年阿公还在世，农忙的时候，妈妈就把我送到阿公家，让舅舅家的孩子陪我，可是表哥们年纪太大，只有兰和我差不多岁数。第一次见到兰的时候，她扎着两个高高的麻花辫，脸被太阳晒得红红的，看起来有点害羞。但是熟悉了之后，我就发现她大大咧咧的，"傻大姐"一样的性格，是我见过最爱笑的人。可是那时我哪里知道，这个傻字竟然是她身上悲剧的发源呢？

我们小时候是如此要好。不同于村子里遍地黏糊糊的泥巴和黑黝黝的牛粪，阿公家就在镇上，做屋做得早，电视信号好，路也修得齐整。只是看完一集动画片，大表哥就抢着换台，叫我们出去，说是别一直待在屋里面，会长不高的。我们就只能假装自己是电视剧、动画片里的人物——比如哪吒、孙悟空，在宽敞的大街上嬉笑打闹，如同飞驰的骏马一样狂奔。邻居家的公嘎（爷爷）用做凳子剩下的木头，打了一个大秋千，挂在一棵合抱的大树上。微风拂过，树叶婆娑，好不惬意，我们就日日去荡秋千。她推我的时候，从来不管不顾，总是把秋千推得高高的，就好像要飞到天上去，这种自由的感觉不禁让我既雀跃又惶恐。我推她的时候则小心翼翼，怕她会从秋千里飞出去。她不喜欢我慢慢吞吞，摇着秋千两边的绳子，高声地叫道："推高点，小清。再高点。"那时阿公退休后，总是坐在门口看报，听到兰急切的声音，就默默地抬头，留心我俩。

阿公没享几年福，过了。妈妈跟着爸爸，一起去外地打工了。我上了初中，又有了几个妹子。就这样，我和兰再也不是小孩子了。后来我们是在一所学校里，但是我家离镇上远，我下课忙于照顾妹子，上课又跟她不是一个班，和她的接触就少了。只是碰见她的时候，她仍然会用我熟悉的，把尾音拖得很长的语气说："小清，你是小清对不对？你还记得我吗？我是兰。"

我望向她清澈的眼睛，理所当然地说："对啊，我是小清。我当然记得你啦，你是兰。"我不理解为什么每一次她见到我，都要去重复地喊我的名字，我只是耐心地一遍又一遍地回应她。

我们认识这么久了，我怎么会忘记她的名字呢？她是兰，我不会忘记的。

我不知道的是，那时她没人照顾，阿公走了，舅舅舅妈去城里打工，只带走了她兄弟，没带上她。那时她被欺负得那么凶，也没人帮她。我只是觉得她有点迟钝，叫她她好像会听不见，碰掉了东西她也不知道痛。而学校里面的男生则早就群起而攻之地骂她："癌憋。她就是癌的。笑死人了。"他们让兰去拖地，兰怕他们，就赶紧去拿水桶，结果被脏水溅了一身，原来桶的侧面有个破口。欺负了她，他们就哄笑起来，又张牙舞爪地说——傻子是不知道难过的。

他们取笑她，作弄她。连女生也开始对她避之不及。她被捉弄得身上总是脏脏的，她总是露出傻傻的笑。朋友们说："不要和她玩，她是个傻子。和她玩也会变傻的。"

我只觉得女生们乱说，没有理睬她们，她哪里是一个傻子？她是兰，是一个喜欢喊我名字的兰。我从小和她在一起玩，她每次见到我还都会打招呼呢。我怎么不知道她是傻子啊。

听到我的朋友这么说，我气得眼眶发红，又有着隐秘撕扯着心脏的羞耻感，就大喊大叫地反驳她们："兰不是傻子，她只是做事比较慢。"

等到好不容易和妈妈打电话的时候，我就更委屈和气愤了，一直抽泣着问妈妈："为什么他们要这么说兰？他们凭什么？"

妈妈说我是傻子。

那时我还是不知道，后来再见到兰，是在她的婚礼上。我以为只是还没长大的兰，十几岁就结了婚。

兰初中毕业后，傻病越来越严重。周围的所有亲戚都知道，小舅舅家有一个"癫人""疯浦哩"（疯婆子），只能认得几个人。没人会再去叫她的名字，只要说"疯浦哩"，所有人就心领神会。

妈妈和其他人闲聊时说："细舅妈哭得厉害，去精神病院也担负不起，以后这个女仔子不知道怎么活。"我并不知道妈妈在说谁，但是隐隐约约预感到了什么，却又不敢相信。兰真的是傻子吗？

而我就在这样一无所知的情况下参加了她的婚礼。

红色的嫁衣是硬套上去的，不合身的衣裙上的褶皱像是血泪一样流动。她被人像祭品一样摆放在角落里。低着头，脸被阴影完全地吞没了，看不清神色，面前却摆着稀稀落落的食物，是红枣和花生。

红色的红双喜字贴在简陋的墙壁上，喜字似乎在熊熊燃烧的红烛的热气中流了泪，变成了无数无人在意的苦。所有人都在喜笑晏晏，男人女人们大口吃肉，大口喝酒。只有她在角落里，孤独一人。

妈妈后面说："他们怕她发病，跌了他们家的脸，一开始把她给绑住了，又把她一个人放得远远的。可怜的细伢子，水都没的喝。"

我见证了这场恶行，却沉默不语。可是每当我想起兰，我就后悔，我应该抓住她的手，如曾经所做过的一样和她一起狂奔在大街上，她会不会一如既往地微笑着说："小清，你是小清对不对？你还记得我吗？我是兰。"无论她问不问出这个问题，我都会立马回应她："我是小清。你是兰。我会一直记得你的，你是兰。"

婚礼结束后，我至今没有见过她。

阿公家在她结婚的前一年被卖了。两个舅舅想赚大钱，却耐不住诱惑，染上了赌瘾，打着进城买房子的名号，把老家的屋都赔掉了。没有老家的这些儿女，就像四散的芦苇，飘远了。一切再也回不到过去了。

妈妈不爱谈舅舅家的事，只是她记得我为兰掉的眼泪、和他人的争执，偶尔低声地告诉我："她被男人打得厉害，已经越来越疯了。"

"她生了两个小孩，两个小孩都很聪明。只是也不理她。"

"那户人家不想要她了。"

最后一句关于她的话是："她啊，已经不晓得还在不在。这么久没动静，估计是不在了。"

黄怡昕，是天真的松鼠、懒惰的爬虫、寻找归处的旅人。总是相信这个世界是明亮的，然后随遇而安，却又不断地被焦虑催促，去选择未曾设想的道路。

日常爱写些小短章，努力打开所有的感官，去体会飘浮在风中、游荡在空气里的喜怒哀乐。越来越发现，文学之于人生，是无穷无尽的力量。

少女面向一艘陈旧的木船，种下一朵太阳花。

花未眠

一、安稳眠

白居易写《安稳眠》，写"眼逢闹处合，心向闲时用。既得安稳眠，亦无颠倒梦"。官场沉浮，宦海风波，白居易的"作中隐"以微弱力量反抗着险恶喧嚣。"隐在留司官"，是"难与世同尘"的他最终的选择与无奈的妥协。去留之间，一颗破碎的心融入寻常闲适，合眼处，安稳眠。

如此"诗意地栖居"，何人不羡？我们兴冲冲走进时代，却发现自己能掌握的时间不足一半，为外物所累；生活像被保鲜膜封闭的一切，表面光鲜，却一成不变。走进迷雾，辟不出清晰的路，为名为利的追逐有意无意充斥于脑中。求一个安稳眠？往往是种奢求。

宿舍里鼾声渐起，一帘之外的好友已沉沉入眠，松弛感丝丝缕缕地填充着房间。"紧绷"松了弦，多愁之人的难眠苦态，此刻又添了些孤独和无奈。短暂地抛开规训之下的胆怯和腼腆，任凭思绪漫步在此前从未到达的处处角落。

闭眼无眠却有所见，身囚于方寸之地而心绪飘飞。有振臂高呼，有街头嬉闹；看到语不惊人死不休，看到沉默寡言善独身；有苦命的善，更有隐匿的恶……各式各样的人汇聚在一起，这个社会的善恶零零碎碎地堆积，涌入我们的生活。蛛网般的人情与利益拉丝包裹着我们，越是挣扎，越是紧紧缠绕。

"人生处一世，其道难两全"，我也曾四处奔走，为争得毫厘匆匆忙忙，高压下把自己和人群隔开，昏晓未明，眼泪成了唯一的发泄方式。手里紧握着所得，狭小的心里却塞满了苦涩，不过是"相争两蜗角，所得一牛毛"。

我看到一片空洞，一望无际的黑，时间无限流转。南边黑接地，北边黑连天，隐隐传来的流水声仿若哀鸣。我的乌托邦碎了，碎于金钱肆意敲击的时刻，碎于唾沫胡乱飞溅的年代，年轻的、容不下阴影的眼睛，合了又闭。

村上春树曾说："从沙尘暴中逃出的你已不再是跨入沙尘暴时的你。"当你搁浅在盐沙交杂的岸上，满身荆棘。粗糙的沙粒磨去你的棱角，又磨出些许尖刺。

二、夜声

密不透风的黑强硬地霸占了天空。拉上床帘，摸黑把打皱的被子抚得平整些。方方正正的床框像一个密不透光的容器，在周围压缩，压得人喘不过气，这是一种安全感和窒息感的交替。

如往常般，细细密密的声音又开始钻入耳朵，床的吱呀声混杂着室友翻身的轻响，微弱的呼吸声在干燥的空气里颤动；楼顶传来热水器工作时的嗡鸣，或许还有久居于顶层的猫咪被吵醒时气愤的呼噜声……空调外机间歇性运作着，扇叶与风激烈搅动，产生的摩擦声挤过窗户的缝隙，入侵我的神经。所有白天被掩盖的另一种喧闹，都在夜晚以更激烈的方式侵占周遭，处处皆是声响，处处皆为异象。

在枕边搜寻着昨夜一把扯下的耳机，总归还是离不开它。迷迷蒙蒙中点开白噪声，播放的是森林里的鸟鸣、叶的沙沙和露水的滴落声，似溪水潺潺在耳边滑过，似有阳光照在心底。我渴望着自然的声音溢满我的耳朵、我的大脑，淹没那些嘈杂，任由树精灵把我拉入睡意丛中，直至初晨。但机器的中频振动时不时穿透耳机，由弱到强，掠夺了纯净的土地。隐约间，风声扭曲成了塑料纸摩擦的刺耳声响，雨落声变换成了硬皮鞋在土地上踢踏的噪声，湿润的泥土里残留着皮革的臭味，一切都变了样。

再次烦躁地扯下耳机，重回原状。窗外仍旧是一些发动机的运作声，窗内也是不变的一些呼吸声，一些被套布料糅合的声音。企图用耳机里更强硬的声音压制另一种细小的声音，最后却在两者的碰撞中败下阵来。记不清这样的情节发生了多少次，但每一次欺骗敏感听觉的计划总是以失败告终。那些已存在的声音并不会消失，反而在逃避中被无限放大，声声入耳，成为睡眠走丢的原因。对白噪声催眠功能难以消解的依赖，让我一次次戴上耳机自我欺骗，在惯性的驱使下不断走进"人类入侵的森林"，又因难以忍受而落荒而逃。

"逃避只是用一些困难去交换另一些困难。"纷纷杂杂的世界里，我们皆被外物拉扯，为外物所累。被时间揉碎了的生活零零散散地出现在各个角落，我们拒绝去面对他们，随手抓起一些挡箭牌，紧紧握着，也不分辨，就把这当作救命稻草。当人们撒下小谎，慌张着逃避，最后用弥天大谎来填补小小的窟窿；当人们病痛缠身，痛苦地逃避，最后用危险药物麻痹填充身体。我们被各种声音围绕，被追赶，被拉扯，选择逃避和依赖就再也挣不脱枷锁，就像我如果不摘下耳机，就走不出混沌与纯净杂乱交织的迷宫。

三、梦中梦

徘徊着，又走进那座昏暗的工厂。

没有窗户的房间紧挨着房间，静默着，像砖块挨着砖块。年迈的发动机吐着黏稠的变质机油，蠕动，凝结，聚成一座座黑色的小山。管道，到处都是管道，锈迹斑斑。闻到腥臭的气味，或许掀开某一块砖，腐蚀的肉糜就将不由分说地涌出。

尝试推开冰冷的铁门，铁锈黏在手上，比即将冷却的血块更衰败。脚底，蜗牛慢慢拖曳出一道潮湿的痕迹，酥麻感使身体战栗。我在做梦？黑色的天地混杂着刺眼的白炽灯，构成灰色的世界。没有人类的言语，只有机器的齿轮不停歇地转动，轰鸣的声音像飞虫连续钻进耳朵，塞满迟钝的大脑，灵活的眼睛却被粘在工厂的每一个角落。

恐惧感蔓延，我想逃离。紧握住些柔软的什么？似乎是皱成一团的被单。迷蒙中，和工厂隔开一段距离，深深浅浅走过曲折迂回的路，突然看见绿色的波浪被拍打在宽阔的岸上，那是浓密的草甸肆意生长。穿过草甸，裤腿上沾了些苍耳，粗糙的锯齿紧紧钳住衣物，把命运交给行走的人。

浓雾席卷，霎时荫翳，泼墨般，灰色蚕食天地。

左腿猛地一蹬，心脏从遥远的地方回弹。窗外雷鸣，劈裂的闪电给方块状的房间一道闪现的光明，我蜷缩着寻求被子的庇佑，时间却只是凌晨两点。

呆呆看着忽明忽暗的天花板，我好像已经丢失了掌握自我的权力，被迫坠入黑暗底端。本以为晚上的时间属于自己，现实却是我的时间从不和我站在一起。梦被疲惫压倒，沉默的石头立在世界的中点，时间被甩在砧板上切割，"阿尔法"无情地践踏从前满是星星的青草地。我狼狈地举起捕梦网，只网住些压抑的情绪废料。

后 记

　　《理念与实训：江西师范大学"中文创意写作"教学案例集》是在文学院院长詹艾斌教授的倡导和支持下出版的，张勇生、陈志华两位副院长和刘莉主任给予了支持和鼓励；在组织稿件的过程中，得到了多位老师和同学的协助；上海大学中国创意写作研究院的葛红兵、许道军两位教授，作为"学科发展顾问"给了我们以热情的支持——原计划邀请多位创意写作名师赐稿，但最终因版面有限而作罢。这本书亦是要献给将在明年春天退休的陈离教授，是他开创和引领了江西师范大学的创意写作教育。

　　"中文创意写作"已在2024年正式成为中国语言文学之下的二级学科，而我们的书名，也立即用到了这个名词，是否有追风的嫌疑呢？确实，是有的。这是教育改革吹来的风，为什么不追呢？但我自有更多的考虑，这考虑，便涉及创意写作与中文教育能够建立一种什么样的联系。这在最根本上，还是关涉我们如何定位"创意写作"的问题。我十分认同王安忆的看法：开办创意写作是进行文学教育。巧合的是，在了解到王安忆的这个观点之前，我已经在想着写一篇文章，题目就叫"创意写作是文学教育的另一个名字"。可惜的是，那篇文章，我迄今只是写出了主要想法：

　　　　作为大学教育的创意写作，面临着两个危机：一是其内涵被不断缩小，仅仅将其看成是提升写作能力的作文教育；二是越来越走向两个极端——知识化，或者技术化，远离了人文教育和写作教育"活的道"。还面临着一个大的发展机遇：无论是在中国还是在西方，时代越来越要求大学教育回答"学科有用性"的问题。这两个危机和一大机遇归结到一点，很容易让人们将创意写作看作是若干写作课程的集合，或者是定位为一门致力于教写作的专业。我们应该在整个人文教育的视野里来审视创意写作，将创意写作看作是文学教育乃至人文教育的另一个名称，但它的教育理念和教育方式，却又是全新的。试图在传统中文系内部引入创意写作，以推动中文教育的改革，这种思路在当下中国可能难以行得通。我们可以想象在文学院里打造与传统中文系并驾齐驱、同台竞争的"创意写作系"（或者叫"人文与创作系""创意写作与人文教育系"），融写作、经典阅读、文化研究三个方向的教育内容为一体。试想，还能找得到比落实于读和写更为深刻的文学教育乃至人文教育方式吗？但是，读和写只是创意写作教育的主要抓手和最终评价的主要依据，不是最终目的。相对于传统的人文教育、文学教育没办法直接回答"学科有用性"的问题，创意写作却是能够做到价值理性和技术理性的有机统一。

我们一直都在寻找中国语言文学系的改革途径，但是截至目前，我们的改革还基本停留于技术手段的革新层面，或者只是做一些小修小补，而如此这般改革，往往并不总是能够起到积极作用。我们最需要的是观念上的根本性转变。我坚信，从创意写作的角度进入到文学教育、人文教育当中，将是一条扎实而有效的路径。

在中国的大学里创建"创意写作与人文教育系"，便是我的一个梦想。

王磊光于 2024 年 6 月 12 日